KB078084

독자의 1초를
아껴주는 정성을
만나보세요!

세상이 아무리 바쁘게 돌아가더라도 책까지 아무렇게나 빨리 만들 수는 없습니다.

인스턴트 식품 같은 책보다 오래 익힌 술이나 장맛이 밴 책을 만들고 싶습니다.

땀 흘리며 일하는 당신을 위해 한 권 한 권 마음을 다해 만들겠습니다.

마지막 페이지에서 만날 새로운 당신을 위해 더 나은 길을 준비하겠습니다.

해결 할 프로덕트

Solving Product

초판 발행 · 2023년 11월 24일

지은이 · 에티엔 가르부글리
옮긴이 · 김의석
발행인 · 이종원
발행처 · (주)도서출판 길벗
출판사 등록일 · 1990년 12월 24일
주소 · 서울시 마포구 월드컵로 10길 56(서교동)
대표전화 · 02)332-0931 | **팩스** · 02)323-0586
홈페이지 · www.gilbut.co.kr | **이메일** · gilbut@gilbut.co.kr

기획 및 책임편집 · 한동훈(monaca@gilbut.co.kr) | **디자인** · 책돼지 | **제작** · 이준호, 손일순, 이진혁
영업마케팅 · 임태호, 전선하, 차명환, 박민영, 지운집, 박성용 | **영업관리** · 김명자 | **독자지원** · 윤정아, 최희창

교정교열 · 이슬 | **전산편집** · 책돼지 | **출력 및 인쇄** · 정민문화사 | **제본** · 정민문화사

ISBN 979-11-407-0714-0 93000
(길벗 도서번호 080374)

정가 35,000원

독자의 1초를 아껴주는 정성 길벗출판사

(주)도서출판 길벗 | IT교육서, IT단행본, 경제경영서, 어학&실용서, 인문교양서, 자녀교육서
www.gilbut.co.kr
길벗스쿨 | 국어학습, 수학학습, 어린이교양, 주니어 어학학습, 학습단행본
www.gilbutschool.co.kr

페이스북 · www.facebook.com/gbitbook

에티엔 가르부글리 지음

김의석 옮김

SOL VING PRO DUCT

**임팩트
하나만
만들어라**

해결 할 프로덕트

"우리는 공장에서 화장품을 만들지만,
매장에서는 아름다워질 수 있다는 희망을 판다."

―――

어머니에게

내 신념을 따를 수 있는 용기를 주신 것에 감사하며.

―――

감사의 글

이 책을 쓰는 동안 나는 이 책에서 다루는 고객 연구 기술 일부에 대해 세계 최고의 전문가들과 대화를 나누었다. 또한, 그런 기술을 매일 사용하는 수많은 제품 리더 및 기업가와도 대화를 나누었다. 이 책에 나오는 최고의 아이디어들은 이들을 통해 얻었다.

이들의 책, 강연 및 블로그 등에는 이 책에서 다루는 수많은 기법과 아이디어에 관한 상세한 설명이 들어 있으니 확인해 보기 바란다. 이 책 뒤에는 해당 자료에 대한 링크와 참고문헌이 있다.

이 책의 모든 요소는 몇몇 특정 연구 분야와 산업 분야에서는 잘 알려져 있지만 이 책과 같은 구성 방식으로 통합된 적은 없었다.

서문

"당신이 가진 것이 오직 망치뿐이라면 당신 눈에는 모든 것이 못으로 보일 것이다."[1]

에이브러햄 매슬로(Abraham Maslow)
심리학자

경험은 재미난 녀석이다. 경험을 더 많이 하면 할수록 특정 방식으로 일하는 것을 점점 더 좋아하게 되기 때문이다.

우리는 의식적으로나 무의식적으로 지난날 우리를 성공으로 이끌었던 전술과 전략을 우선시한다.

그래서 우리는 제품 개발에 착수할 때 시간을 내어 모든 조건을 고려하는 경우가 거의 없다.

분석을 통해 기능이 고객에게 끼치는 임팩트를 측정하는 데 익숙한 사람은 소규모 사용자 그룹을 통해 학습하는 가치를 평가절하할 것이다.

또한 고객 인터뷰를 통해 고객의 니즈(needs)와 사고방식을 이해하는 데 익숙한 사람은 실험과 정량적인 조사를 소홀히 여길 것이다.

우리의 경험 혹은 우리 팀의 경험은 맹점을 만든다. 그리고 불행하게도 그 맹점에서 마법 같은 일이 수없이 일어난다.

내가 사스(SaaS) 뮤직 마스터링 서비스를 제공하는 랜더(LANDR)에 입사했을 때 창업자들과 그들의 초창기 팀은 니즈를 검증하고, 가치 있는 기술을 만들며, 브랜드를 구축하고, 자본을 끌어들이는 등 엄청난 일을 해낸 상태였다. 그리고 성장은 예상된 일이었다.

그러나 몇 가지 문제가 있었는데, 다음 사항이 명확하지 않았다.

- 가장 많은 이득을 얻는 사람
- 가치 있는 것과 가치 없는 것
- 사용자가 구매하는 혹은 구매하지 않는 이유
- 사용자가 계속 사용하는 혹은 사용하지 않는 이유
- 사용자들

비즈니스는 성장하고 있었지만, 여러 맹점이 성장을 방해하고 있었다.

랜더의 기존 직원은 이미 제품을 만드느라 너무 바빴다. 그래서 체계적으로 지식과 실제 사이의 차이를 찾고, 제품 사용에 관한 질문에 답하며, 가정을 확인하는 것이 내게 가장 중요한 일이 되었다.

나는 내가 아는 모든 지식과 방법을 사용해 일했다.

더 많이 학습할수록 우리는 더 빠르게 성장했다. 2년이 채 지나지 않아 매출은 4배 증가했다.

랜더에서 일한 지 한참 지난 오늘날에도 나는 종종 기업가와 대화를 나누며, 그들의 제품 사용자와 해당 제품이 사용자에게 제공하는 가치에 대해 질문한다. 그리고 너무나도 자주 모호한 답변을 듣는다.

학습이 제품을 성장시키는 검증된 방법임에도 불구하고,[2] 대부분 회사는 사용자와 고객에 대해 체계적으로 학습하는 데 어려움을 겪는다.

나는 새로운 성장을 추진하기 위한 방법을 차근차근 공유하기 위해 이 책을 썼다.

프로덕트 팀, 기업가, 혁신가, 마케터 등이 그들의 비즈니스 모델과 현실의 차이를 파악하고, 새로운 성장 수단을 발견하며, 그들을 가로막는 장애물을 체계적으로 극복하는 데 도움을 주고 싶었다.

나는 이 책에서 제품 회사의 수명 주기를 다음과 같이 다섯 단계로 나누어 다루었다.

1. 아이디어: 추진할 만한 아이디어인가?

2. 스타트업: 잘 될까?

3. 성장: 규모를 키울 수 있을까?

4. 확장: 얼마나 클 수 있을까?

5. 성숙: 추가 성장 기회를 찾을 수 있을까?

어느 단계에서든 우리는 항상 성장을 추구한다.

이 책은 여러분의 성장 가능성을 일깨우는 데 유용할 것이다.

역자 서문

이 책의 번역을 의뢰받고는 늘 그러하듯 번역을 시작하기 전 저자가 독자에게 무슨 말을 하고 싶었을까 생각하며 서문과 목차를 살펴보았다. 이 책에는 본문 내용과 연관 있는 유명 인물들의 글이나 말이 많이 실려 있는데, 서문에도 두 가지 글이 실려 있었다. 첫 번째는 '당신이 가진 것이 오직 망치뿐이라면, 당신 눈에는 모든 것이 못으로 보일 것이다.'라는 글이었으며, 두 번째는 '믿으려는 의지가 아니라 찾으려는 의지가 필요한데, 이 둘은 정확히 반대다.'라는 글이었다. 참으로 의미심장하지 않은가? 이 두 글을 합치면 '무식하면 용감하다.'와 일맥상통한다고 생각한다. 그렇다면, 저자는 독자들에게 어떤 메시지를 전달하고자 했을까? 독자들의 무지에서 비롯된 용감한 행동을 피하도록 어떤 가르침을 주고자 했을까? 두 가지라고 생각한다.

첫째, 비즈니스를 통해 돈 버는 법을 알려준다. 목차를 보면 바로 알 수 있듯이 이 책은 처음 '시작'과 끝 '회고'를 제외하면 비즈니스의 발전 단계에 맞추어 '아이디어', '스타트업', '성장', '확장', '성숙'의 다섯 단계로 이루어져 있다. 저자는 다섯 단계에 걸쳐 독자의 비즈니스를 앞으로 진전시키는 방법들을 65개 이상 설명한다. 새로운 비즈니스를 계획하고 있거나 이미 시작한 독자라면 저자가 제시한 방법들을 하나씩 살펴보며 적용 계획을 세우거나 실제 적용해 볼 수 있다.

둘째, 비즈니스를 대하는 자세를 알려 준다. 이 책에서 가장 자주 등장하는 단어는 '고객', '제품', '비즈니스' 그리고 '학습'이다. 저자는 이 책을 통해 고객을 대상으로 성공적인 비즈니스를 수행하려면 고객, 판매할 제품, 비즈니스 방법에 대해 지속적으로 학습해야 한다고 강조한다. 저자는 알아낸 것보다 알아낼 것이 언제나 더 많으며, 지속적인 학습만이 지속적인 성장을 가능하게 한다고 말한다. 또한 학습 속도가 성장 속도를 결정한다고 주장한다. 1장 서론에 소개된 디모토(Demoto) 사례를 보면 '디모토의 공동 창업자들은 다음에 무엇을 해야 하는지 알지 못했다.'는 내용이 나온다. 비즈니스를 하면서 학습하지 않는다면 분명 이와 같은 순간이 닥칠 것이다. 물론 운 좋게 그 순간을 넘길 수도 있겠지만, 대부분 운영하는 비즈니스의 성장 정체를 경험하거나 심하면 실패를 맛볼 것이다. 그러므로 비즈니스 성공을 갈망하며 이 책을 읽는 독자라면 제시된 방법들과 사례를 살펴보며 지속적으로 학습해야 할 것이다.

마지막으로 역자가 느낀 것을 말하고자 한다. 이 책을 번역하며 이 책에서 제시한 방법과 자세를 경영과 무관한 여러 일들에도 동일하게 적용할 수 있지 않을까 생각해 보았다. 취업, 자녀의 성적, 재테크, 건강 등에 관해 고민하는 독자들이 있다면, 아마도 대다수 독자는 '남들처럼 하고는 있으나 다음에 무엇을 해야 하는지 모르겠다.'는 상태에 있을 것이다. 역자는 이 책에 소개된 방법들 가운데 상당수를 이런 고민을 해결하기 위해 사용할 수 있다고 생각한다. 물론, 분야가 다르고 문제가 다른 만큼 그대로 적용할 수는 없겠지만, 분명 응용해 적용할 수 있으리라 생각한다.

많은 독자가 이 책을 읽고 계획 중이거나 운영 중인 비즈니스에서 큰 성공을 거두는 데 도움을 받기를 바란다. 이 바람에 하나를 더한다면 많은 독자가 이 책을 **학습해** 비즈니스에서 혹은 다른 일에서 매 순간 무엇을 해야 할지 아는 데 도움받기를 바란다.

김의석

이 책의 사용법

"믿으려는 의지가 아니라 찾으려는 의지가 필요한데, 이 둘은 정확히 반대다."

버트런드 러셀(Bertrand Russell)
철학자

이 책은 다른 책과는 다르다.

나는 여러분이 이 책을 책상 위에 두고 여러분의 회사가 성장의 어려움에 직면할 때 책장을 휙휙 넘겨가며 참고할 수 있도록 책의 구조를 잡았다.

다시 말해 여러분은 이 책을 처음부터 끝까지 읽을 수도 있고, 필요한 내용이 있는 곳만 찾아가며 읽을 수도 있다.

목차와 2장의 내용은 여러분이 필요한 내용을 찾는 데 도움이 되도록 작성했다.

나는 정말로 이 책을 쓰며 즐거웠고 여러분도 이 책을 즐기기 바란다. 마지막으로 여러분은 이 책 26장 끝에서 내 이메일 주소를 찾을 수 있을 것이다. 나는 진심으로 여러분의 생각을 듣고 싶다.

에티엔(Étienne)

목차

VI 회고

빌딩 블록

시작

01

서론

"학습과 혁신은 함께 간다. 어제의 성공이 내일의 성공을
보장한다고 생각한다면 당신은 이미 성공에 취해 자만하는
것이다."

윌리엄 폴라드(William G. Pollard)
물리학자

"제대로 돌아가는 일이 없어요."

줄리는 공동 창업자 두 명과 함께 어두운 사무실에 앉아 있었다.

하루 종일 눈코 뜰 새 없이 바빴던 그는 오직 공동 창업자만 참석하는 긴급 파트너 회의를 소집했다.

퇴근 시간이 한참 지났기 때문에 그들은 3,000제곱미터가 조금 안 되는 디모토(Demoto)의 빈 사무실에 울려 퍼지는 자신들의 목소리를 들을 수 있었다.

8개월 전, 그들은 그간의 인상적인 성장을 토대로 거액의 돈을 투자 받았다.

그 이후 그들은 자신들이 찾을 수 있는 최고의 인재를 채용하는 일에 전적으로 몰두했다.

채용, 마케팅, 생산, 이 모든 일이 잘 돌아가고 있는 것처럼 보였지만, 한 꺼풀만 벗겨 자세히 들여다보면 그들의 비즈니스는 좀처럼 성장하지 못하고 있었다.

분명 이전보다 사용자가 크게 늘었으며, 매출과 수익 또한 크게 증가했다. 그러나 그 어떤 일이나 성과도 실제로 고객 리텐션(retention)에는 기여하지 못했다.

엎친 데 덮친 격으로 계정 가입을 취소하고 탈퇴하는 고객이 점점 늘어만 갔다.

투자금 소진 속도와 150명의 직원 규모를 생각했을 때 공동 창업자들은 다음 투자 라운드를 생각하기 시작해야 한다는 사실을 알고 있었다. 또한 자신들이 어떻게 둘러대든 투자자는 회사의 이런 문제를 꿰뚫어 볼 것이라는 사실도 알고 있었다.

몇 주 동안 고객 리텐션 문제가 매우 신경 쓰이기는 했지만, 새로운 고객이 가입하고 있는 만큼 굳이 위급하다고 말하며 문제를 키울 필요는 없다고 생각했다. 그들은 디모토의 우수한 인재와 투자자가 회사에 대해 걱정하지 않기를 바랐다.

그들은 은밀히 고객과 대화를 나누어 보고, 고객의 의견을 분석하며, 경쟁사를 조사하고, 수년간의 고객 문의를 살펴보도록 했다.

또한, 제품 개선을 위해 고객 리텐션에 기여할 수 있는 기능을 모아 우선순위를 매겼다.

그러나 새롭게 얻은 정보는 없었다. 고객은 디모토의 브랜드와 제품을 좋아했다. 물론, 제품에 문제가 있기는 했지만 이는 일반적인 일이었다. 제품에 다소 문제가 있다고 해서 성장이 정체된 것 같지는 않았다.

디모토의 공동 창업자들은 현재 훨씬 큰 규모의 기술 회사로 성장한 워크태그(Worktag)에서 5년 전에 만났다. 그들은 워크태그 초창기에 입사했으며, 그 회사가 시장에 적합한 제품을 개발하는 데 기여했다. 이후 매출이 3천만 달러를 넘기자 퇴사해 자신들의 비즈니스를 시작하기로 결심했다.

워크태그에서의 경험을 토대로, 그들은 디모토가 제품 시장 적합성(Product Market Fit, PMF)을 갖고 있다는 것을 알았다. 워크태그는 제품 시장 적합성에 도달하자마자 회사가 계속 성장했었다.

그러나 디모토의 공동 창업자들은 다음에 무엇을 해야 하는지 알지 못했다.

1.1 하키 스틱 성장? 거짓말!

"당신이 누군가 초고속 성장 비법에 관해 이야기하는 것을 들었다면 한마디로 이렇게 해석하라. '헛소리!'"[3]

폴 그레이엄(Paul Graham)
Y 콤비네이터(Y Combinator) 공동 창업자

기술 산업 분야에는 좀처럼 사라지지 않는 잘못된 미신이 많다. 예를 들면 다음과 같다.

- 아이디어만으로 투자금을 모을 수 있다(모을 수 없다[4]).

- 여러분이 추구하는 아이디어는 비즈니스 성공에서 가장 중요한 요인 가운데 하나다(그렇지 않다[5]).

- 최고의 회사는 20대 초반의 젊은 기업가가 시작한다(그렇지 않다[6]).

- 비즈니스 성공을 위해 특정 영역에 기반을 두어야 한다(그렇지 않다[7]).

- 하키 스틱 모양의 성장이 있다.

지난 20년 동안 모든 기술 회사가 투자자를 대상으로 제작한 피칭(pitching)*
자료에는 하키 스틱 성장과 비슷한 형태의 성장 그래프가 있었다.

그림 1-1 하키 스틱 성장

하키 스틱 모양의 폭발적인 성장? 부디 오해하지 않기를 바란다. 나는 캐나다
인이고 아이스하키를 정말 좋아한다. 그러나 하키 스틱 성장은 현실보다는 꿈
에 가깝다.

매우 드물게 현실과 꿈이 비슷하게 맞아 떨어지는 경우도 있지만, 그런 경우
조차 자세히 들여다보면 작은 규모의 상승기, 하락기, 안정기가 반복되고 있
는 것을 볼 수 있다.

디모토의 창업자들처럼 지속적인 성장을 기대하는 것은 기껏해야 착각을 불
러올 뿐이다. 예상과 일치하는 속도로 고속 성장하려면 회사의 성장 전략을
늘 개선해야 한다. 한 가지 전략만으로 회사가 고속 성장하는 경우는 좀처럼
없기 때문이다.

---

* 옮긴이 비즈니스 아이디어나 계획 혹은 제품을 짧은 시간에 소개하는 것.

1.2 성장이 멈추는 이유

"일을 제대로 시작하기 전에는 단지 수많은 단기 성과만 있을
뿐이다."

마이클 사카(Michael Sacca)
드리블(Dribble) 제품 담당 임원

회사 성장이 멈추는 데는 다음과 같이 두 가지 이유가 있다.

1. 다음 단계로 무엇을 학습해야 하는지 알지 못한다.

2. 제품, 사용자, 시장, 고객에 대한 낡고 불완전한[8] 모델을 이용해 회사
   를 성장시키려 한다.

여러분이 자신의 비즈니스에 대해 불완전하게 혹은 부분적으로만 알고 있더
라도 여러분의 회사는 성장할 수 있다. 심지어 고속 성장할 수도 있으며, 시
장 규모에 따라 한동안 성장세가 지속될 수도 있다. 그러나 머지않아 근본적
인 문제에 발목을 잡힌다.

자신의 회사를 특별하게 만드는 것이 무엇인지 알지 못한다면 여러분은 좋은
아이디어, 뛰어난 실행력, 비법(hacks), 경쟁사 모방 혹은 임시방편적인 성장
전략 등에 의존할 수밖에 없다. 이 경우 잠깐 동안은 효과가 있을 수도 있겠지
만, 결국 성장 속도는 늦춰지고 회사 성장에 관한 노하우도 거의 혹은 아예 없
는 상황에 처할 것이다.

모든 회사는 회사 문화, 창업자 DNA, 경험, 경쟁력, 관리 구조, 목표, 기술
부채, 전략 등에서 차이가 있으며, 서로 다른 시장에서 서로 다른 그룹의 고

객을 대상으로 가치를 만들기 위해 노력하며 경쟁한다. 여러분은 다른 회사의 전략을 단순히 따라할 수 없다. 자신의 회사를 꾸준히 성장시키려면 자신만의 회사 성장 방법을 만들어 내야 한다.

줄리와 공동 창업자들이 겪은 고객 리텐션 문제는 다음과 같은 이유로 발생했을 수도 있다.

- 고객이 디모토 제품을 구매하고 사용하는 이유를 오해함

- 잘못된 사용자와 고객 확보

- 고객이 원하지 않는 불필요한 기능이 지나치게 많음

- 위의 세 가지 문제가 모두 있음

- 그 밖에 완전히 다른 문제가 있음

핵심 문제를 찾는 일은 성장 방법에서 확실한 부분과 그렇지 못한 부분을 명확하게 보여주며 할 일 목록의 범위를 줄인다는 뜻이다.

다음 장에서는 여러분과 줄리의 팀이 회사를 평가하기 위해 사용할 수 있는 방법을 살펴볼 것이다.

02

문제 도출

"손전등을 켜고 방을 둘러보면 어느 한순간 단지 방의
일부분만 볼 수 있을 뿐이다. 그러나 손전등 대신 램프를 켜면
좀 더 많은 것을 한 번에 볼 수 있다."

단 투세때(Dan Touchette)
페르소니오 그룹(Personio Group) 제품 담당 임원

만약 여러분이 그림 그리기를 시작한다면 먼저 빈 도화지를 마주하게 될 것이다.

그리고 아마도 마음 속 아이디어나 어린 시절 기억에 영감을 받아 그림을 그리거나 여러분 눈앞에 있는 것을 무작정 그릴 것이다.

그림을 그리다 보면 좀 더 그려야 할 부분과 충분히 그린 부분이 명확해질 것이다.

예를 들어 초원이 초원처럼 보이지 않는다거나 얼굴이 분명해 보이지 않을 수도 있다. 아니면 도화지 하단에 스케치만 대강 그려져 있는 것이 보일 수도 있다.

어떤 방식으로 그리든 여러분의 그림은 어느 부분을 좀 더 그려야 하는지 시각적으로 알려준다.

이처럼 그림에는 *자체적인* 피드백 시스템이 들어 있으며, 덕분에 화가는 자신의 그림이 미완성인지 완성되었는지 확실히 알 수 있다.

어떤 면에서 회사는 그림 그리기와 비슷하다. 양쪽 모두 백지 상태에서 출발하며 확인과 이터레이션 단계가 필요하다. 또한, 양쪽 모두 부분을 합쳐 전체를 좋게 만들 수 있다.

그러나 회사는 그림과 달리 현재의 상태나 불완전한 부분을 알려주지 않아 좀처럼 문제점을 찾기가 어렵다.

설상가상으로 회사를 운영하는 조건과 환경이 지속적으로 변화하는 탓에, 회사의 프로덕트 팀은 제품에 대한 명확한 피드백을 얻을 수 없다.

자신의 회사에 대해 답이 뻔한 전략적인 질문만 하고 있다거나 비즈니스 목표가 불확실하고 서로 연관성이 없다면 여러분의 회사에는 해결해야 하는 결함이 있을 가능성이 매우 높다.

2.1 결함의 영향

"문제를 외면하는 한, 문제는 사라지지 않는다."

올더스 헉슬리(Aldous Huxley)
〈멋진 신세계〉의 저자

이 책의 다섯 섹션에서는 회사 수명 주기의 주요 단계들을 다룬다. 주요 단계들과 각 단계에서 해야 할 일들은 여러분 회사의 진화 과정과 정확히 맞아 떨어지지 않을 수도 있다. 그러나 이를 통해 회사 성공 요인에 관해 명확하면서도 전체적인 개요를 살펴볼 수 있다.

여러분의 회사가 어느 단계에 있는지 알기 위해서 자신에게 다음과 같이 질문해 보라.

- *모든 확장 기회(기능, 시장, 제품 등)를 확인하고 그들 간의 우선순위를 정했는가? 그렇다면 여러분의 회사는 성숙 단계에 있을 것이다(단계 5).*

- *퍼널(funnel)의 마찰점(friction point), 고객의 제품 구매 이유, 최고의 신규 고객 확보 채널을 확인했는가? 그렇다면 여러분의 회사는 확장 단계에 도달했을 것이다(단계 4).*

- *제품 시장 적합성(PMF)을 확보했는가? 그렇다면 여러분의 회사는 성장 단계에 진입했을 것이다(단계 3).*

- *제품 사전판매를 통해 비즈니스 기회를 검증했는가? 그렇다면 여러분은 신생 창업 회사, 즉 스타트업 단계에 도달했을 것이다(단계 2).*

- *앞서 말한 네 가지 단계 어느 것에도 도달하지 못했다면 아이디어 단계에서 시작하는 것이 좋다(단계 1).*

각 단계에는 여러분이 해야 할 일이 있다.

단계 1: 아이디어 단계

- ☐ 고객 관점의 니즈를 발굴하고, 타깃 고객 세그먼트(segment)를 확인했다(4장).

- ☐ 경쟁 우위를 확인했다(5장).

- ☐ 설득력 있는 가치 제안을 만들었다(6장).

- ☐ 제품 콘셉트를 검증했다(7장).

단계 2: 스타트업 단계

- ☐ 제품이 고객에게 기대했던 이점을 제공했다(8장).

☐ 최적합 고객을 확인했다(9장).

☐ 제품이 고객의 기대를 충족시키거나 넘어섰다(10장).

☐ 제품 시장 적합성을 찾았다(11장).

단계 3: 성장 단계

☐ 퍼널 전체에 걸쳐 마찰점을 확인했다(12장).

☐ 고객의 제품 구매 이유를 안다(13장).

☐ 제품 구매 및 사용 이유와 같은 이유로 사용자가 회원에 가입한다(14장).

☐ 가장 효과 높은 고객 확보 채널을 찾았다(15장).

단계 4: 확장 단계

☐ 고객 인게이지먼트(engagement)를 높여주는 제품 개선 사항을 확인했다(16장).

☐ 추가로 공략할 수 있는 고객 세그먼트를 확인했다(17장).

☐ 추가 고객 확보 기회를 확인했다(18장).

☐ 신제품 개발 기회를 확인했다(19장).

단계 5: 성숙 단계

☐ 고속 성장에 대한 실험 과정을 수립했다(20장).

☐ 제품 적합성과 효용성을 최적화했다(21장).

☐ 남아있는 추가 고객 확보 기회를 확인했다(22장).

☐ 매출과 수익을 최적화했다(23장).

이전 단계에서 해야 할 일을 제대로 수행하지 않은 채 다음 단계로 나간다면 이는 운동의 기초도 배우지 않고 운동선수가 되겠다고 나서는 것과 다름없다.

제품 시장 적합성에 관한 확실한 신호(11장)도 없이 고객 확장을 위해 노력하는 일(15장), 고객에게 가치 있는 기술인지 확인(10장)해 보지도 않은 채 제품을 최적화하는 일(12장) 등 견고한 토대도 없이 비즈니스를 키우는 일은 한마디로 낭비다.

여러분의 회사가 어느 단계에 있는지 알고 싶다면 무엇보다 먼저 자신의 회사에서 어느 부분이 견고하고, 어느 부분이 취약한지 알 필요가 있다.

2.2 결함의 시각화

"아는 것이 모르는 것보다는 확실히 더 낫다."

엔리코 페르미(Enrico Fermi)
1938년 노벨 물리학상 수상자

몇 가지 결함이 있는 제품의 경우에도 제품 판매 비즈니스 자체는 성장할 수 있다. 그러나 결함이 많으면 많을수록 비즈니스 실적이 기대를 밑도는 근본적인 이유를 정확히 찾아내기가 어려울 것이다.

적당한 고객을 찾지 못해서 성장이 정체되는 것일까? 아니면 제품이 꼭 필요한 기능을 갖추지 못했거나 여러분이 고객의 니즈를 잘못 짚었기 때문에 성장이 정체되는 것일까?

우리는 비즈니스 모델의 모든 요소를 간단한 평가선 위에 표시할 수 있다. 평가선의 왼쪽 끝은 '완전한 추측'이며, 오른쪽 끝은 통계적으로 검증된 '확인된 사실'을 나타낸다.

그림 2-1 확신 평가선

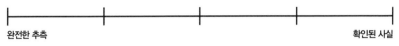

완전한 추측   확인된 사실

'완전한 추측'과 '확인된 사실' 사이의 차이는 정보에 대한 여러분의 확신 정도다.

여러분이 자신의 비즈니스에 대해 비즈니스 모델의 여러 요소를 확신 평가선 위에 표시해 보면 비즈니스의 여러 문제점을 좀 더 손쉽게 찾을 수 있을 것이다.

그런데 확신 정도는 어떻게 추정할 수 있을까? 이에 대해 〈사용자 스토리 맵 만들기〉의 저자인 제프 패튼(Jeff Patton)은 정보의 정확도에 대해 여러분이 얼마나 많은 돈을 베팅할 수 있느냐로 확신 정도를 추정하는 방법을 제안했다.[9]

그는 여러분이 비즈니스나 제품에 대해 새로운 정보를 학습할 때마다 다음 네 가지 금액 가운데 어느 정도를 기꺼이 베팅할 수 있는지 자문해 보라고 이야기했다.

　　　(가) 점심값　　(나) 일당　　(다) 집　　(라) 노후 자금(401k 퇴직연금)

그림 2-2 베팅 액수에 따른 확신 평가선

학습한 정보에 점심값보다 많은 돈을 베팅할 생각이 없다면 여러분은 정보가 맞는다고 단순히 추측하는 것일 가능성이 매우 높다. 반대로 학습한 정보에 기꺼이 자신의 노후 자금을 베팅할 수 있다면 여러분은 학습한 정보를 신뢰할 수 있는 정보로 다룰 가능성이 매우 크다.

앞서 회사의 수명 주기를 구성하는 다섯 단계에서 20가지 할 일을 살펴보았다. 각 일에 대한 여러분의 결과물은 확신 평가선 위에서 어디에 놓을 수 있는가?

20가지 할 일을 하나씩 살펴보며, 여러분의 결과물을 확신 평가선 위에 표시하라.

2.3 여러분의 성장 비결은 얼마나 명확한가? ─

"사람들은 흔히 가정의 세계에 살며, 가정을 사실처럼
생각하고 다룬다. 그런 가정을 명확히 하지 않으면 어떤
결함이 있는지 알기가 정말 어렵다."

단 투세때

단계별 할 일에 집중해 보라. 여러분의 결과물에 대해 얼마큼의 확신을 갖고 있는가?

여러분은 질문에 즉시 답할 수 있어야 한다.

- **가정**: 충분한 검증 과정 없이 사실로 받아들인 정보
- **빠진 일**: 여러분이나 여러분의 팀이 빠트렸거나 다시 할 필요가 있는 이전 단계의 할 일
- **검증된 지식**: 여러분이 확실히 신뢰할 수 있는 지식

여러분은 자신의 성장 비결에서 어느 부분이 명확하고 어느 부분이 불완전한지 알 수 있어야 한다.

그림 2-3 성장 비결의 예

여러분의 비즈니스가 스타트업, 성장, 확장 혹은 성숙 단계에 도달했을지라도 여러분은 비즈니스 모델의 주요 요소에 대한 깊은 이해가 여전히 부족할 수 있다. 만약 여러분이 빠트리고 지나친 어떤 정보가 있다면 다시 뒤로 돌아가 살펴볼 것을 고려해 보라.

그런 과정을 통해 여러분은 자신이 다음에 무엇을 해야 하는지 알 수 있어야 한다. *여러분의 확신이 줄어드는 곳은 어디인가? 다음 할 일은 무엇인가?*

〈*Seeking Wisdom*〉의 저자인 피터 베블린(Peter Bevelin)은 *"같은 결과에 대해 두 가지 설명을 듣고 하나를 골라야 한다면, 다른 추가적인 증거가 나오기 전까지는 증명되지 않은 가정을 좀 더 적게 사용한 설명이 낫다."*고 썼다.

빠진 일의 수행 순서를 정해 목록으로 정리하라. 다음 장에서는 그 목록을 실행할 수 있는 다음 단계의 할 일로 바꿀 것이다.

03

올바른 질문

"연구란 형식을 갖춘 호기심이라 할 수 있다. 연구자는 목적을 가지고 이것저것 꼬치꼬치 캐묻는다."

조라 닐 허스턴(Zora Neale Hurston)
작가

이 책에서는 다음과 같은 다섯 가지 원칙을 기반으로 문제에 접근한다.

1. **답은 항상 존재한다**: 창의력을 발휘할 필요가 있을 수도 있겠지만, 좀 더 명확한 결정을 내리기 위해 필요한 정보를 찾는 방법은 언제나 존재한다.

2. **답은 *거의* 언제나 사용자로부터 나온다**: 사용자, 고객 혹은 잠재 고객, 경쟁사 고객 등 특정 세그먼트(segment)의 사람들은 직접적이든 간접적이든 궁극적으로 여러분이 해결해 없애야 하는 여러 제약을 보여준다.

3. **눈을 가린 채 탐색할 수는 없다**: 사람은 의식적이든 무의식적이든 배우는 것과 배우는 방법에 제약을 두는 경향이 있다. 여러분은 직면한 문제를 해결하기 위해 해결 방안을 폭넓게 탐색할 수 있어야 한다. 이 책을 보면서 깨닫게 될 텐데, 그런 상황은 종종 편한 곳을 벗어나 힘들게 일해야 한다는 것을 뜻할 수도 있다.

4. **학습은 발전으로 이어져야 한다**: 학습을 위한 학습은 한마디로 낭비다. 회사는 언제나 제한된 시간과 예산을 사용해 성과를 만들어야 한다. 그러므로 비즈니스를 실제로 발전시키기 위해서 여러분은 지속적으로 핵심 위험, 결함, 불확실성에 집중해야 한다.

5. **발전을 평가하는 가장 좋은 방법은 목표와 비교하는 것이다**: 피드백과 학습은 목표와 관련 있을 때만 중요하다. 그러므로 비즈니스를 발전시키기 위해서 여러분은 목표를 정하고, 목표와 비교해 발전을 평가해야 한다.

여러분의 비즈니스가 변하면 질문, 기법, 목표가 변할 것이다.

이 책의 모든 장에서는 목표 선택의 배후에 있는 요소들과 발전하기 위해 사용할 수 있는 고객 탐구 기법을 다룬다.

2장에서 수행했던 평가 결과를 고려했을 때 *여러분이 다루어야 할 결함이 있는가?*

있다면 2장을 참고해 관련 '단계'나 '장'을 바로 살펴보도록 하라.

줄리처럼 복합적인 문제를 다룬다면 문제의 핵심을 공략하기 위해 먼저 문제를 분명하게 해야 한다.

3.1 문제 범위 줄이기

"과학자는 정답을 알려주는 사람이 아니라 올바른 질문을 하는 사람이다."

클로드 레비스트로스(Claude Lévi-Strauss)
인류학자

높은 고객 이탈률, 느슨한 고객 인게이지먼트(engagement), 낮은 고객 리텐션율, 낮은 기능 사용 빈도, 낮은 충성도, 고객 가입 등급 하락 등 고객 리텐션 문제를 나타내는 수많은 표현이 있다.

고객 리텐션율이 낮은 데는 많은 잠재적인 원인이 있다. 예를 들어 나쁜 사용자 경험, 제품의 낮은 가치, 자금 부족, 더 나은 기능을 가진 제품 출현, 불충분한 제품 사용 시간, 빈약한 고객 지원 등이 원인일 수 있다.

고객 리텐션율을 떨어뜨리는 정확한 원인을 찾지 못한다면 여러분은 문제를 해결할 수 없다. '고객 리텐션 문제'를 다룬다는 것은 다소 느슨하게 정의된 여러 문제를 다룬다는 뜻이다.

고객 리텐션 문제에 있어 효과를 거두기 위해서는 먼저 핵심 문제를 파악하는 것이 중요하며, 5W1H, 즉 육하원칙에 답하는 과정을 통해 핵심 문제를 찾을 수 있어야 한다.

- **무엇을**(What): 문제. 이 경우 높은 고객 이탈률.
- **누가**(Who): *어떤 고객이 이탈하는가? 어떤 사용자가 주로 이탈하고 있는가?*
- **언제**(When): *언제 이탈하는가?*
- **어디서**(Where): *어디서 이탈하는가?*
- **어떻게**(How): *어떻게 이탈하는가?*
- **왜**(Why): *사용자 그룹별 이탈 이유는 무엇인가?*

'누가, 언제, 어디서, 어떻게'를 분석하면 고객 이탈률의 구성을 좀 더 잘 이해할 수 있으며, 어떤 고객 세그먼트에 집중해야 하는지 결정하는 데도 유용하다.

'왜'를 분석하고 '왜'에 대한 답을 찾는다면 이탈률 상승이나 하락을 가져오는 원인을 잘 이해하고 그 문제의 해결 방법에 관한 가설을 좀 더 쉽게 만들 수 있다.

고객 이탈률을 낮추거나 사용자가 특정 기능을 받아들이게 하려면, 혹은 좀 더 많은 사용자를 돌아오게 하려면 다음과 같은 프로세스를 사용해야 한다.

1. **문제 범위를 줄여라**: 달성하려는 것을 정확히 이해하라.

2. **문제 구성을 이해하라**: 고객 이력에 따라 행동이 어떻게 영향을 받는지 이해하라.

3. **인과관계를 이해하라**: 근본 원인과 그 원인 때문에 발생한 특정 문제를 이해하라.

4. **학습과 실험 아이디어를 창출하라**: 행동을 유발한 원인을 알았다면 여러 해결책을 평가하기 위해 실험을 수행하라.

일단 문제가 무엇인지 알게 되면 그 문제를 해결할 최적의 방법을 찾는 일은 훨씬 쉬워진다.

이 책의 각 단계와 장은 비즈니스를 하다 만날 수 있는 여러 문제를 극복하는 최선의 방법을 찾도록 도와줄 것이다.

여러분이 이 책에서 배운 것이 중요한 의사 결정에 영향을 준다면 이 책을 구매하기 위해 지불한 비용과 이 책을 공부하기 위해 사용한 시간을 몇 배로 보상받게 될 것이다.

지금부터 시작해 보자!

SOL VING PRO DUCT

I

단계 1: 아이디어

추진할 만한 아이디어인가?

"실패를 피하기 위해 최적화하려 한다면
먼저 고객의 목소리를 듣기 위해 최적화해야 한다."

데이비드 캔슬(David Cancel)
연속 창업자

신제품 개발은 정말 흥미진진하다.

일반적으로 벤처회사는 창의력 넘치는 자유와 관련 있고, 새로운 벤처회사의 출발점을 나타내기 위해 '아이디어'라는 단어가 사용되기 때문에 사람들은 비즈니스 시작을 창의적인 노력이라고 생각한다.

잠시 우리가 빈 종이를 앞에 둔 셰익스피어라고 생각해 보자. 적절한 영감을 받는다면 우리는 로미오와 줄리엣이라는 인물을 창조해 내고, 우리의 이름이 영원히 세상에 울려 퍼지도록 할 수 있다.

새로운 제품을 만들기 위해서는 창의력이 있어야 한다는 말이 틀린 것은 아니겠지만, 비즈니스 초기에 팀에서 집중해야 하는 수많은 일은 매우 창의적인 아이디어와는 모순된다.

스타트업의 90%가 실패[10]하는 상황 속에서 아이디어의 무덤에 묻히지 않으려면 여러분은 자신의 창의적인 노력을 체계화하고 집중시킬 수 있는 프로세스를 만들어야 한다.

그리고 그런 프로세스의 핵심은 피드백 루프를 사용해 시장으로부터 가능한 빨리 학습하고, 처음 아이디어가 어떻게 잘못되었는지 판단하기 위해 최대한 많이 이터레이션하는 것이다. *5% 아니 10%만큼 틀렸을까? 혹은 50%만큼 틀렸을까? 아니면 완전히 틀렸을까?*

어느 누구도 목표에 완벽히 부합하는 아이디어를 갖고 있지 않다. 그런 일은 일어나지 않으며 모든 비즈니스는 목표와 어긋나 흔들리기 마련이다.

그런데 벤처회사를 시작한 사람들은 대개 자신들의 생각과 다른 사실이나 고객 데이터를 밥 먹듯이 무시하는 사람들이기 때문에[11] 그런 프로세스가 명확할 리 없다.

이와 관련해 고객 개발 프레임워크의 창시자인 스티브 블랭크(Steve Blank)는 *"창업자는 여러분이 보지 못하는 것을 본다. 그들은 이제껏 존재하지 않았던 것을 보고는 그것을 향해 간다."*[12]고 말한다.

새로운 제품을 창조하거나 발명하는 데 기반이 된 아이디어는 많은 신생 벤처회사의 실패 원인이다. 혹은, 적어도 사업가가 비즈니스 초기 방향을 잘못 잡는 주요한 이유다.

도전

"아이디어는 분명 유용하다. 그러나 정말 중요한 것은 행동의 변화다. 아이디어만으로는 행동의 변화를 이끌어내는 데 충분하지 않다."[13]

데이비드 캔슬

한 걸음 더 나아가 보자.

내가 그간 작업했던 새 스마트폰에 대한 구상을 여러분에게 보여준다고 상상해 보라. 새 스마트폰은 어떤 주요 스마트폰 브랜드와도 제휴하지 않았고, 완전히 새로운 운영체제를 갖추었다. 그리고 정말 멋지다. *나를 믿으라.*

현재 여러분이 사용하고 있는 스마트폰을 없애고 *500달러에 핀폰(내가 만든 스마트폰의 이름)을 사도록 설득하려면 무엇을 해야 할까?*

이번에는 회사용 소프트웨어를 생각해 보자. *누군가 여러분의 팀을 설득해 프로젝트 관리 소프트웨어를 바꾸게 하려면 그는 자신이 쌓아온 신뢰 관계(사회 자본)를 얼마나 많이 걸어야 할까? 여러분이 좋아하는 트렐로(Trello)*를 더 이상 사용하지 않고 새로운 브랜드의 소프트웨어를 사용하게 하려면 무엇을 하고 무엇을 보여주어야 할까?*

많이만 보여주면 될까?

제품 제작자로서 우리는 고객이 새로운 제품을 사용하게 하기 위한 노력을 과소평가하는 경향이 있다.

제품 구매와 **제품을 지속적으로 사용하는 것은 별개의 일이다.**

전 세계 모든 곳에서 신제품 개발은 그 어느 때보다도 쉽다. 결과적으로 시장이 폭발적으로 증가했다. 예를 들어 마테크 5000(Martech 5000)[14]에는 현재 8,000개 이상의 회사가 포함돼 있으며, 2011년 대비 그 수가 50배 이상 증가했다.

---

* 옮긴이 협업 소프트웨어

그림 I-1 마케팅 기술 구도(landscape)의 진화 현황

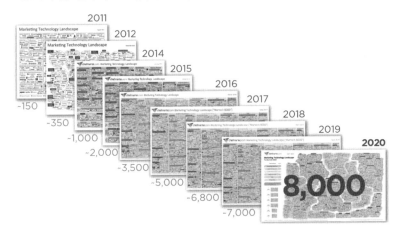

이는 제품과 함께 새롭고 차별화된 가치를 전달하는 일이 그 어느 때보다도 어렵다는 뜻이다.

현재 상황을 극복하고 고객을 설득해 제품을 구매하게 만들려면 제품에 필수 가치가 들어 있어야 한다.

새 제품은 기존과 동일한 기능만 가져서는 안 되며, '이만하면 좋다.' 정도로는 충분하지 않다. 여러분의 제품은 제품 생태계에 중요한 가치를 더할 수 있어야 한다.

이와 관련해 작가인 롭 피츠패트릭(Rob Fitzpatrick)은 "미지근한 반응만으로는 비즈니스를 할 수 없다."고 말한다. 만약 여러분이 별 반응도 없는 가운데 비즈니스를 한다면 앤드리슨 호로위츠(Andreessen Horowitz)의 파트너인 다아시 쿨리칸(D'Arcy Coolican)이 말한 "수많은 냉소와 무시에 의한 죽음"[15]을 겪게 될 위험이 있다.

루빅스 큐브의 딜레마

"신생 브랜드는 가정에 근거해 수많은 결정을 내려야 하므로
더욱 어려울 수 있다. 스타트업이 처음부터 고객 요구사항에
대한 확실한 근거를 갖고 있기는 정말 어렵다."

닉 바비치(Nick Babich)
UX 플래닛(UX Planet) 편집장

나는 종종 창업을 루빅스 큐브(Rubik's Cube) 맞추기에 비유한다.

그림 I-2 루빅스 큐브

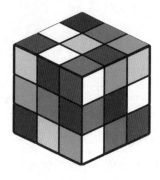

여러분은 큐브 맞추기를 시작하며 달성할 목표와 사용할 방법을 생각한다. 그
러나 여러분이 세운 그 어떤 계획도 큐브 한 줄을 돌리자마자 일어난 상황에
따라 성공 여부가 달라진다.

회사가 성공하려면 많은 것, 예를 들어 제품과 시장, 시장과 유통 수단, 구매
력과 돈 등이 잘 준비돼 있어야 한다.

그런데 문제는 여러분이 비즈니스를 시작할 때 거의 모든 것이 불확실하다
는 것이다. 처음 생각했던 제품 아이디어 자체가 틀렸을 수도 있다. 신제품의

93%가 이에 해당한다는 연구 결과도 있다.[16] 게다가 그 밖의 모든 것도 틀렸을 수 있다.

모든 것이 모호할 때는 학습하기도 수정하기도 어렵다.

비즈니스 초기에는 미래에 대한 전망도 알지 못하고, 어떤 것을 알아야 하는지도 모른다. 그러므로 전체 구도(landscape)를 이해하기 위해 여러분은 폭넓게 탐색할 필요가 있다.

또한, 발전하기 위해 첫 번째 퍼즐 조각, 즉 검증된 첫 번째 학습에 집중할 필요가 있다.

불행하게도 비즈니스 초기는 연구/개발 과정과 비슷하다. 즉, 어떤 것도 잘될 것이라고 보장할 수 없고, 일은 거의 언제나 예상보다 긴 시간이 걸린다.

이는 신생 벤처회사의 실패 비율이 높은 이유 가운데 하나이며, 여러분이 가능한 빨리 아이디어 단계를 벗어나야 하는 이유이기도 하다.

비즈니스 기반 설계

"사람들이 원하는 제품을 만드는 일이 사람들이 그 제품을 원하도록 만드는 것보다 쉽다."[17]

데스 트레이너(Des Traynor)
인터콤(Intercom) 공동 창업자

그렇다면 첫 번째 퍼즐 조각은 무엇이어야 하는가? 시장? 문제? 니즈? 수요?

새로운 제품을 생각하는 유용한 방법 가운데 하나는 그 제품을 서비스로 생각하는 것이다.

여러분이 컨설팅 업체와 같은 서비스 비즈니스를 시작한다면 여러분은 잠재 고객에게 다가가고, 고객이 하려고 하는 일을 이해하려 하며, 고객을 도울 방법을 찾고, 고객에 맞추어 서비스 제공 가격을 정하려 할 것이다. 또한, 결과물을 전달하고, 긍정적인 평가를 바라며, 시간이 지남에 따라 재이용 고객이 좀 더 효율적으로 이용할 수 있게 서비스를 *상품화*하는 방법을 찾을 것이다.

다음은 여러분이 제품을 가지고 하려는 일이다.

1. 고객을 찾는다(시장 세그먼트).

2. 고객의 목표를 이해한다(고객 핵심과업(customer job)).

3. 가치를 제공해 고칠 수 있는 결함을 확인한다(차별화).

4. 서비스를 제공한다(상품).

5. 고객이 여러분의 작업에 만족할 때까지 반복한다(제품 시장 적합성 (PMF)).

6. 서비스를 상품화한다(규모).

제품에 기술이 있는지 여부와는 상관없이 여러분은 하려는 일을 변함없이 해야 한다. 여러분의 목표는 명확한 시장 세그먼트에 차별화된 가치를 제공하는 것이다.

아이디어 단계에서 여러분의 목표는 전달하고자 하는 가치를 전달받을 사람들의 니즈에 맞추는 것이다.

그러나 잠재 고객은 무엇이 가능한지 모를 것이다. 또한, 대부분의 잠재 고객은 확장 가능한 제품을 만들거나 로드맵을 실행하는 방법을 알지 못한다. 고객의 진짜 니즈를 찾아 그 니즈를 여러분 제품의 가치로 채워주는 것이 여러분의 일이다.

최소 기능 제품(Minimum Viable Product, MVP)을 제작하는 일조차도 많은 돈이 들기 때문에 코드 한 줄조차 쓰기 전이라도 시제품을 통해 가능한 많이 배워야 한다.

아이디어 단계에서 우리는 다음과 같은 것에 집중한다.

- 시장을 찾고, 고객 핵심과업을 확인한다(4장).
- 경쟁 구도를 평가하고 경쟁 우위를 찾는다(5장).
- 고객에게 제공할 강력한 가치 제안을 만든다(6장).
- 제품 콘셉트를 확인한다(7장).

여러분은 5개에서 10개의 사전 주문을 받자마자 아이디어 단계를 벗어날 수 있을 것이다. 크라우드 펀딩 플랫폼인 킥 스타터(Kickstarter)를 한 번 생각해 보라.

사전 주문 여부는 훌륭한 첫 번째 검사일 것이다. 여러분이 4-5명의 고객도 발견할 수 없다면 여러분이 쫓고 있는 기회는 그리 중요하지 않을 가능성이 높다. 그리고 그런 사실은 가능한 빨리 알면 알수록 좋다.

이 책의 각 장에는 다양한 콘셉트를 단순화하고 쉽게 설명하기 위한 짤막한 글이 나온다. 또한, 각 장은 서비스 조직에서 해야 하는 단계별 업무를 상세히 설명한다.

예를 들어 여러분이 서비스 회사를 운영한다면 아이디어 단계에서는 시장이 필요로 하는 것, 잠재 고객이 여러분의 서비스를 이용해야만 하는 이유, 첫 번째 고객을 얻는 방법을 학습하도록 한다.

정확한 방향 ────────────────────

"완전히 틀린 것보다는 대략이라도 맞는 것이 낫다."

존 메이너드 케인스(John Maynard Keynes)
경제학자

혁신가가 아이디어 단계에서 애를 먹는 이유 가운데 하나는 그들이 가진 정보가 모호하기 때문이다. 그리고 수많은 사업가를 포함해 사람들은 모호함을 불편하게 여긴다.

회사 내 여러 팀은 아이디어 단계에서 고객 연구의 중요성에 대해 흔히 다음과 같은 반론을 제기한다.

- "통계적으로 중요하지 않아요."

- "데이터 해석이 주관적이에요."

- "그 연구는 전문가가 한 것이 아니에요."

그러나 그런 반론은 대개 거짓이다. 무언가에 대해 여러분이 매우 불확실하다고 느낄 때 작은 샘플 데이터라도 있으면 불확실한 느낌이 상당히 사라진다.

이와 관련해 〈How to Measure Anything〉의 저자 더글러스 허버드(Douglas W. Hubbard)는 "관찰에서 생기는 모든 종류의 오류는 이전보다 불확실성만 줄어든다면 측정 못할 이유가 되지 않는다."고 말한다.

이전에 여러분이 했던 조사는 완전하지 않았을 것이다. 중요한 것은 여러분이 학습하면서 전진하고, 여러 가정을 확인하며 발전해 나간다는 것이다.

너무 멀리 뛰거나 열정에 취하지 말고 바른 상태를 유지하라.

물리학자인 리처드 파인만(Richard Feynman)은 다음과 같은 글을 남겼다. "첫 번째 원칙은 자신을 속여서는 절대 안 된다는 것이다. 그리고 당신은 누구보다 가장 쉽게 속일 수 있는 사람이다."

지금부터 시작해 보자!

04
고객 핵심과업 발견하기

여러분은 비즈니스 초기에 새로운 아이디어를 생각해 내고 시장을 발굴한다. 이번 장에서 설명하는 기법을 사용해 **시장을 찾고 고객 핵심과업(customer job)을 확인하라.**

"우리가 알고 있는 가장 성공적인 제품 혁신가는 고객이 가치 있게 여기는 것과 기꺼이 구매하고자 하는 것을 결정하는 것부터 시작하며, 그런 결정 사항을 고려해 제품을 설계한다."

마드하반 라마누잠(Madhavan Ramanujam), 게오르그 타케(Georg Tacke)
〈Monetizing Innovation〉의 공동 저자

혁신이 쉽다면 신생 벤처회사의 90%가 실패하는 일 따위는 없을 것이며,[18] 혁신은 단순히 '아이디어 → 제품 → 성공'이라는 경로일 것이다.

그러나 슬프게도 신생 벤처회사에게 이런 경로는 실패다.

혁신가와 사업가는 늘 틀린다. 그들은 언제나 잘못된 가정을 하고, 그 가정에 근거해 잘못된 길을 가며 자원을 낭비한다.

잘못을 최소화하려면 여러분의 아이디어 대부분이 실은 틀렸으며, 앞으로 비즈니스를 운영하는 과정에서 좀 더 나은 해법을 발견할 것이라고 가정하는 편이 가장 좋다.

이에 대해 〈Lean Enterprise〉의 공동 저자인 트레버 오웬스(Trevor Owens)는 "엄청난 돈과 시간을 손해 보지 않으려면 여러분의 아이디어는 무죄가 증명될 때까지 유죄여야 한다."고 말한다.[19]

나는 첫 번째 책 〈Lean B2B〉를 쓰면서 영국 디자인 협회[20]의 이중 다이아몬드 디자인 프로세스를 사용해 혁신 과정에서 탐색과 확인의 중요성을 강조했다.

그림 4-1 이중 다이아몬드 디자인 프로세스

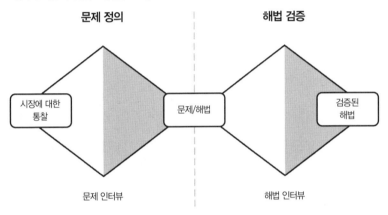

초기 단계에서 여러분의 목표는 학습이다. 여러분은 고객을 위한 해법을 정의하기에 앞서 해법의 대상인 고객에 대해 학습해야 한다.

여러분은 비즈니스를 시작하고자 하는 시장에서 전문가일 수도 있다. 그러나 전문가조차도 때론 실패한다. 그러므로 여러분은 자신의 머릿속에 있는 혁신 아이디어와는 별개로 무엇보다 먼저 잠재 고객의 실제 현실을 이해해야 한다.

혁신가가 스스로에게 질문할 첫 번째 질문은 '누구로부터 학습할까?'다.

학습하려 할 때 여러분은 탐색에 적합한 규모의 타깃 시장 세그먼트를 선정할 필요가 있다. 이런 시장은 다음과 같은 요소로 구성된다.

- 수많은 잠재 고객

- 고객의 애로사항, 문제, 핵심과업, 희망 성과, 비즈니스 기회 등을 공유해 주는 사람들

- 사람들이 구매 결정을 논의하고 공유하며 서로를 연결해 주는 여러 채널(모임, 공간, 방법)

시장은 비즈니스 성장을 결정짓는 가장 중요한 요소 가운데 하나다. 성장세에 있는 시장을 선택한다면 여러분의 비즈니스 역시 빠르게 성장할 것이다. 반면 하락세에 있는 시장을 선택한다면 여러분은 눈에 불을 켜고 고객을 확보하느라 상당한 시간을 소비해야 할 것이다

일단 폭넓게 정의된 시장을 선택하라. 예를 들어 교사, 스케이트 보더, 제약 업계 등과 같이 넓은 범위의 시장을 선택한다. 이후 시장에 대해 좀 더 알아가면서, 여러분은 시장에 대해 갖고 있는 여러 가설을 좀 더 세밀하게 가다듬을 수 있을 것이다.

어떤 시장이든 초기 수용자가 있다.

그림 4-2 시장 내 초기 수용자

초기 수용자는 시장 내 다른 사람들에 앞서 경쟁 우위를 갖거나 이득을 얻기 위해 기꺼이 투자하는 사람들이다. 이런 초기 수용자가 바로 여러분이 찾으려 하는 사람들이며, 이들은 여러분의 제품 제작을 도울 것이다.

초기 수용자는 고객의 관점에서 문제, 목표, 니즈, 희망 성과 등을 공유한다. 그들은 새로운 제품이 가져다줄 전략적인 기회를 알기 때문에 기꺼이 위험을 감수하려 한다.

초기 수용자는 만족시키기 어려울 수도 있다. 그러나 그들을 성공하게 만들 수만 있다면 그들은 여러분의 비즈니스에 첫 번째 커다란 변곡점을 가져다줄 것이다.

초기 수용자는 여러분의 비즈니스 성공에 필요하지만, 그들만으로 충분하지는 않다. 그들만을 대상으로 비즈니스를 유지해 나갈 수는 없기 때문이다. 그러므로 여러분의 혁신은 궁극적으로 좀 더 큰 규모의 고객을 끌어들여야 한다.

그림 4-3 시장 내 초기 수용자의 비율

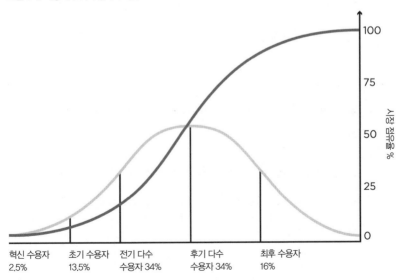

그러나 현재 단계에서는 잠재고객 탐색을 가속화하기 위해, 책의 뒤에 실린 '빌딩 블록'의 '초기 수용자 발굴' 가이드를 이용할 수 있다.

4.1 고객 핵심과업 발견하기 ————————

"현재의 행동과 태도를 보면 미래의 행동과 태도를 가장 정확하게 예측할 수 있다."

신디 앨버레즈(Cindy Alvarez)
〈린 고객 개발〉의 저자

탐색할 만한 시장을 정했다면 여러분은 그 시장에서 무엇을 찾아야 할까? 고객 관점에서 *니즈, 해법, 문제점, 장점, 아이디어, 성과 혹은 사양* 등을 찾아야 할까?

비즈니스 초기 잠재 고객을 만나보면 그들은 흔히 문제점이나 당면한 어려움 혹은 그들이 바라는 해법 등을 이야기한다.

고객이 이야기한 문제점, 필요성, 해법에는 두 가지 중요한 이슈가 있다.

1. **일시적이다**: 상황이 바뀌면 우선순위가 달라지거나 본질적인 내용이 변할 수 있다.

2. **다양한 해석이 가능하다**: 고객은 주관적이며 부정확하기 때문에 명확하게 평가하기 어렵다. 이런 애매모호함은 여러분의 혁신 프로세스에서 위험을 야기할 수 있다.

이런 이슈로 인해 같은 팀의 두 팀원이 동일한 상황을 완전히 다른 문제로 볼 수 있으며, 결과적으로 두 팀원은 조직이 해야 할 일을 완전히 다르게 생각할 수 있다. 예를 들어 경기가 좋지 않을 때 한 팀원은 경비 절감이 필요하다고 생각하는 반면, 다른 팀원은 영업 방식을 바꾸거나 시장을 확대해야 한다고 생각할 수 있다.

이는 혁신가에게 새로운 문제가 된다. 여러분은 비즈니스 초기에 자신이 굳건한 토대 위에서 비즈니스를 만든다고 확신해야 한다.

이를 위한 가장 안전한 방법은 사람들이 이미 하고 있거나 하려는 것을 이해하고, 그것을 토대로 삼아 비즈니스를 구축하는 것이다.

- *요즘 사람들은 무엇을 구매하는가?*
- *사람들이 구매하는 제품을 보면서 어떤 니즈를 알 수 있는가?*
- *요즘 사람들은 어디에서 시간을 보내는가?*
- *사람들은 문제를 해결하기 위해 무엇을 만들었는가?*
- *요즘 사람들은 무엇에 집중하고 있으며, 가까운 미래에 무엇에 집중할까?*

혁신을 위한 최상의 렌즈는 고객 핵심과업을 찾는 것이다. 고객 핵심과업(Job To Be Done, JTBD)은 사람들이 주어진 상황에서 달성하고자 하는 것을 기술한 것이다.

고객 핵심과업은 사람들이 무언가 일을 처리하기 위해 제품이나 서비스를 구매하고 *이용한다*고 주장한다. 다음과 같은 예를 생각해 볼 수 있다.

- 구독자(subscriber)에게 보내는 이메일이 전문적이고 효과적으로 느껴지도록 메일침프(Mailchimp)를 *이용한다.*

- 콘텐츠 마케팅을 통해 경쟁 우위를 얻을 수 있도록 에이레프즈(Ahrefs)를 *이용한다.*

- 내가 영향력 있는 그룹에 속해 있다는 느낌을 가지고자 엑스(구 트위터)를 *이용한다.*

사람들이 하려는 일을 좀 더 빠르고 편리하게 혹은 전보다 저렴한 가격에 할 수 있게 해준다면 고객이 원하는 제품을 만들 좋은 기회가 될 것이다.

이는 '고객의 일'과 관련해 여러분이 다음 사항을 알 필요가 있다는 뜻이다.

1. 고객이 수행하고자 하는 일(고객 핵심과업)

2. 특별 행위자 혹은 최종 사용자(핵심과업 실행자)

3. 현재 그 핵심과업을 하는 방법(핵심과업 프로세스)

4. 핵심과업 실행자가 성공을 측정하는 방법(희망 성과)

5. 추가적인 가치를 제공할 수 있는 방법(차별화)

고객 핵심과업은 만드는 것이 아니라 발견해야 한다. 그리고 실제로 그런 고객 핵심과업이 있다면 초기 수용자는 수작업, 다중 툴 솔루션 혹은 경쟁사 제품을 사용해 이미 그 일을 다루고 있거나 다루기 위해 노력하고 있을 것이다.

고객의 일은 일하기 위해 사용한 도구와는 별개다. 예를 들어 메모에 볼펜을 사용할 수도 있고 녹음기나 워드프로세싱 소프트웨어를 사용할 수도 있다.

고객의 핵심과업은 다음과 같은 성격을 가질 수 있다.

- **기능적**: 고객이 하고자 하는 기능

- **감정적**: 기능적인 일의 수행 결과로 고객이 느끼고 싶은 혹은 느끼고 싶지 않은 감정

- **사회적**: 고객이 다른 사람들로부터 기대하는 평가

예를 들어 고객은 스포츠카를 구매하며 최대한 빨리 출근해 효율적으로 일하기를 원할 수 있다(기능적 측면). 혹은 성공한 감정을 느끼거나(감정적 측면), 다른 사람들이 자신을 모험심 많은 사람으로 생각해 주기를 원할 수도 있다(사회적 측면).

베인앤컴퍼니(Bain & Company)의 가치 피라미드[21]를 보면 일의 성격이 서로 어떻게 연결돼 있는지 한눈에 볼 수 있다.

그림 4-4 가치 피라미드

사회적 영향(social impact)

자기 초월

삶의 변화(life changing)

희망 제공　자아실현

동기 부여　가보　제휴/소속

감정(emotional)

불안 감소　자기 보상　향수　디자인/심미　명예

웰빙　치유 가치　재미/엔터테인먼트　매력　접근성 제공

기능(functional)

시간 절약　단순화　수입　위험 감소　정리　통합　연결

수고 절감　번거로운 상황 방지　비용 절감　품질　다양성　감각적 매력　정보

고객은 여러분의 제품이 자신의 핵심과업을 처리하는 데 얼마나 효과적이었는지 평가하기 위해 여러 평가지표를 사용한다. 이런 평가지표를 희망 성과라고도 부르는데, 스트래티진(Strategyn)의 연구에 따르면 고객의 핵심과업 대부분은 간단한 것조차 50-150개의 희망 성과를 가진다.

고객이 어떻게 가치를 측정하는지 안다면 여러분은 성공적인 혁신을 만들어낼 수 있다. 요약하면 다음과 같다.

1. 잠재 고객은 **자신의 핵심과업**을 완료하기를 원한다.

2. 그들은 자신의 핵심과업을 완료하기 위해 **제품**이나 **솔루션**을 *이용한다.*

3. 그들은 자신의 **니즈**나 **희망 성과**를 얼마나 잘 충족시켰는지를 판단해 제품이나 솔루션의 사용 성과를 평가한다.

4. **문제**와 **장애물**은 고객이 만들려고 하는 발전을 방해한다.

5. 여러분이 잠재 고객을 도와 **그들이 핵심과업**을 평가 기준에 맞추어 **훨씬 잘 완료하게 만든다면** 그들은 여러분의 제품을 마음에 둘 것이다.

이 단계에서 고객의 핵심과업에 집중하는 것은 여러분의 비즈니스를 발전시키는 가장 믿을 만한 방법이다.

여러분이 서비스 회사를 운영한다면 …

이 단계에서는 잠재 고객을 찾고, 그들이 하려는 핵심과업이 무엇인지 학습하도록 한다.

4.2 사용할 수 있는 기법 ─────────

이 단계에서 여러분의 혁신이 선호도나 의견이 아니라 실제 행동에 기반을 두어야 한다는 것이 중요하다. 여러분은 잠재 고객, 경영진 혹은 다른 이해 관계자에게 의지할 수 없다. 실제 기회에 확실하게 다가서는 일은 바로 여러분의 책임이다.

이 장에서 다루는 세 가지 기법을 적절히 사용한다면 고객의 행동을 드러내는데 도움이 될 것이다.

- **세일즈 사파리를 통한 학습**: 소비자 제품을 다루려 할 때 특히 유용하다. 세일즈 사파리는 고객 접근에 제약이 있을 때 좋다.

- **고객 발견 인터뷰를 통한 학습**: 고객의 특별한 행동을 이해하거나 고객 세그먼트를 탐색하는 데 도움을 준다. 인터뷰는 스위스 군용 나이프처럼 고객 연구용 다목적 도구다.

- **상황별 질문을 통한 학습**: 집이나 직장에 있는 잠재 고객을 연구해 고객의 일을 좀더 깊이 있게 이해하는 데 도움을 준다. 이 기법은 여러분이 잠재 고객과 직접 만날 수 있는 기회가 많을 때 이상적이다.

사용할 기법은 주의 깊게 선택해야 한다. 여러분이 수집한 정보의 유형은 기회를 발굴하기 위해 사용하는 기법보다 훨씬 중요할 것이다.

4.3 세일즈 사파리를 통한 학습 ──────────

"아이디어는 잊어버리고, 시장을 연구하라."

에이미 호이(Amy Hoy)
연속 창업자

세일즈 사파리는 연속 창업자인 에이미 호이와 알렉스 힐만(Alex Hillman)이 개발한 에스노그라피(ethnography)에 기반을 두고 있다. 어떤 면에서 이 기법은 자연 상태에서 사용자를 직접 관찰하는 에스노그라피 기법을 인터넷에 적용한 것이다.

이 기법을 뒷받침하는 이론에 따르면 문제는 이미 드러나 있다. 그러므로 새로운 문제를 찾기보다는 고객이 이미 갖고 있는 문제를 찾는다.

이 기법은 부분적으로 고객 인터뷰에 대한 반작용이다. 에이미와 알렉스는 인터뷰를 통해 중요한 데이터를 얻는다는 것에 흔히 다음과 같은 뜻이 담겨 있으므로, 직접 질문하기보다는 관찰하는 편이 더 낫다고 말한다.

- 잠재 고객의 불만사항을 정확히 확인하기 위해 잠재 고객을 신뢰한다.
- 잠재 고객이 매일, 하루 종일 자신들이 한 일을 기억한다고 믿는다.
- 잠재 고객이 거짓말하지 않으며, 기꺼이 진실을 공유한다고 믿는다.
- 잠재 고객이 완전히 이성적인 결정을 내린다고 가정한다.

이와 관련해 알렉스는 *"자신이 관찰되고 있다는 사실을 모르는 사람들이 자신의 문제를 그들이 자연스럽게 활동하는 곳에서 말하게 할 수 있다면 여러분은 그들의 문제에 대해 좀 더 사실에 가깝고 자연스러우며 많은 경우 훨씬 풍부한 이해를 얻을 수 있다."*고 말한다.[22]

세일즈 사파리를 준비한다는 것은 잠재 고객을 연구하기 위해 그들이 즐기거나 일하기 위해 모여드는 곳인 온라인 워터링 홀(watering hole)을 찾아 시장에 간다는 뜻이다.

워터링 홀은 타깃 시장 주변을 탐색하는 방식으로 찾을 수 있다. 예를 들어 다음과 같다.

- "[시장] + 메일 목록"
- "[시장] + 포럼"
- "[시장] + 경연대회"

방금 예로 든 키워드 외에도 엑스(구 트위터), 페이스북 그룹, 도움말 커뮤니티, 위키, Q&A 게시판, 밋업(meetup), 커뮤니티 리소스, 학회, 고객 정보, 수상 내역, 사용자 그룹 및 블로그 등과 같은 다른 키워드도 워터링 홀을 찾는 데 도움을 줄 수 있다.

좋은 시장이라면 사람들이 자신의 툴, 지식, 아이디어 등을 활발히 공유하는 워터링 홀이 여럿 있을 것이다. 가령, 내 절친처럼 비행기를 좋아하는 사람들이 항공 산업에 관해 대화를 나누며 매주 몇 시간씩 시간을 보내는 에어라이너스닷넷(Airliners.net)을 예로 들 수 있다.

몇몇 워터링 홀을 찾았다면 대화, 애로사항, 믿음, 질문, 불만 사항, 사용된 제품, 희망 성과 등을 통해 시장 연구에 뛰어든다. 에이미와 알렉스는 '명사'를 들으며,[23] 관찰 사항을 기록하고, '좀 더 쉬운, 좀 더 빠른, 좀 더 적은, 좀 더 많은, 마침내'와 같은 단어가 나오는지 지켜보면서 30에서 50시간 정도 시간을 쓰라고 말한다.

그림 4-5 주목할 만한 가치가 있는 글의 예시

조시 비젠탈(Josh Wisenthal)
나는 이메일, 깃허브, 슬랙을 통해 상품 교환 및 이슈 사항을 전달받아요. 수많은 이슈가 사실상 같은 문제에 관한 것이므로 나는 전달받은 사항 모두를 깃허브에 보내고 분류해야 하죠. 이 일을 좀 더 쉽게 할 수 있는 방법이나 좋은 툴이 있을까요? 여러분 혹은 여러분이 속한 팀에서는 다양한 경로를 통해 들어오는 상품 교환 요청이나 오류 해결을 어떻게 기록하고 관리하나요?

에이미와 알렉스의 방법은 고객 애로사항을 찾거나 잠재 고객이 돈 버는 것을 도울 기회를 찾는 데 초점을 맞추고 있지만, 이런 고객 연구 기법은 고객의 핵심과업과 희망 성과를 찾는 데에도 사용할 수 있다.

이들이 운영하는 학습 사이트 30x500에서는 다음 두 가지 사항에 집중한다.

1. **페인 킬러(Pain Killer)**: 위험, 걱정, 스트레스, 두려움, 불확실함, 죄책감, 좌절감을 줄이거나 없앰

2. **돈 복사기**: 새로운 수익원 생성, 고객 범위 확대, 비용 절감, 가격 상승 등

세일즈 사파리를 마칠 때쯤 여러분은 잠재 고객의 언어로 말하고, 그들이 필요한 것을 예상하며, 그들의 반응을 예상할 수 있을 만큼 시장을 좀 더 깊이 이해할 수 있어야 한다.

워터링 홀을 통해 수집한 정보는 훗날 유용하게 쓸 수 있다. 예를 들어 여러분의 가치 제안을 구체화하거나 제품 홍보 문구를 만들거나 반대를 극복할 때 이용할 수 있다.

에이미와 알렉스는 여러분에게 잠재 고객의 애로사항을 찾아 제거하기 위해 다음과 같은 질문에 답해 볼 것을 추천했다.

- 어려움을 겪고 있는 기술은 무엇인가?

- 어떤 기술을 배우거나 향상시켜야 하는가?

- 반복적으로 해야 하는 태스크는 무엇인가?

- 무엇을 걱정하는가?

- 정말로 해야 하지만 회피하고 있는 일은 무엇인가?

잠재 고객이 돈 버는 것을 돕기 위해 제안한 질문은 다음과 같다.

- 수익은 어디에서 오는가?

- 매출 유형을 어떻게 늘릴 수 있는가?

- 고객은 어떤 니즈를 충족시키기 위해 제품을 구매하는가?

- 무엇이 비효율적이며 많은 비용이 드는가?

- 어떻게 새로운 고객과 시장을 찾고, 새로운 기회를 만들 수 있는가?

- 어떻게 좀 더 많은 돈을 청구할 수 있는가?

성공적인 B2C 형태의 소비자 제품이 세일즈 사파리를 통해 많이 나왔다. 이 기법은 실행하기 쉬우며, 비즈니스의 좋은 출발점이 될 수 있다.

4.4 고객 발견 인터뷰를 통한 학습

"청취는 제품에 관해서가 아니라 사람들의 목적에 관해서 듣는 것이다."

인디 영(Indi Young)
〈Practical Empathy and Mental Models〉의 저자

비즈니스 기회를 배우고 검증하는 데 고객 인터뷰는 매우 중요하다.

혁신가는 항상 "앉아만 있지 말고 건물 밖으로 나가.", "고객에게 가서 대화를 나누어 봐.", "잠재 고객을 만나 인터뷰를 해봐."와 같은 이야기를 듣는다.

자, 그런데 고객 발견, 특히 고객 인터뷰에 있어 문제는 잘못할 경우 틀린 길로 빠르게 빠져들 수 있다는 것이다.

에이미와 알렉스의 우려를 떠올려 보면, 잠재 고객은 자신들의 애로사항과 힘든 순간을 명확히 하는 데 익숙하지 못하다. 사실 그래서도 안 된다. 고객으로부터 그런 정보를 입력으로 얻는 일은 바로 여러분의 역할이기 때문이다.

이와 관련해 혁신 전문가 토니 울윅(Tony Ulwick)은 "여러분이 고객으로부터 무엇을 듣고 싶은지 알지 못한다면 인터뷰 형식이나 질문이 어떠하든 고객으로부터 올바른 입력을 얻지 못할 것이다."라고 말한다.

헛수고를 하며 시간을 낭비하지 않으려면 여러분은 정확한 사실을 알아내야 한다. 다시 말해 거짓 정보를 피하고, 인터뷰 대상자의 마음을 열어 그들의 애로사항과 그들이 실제 필요로 하는 것을 들어야 한다는 뜻이다.

사람들은 여러분의 자존심이 걸린 문제라고 생각하면 거짓말을 할 것이다. 사람들이 여러분을 믿을 수 없다고 여기거나 제공한 정보가 자신들의 이미지에 긍정적이지 않다고 생각하면 혹은 여러분이 자신들과 경쟁하려 한다고 생각하면 피상적인 답변으로 일관할 것이다.

여러분은 고객 인터뷰를 통해 고객에 대한 연구를 매우 정확하게 할 수 있다. 즉, 인터뷰를 하며 특정 시장 세그먼트, 특정 과업수행자 혹은 특정 고객으로부터 빠르게 학습할 수 있다.

먼저 여러분이 학습하고 싶은 시장을 정의하라. 타깃 시장이 명확하지 않다면 좀 더 넓은 범위에서 출발한 후 시장에 관해 배우면서 타깃 시장의 세그먼트를 좁혀 나가는 것도 좋은 방법이다.

예를 들어 여러분이 온라인 개인교습 플랫폼을 구축하려 한다면 교사를 타깃 시장으로 삼아 출발할 수 있다. 이후 시장에 관해 배우면서 보조 교사, 다음으로 과학 분야의 보조 교사와 같이 타깃 세그먼트를 좁히며 점점 더 구체화할 수 있다.

인터뷰 대상자를 좀 더 쉽게 섭외할 수 있도록 이 책 끝 빌딩 블록의 '인터뷰할 잠재 고객 모집'을 참고하라.

그리고 인터뷰 기회를 얻었다면 먼저 인터뷰 스크립트를 준비하라.

흔히 '예' 혹은 '아니요'로 답할 수 있는 닫힌 질문이 연관된 정보에 집중하는 데 도움이 되는 반면, '왜', '무엇', '어디', '어떻게'로 시작하는 열린 질문은 필요한 것, 의견, 이야기, 피드백을 얻는 데 도움이 된다.

열린 질문을 통해 종종 뜻밖의 사실을 알 수 있다. 그러므로 인터뷰 초반을 위한 스크립트는 가능한 열린 질문을 담고 있어야 한다. 다음은 열린 질문을 잘 쓰기 위한 방법이다.

- "무엇", "어디", "왜", "어떻게"라는 단어를 사용해 질문을 작성하라.
- 그런 식으로 질문을 작성할 수 없다면 "~에 대해 이야기하라", "설명하라", "기술하라"를 사용해 질문을 작성하라.
- 특정 상황, 문제 혹은 기간에 관해 질문하는 방식으로 여러분의 질문에 맞춘 상황을 만들어라.
- "좀 더 이야기하세요." 내지는 "그 대답은 무슨 뜻인가요?"와 같은 말을 열린 질문에 뒤이어 사용하라.

최근의 제품 구매, 태스크, 워크플로, 이벤트 등과 같이 실제로 있었던 일에 근거해 인터뷰를 **진행하는 방법**도 좋은 생각으로, 확실히 실제 사실을 배우는 데 도움이 될 것이다.

여러분은 인터뷰 대상자가 처리할 일에 관해 배우기 위해 그들이 이미 어떤 제품을 구매하고 있는지 질문하는 것부터 시작할 수 있다.

- 최근에 구매한 제품이 있나요? 왜 구매했나요?
- 늘 구매하던 제품 대신 다른 제품을 구매한 적이 있나요? 언제 구매했나요? 구매 제품을 바꾼 이유가 무엇인가요?
- 최근에 구매를 취소한 적이 있나요? 왜 취소했나요?
- 매년 어떤 소프트웨어를 구매하나요? 왜 구매하나요?
- [제품명] 제품은 어떤 목적을 달성하는 데 도움이 되었나요?
- [제품명] 제품은 어떤 문제를 [예방/해결]하는 데 도움이 되었나요?
- 타사 제품 대신 [제품명] 제품을 구매한 이유는 무엇인가요?

제품 구매 이력이나 특정 사건 등이 없다면 좀 더 폭넓은 질문을 고려한다. 이를 위해 다음과 같은 질문을 사용해 인터뷰를 시작하라.

- 본인과 본인이 하고 있는 일에 관해 간단히 이야기해 줄 수 있나요?
- [고객 핵심과업]을 언제 마지막으로 했나요?
- 무엇을 달성하기 위해 노력하고 있나요? 어떤 태스크가 관련 있나요?
- 어떤 문제를 예방하거나 해결하려 하고 있나요?
- 핵심과업을 끝마치는 동안 기분이 어떠했나요?
- [고객 핵심과업]을 하기 위해 어떤 제품과 서비스를 이용하나요?

- 핵심과업을 제대로 하고 있다는 것을 어떻게 아나요?

- 핵심과업을 끝마쳤을 때 기분이 어떠했나요?

- 어떤 대안을 가지고 있나요?

- 가장 화나게 만드는 부분은 무엇인가요? 왜 실망스러운가요?

- 무엇이 결정에 영향을 끼쳤나요?

- 어떤 상황에서 다르게 행동하나요?

- 어떤 일을 하는 것을 두려워하나요?

- 무엇을 피하나요? 왜 피하나요?

- 무엇이 더 쉬울 수 있나요? 왜 그런가요?

- 그밖에 무엇을 처리하려 하나요?

좀 더 빨리 인터뷰 준비를 시작하고 싶다면 **solvingproduct.com/interview**에서 완전한 인터뷰 스크립트를 받아서 사용할 수 있다.

인터뷰 대상자의 감정을 느꼈다면 질문의 흐름을 이어 가라. 흔히 감정은 정말 중요한 것을 알려줄 것이다.

사실과 행동에 집중하라. 여러분의 생각을 이야기하지 마라. 인터뷰를 끝마칠 때에는 "그밖에 추가로 질문했어야 하는 것이 있었을까요?"라는 질문을 덧붙여라. 이런 종류의 질문은 흔히 흥미 있는 사실의 발견으로 이어진다.

두세 번의 인터뷰 후에 인터뷰 결과를 재평가하라. 인터뷰가 여러분을 올바른 방향으로 이끌고 있는가? 인터뷰 사이에 일관성이 보이지 않는다면 여러분이 선정한 고객 세그먼트가 충분히 정확하지 않은 것일 수 있다. 이럴 경우 고객 세그먼트를 가능한 계속 세분화하라.

여러분의 인터뷰 기술을 향상시키고 싶다면 이 책 뒤편에 있는 빌딩 블록에서 인터뷰 가이드를 찾아 읽도록 한다.

4.5 상황별 질문을 통한 학습 ──────────

"고객을 찾아가 '좋아요. 그래서 오늘 어떤 일을 하세요? 작업 과정은 어떻게 되나요? 하시는 일을 제게 보여 주세요.'라고 말하는 일은 정말 재미있다. 그리고 여러분은 어느 정도 찬찬히 고객이 하는 일을 살펴보고는 몇 가지 메모를 한다. 그리고 다시 보여 달라고 말하며 그들과 함께 찬찬히 살펴본다. 여러분은 고객의 일상 속에서 하루를 보낸다."

단 드알메이다(Dan DeAlmeida)
랩 보이스(LabVoice) 제품 관리 감독관

상황별 질문은 현장 관찰과 인터뷰의 조합이다. 이 둘은 고객의 행동과 일을 좀 더 깊이 이해하는 데 도움을 줄 수 있다.

가장 좋고 타당한 기회는 조직 밖에서는 도달하기 어렵다. 그러므로 현장에 머무르며 고객이 하는 일을 편견 없이 살펴본다면 미처 알지 못했던 기회를 알 수 있는 경우가 많다. 여러분은 일을 처리하기 위해 고객이 사용하는 방법을 알게 될 것이며, 잠재 고객조차 자기 자신들에 대해 미처 알지 못했던 것을 발견할 수도 있다.

이와 관련해 더글러스 허버드(Douglas W. Hubbard)는 *"사람들이 시간과 돈을 어*

떻게 사용하는지 살펴본다면 여러분은 그들이 정말로 좋아하는 것에 관해 많은 것을 추측할 수 있다."고 말한다.

여러분이 상황별 질문을 통해 배우고자 할 때 첫 번째 어려움은 잠재 고객을 모으는 일일 것이다.

여러분이 일반 소비자를 비즈니스 대상으로 선택했다면 여러분은 쇼핑센터, 커피숍 혹은 기타 공공장소에서 일반 사람들을 찾을 수 있을 것이다. 그리고 여러분이 하려는 일을 먼저 설명하고 신뢰를 얻은 후 그들이 내준 시간에 대한 보상에 합의함으로써 그들이 여러분에게 자신의 일을 보여주는 것에 동의하도록 만들 수 있다.

여러분이 회사를 비즈니스 대상으로 선택했다면 고객은 늘 자신에 관한 정보가 경쟁에 악용될까 봐 두려워할 것이다. 그러므로 조사를 시작하기 전에 허락을 구하는 것이 가장 좋다.

회사가 신경 쓰는 일이나 문제에 맞추어 여러분의 조사를 조정한다면 고객이 여러분에게 문을 열도록 좋은 기회를 만들어 설득해야 한다.

다음과 같은 방법이 있다.

- **기존 관계 이용**: 여러분이 전에 함께 일했거나 관리 팀 가운데 한 명이 여러분의 신원을 보증한다면 방문하기가 한결 쉬울 것이다.
- **현장 컨설팅 인게이지먼트**: 여러분이 고객을 신뢰한다면 여러분의 서비스를 개선하는 방법과 다른 기회를 어떻게 학습할 수 있는지 좀 더 잘 이해하기 위해 현장에서 일하는 것을 제안할 수 있다.
- **시범 프로젝트에 동의**: 대상 회사와 현장 조사에 대한 요구 조건을 작성한 후 프로젝트를 만들 수 있다. 의미 있는 혁신을 만들겠다는 공통된 바람 덕분에 그들은 관찰의 문을 열 것이다.

인터뷰 대상자와 합의에 도달하면 다음 일을 집중적으로 관찰하라.

- **시간 소비형 태스크**: *그 태스크는 왜 시간이 걸리는가? 그 태스크는 왜 문제가 되는가? 사람들이 정말로 하려는 태스크는 무엇인가? 그 태스크는 어떻게 세분화할 수 있는가? 모든 단계가 필요한가? 단계 사이에 의존 관계가 있는가?*

- **사용한 제품**: *어떤 제품을 사용했는가? 어떤 단계에서 사용했는가? 어떤 이유로 사용했는가? 처음 그 제품을 선택한 이유는 무엇인가? 제품에 눈에 띄는 한계가 있는가? 제품에 대한 불만사항이 있는가?*

- **해결 방법**: *그들은 좋은 해결 방법을 사용하는가? 포스트잇이나 체크리스트를 사용하는가? 잠재 고객이 업무 효율 개선을 위한 솔루션을 제안했었는가? 잠재 고객이 현재 사용하는 해결 방법을 만든 이유와 그런 해결 방법이 필요했던 문제에 관해 질문하는 것은 좋은 생각이다.*

- **복합 솔루션**: *기존에 만든 혹은 모아 놓은 솔루션이 있는가? 엑셀 혹은 노-코드 툴을 사용해 만들었는가? 대체할 수 있는 다중-툴 솔루션이 있는가?*

- **대안**: *대안을 찾아본 적이 있는가? 대안을 알지 못하는가? 특별한 수정 없이 문제 해결에 바로 사용할 수 있는 솔루션은 왜 찾을 수 없는가?*

열린 질문을 던지며 탐색하라. 며칠간 여러 고객을 관찰해 많은 정보를 얻는다면 여러분이 고객의 실제 업무 프로세스와 힘든 순간을 이해하는 데 도움이 될 것이다.

좀 더 많은 사람들이 문제의 영향을 받고 좀 더 영향력 있는 사람들이 문제로 인해 어려움을 겪는다면 그들이 속한 조직은 문제 해결을 원할 가능성이 크다.

역할과 목표 전반에 걸쳐 패턴을 찾아라. 그리고 발견한 것을 기록하며 계속 탐색하라.

문제 발생 주기, 탐색하고 있는 일이나 목표에 따라 상황별 질문은 매우 많은 시간이 걸리는 일일 수 있다. 상황별 질문은 관찰 중이라는 이유로 의식적이든 무의식적이든 다르게 행동하기 시작하는 호손(Hawthorne) 효과(혹은 관찰자 효과)를 일으킬 수도 있다.

이처럼 여러 이슈가 있기는 하지만, 나는 여러분이 어떤 일을 할지 고민하는 등 중요한 결정을 내릴 때 고객의 상황과 기회를 이해하기 위해 많은 시간을 쓰는 일이 결코 시간을 낭비하는 일이 아니라고 생각한다.

계속해서 탐색하며 고객의 문제를 다룰 최고의 기회를 찾아라.

4.6 발전하기

"흔히 혁신가는 고객이 현재 사용하는 제품에 대해
싫어하거나 기대하는 것을 연구할 때 고객의 니즈를
연구한다고 생각한다."

앨런 클레멘트(Alan Klement)
〈When Coffee and Kale Compete〉의 저자

일찍이 발전은 특정 시장 세그먼트에서 기능 관점의 고객 핵심과업을 찾는다는 뜻이다.

일반적으로 '핵심과업'은 다음과 같이 나타낸다.

　　동사(verb) + 목적어(object) + 상황 설명(contextual clarifier)

고객 핵심과업의 예에는 '차를 구매하다(buy a car).', '출근하는 동안 음악을 듣는다(listen to music while commuting to work).', '연간 휴가 계획을 세운다(plan annual vacation).'와 같은 것이 있다.

여러분이 다루고자 하는 주요한 핵심과업에 따라 여러분의 활동 영역과 혁신 범위가 결정된다.

여러분은 연구를 하며 연관된 핵심과업을 발견할 것이다. 예를 들어 '차를 구매하다.'는 '구매 자금 조달', '주차 허가 확보' 등의 연관된 핵심과업을 포함할 수 있다. 그러므로 전념할 핵심과업을 선택하기에 앞서, 핵심과업이 서로 어떤 관계에 있는지 이해하는 것이 좋다.

고객 핵심과업의 범위를 너무 좁게 정의하지 마라. 범위가 좁으면 여러분의 혁신 역량 또한 제약될 것이다. ⟨The Jobs To Be Done Playbook⟩의 저자 짐 칼바흐(Jim Kalbach)는 핵심과업을 잘 정의했는지 테스트하기 위해 다음 질문에 답할 것을 제안했다.

- *핵심과업 정의서가 과업 수행자의 시각을 잘 반영했는가?*
- *핵심과업 정의서가 동사로 시작되는가?*
- *핵심과업의 시작과 끝이 명확한가?*
- *핵심과업 수행자도 [주어/목적어] + [술어]라고 생각할까? (예: 재정 포트폴리오가 성장했는가?, 그 거리에서 음식이 팔렸는가?)*
- *사람들은 50년 전에도 고객 핵심과업 정의서를 이와 같이 작성했을까?*

한 가지 핵심과업에 대한 희망 성과의 개수는 150개에 달할 수도 있다.

그러므로 핵심과업의 단계별 희망 성과를 확실히 알 수 있도록 잠재 고객이 하려는 핵심과업의 주요 단계를 시각적으로 그린 핵심과업 지도를 만들면 좋다.

그림 4-6 핵심과업 지도의 순서

정의 ▸ 배치 ▸ 준비 ▸ 결정

실행 ▸ 관찰 ▸ 수정 ▸ 완료

고객 연구 과정을 통해 많은 성과를 얻어낼 수 있어야 하겠지만, 그러지 못했다면 앞으로 다시 돌아가 핵심과업 지도의 각 단계에 집중해 보는 것을 고려하라.

희망 성과는

상황 설명 + 지표 + 제어 목적 + 변화 방향

과 같이 나타낼 수 있다.

예를 들어 '낭비되는 시간을 최소화하라', '시스템 오류 가능성을 줄여라' 혹은 '주문 가격을 최대화하라' 등과 같이 나타낼 수 있다.

이와 관련해 토니 울윅은 "일반적으로 희망 성과는 변화 방향(최소화하라, 줄여라, 낮춰라, 최대화하라, 올려라)을 나타내고, 평가 지표(숫자, 시간, 빈도, 확률)를 포함하며, 어떤 성과를 기대하는지 보여준다."고 설명한다.

그림 4-7 희망 성과 표현 구조

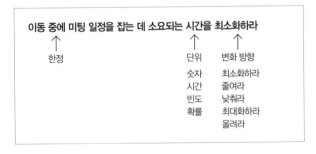

이동 중에 미팅 일정을 잡는 데 소요되는 시간을 최소화하라

↑	↑	↑
한정	단위	변화 방향
	숫자	최소화하라
	시간	줄여라
	빈도	낮춰라
	확률	최대화하라
		올려라

여러분은 단일 시장 세그먼트에서 초기 수용자의 기능적 핵심과업과 희망 성과에 집중하며 진짜 기회를 찾을 수 있다. 그러므로 시장과 고객의 핵심과업을 찾지 못한 채 앞으로 나가지 마라.

4.7 사례 연구
스탯플로는 어떻게 기회를 발견했는가?

"일반적으로 툴에 대한 사용자 반응은 작업 공간의 상황에 따라 다르다."[24]

샘 래드너(Sam Ladner) 박사
〈Practical Ethnography and Mixed Methods〉의 저자

스탯플로의 공동 창업자들인 존 채프먼(John Chapman), 케빈(Kevin) 형제, 이안 저베이(Ian Gervais)는 스탯플로가 수집해 제공한 고객 데이터를 휴대폰 판매점에서 좀처럼 사용하지 않는다는 사실을 알았을 때 휴대폰 판매점에서 오랜 시간을 보내며 원인을 찾기 시작했다.

일부 판매점에서는 제공받은 데이터를 표로 출력해 중요하다고 생각한 정보에 강조 표시도 했지만, 대부분의 판매점에서는 자유롭게 이용할 수 있는 엄청난 데이터로부터 가치 있는 정보를 거의 얻지 못하고 있었다.

그들은 휴대폰 판매점에서 가치 있는 정보를 얻을 수 있도록 데이터를 정리해 온라인 보고서를 만들었다. 이안에게 있어 이런 앱은 늘 만들던 속성 제작 앱 가운데 하나일 뿐이었기 때문에 이 일이 비즈니스로 연결되리라고는 전혀 생

각하지 못했다.

첫 번째 보고서가 나왔을 때 판매점 점주들은 어떤 고객의 휴대폰 계약 갱신 시점이 가까워졌는지 볼 수 있었다. 그들은 곧 동일한 데이터가 계약 해지 위험 가능성이 있는 고객을 표시해 구분하는 일에 사용될 수 있다는 것을 깨달았다.

공동 창업자들은 점주들에게 도움을 주기 위해 두 번째 보고서를 만들었다. 보고서가 준비되었을 때 그들은 점주들의 반응에 깜짝 놀랐다.

점주들은 온라인 보고서를 출력했을 뿐만 아니라 오려서 스크랩까지 만들었다.

공동 창업자들은 일이 어떻게 흘러가고 있는지 이해하고 싶어서 점주들의 행동을 깊이 파고들기 시작했다. 그리고 곧 점주들이 고객 연락 정보를 판매원에게 전달하며 고객 이탈을 막는 데 집중해 달라고 요청하였다는 것을 알게 되었다.

점주들은 보고서를 좋아했고, 보고서로부터 중요한 정보를 많이 얻었다. 덕분에 판매원은 고객 방문을 기다리며 시간을 허비하지 않아도 되었다.

중요한 정보를 얻을 수 있는 훨씬 좋은 방법이 있다는 것이 분명했고, 이는 스탯플로가 할 수 있는 중요한 고객 핵심과업이라는 것이 확실했다.

2014년 스탯플로는 통신사를 변경할 위험이 있는 고객을 자동으로 찾아내 판매원에게 할당하는 스마트 리스트(Smart Lists)라는 제품을 출시했다.

이 제품은 성공적이었다. 그러나 처음에 시범용 제품은 무료였고, 단지 몇몇 판매점만이 그것을 사용했다. 이 제품이 크게 확산될지는 확실하지 않았다.

좀 더 많은 고객을 확보하기 위해 스탯플로는 판매점 10곳을 시범용 제품 사용 판매점으로 추가했다. 휴대폰 산업이 매우 경쟁이 심한 분야이기는 했지만, 점주들의 반응은 깜짝 놀랄 만큼 뜨거웠다. 새롭게 추가된 판매점은 스마트 리스트를 잘 이용했을 뿐만 아니라 다른 점주에게 제품에 관해 이야기하기 시작했다.

얼마 지나지 않아 캐나다와 미국 전역의 휴대폰 판매점이 시범용 제품 사용에 참여하기 위해 모여 들었다. 이안과 그의 팀은 판매점의 니즈가 비슷한 패턴인지 알기 위해 판매점을 방문하기 시작했으며, 곧 자신들의 제품이 점주들의 동일한 니즈를 지속적으로 해결할 수 있다는 것을 깨달았다.

공동 창업자들은 판매점 점주들이 제품 사용 대금을 기꺼이 지불하는 것을 보며, 자신들이 엄청난 비즈니스 기회를 발견했다는 사실을 깨달았다.

스탯플로는 더 이상 이안이 늘 만들었던 여러 속성 앱 가운데 하나가 아니었다. 그것은 성장하는 비즈니스였다.

판매점에서 오랜 시간 머무르며 고객의 행동을 관찰한 덕분에 공동 창업자들은 뜻밖의 성공 기회를 찾았다.

4.8 행동하기

1. 탐색할 만한 시장을 정하라. 다른 시장을 평가하기 위해 세일즈 사파리 수행을 고려하라.

2. 무언가 배울 수 있는 잠재 고객을 찾기 위해 빌딩 블록에서 '초기 수용자 발굴'을 참고하라.

3. 여러분이 선택한 시장과 초기 수용자에 대한 접근성에 근거해 적당한 기법을 선택하라.

4. 단일 시장 세그먼트에서 기능 관점의 고객 핵심과업과 희망 성과를 확인하라. 트리거, 연관된 핵심과업, 애로사항에 주목하라.

5. 단일 시장 영역에서 확실한 고객 핵심과업을 찾지 못한 채 앞으로 더 나아가지 마라.

05

경쟁 우위 찾기

이제 여러분은 고객 핵심과업을 찾았으며 경쟁할 방법을 찾고 있다. 이번 장에서 설명하는 기법을 사용해 **경쟁 구도(landscape)를 평가하고 여러분의 경쟁 우위를 찾아라.**

"회사가 특정 시장에서의 서비스 부족 여부를 확실히 알지
못한다면 신제품과 새로운 서비스 개발에 잘못 투자할
가능성이 크다."

토니 울윅(Tony Ulwick)

기술에서 흔히 사용되는 수사적 표현으로 '경쟁을 무시하라'는 말이 있다.

경쟁자가 무엇을 하고 있는지 생각하지 마라. 그들의 기능을 쳐다보지 마라. 그들에 대해 걱정하지 마라.

대신 고객에 집중하라.

멋진 이론이다! 그러나 현실 속에서 경쟁 구도는 옛날과는 다르다. 오늘날 누구나 어느 곳에서든 경쟁 제품을 만들 수 있다. 덕분에 시장은 그 어느 때보다 경쟁이 치열하다.

경쟁 탐구는 여러분이 타깃 고객에 대해 학습하는 중요한 방법이다. 여러분은

경쟁 탐구를 통해 고객의 니즈, 고객의 바람, 고객의 문제 및 고객이 가치 있게 여기는 성과를 알 수 있다.

이와 관련해 히텐 샤(Hiten Shah)와 마리 프로코펫(Marie Prokopets)은 "여러분이 할 일은 고객을 어느 누구보다 잘 이해하는 것이다. 경쟁자를 못 본 체하는 것은 고객을 못 본 체하는 것과 같다."[25]고 말한다.

여러분이 고객에게 가치 있는 차별화를 제공할 수 있으려면 경쟁 구도와 여러 대안을 이해할 필요가 있다. 고객이 여러분의 제품이나 서비스를 무엇과 비교할지 이해한다면 여러분은 그들이 궁극적으로 '더 나은'을 어떻게 정의할지 이해할 수 있다.

여러분의 제품은 늘 다른 제품과 경쟁할 것이다. 그러므로 요즈음에는 여러분의 제품을 경쟁 제품과 함께 생각하는 것이 좋다.

그렇다면 경쟁이란 무엇일까?

여러분이 탐구할 수 있는 네 종류의 경쟁자가 있다.

- **직접 경쟁자**: 같은 고객층을 대상으로 똑같은 니즈를 충족시키려는 경쟁자
- **간접 경쟁자**: 여러분이 하려는 것과 같은 일을 하지는 않지만, 동일한 고객층을 대상으로 같지는 않아도 비슷한 제품을 제공하는 경쟁자
- **대체 제품**: 고객이 동일한 핵심과업을 처리하기 위해 사용하는 수동 제품이나 솔루션. 예를 들어 스프레드시트, 책, 연필과 종이, 체크리스트, 자문, 협의회 등이 있다.
- **복합 제품**: 핵심과업을 처리하기 위해 함께 묶어 사용하는 수많은 툴. 예를 들어 수동 작업을 자동화하는 재피어(Zapier), 에어테이블(Airtable) 등이 있다.

동일한 고객을 대상으로 같거나 비슷한 가치를 제공하는 제품이나 솔루션을

경쟁 상대라고 한다. 그리고 궁극적으로 제공하는 가치에 따라 시장을 정의한다.

여러분은 경쟁을 통해 미래 고객에 관해 무엇을 학습할 수 있을까?

이번 단계에서는 시장에서 경쟁하는 방법과 경쟁 우위를 발견하는 방법을 다룬다.

> *여러분이 서비스 회사를 운영한다면…*
>
> *이 단계에서는 잠재 고객이 특별히 여러분의 회사를 이용해야만 하는 이유를 알아내는 방법을 학습한다.*

5.1 사용 가능한 기법

〈스타트업 바이블〉의 저자 빌 올렛(Bill Aulet)은 *"여러분이 필요하다고 느끼는 모든 정보가 담긴 시장 조사 보고서가 이미 있다면 아마도 여러분이 생각하는 신사업은 시작하기에 너무 늦은 상태일 것이다."*라고 말한다.

경쟁을 통해 고객을 학습한다는 것은 창의적이 된다는 뜻이다. 여러분은 경쟁 상대로부터 학습하기 위해 다음과 같은 기법을 사용할 수 있다.

- **무덤에서의 소풍**: 예전에 시장에서 경쟁했던 기업가들을 학습하고, 그들이 저질렀던 몇 가지 실수를 피할 수 있다.

- **제품 리뷰 분석**: 고객이 불만족스럽게 여기거나 필요하다고 느끼는 일을 발견할 수 있다.

- **경쟁적인 사용자 테스트를 통한 학습**: 제품 기능과 회사 로드맵의 문제점을 찾아

낼 수 있다.

- **타사 제품 판매를 통한 학습**: 여러분의 기분을 불편하게 만들 가능성이 높기는 해도 고객 관점에서 차이와 가치를 이해하는 데 가장 빠른 방법일 수 있다.

- **경쟁자와의 대화를 통한 학습**: 경쟁자로부터 배우기 위한 다소 블랙 햇(black hat) 같은 방식이기는 해도 경쟁자의 비전과 제품 전략을 상세하게 이해할 수 있다.

이 장에서 다룰 여러 기법을 조합해 사용하는 것도 좋은 생각이다. 위의 기법을 깊이 있게 살펴본다면 여러분은 결국 경쟁 방법을 발견할 것이다.

5.2 무덤에서의 소풍

"훌륭한 기업가는 자신의 실수와 잘못으로부터 배우고,
위대한 기업가는 다른 기업가의 실수와 잘못으로부터
배운다."

데이브 맥클루어(Dave McClure)
500 스타트업스(500 Startups) 공동 창업자

나는 첫 번째 책 〈*Lean B2B*〉에서 나의 옛 스타트업인 하이어보이스(HireVoice)가 고용주 브랜드 모니터링 솔루션 시장을 찾는 데 실패했던 일을 이야기했다.[26]

또한, 나는 그 책에서 인사 부서가 기술 제품에 대한 좋은 타깃 고객이 아니라고 느꼈던 이유를 언급했다.[27]

책을 출간하고 수년 동안 나는 인사 부서에 대한 나의 탐구로부터 배우기 위

해, 그리고 아마도 내가 틀렸다는 것을 증명하기 위해 내게 연락한 인사 소프트웨어 개발 독자 수에 깜짝 놀랐다.

그러나 그 일은 그리 놀랄 만한 일이 아니었다.

비즈니스 아이디어는 좀처럼 독특하지 않다. 우리가 하이어보이스를 만들고 있을 때 다른 회사 역시 비슷한 솔루션을 만드는 중이었다. 현재 여러분이 만들고자 하는 제품이 있다면 그와 비슷한 제품을 만들려 노력한 회사도 있을 것이다.

그러므로 여러분은 비즈니스를 시작하기 전에 비슷한 제품을 만들다 실패하거나 성공했던 기업가로부터 많은 것을 배울 수 있다.

고객 개발 전문가인 션 머피(Sean Murphy)[28]가 만든 '무덤에서의 소풍'이라는 이 탐구 기법은 제품이 성공하려면 어떤 일을 다시 하고 어떤 일은 하지 말아야 하는지 파악한다.

여러분은 크런치베이스(Crunchbase), 엔젤리스트(AngelList), 프로덕트 헌트(Product Hunt), 링크드인(LinkedIn)에서 혹은 구글에서 '포스트모템(Post-mortems)'을 검색해 과거 혹은 현재의 경쟁 상대를 찾을 수 있다.

여러분이 탐색하고자 하는 제품에 대해 다음과 같은 사항을 고려하라.

- **제품 탐색**: 인터넷에서 가용한 정보를 찾아보자. 제품의 주요 기능과 특징을 살펴보고, 정형화된 패턴이 있는지 파악하라. 웨이백 머신(Wayback Machine)*을 사용해 제품에 대한 이전 피칭(Pitching)들도 다시 확인하라. 여러분은 경쟁사가 목표하는 가치 제안과 대응하는 제품의 발전 과정을 배울 수 있을 것이다.

---

* 옮긴이 인터넷 아카이브가 제작한 일종의 타임캡슐로 웹사이트를 몇 주 간격으로 저장한다.

- **과거 고객 접촉**: 여러분은 제품 리뷰 글이나 소셜 미디어를 통해 과거 고객을 찾을 수 있다. 과거 고객이 이후 어떤 제품으로 사용 제품을 변경했는지 알아내기 위해 노력하라. 그들의 니즈가 완전히 충족되지 못했다면 여러분은 그들을 초기 고객으로 얻을 수도 있다.
- **창업자 연락**: 창업자들이 더 이상 비즈니스에 관여하고 있지 않다면 자신들의 경험을 기꺼이 공유할 수도 있다. 적어도 내 경우에는 그랬다! 그들이 잘했던 것과 그렇지 못했던 것을 파악하라. *그들은 무엇을 다르게 했었는가? 그리고 여러분에게 어떤 조언을 하는가?*

여러분은 이외에도 비슷한 다른 방법을 사용해 많은 것을 배울 수 있다. *창의적으로 생각하라. 그 밖의 어떤 방식으로 여러분의 초기 가설을 검증하는 데 필요한 정보를 얻을 수 있는가?*

5.3 제품 리뷰 분석 ————————————————

"새로운 제품 아이디어가 떠올랐을 때 나는 시장에 비슷한
제품이 출시돼 판매 중인지 확인한다. 그렇지 않으면
아이디어가 제품화되었을 때 시장이 그 제품을 받아들이지
않을 수 있다."[29]

폴 자비스(Paul Jarvis)
기업가이자 작가

B2C는 물론 B2B 시장에서도 고객 리뷰는 구매 프로세스에서 점점 중요한 역할을 하고 있다.

오늘날 많은 잠재 고객은 제품 혹은 영업 팀과 계약하기에 앞서 제품과 고객 리뷰를 비교하며 직접 조사할 것이다. 어떤 면에서 고객의 제품 리뷰는 회사 웹사이트의 확장판이며, 경쟁 제품을 속속들이 알 수 있는 경쟁 제품 정보의 보고다.

제품 리뷰를 분석하기 위해 여러분은 먼저 경쟁 상대가 누구인지 명확히 해야 한다. 또한, 리뷰에 대해서도 직접 경쟁자와 간접 경쟁자 모두에 초점을 맞추어야 한다.

지투(G2), 캡테라(Capterra), 겟앱(GepApp), 트러스트레이디어스(TrustRadius), 소프트웨어 어드바이스(Software Advice), 파운더킷(Founderkit) 혹은 프로덕트 헌트(Product Hunt)와 같은 웹 사이트에서 경쟁 상대에 대한 리뷰를 찾아보라.

긍정적이든 부정적이든 상관없이 모든 리뷰를 읽고 분류하며 결과를 분석하라.

리뷰가 많지 않다면 이는 경쟁 상대의 시장 내 영향력이 크지 않음을 보여 주는 것일 수도 있다. 경쟁 상대가 시장을 차지하고 있지 않은데도 그렇다고 가정하지 마라.

중요한 도전, 선호 기능, 차이 등을 주의 깊게 살펴보라. '더 나은', '더 쉬운', '더 빠른', '더 적은', '더 많은', '완화', *마침내*와 같은 단어를 찾아보라.

잠재 경쟁자의 커뮤니티, Q&A 사이트, 엑스(구 트위터) 포스트 및 기능 요청 게시판 등을 직접 살펴보면 좀 더 깊이 있는 리뷰 분석을 할 수 있다. 솔직히 말해 나는 여전히 회사에서 요청 게시판을 공개 운영하는 이유를 잘 모르겠다.

그림 5-1 주목해 살펴볼 만한 고객 리뷰 예제

 프랜시스 지(Francis G)
규모: 중간 (직원 수: 201~500)

★★★⯪☆ 2020년 5월 14일

'인터페이스는 훌륭하지만 전반적으로 꽤 부족함'

가장 좋아하는 점

깔끔한 인터페이스가 좋다. 매우 직관적이며 사용하기도 쉽다. 통화 변경이 쉬워 해외 영업 팀에게 매우 좋다. 워크플로(workflow) 역시 괜찮고 체계적이다. 작은 팀을 운영한다면 스펜데스크(Spendesk)*를 사용하라. 그러나 좀 더 정교한 기능이 필요하다면 나는 다른 솔루션을 찾아 이용할 것이다.

가장 싫어하는 점

나는 개별 보고서(예: 특정 출장에 대한 보고서)를 만들 수 없다는 것이 싫다. 결과적으로 특정 출장에 사용된 경비와 환불 내역을 파악하기 어렵다. 특히 AI 기능은 고칠 부분이 많다. 앱에서 영수증을 업로드하면 날짜와 사용 금액이 잘못 등록되는 오류가 자주 발생한다. 그래서 매번 직접 잘못 등록된 날짜와 금액을 수정해야 한다. 게다가 매우 느리다.

충족되지 않은 니즈와 부진의 징후를 찾아라. 어떤 기능이 자주 요청되는 데 반해 오랜 시간 동안 제공되지 않고 있는가? 그런 기능을 지원하면 여러분의 제품을 차별화하는 데 도움이 될 수 있을까?

제품 분석 회사인 앰플리튜드(Amplitude)는 주 경쟁사인 믹스패널(Mixpanel)의 핵심 기능을 모방하고 지원 요청 게시판을 통해 확인한 고객 기대 사항을 다루며 비즈니스를 시작했다.[30]

제품 리뷰 사이트를 분석하며 기회를 향해 곧장 나아가라. 경쟁 우위를 찾고 그것을 취하라.

---

* 옮긴이 이 리뷰의 대상 제품임

5.4 경쟁 제품 사용자 테스트를 통한 학습 ———

"우리는 사용자 테스트에서 경쟁 제품을 테스트하기를
좋아한다. 판촉용 제품이든 판매용 제품이든 상관없이 이런
테스트를 통해 경쟁자에 관해 매우 많은 정보를 얻을 수 있다.
그러나 좀 더 중요한 사실은 어떤 가치 제안이 고객의 니즈에
부합하고, 고객이 무엇에 관심이 있으며, 고객의 문제가
무엇인지 이해하게 되므로 고객에 대해 배울 수 있다는
점이다. 그러므로 경쟁자를 볼 때마다 고객의 눈으로 봐야
한다."[31]

마리 프로코펫(Marie Prokopets)

충족되지 않은 고객의 니즈와 고객이 경쟁 제품을 구매하는 이유가 짐작되기
시작하면 여러분은 경쟁 제품이 고객의 기대에 어느 정도나 부합하고 있는지
테스트할 수 있다.

예산이 부족할 경우 직접 제품을 테스트하거나 동료에게 제품을 테스트하게
하면 적은 비용으로도 배울 만한 정보를 얻을 수 있을 것이다.

좀 더 앞으로 나아가기 위해 경쟁적인 사용자 테스트를 고려하라.

여러분은 원격 사용자 테스트를 구성하기 위해 유저테스팅(UserTesting) 혹은
루프일레븐(Loop11)과 같은 서비스를 이용할 수 있다. 이들은 여러분에게 돈을
받아 인구 통계학적 기준에 근거해 참가자를 모집한다.

참가자는 테스트 동안 여러 질문에 답하고, 잠재 경쟁자의 제품을 사용해 수행할 태스크를 전달받는다.

참가자가 주어진 태스크를 수행하면 여러분은 참가자를 촬영한 동영상을 보거나 그들의 의견을 들을 수 있다. 또한, 질문에 대한 참가자의 답변도 읽을 수 있다.

경쟁적인 사용자 테스트는 다음과 같이 하라.

1. 평가하고 싶은 경쟁 제품을 선택한다.

2. 여러분이 지정한 핵심과업(job)에 맞추어 서너 가지 태스크를 정의한다 (이를 위해 책 뒤쪽의 빌딩 블록을 참고할 수 있다).

3. 사용자 테스트 참가자의 이력을 구체화한다.

4. 원격 사용자 테스트를 만든다.

이 단계에서 경쟁 제품당 두세 명의 참가자가 사용자 테스트를 계속 진행하는 데 충분한 정보를 제공한다.

고객 역할을 하는 참가자를 선정하는 가장 좋은 방법은 경쟁 제품을 구매했던 사람을 선택해 시작하는 것이다. 예를 들어 제품 리뷰를 보고 참가자를 선택할 수 있다. *리뷰 작성자의 프로필은 무엇인가? 그들은 어떤 일을 했는가? 그들이 속한 조직의 특징은 어떠한가? 이와 비슷한 사람들을 좀 더 찾을 수 있는가?*

시장과 경쟁에 관한 여러분의 이해도를 높이려면 사용자 테스트에서 열린 질문을 한다.

- 현재 고객 [핵심과업]을 어떻게 하고 있나요?

- 현재는 어떤 제품과 서비스를 사용해 고객 [핵심과업]을 수행하나요?

- 여러분이 사용하고 있는 제품을 어떻게 평가하나요?

- 툴이나 프로세스를 바꾼 적이 있나요? 왜 그랬나요?

이와 비슷한 질문은 잠재 고객이 경쟁에 대해 이야기하며 사용하는 단어를 배우는 데 도움이 될 것이다. 또한, 여러분은 잠재 고객이 특정 제품을 선택한 이유, 그 제품을 계속 사용해 왔는지 혹은 바꾼 것인지, 그들이 경쟁에 대해 어떤 생각을 갖고 있는지 배울 수 있다.

여러분은 대상 제품에 대한 테스트 참여자의 감성을 알기 위해 경쟁적인 사용자 테스트에 이어 순고객추천지수(Net Promoter Score, NPS)를 조사할 수 있다.

순고객추천지수는 호불호가 명확히 엇갈리는 독점적인 설문 조사 기법이다. 이 기법에 대해서는 12장에서 훨씬 상세하게 다룰 것이다.

기본적인 순고객추천지수 질문에서는 '여러분은 [제품]을 친구 혹은 동료에게 어느 정도나 추천할 것인가요?'와 같이 질문하고 0부터 10까지 11개의 점수 가운데 하나를 선택하게 한다.

순고객추천지수 조사에서 여러분이 얻을 수 있는 가장 중요한 정보는 대개 바로 뒤이어 던지는 열린 질문에 대한 대답이다.

"이 점수를 매긴 주요 이유는 무엇인가요?"

경쟁적인 사용자 테스트 결과와 순고객추천지수 및 열린 질문에 대한 대답을 조합하면 여러분은 경쟁자의 강점과 약점에 대해 감을 잡을 수 있다. 그리고 개선할 기회도 파악할 수 있을 것이다.

5.5 타사 제품 판매를 통한 학습

"단 하루 동안 고객들과 직접 대화하는 것이 일주일 동안
브레인스토밍을 하는 것보다, 한 달 동안 경쟁자를 관찰하는
것보다, 일 년 동안 시장 조사를 하는 것보다 더 많은 것을
알려 줄 것이다."[32]

애런 레비(Aaron Levie)
박스(Box) 공동 창업자이자 CEO

자, 이제 한 단계 끌어올려 보자.

기회의 실현 가능성에 대해 배우는 가장 효과적이지만 가장 일반적이지 않은
기법은 아마도 전화를 들고 경쟁 제품을 팔기 시작하는 일이다.

먼저 시장에서 가장 강력한 경쟁자 가운데 하나를 선택한다. 그리고 경쟁자의
고객 유형을 살펴본다. 이 일은 경쟁자의 웹사이트에서 제품 리뷰나 고객 평
가 혹은 사례 연구를 검토하는 방식으로 할 수 있다. *경쟁자는 어떤 고객 세그
먼트를 대상으로 비즈니스를 하는가? 경쟁자의 다른 잠재 고객을 찾을 수 있
는가?*

경쟁자가 다른 회사에 제품을 팔고 있다면(B2B 유형), 리뷰 작성자의 역할과
소속 부서를 주목해야 한다. *어떤 패턴이 있는가? 경쟁자는 조직 내 누구에게
판매하고 있는가?*

회사 고객의 장점은 그들이 전화번호부에 등재돼 있다는 것이다. 가장 흥미로
워 보이는 시장 세그먼트를 선택하고, 그 시장에 속한 10-20개 정도의 회사
를 선택한다. 그리고 그 회사가 경쟁사의 제품을 구매하지 않았는지 확인한다.

제품을 판매할 적당한 고객을 선택하고, 안내책자, 전화번호부 혹은 구글에서 그들의 연락처를 찾아 전화하기 시작하라.

전화는 잠재 고객의 관심을 측정하는 가장 빠른 방법일 것이다. 이메일과 달리 전화는 흔적을 남기지 않으며, 목소리 억양을 통해 정보를 확인하고 단어를 통해 감정을 확인할 수 있다.

거짓말을 하지 않고 신원을 감추는 것이 *추적 가능성*(traceability)을 줄여준다. 경쟁 업체 웹사이트의 피칭을 사용한다. 변경하거나 창의적인 시도를 하지 마라.

잠재 고객에게 기본적인 피칭을 한 뒤 데모로 마쳐라.

　"한 번 보시겠어요?"

여러분은 곧 다음과 같은 것을 배울 수 있다.

- **경쟁사 가치 제안:** *경쟁사 제품은 직접적인 이득을 주는가? 혹은 간접적인 이득을 주는가? 어떤 단어를 사용했을 때 고객이 공감했는가? 잠재 고객이 제품을 쉽게 이해했는가?*

- **고객 반대 의견:** *잠재 고객의 반대 의견 가운데 가장 흔한 것은 무엇이었나? 반대 의견을 말하기 위해 어떤 단어를 사용했는가? 제품과 자신의 기대 사이에 어떤 차이가 있다고 지적하였나? 반대 의견은 제품 판매에 치명적인가 혹은 조금 어려움을 주는 정도인가?*

- **대체 제품:** *잠재 고객은 여러분이 판매하려는 경쟁사 제품을 들어본 적이 있는가? 어떤 다른 제품을 고려하고 있는가? 이유는 무엇인가? 경쟁사 제품은 어떤 솔루션을 대체할 것인가?*

- **니즈와 목표:** *잠재 고객은 왜 경쟁사 제품의 데모에 동의할까? 제품을 구매하는 주요한 이유는 무엇인가? 제품에 대한 평가 기준은? 핵심 니즈는 무엇인가?*

여러분이 경쟁사 제품을 판매했는지 여부는 중요하지 않다. 사실 여러분의 제품도 아니다! 여러분이 시장, 현재 판매 중인 제품, 고객 기대치와의 차이 등을 배운다는 것이 정말 중요하다.

여러분이 발견한 사실을 경쟁사 제품의 포지셔닝과 비교하라. *활용하거나 공략할 만한 차이가 있는가?*

5.6 경쟁자와의 대화를 통한 학습 ——————

"사람들이 저지르는 큰 실수 가운데 하나는 경쟁자와의 대화를 두려워한다는 것이다. 그들은 문자 그대로 여러분처럼 같은 고객을 대상으로 같은 문제를 생각하며 여러분만큼이나 많은 시간을 소비하는 사람이다. 신중을 기하고 비밀을 이야기하지 않도록 주의해야겠지만, 일반적으로 여러분이 흘리는 정보보다 훨씬 많은 정보를 얻을 수 있을 것이다."

알렉스 시프(Alex Schiff)
옥시피탈(Occipital) 제품 매니저

마지막으로, 잠재 경쟁자와 대화를 나눌 수 있다.

여러분은 대화를 통해 포지셔닝을 찾고, 시장 반응을 이해하며, 문제점을 예상해 볼 수 있다.

경쟁자의 비즈니스 내부 작동 방식을 배우기 위해 이들과 인터뷰하는 것이 윤리적으로 옳지 않다고 느낄 수도 있다. 그러나 분명 예전에도 했었고, 경쟁자로부터 시장 점유율을 뺏는 결과를 가져왔던 방식이기도 하다. 그러므로 나는 여러분이 이 방식에 찬성한다고 가정하겠다.

잠재 경쟁자로부터 좀 더 윤리적으로 배우려 한다면 상담, 고객 지원, 혹은 고객 대면 행사 등을 통해 속임수나 거짓말 없이 경쟁사의 고객 담당 직원과 연락하는 방법을 사용할 수 있다.

이런 경우 공정한 정보 교환을 위해 여러분이 시장에서 배운 지식 일부를 공유하는 것도 좋은 생각일 수 있다.

창업자나 고위 임원은 일반적으로 정보 공유에 훨씬 조심스러워 할 것이다. 그러므로 시장에 관한 정보에 이미 관심을 갖고 있는 고객 담당 직원과 대화를 시작하는 것이 훨씬 효과적일 수 있다.

경험에 비추어 볼 때 여러분이 좀 더 가치 있는 정보를 공유하면 할수록 좀 더 깊이 있고 통찰력 있는 정보를 얻을 수 있을 것이다.

선을 넘거나 경고를 하지 마라. 여기에서는 서로 윈-윈 하는 것을 생각하라.

5.7 발전하기

"20% 혹은 그 이상의 가치를 제공하는 제품과 서비스
아이디어는 종종 시장 점유율, 매출, 수익에서 급속한 증가를
가져온다."

토니 울윅

경쟁자 혹은 미래의 경쟁자는 매일같이 자신의 비즈니스 시장에 관한 정보를 스스로 의식하지 못한 채 공유한다.

사용 후기와 사례 연구일 수도 있고, 기능, 장점, 가격에 대한 업데이트일 수도 있으며, 홈페이지 혹은 랜딩 페이지(landing page)에 대한 업데이트일 수도 있다. 무엇이든 그런 것에는 여러분이 배우거나 참고할 정보가 많다.

현재 상황을 뛰어넘어 잠재 고객이 기존 제품 대신 여러분의 제품을 사용하게 하려면 핵심 평가 기준에 있어 최소 10배 이상의 가치를 제공할 수 있어야 한다.

이런 생각은 경제학자인 존 구어빌(John T. Gourville)의 9배 효과(9x effect)에 근거한다. 구어빌 박사는 *"소비자는 기존 제품의 장점을 3배 과대평가하고, 개발자는 자신이 만든 혁신적인 신제품의 새로운 장점을 3배 과대평가한다. 결과적으로 개발자가 소비자가 원한다고 생각하는 것과 소비자가 정말로 원하는 것 사이에는 9배의 차이가 생긴다."*고 주장한다.[33]

그림 5-2 존 구어빌의 9배 효과

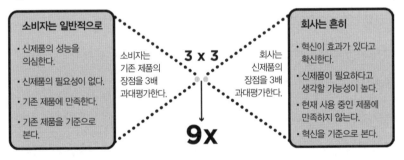

만들려는 제품과 가장 유사한 제품보다 핵심 평가 기준에서 *10배 뛰어난 제품을 만들 수 있는가? 10배 정도면 잠재 고객이 기존 제품 대신 여러분의 제품을 사용하게 만드는 데 충분한가?*

대부분의 산업은 이미 잘 갖추어진 상태다. 그러므로 새로운 기회를 잡기 위해서는 경쟁할 방법을 찾아야 한다. 시장에 진입할 수 있는 방법을 찾아야 하며, 이를 위해 먼저 차별화에 집중해야 한다.

5.8 사례 연구
히텐 샤와 마리 프로코펫은 경쟁자로부터 어떻게 배웠는가?

"우리는 오랜 시간 엄청난 양의 탐구를 한 후에 시장에 진입할 수 있는 핵심 방법을 찾았다. 정말로 매우 긴 시간의 연구였다."

히텐 샤

히텐 샤와 마리 프로코펫은 프로덕트 해빗(Product Habits) 블로그와 에프와이아이(FYI)라는 회사로 발전한 한 비즈니스에서 함께 일하기 시작했다. 당시 히텐은 이미 여러 스타트업에서 단맛 쓴맛을 모두 맛본 상태였다.

그는 키스메트릭스(Kissmetrics)를 창업하며 집중, 고객 탐구, 지속적인 혁신의 중요성을 배웠다.[34]

두 사람은 설문 조사와 인터뷰를 통해 자신들이 해결할 수 있는 가장 중요한 문서 관리 문제는 문서 찾기라는 사실을 깨달았다. 그러나 그들은 이 영역이 극단적으로 경쟁자가 많다는 사실도 알았다. 그래서 눈에 띄기 위해 강력한 가치 제안이 필요했다.

그들은 제품 제작에 뛰어드는 대신, 경쟁자라는 렌즈로 고객을 이해하기 위해 시장을 좀 더 깊이 파고들기로 결정했다.

히텐은 "시장에서 일어나는 모든 일을 살펴보고 탐구/분석하면 고객을 가장 빠르게 이해할 수 있다."고 설명한다.

히텐 샤와 마리 프로코펫은 자신들의 이메일 목록[35]을 조사해 문서 관리 분야의 주요 간접 경쟁자로 구글 워크스페이스(구 G Suite)와 드롭박스(Dropbox)를 찾았다. 그리고 고객 인터뷰 희망자를 모집했다.

두 사람은 인터뷰를 통해 고객이 어떤 문서 관리 제품이나 어떤 대체 제품을 사용하는지 파악했다. 또한, 고객이 사용하던 제품을 다른 제품으로 바꾼 적이 있는지와 문서 관리 제품을 사용해 어떤 이익을 얻었는지 파악했다. 인터뷰 후에는 순고객추천지수 조사도 수행했다.

그들은 순고객추천지수 조사 결과를 통해 경쟁 제품에 대한 고객의 감정을 알 수 있었으며, 경쟁사에 대한 정성적인 정보도 얻을 수 있었다. 그들은 경쟁사 전반적으로 순고객추천지수가 낮은 것을 보고 고객이 현재 사용 중인 제품에 거의 만족하지 못하고 있다는 사실을 깨달았다.

다음으로 두 사람은 경쟁사의 웹사이트와 그곳의 모든 고객 리뷰를 읽고 분석했다. 이런 과정은 그들이 고객 타깃팅 전략, 가치 제안의 변화, 장점, 가격, 선호 기능, 고객 기대치와의 차이, 도전 등을 이해하는 데 도움이 되었다.

그들은 한 걸음 더 나아가 사용 중인 제품을 다른 제품으로 바꾼 적이 있는 고객을 대상으로 변경 이유를 집중적으로 파악하는 변경 인터뷰(8장)도 진행했다. 두 사람은 변경 인터뷰를 통해 인기를 끌고 있는 새로운 제품, 고객이 특정 제품을 선택하는 이유, 고객이 찾는 가치에 대해 배웠다.

마지막으로 그들은 간단한 검색 기능을 제공하는 최소 기능 제품도 만들었다. 스무 명의 사람이 한 달 동안 최소 기능 제품을 사용하고 매주 그들과 대화하는 과정을 통해 그들은 문서 탐색 기능만으로는 고객이 제품을 매일 사용하도록 만들기에 충분하지 않다는 사실을 알게 되었다.

히텐 샤와 마리 프로코펫은 이런 탐구 과정을 통해 어느 누구보다 고객을 잘 이해하게 되었으며, 경쟁 방법도 발견했다.

5.9 행동하기

1. 직접, 간접, 대체 및 복합 제품인지 여부와는 상관없이 잠재 고객이 자신의 핵심과업을 끝내기 위해 사용하는 경쟁 제품을 확인하라.

2. 고객의 제품 선택 이유를 알아내려면 이 장에서 설명한 몇몇 기법을 이용하라.

3. 핵심 평가 지표에서 고객에게 10배의 가치를 제공할 기회를 찾아라.

4. 시장에서 경쟁할 방법을 찾을 때까지 계속 탐색하라.

5. 잠재 고객이 가치를 인정할 만한 경쟁 우위를 발견할 때까지 다음 단계로 성급하게 나가지 마라.

06

가치 만들기

지금쯤이면 여러분은 경쟁 우위를 구체화하기 시작해야 한다. 이번 장에서 설명하는 기법을 사용해 고객에게 **설득력 있는 가치 제안을 만들어라.**

"여러분은 경쟁자가 무엇을 하고 있는지 살펴보고, 무엇을 하지 않을지 결정해야 한다. 또한, 경쟁자가 하고 있지 않은 것을 살펴보고, 여러분이 무엇을 할지 결정해야 한다."

토르 뮬러(Thor Muller)
겟 새티스팩션(Get Satisfaction) 공동 창업자

추진할 만한 기회를 발견했다고 생각하자마자 팀에서 제품 혹은 솔루션을 정의하고 싶어하는 것은 흔히 있는 일이다.

불행하게도 팀이 제품과 기능의 측면에서 생각하기 시작하면 고객 가치의 관점에서 생각하기를 멈추는 경우가 많다.

이는 곧 노력의 낭비로 이어진다. 팀은 제품 아이디어와 사랑에 빠지고, 이런 상황은 제품의 가치 위에서 지속적으로 일해야 하는 그들의 능력을 제한한다.

비즈니스를 시작하기 전, 여러분의 제품 콘셉트는 백 번쯤 바뀔 수 있다. 그러므로 고객 가치를 제품과는 독립적으로 명확히 정의하는 일은 제품 설계 시작 전에 여러분이 고객 가치를 정말로 이해하는 데 도움이 될 것이다. 또한,

이는 비즈니스를 하는 동안 제품과 고객 가치의 문제를 명확히 구분할 수 있게 해준다.

제품이나 솔루션을 정의하기에 앞서, 시장에서 빈 곳을 찾아 설득력 있는 가치 제안을 만들라.

여러분이 서비스 회사를 운영한다면…

이 단계에서는 고객에게 제공할 서비스와 차별화의 가치를 어떻게 전달하고 알릴지 학습한다.

6.1 사용 가능한 기법

경쟁 업체가 무엇을 하고 있는지 알지 못한다면 여러분은 차별화를 만들 수 없다. 여러분은 새로운 가치를 만들어 내기 위해 먼저 시장 내 포지셔닝을 발견해야 한다.

전략적 포지셔닝 분석은 여러분이 시장 내 여러 솔루션을 비교하고, 경쟁할 수 있는 영역을 찾는 데 도움이 될 것이다.

6.2 전략적 포지셔닝 분석

"전략은 여러 요소 사이에서 선택하고 균형을 잡는 일이다.
즉, 의도적으로 차별화를 선택하는 것이다."

마이클 포터
〈경쟁 우위〉의 저자

인시아드(INSEAD) 교수로 〈블루오션 전략〉을 공동 집필한 김위찬(W. Chan Kim) 교수와 르네 마보안(Renée Mauborgne) 교수는 회사에 대한 전략적 구도(landscape)를 좀 더 쉽게 파악할 수 있도록 전략 캔버스를 만들었다.

초기 상태의 사업체는 이런 전략 캔버스를 사용해 그들의 혁신 제품을 시장 내 어느 곳에 포지셔닝할 수 있을지 탐색할 수 있다.

요컨대, 전략 캔버스는 경쟁자가 고객의 구매 기준이나 희망 성과를 얼마나 잘 충족시키고 있는지 비교하는 데 유용하다.

그림 6-1 전략 캔버스의 예

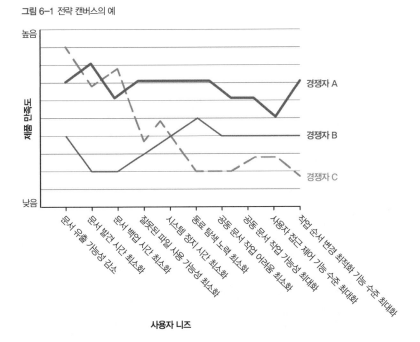

지금쯤이면 여러분은 고객 관점에서 어떤 희망 성과가 가장 중요하고(4장), 여러분이 다루고자 하는 고객의 핵심과업에 있어 주 경쟁자가 누구인지를 잘 알고 있어야 한다.

자신의 전략 캔버스를 만들려면 먼저 X축에는 가장 중요하다고 생각하는 기능 관점의 희망 성과나 구매 기준을 10–12개 정도 표시한다. 다음으로 Y축에는 핵심과업에서 가장 대표적인 경쟁자(직접 경쟁자, 간접 경쟁자, 대체 제품, 복합 제품)를 3–5개 정도 표시한다.

잘못된 길로 가는 것을 피하기 위해 초기 탐구 과정에서 알게 된 경쟁자와 특성만을 비교하라. 여러분의 제품을 차별화하는 데 적합한 다른 구매 기준이나 희망 성과가 있을 수도 있겠지만, 그것을 고려해 전략을 세우기에 앞서 그것의 존재 자체를 명확히 확인해야 한다.

X축의 각 항목에서 경쟁자를 평가할 때는 경쟁자 탐구를 통해 수집한 정보를 사용하라.

특정 항목의 중요도를 낮추거나 높이는 방식으로 혹은 새로운 항목을 만들거나 몇몇 항목을 완전히 없애는 방식으로 대체 포지셔닝을 탐색하라.

향후 여러분의 제품이 특별히 정서적, 사회적 특성을 잘 다루며 차별화될 수도 있겠지만, 우선 제품에 대한 기능적 요구에서 차별화를 만드는 것이 일반적으로 좀 더 안전하다.[36]

여러분은 고객이나 특별한 성과에 좀 더 집중함으로 성숙 단계에 한참 못 미치는 제품과 경쟁할 수 있다.

이와 관련해 데이브 맥클루어(Dave McClure)는 *"여러분의 제품은 훨씬 큰 규모의 차별화되지 않은 오디언스를 대상으로 설계된 대형 경쟁 업체의 제품보다 훨씬 부족하면서도 훨씬 비싸고, 훨씬 이윤이 높을 수 있다."*[37]고 말한다.

그림 6-2 전략 캔버스상에서의 대체 포지셔닝

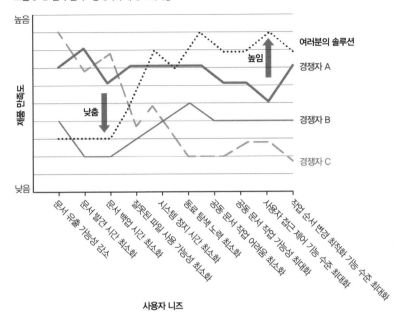

사용자 니즈

그림 6-3 할리데이비슨(Harley-Davidson), 정서적 특성과 사회적 특성 위에서 경쟁하는 회사의 예

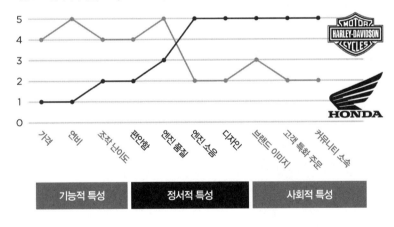

제품 개발 초기에 제품이 지나치게 복잡해지는 것을 피하기 위해 단 하나의 특성에 집중할 수 있다. 다음 예를 보자.

우리는 치과 의사가 전통적인 광고보다 **10배 더 빠르게** 새로운 고객을 발견할 수 있게 도와준다.

고객의 이익을 정량화할 수 있나?

있다면 어느 정도가 성공일까? 고객의 기대를 충족시키기 위해 5% 혹은 50%의 우위를 가져갈 필요가 있을까?

여러분의 가치 제안이 정확할수록 잠재 고객은 여러분의 제품이 자신에게 가치가 있는지를 좀 더 쉽게 평가할 수 있다.

6.3 발전하기 ━━━━━━━━━━

"복잡한 아이디어는 거의 언제나 생각이 뒤죽박죽이라는 표시이거나 아이디어를 가장한 문제다."

샘 올트먼(Sam Altman)
오픈에이아이(OpenAI) 공동 창업자이자 CEO

첫 번째 가치 제안 아이디어를 생각했을 때 여러분은 바로 설계나 자신의 솔루션을 검증하는 일에 뛰어들 수도 있고(7장) 혹은 가치 제안 아이디어를 명확히 하는 일에 시간을 쏟을 수도 있다.

여러분이 목표 시장의 잠재 고객과 직접 소통한다면 자신의 가치 제안을 좀 더 쉽게 구체화할 수 있다.

이런 소통은 이벤트나 협의회를 통해 할 수 있다. 여러분은 한 명 한 명에게 자신의 가치 제안을 반복해 이야기할 수 있다. 함께 술을 몇 잔 마신 후 사람들이 여러분이 말한 것을 자신에게 말하도록 요청하면 여러분의 가치 제안이 얼마나 기억에 남았는지 알 수 있을 것이다.

전화를 이용해 잠재 고객을 만날 수도 있다. 여러분의 가치 제안을 이야기한 후 다음날 그들에게 다시 이야기하도록 요청하라. 그들이 기억하는 것이 바로 가치 제안의 핵심이다.

씨엑스엘(CXL) 창업자이자 CEO인 피프 라야(Peep Laja)의 말[38]처럼 *"여러분의 회사가 유명하지 않다면 여러분의 가치 제안은 더 좋아야 한다."*

그러므로 여러분의 가치 제안을 최대한 명확하고 설득력 있게 만들어라. 가치 제안 아이디어의 검증은 그 다음이다.

6.4 사례 연구
링크드인 세일즈 내비게이터는 어떻게 가치 제안을 찾았는가?

"우리는 공장에서 화장품을 만들지만,
매장에서는 아름다워질 수 있다는 희망을 판다."

찰스 레브손(Charles Revson)
레블론(Revlon) 공동 창업자

사친 레키(Sachin Rekhi)는 자신이 세운 커넥티드(Connected)가 소셜 네트워킹 분야 거대 업체에 인수된 후 2011년 링크드인에 합류했다. 몇 년 후 그는 훗날 링크드인 세일즈 내비게이터(LinkedIn Sales Navigator)로 발전할 제품의 개발 책임자가 되었다.

당시 링크드인은 영업 전문가의 가입을 받긴 했어도 영업에 특화된 제품은 없었다. 새 제품은 링크드인의 핵심 제품과는 상당히 다르게 제작될 예정이었으므로 그는 거의 처음부터 만들어야 했다.

위험을 줄이고 투자의 열매를 확실하게 맺기 위해 사친과 그의 팀원은 제품 개발 초기에 올바른 가치 제안을 찾는 일에 집중하기로 결정했다. 그들은 제품 개발에 상당한 직원을 투입하기에 앞서 제품 시장 적합성(PMF)을 확인하고 싶었다.

그들은 자신들의 가치 제안이 관련 조직의 주목을 받기 위해서는 영업 조직 사이에서 새로운 솔루션을 도입할 책임 있는 영업 및 영업 운영 리더를 설득해야 한다는 사실을 알고 있었다. 영업 및 영업 운영 리더의 도움 없이 성과를 거둔다는 것은 어려울 것 같았다.

사친과 그의 팀원은 자신들의 가치 제안이 점차 나아질 수 있도록 공격적인 목표를 수립했다.

그들은 다음 단계로 넘어가려면 자신들이 만나고 있는 영업 리더 다수가 다음 질문에 동의해야 한다고 생각했다.

"이 제품이 실제로 존재한다면 여러분은 다음 분기 제품 로드맵에 이 제품을 추가하겠습니까?"

사친과 그의 팀원은 만들려는 제품에 대한 콘셉트를 제시하고, 자신들이 알게 된 고객의 애로사항을 설명했다. 그리고 링크드인 데이터가 고객에게 어떻게 도움이 될지 이야기하고는 고객에게 열린 질문을 했다.

고객과의 모든 미팅이 같은 방식으로 진행되었다. 미팅이 거듭될수록 다음과 같은 거부 의견도 나왔다.

"이미 중요하게 진행하고 있는 일이 있어요. 그러므로 당장 다음 분기부터 사용하기는 어렵고, 아마 지금부터 2분기 이후에야 사용을 고려해 볼 수 있을 것 같아요."

부정적인 의견을 반복해 들을수록 고객에게 제시한 가치 제안이 충분히 설득력 있지 못하다는 사실이 명확해졌다.

일을 계속해 나갈 수 있는 힘을 얻기 위해 사친과 그의 팀은 잠재 고객과 매주 다섯 건 정도의 인터뷰를 반복해 진행했다. 또한, 인터뷰 후에는 인터뷰 내용을 놓고 함께 대화를 나누며, 피칭 자료와 가치 제안을 다듬어 나갔다.

고객 가치가 영업 리더에게 공감을 얻기 시작하자 사친과 팀원은 질문을 다음과 같이 바꾸었다.

"귀사가 저희 제품의 시험 사용 프로그램에 참여해 주었으면 합니다."

제품 시험 사용 비용이 무료라고 해도 프로그램에 참여하려면 영업 리더가 참여 계약에 서명해야 했다. 또한, 영업 팀 전체가 제품 시험 사용에 참여하고 한 달마다 피드백 제공을 약속해야 했다.

다시 불만이 터져 나오고 부정적인 의견이 생겨났다. 그러나 잠재 고객 인터뷰를 반복하며 가치 제안을 계속 다듬어 나간 결과 사친의 팀은 영업 팀이 공감하는 가치 제안과 제품 콘셉트를 찾아냈다.

몇 년이 지나지 않아 링크드인 세일즈 내비게이터는 연간 2억 달러의 매출을 달성했다. 사친과 그의 팀은 지속적인 이터레이션을 통해 기초를 다진 후 시장이 기꺼이 받아들일 만한 제품을 만들어 냈다.

6.5 행동하기

1. 고객 핵심과업에 대해 잘 알려진 경쟁자(직접 경쟁자, 간접 경쟁자, 대체 제품, 다중 제품)의 목록을 만들어라.

2. 가장 중요한 기능 성과와 구매 기준을 근거로 경쟁자를 평가하고 그들 사이의 순위를 정하라.

3. 대체 포지셔닝을 탐색하라.

4. 단일 시장 세그먼트를 대상으로 한 개의 이점에 초점을 맞춘 단순한 가치 제안을 구체화하라.

5. 잠재 고객과의 대면 미팅 혹은 전화 통화를 통해 여러분이 만든 가치 제안의 효율성을 테스트하라.

6. 잠재 고객이 정기적으로 제품을 구매하거나 제품에 크게 흥미를 느낄 때까지 혹은 제품 개발과정을 계속 안내받기 원할 때까지 이 과정을 반복하라.

07

제품 아이디어 검증

가치 제안을 만들었다. 이제 여러분은 그 가치 제안이 고객의 제품 구매로 이어질 만큼 설득력 있는지 확인할 필요가 있다. 이번 장에서 설명하는 기법을 사용해 **제품 아이디어를 검증하라.**

"돈을 내고 제품을 구매한 적이 없는 사람들에게 얼마면
그 제품을 기꺼이 돈을 내고 구매하겠냐고 물을 수는 없다.
[…] 중요한 단 한 가지 질문은 지불한 '돈', 즉 가격이다.
사람들은 제품을 구매하고 돈을 낼 때 질문에 답한다. 그리고
이는 정말로 중요한 단 한 가지 답이다. 제품의 가격을 정하고
판매가로 제시하라. 사람들이 제품을 구매한다면 그 가격은
적당하다. 가격을 바꾸어 보라. 사람들이 여전히 제품을
구매한다면 그 가격 역시 적당하다. 그러나 사람들이 제품을
구매하지 않는다면 그 가격은 적당하지 않다."[39]

제이슨 프라이드(Jason Fried)
베이스캠프(Basecamp) 공동 창업자이자 CEO

기업가의 노력에 있어 가장 큰 위험은 고객이 원하지 않는 제품을 만드는 것이다.

끝없는 탐구와 탐색을 피하고, 아이디어 단계에서 다음 단계로 나아가려면 잠재 고객이 여러분이 만들려는 제품을 구매할지 확인할 필요가 있다.

사람들은 여러분과 만나거나 피드백 주는 일에 매우 많은 시간과 에너지를 기꺼이 사용한다. 돈으로 환산하면 수천수만 달러에 달할지도 모른다. 그러나 아이러니하게도 자신들의 지갑에서 40달러 정도 꺼내어 제품 값을 지불하는 일에는 주저한다.

잠재 고객에게 제품 구매를 요청해 보면 여러분이 비즈니스적으로 괜찮은 무언가를 발견했는지 여부를 가장 빠르게 알 수 있다.

이와 관련해 연속 창업자 제이슨 렘킨(Jason M. Lemkin)은 *"신제품을 무료로 제공하면 고객이 없어질 것이다."*[40]라고 말한다. 무료 평가판 혹은 더 나쁜 무료 계획으로 비즈니스를 시작하면 잠재 고객이 쉽게 제품 사용을 단념할 수 있다. 이런 문제를 피하기 위해 제품 *사전판매*는 좋은 방향으로 나아갈 수 있는 가장 안전한 방법이다.

*사전판매*가 성공하려면 단일 고객층의 특정 사용 방식에 집중하는 것이 중요하다.

이에 대해 연속 창업자 데이비드 삭스(David O. Sacks)는 *"여러 개의 자잘한 사용 방식보다는 한 개의 확실한 사용 방식이 영향력이 있다."*[41]고 말한다. 특히, 회사의 규모가 크지 않고, 회사 내 여러 자원이 제한돼 있다면 집중은 더더욱 중요하다. 여러분의 제품이 여러 가지를 모두 잘하려 하면 할수록 잠재 고객으로부터 '예, 아니요'와 같은 명확한 답변을 듣기가 점점 더 어려워진다.

만약 여러분이 서비스 회사를 운영한다면…

이번 장에서는 소수의 초기 고객을 확보하는 방법을 학습한다. 여러분은

고객이 전체 금액 혹은 일부(20-50%)라도 선불로 지불하게 할 수 있는가?

7.1 사용 가능한 기법

이메일 주소 얻기, 잠재 고객이 다른 잠재 고객에게 물어보도록 요청하기 혹은 긴 설문 조사를 채우도록 요청하기 등과 같이 제품을 검증하는 다양한 방법을 접한 적도 있겠지만, *사전판매*는 제품을 명확히 검증할 수 있는 유일한 방법이다.

사전판매 이외의 다른 기법은 사실상 꼭 필요한 일을 늦출 뿐이다. 여러분의 제품이 B2B향인지 B2C향인지는 중요하지 않다. 돈을 받고 제품을 팔 수 없다면 여러분은 지속 가능한 비즈니스를 만들 수 없을 것이다.

사전판매는 '예' 또는 '아니요'라는 명확한 대답에 헛수고 없이 도달하는 가장 확실한 방법이다.

7.2 사전판매를 통해 제품 검증하기

"고객에게 해결할 문제가 없는 것이 아니라 고객이 단지
여러분이 판매하는 제품을 원하지 않는 것일 수도 있다."

댄 마텔(Dan Martell)
연속 창업자

그리 비싸지 않은 제품은 랜딩 페이지(landing page)를 통해 사전판매를 할 수도 있겠지만, 가능하다면 직접 얼굴을 보고 혹은 전화로 사전판매를 하는 것을 적극 권장한다. B2C향 제품 역시 마찬가지다. 고객의 거부 의견이나 직접적인 피드백을 얻는 데 도움이 되기 때문이다.

소책자, 전단지, 짤막한 소개 자료를 만들어라. 고객 핵심과업, 필요한 일, 희망 성과, 문제점, 핵심 가치, 제품 차별화에 집중하라. 제품 기능과 사양에 너무 깊이 들어가지 마라. 설득력 있는 가치를 만들어 구매를 권하는 것이 중요하다. 소책자를 만들다 보면 자신만의 생각에 빠지는 것을 피할 수 있을 것이다.

제품 가격에 대해서는 너무 걱정하지 않는다. 이 시점에서는 일정 금액의 매출을 달성하는 일보다 실제 돈이 오가는 것이 더 중요하기 때문이다.

사전판매를 통해 거둔 매출은 정식 매출로 집계되지 않는다. 고객을 찾아가 여러분의 제품이 고객의 문제점을 어떻게 다루는지 설명하고, 10여 명의 잠재 고객이 정식 제품 출시 전에 제품을 사도록 노력하라.

그들이 제품을 구매한다면 돈을 확실히 받아라. 돈을 내기 전과 돈을 낸 후 질문부터 달라질 것이다.

구매하지 않는다면 다음과 같이 이유를 확실히 파악하고 이해하라.

- **가격이 너무 높은가?** 제품 가치에 대한 인식이 너무 낮아서 변화를 보장할 수 없거나 위험이 너무 크게 보인다.
- **예산 배정이 끝났는가?** *일종의 협상 기술인가? 진짜 이유는 무엇인가? 예산 재배정이 가능한가?*

- **우선순위가 높지 않은가?** *왜 우선순위가 높지 않은가? 우선순위가 더 높은 것은 무엇인가?*

- **위험도가 지나치게 높은가?** *좀 더 쉽게 채택해 사용할 수 있도록 제품을 어떻게 개선할 수 있는가?*

- **반대자가 있는가?** *그들의 우려는 무엇인가?*

- **빠진 것이 있는가?** *어떤 기능이 없는가? 소홀히 여긴 기능과 특성이 있는가? 그 기능은 왜 중요한가?*

- **가치가 충분히 명확하지 않은가?** *피칭과 가치 제안이 부족한가? 한 걸음 뒤로 물러서자. 이전 장으로 돌아가 새로 알게 된 사실을 토대로 가치 제안을 다듬어라.*

- **가치 제안이 충분한 가치를 전달하지 못했나?** *고객의 기대는 무엇인가? 무엇이 있어야 충분하다고 여겨질까?*

- **시기가 적절하지 않았나?** *왜 적절하지 않았나? 직원과 같은 자원이 부족한가? 위험하다는 인식을 낮출 방법이 있는가?*

- **다른 제품이 있는가?** *더 높은 우선순위의 제품이 무엇인가? 내부와 외부 어디에서 개발한 제품인가? 여러분의 제품은 그 제품과 충분히 차별화되는가?*

- **다른 경쟁자와 일하고 있는가?** *어떻게 더 차별화된 가치를 만들 수 있는가?*

구매하지 않는 이유를 기록하며 피칭(pitching)을 계속하라. 제품을 구매할 만한 잠재 고객 20명 이상에게 피칭을 하고도 판매 성과가 없을 경우에만 제품 콘셉트 변경을 고려하라.

이와 관련해 연속 창업자 댄 마텔은 "대부분의 사람들은 고객과 대화할 때마다 제품의 사양을 변경하는 잘못을 저지른다. 결과적으로 여러 사람들이 서로 다른 기능 구현을 요청하게 되고, 갑자기 10명의 고객과 10가지 새로운 기능을 추가해야 하는 상황이 발생하며, 이는 본질적으로 전문 기업이 하는 일이

다."라고 말한다.

현재 제품 구상에 대해 5-10건의 사전주문을 받을 수 있을 때까지는 더 나아가지 마라.

7.3 발전하기 ──────────────

"비현실적인 생각이 현실과 마주치면, 늘 현실이 승리한다."

에리카 홀(Erika Hall)
〈꼭 필요한 만큼의 리서치〉의 저자

여러분의 명확한 가치 제안(6장)과 제품 콘셉트에 대해 사람들의 별다른 관심과 호응이 없다면 여러분은 규격화된 제품을 만들 수 없을 것이다.

여러분의 초기 고객은 같은 일을 하고 같은 결과를 얻기 위해 여러분의 제품을 구매해야 한다. 그들이 서로 다른 니즈를 갖고 있다면 여러분은 모든 사람을 만족시키고자 노력하면서 일관성 없는 제품 사용자 경험을 만들게 될 것이다.

여러분이 목표하는 비즈니스 기회가 사실이라면 시장에는 훨씬 많은 잠재 고객이 있을 것이다. 그러므로 다른 니즈를 가진 잠재 고객의 기대를 충족시키기 위해 노력하는 것보다 긍정적인 검증을 받고 있는 제품을 원하는 잠재 고객을 더 많이 찾는 것이 낫다.

가격을 최적화하기 위해 노력하지 마라. 또한, 초기 성공에 현혹되지 마라.

흔히 기업가는 첫 번째 판매에 도취돼 자신들이 시장에 꼭 맞는 제품을 만들고 제품 시장 적합성(PMF)을 찾았다고 성급히 결론을 내린다.

적어도 5-10명의 잠재 고객이 동일한 제품 가설하에서 제품을 구매했을 때 앞으로 나아가라.

7.4 사례 연구
드리프트는 어떻게 사전판매를 했는가?

"경험상 돈을 내지 않는 사용자의 피드백은 제품에 무언가를 추가하는 것에 초점을 맞추는 경향이 있다. 그러나 돈을 내는 사용자의 피드백은 제품 개선에 초점을 맞춘다."[42]

데스 트레이너(Des Traynor)

2014년 데이비드 캔슬(David Cancel)과 엘리아스 토레스(Elias Torres)가 드리프트(drift)에서 일하기 시작했을 때 두 사람은 이미 6년 이상 스타트업을 세워 함께 일하고 있었다. 그들은 이전에 일했던 벤처회사, 특히 퍼포머블(Performable)에서 고객과 함께 제품을 만드는 것의 중요성을 배웠다.

드리프트에서 두 사람이 시작한 첫 번째 일들 가운데 하나는 제품을 만들기 전에 돈을 지불할 초기 고객을 발굴하는 일이었다. 지불 금액은 상관없었다. 심지어 잠재 고객 지갑에 있는 얼마 안 되는 돈 전부가 지불 금액인 적도 있었다.

데이비드와 엘리아스에게 사전판매는 일종의 지름길이었으며, 자신들이 잘하고 있는지 여부를 판단하는 데 도움이 되었다.

초기 고객은 드리프트가 제작하는 소프트웨어의 성공 가능성을 근거로 돈을 지불하는 데 동의했다.

이와 관련해 데이비드는 "고객으로부터 돈을 받는 것이 중요하다. 이때 금액 자체는 중요하지 않다. 다만, 고객은 금전적으로 우리와 엮여야 한다. 금액이 터무니없이 적더라도 이는 정말로 중요하다."라고 말한다.

프라핏웰(ProfitWell)과 같은 초기 고객에게 소프트웨어 사용 기회가 주어졌으며, 드리프트는 그들의 피드백을 근거로 제품 기능을 반복해 개선했다.

자신들이 잘하고 있는지 확인하기 위해 드리프트는 지속적으로 새로운 고객에게 개발 중인 소프트웨어 제품을 소개했다. 고객이 20달러를 낼 만큼도 관심을 두지 않았을 때 드리프트는 자신들이 잘못하고 있다는 것을 알았다.

개발 첫해, 그들은 세 가지 버전의 제품 개발을 중단했지만, 2015년 11월에는 세상에 솔루션 제품을 출시할 만큼 충분한 자신감을 느끼게 되었다.

오늘날 5만 개 이상의 업체가 드리프트의 대화형 마케팅 플랫폼을 사용하고 있지만, 드리프트는 여전히 제품 아이디어와 기능을 검증하기 위해 사전판매 기법을 사용한다.

7.5 행동하기 ─────────────────────

1. 여러분의 가치 제안을 전달하는 데 필요한 최소한의 기능을 정의하라.

2. 제품 콘셉트, 핵심 가치, 이점 등을 강조한 소책자, 전단지, 짧은 발표 자료 등을 만들어라.

3. 이상적인 고객을 만나라. 그리고 제품을 만들어 정식으로 판매하기 전에 10명의 잠재 고객이 구매하도록 설득해 보라.

4. 고객과의 모든 대화에서 학습하라. 제품을 구매할 만한 잠재 고객 20명 이상에게 피칭을 하고도 판매 성과가 없을 경우에만 제품 콘셉트를 변경하라.

5. 여러분이 동일한 기능과 가치에 근거해 최소 5명의 잠재 고객을 설득할 수 없다면 더 나아가지 마라. 4, 5명의 잠재 고객을 붙잡는 데도 어려움을 겪는다면 별로 중요하지 않은 기회를 쫓고 있을 가능성이 매우 높다.

SOLVING PRODUCT

II

단계 2: 스타트업

잘 될까?

"제품의 최소 기능은 여러분이 결정하는 반면,
제품이 성공적인지는 고객이 결정한다."[43]

데이비드 J. 블랜드(David J. Bland)
〈Testing Business Ideas〉의 공동 저자

제품 출시는 환상적인 일이면서도 두려운 일이다.

그간 키워온 아이디어가 세상에서 어떻게 될지 볼 수 있는 기회라는 측면에서 제품 출시는 환상적이다. 반면에 여러분의 생각이 틀렸다는 사실을 드러내는 일이 될 수 있다는 측면에서 제품 출시는 두렵다.

이와 관련해 작가인 클레이 셔키(Clay Shirky)는 *"첫 번째 시제품은 해결책을 보여 준다는 뜻이 아니다. 여러분이 아직 문제를 이해하지 못했다는 것을 보여 준다."*고 말한다.

안타깝게도 여러분이 *미처 알지 못했던* 문제점과 위험 요소가 제품을 시장에 출시한 후에 수면 위로 떠오른다.

예를 들어 여러분이 금융상품을 만들고 있다면 사람들의 반응은 실제 돈을 사용할 때 완전 제각각일 가능성이 크다.

제품 출시 후 일어나는 일에 따라 제품의 방향은 수백 가지 방향으로 바뀔 수 있다. 왓츠앱(WhatsApp), 위챗(WeChat), 라인(LINE)은 친구 및 가족과의 메시지 교환이라는 동일한 니즈를 충족시키고자 제작되었다. 그러나 이 제품들은 집중한 시장, 청취한 고객 의견, 리더의 비전에 따라 제품 방향이 완전히 달라졌으며, 사용자에게 매우 다채로운 사용자 경험을 만들어 제공한다.

여러분이 작은 규모로 일하던 비즈니스 초기에는 채용 결정, 해고 결정, 기능 추가 결정, 기능 제외 결정 등 모든 결정이 중요해 보인다. 그러나 이 모든 결정이 비즈니스 발전에 끼치는 영향은 서로 다르다.

단계 2에서 모든 결정은 본질적으로 전략적이다. 이런 이유로, 각 결정의 중요도를 신중하게 평가하고 고려할 필요가 있다.

도전

"피드백 없이는 어떤 것도 개선할 수 없다. 여러분이 신제품을 세상에 내놓았을 때 그것이 좋은지 아닌지 어떻게 알 수 있는가? 사람들이 그것을 좋아하는지 싫어하는지 어떻게 알 수 있는가? 여러분은 그런 것을 알 수 있는 방법이 필요하다. 이를 알 수 없다면 제품 개선을 위해 반드시 필요한 변화가 아니라 별로 필요하지 않은 변화만 계속 만들 것이다."

히텐 샤(Hiten Shah)

단계 2에서 가장 큰 도전 업무는 다음과 같다.

1. '제작'과 '피드백 학습'을 반복할 만큼 충분한 피드백 확보

2. 올바른 고객 의견 선택

처음에는 명확하지 않을 수도 있겠지만, 이 두 가지 도전 업무는 서로 밀접하게 연관돼 있다.

여러분은 의견을 청취할 고객의 기준을 느슨하게 하여 피드백의 양을 늘릴 수 있다. 그러나 이는 단기적으로 좋아보일 수 있지만, 자칫 명확한 방향성이 부족한 제품 제작으로 이어질 수 있다.

반대로 의견을 청취할 고객의 기준을 너무 엄격하게 하면 '제작'과 '피드백 학습'의 반복 속도를 크게 제한할 것이다.

그러므로 양쪽 사이에서 균형을 잡는 것이 중요하다. 프로덕트 팀이 매우 한정된 틈새시장이나 고객의 피드백을 받다가 제품 출시 후에는 다른 니즈와 배경을 갖고 있는 수많은 고객의 쏟아져 들어오는 피드백을 받는 일은 너무 흔하다.

모든 피드백을 중요하게 여긴다면 어느 누구의 니즈도 제대로 만족시키지 못하고 비대하기만 한 제품을 만들게 될 것이다. 즉, *모든 피드백의 평균은 끔찍한 제품으로 이어진다.*

초기 수용자에게서 배우는 것에 명확한 전략이 없다면 옆길로 새기 십상이다. 프로덕트 헌트(Product Hunt)에서의 제품 출시, 소셜 미디어 게시 혹은 여러분의 소셜 네트워크를 이용한 광고는 규모를 가져다줄지는 모르지만 올바른 안내를 책임져 주지는 않을 것이다.

좀 더 구체적으로 이야기하면 여러분은 다음 그룹으로부터는 피드백을 받지 않는 것이 좋다.

- **친구, 가족, 여러분에게 신세진 사람**: 이들은 제품의 핵심 장점을 이용하려고 제품을 사용할 사람들이 아니다. 이들은 여러분을 알고 있기 때문에 혹은 여러분과 좋은 관계를 유지하는 데 기득권을 갖고 있기 때문에 부정적인 사실을 알려주려 하지 않을 것이다.

- **소수의 목소리만 큰 사람**: 연속 창업자 댄 마텔은 제품은 써보지도 않고 칭찬만 늘 어놓는 사람들을 '소수의 목소리만 큰 사람'이라고 불렀다. 이들은 여러분의 제품 에 대해 열렬한 칭찬을 늘어놓을 수 있다. 그러나 여러분은 그들을 위해 제품을 만 들어서는 안 된다.
- **잠재 고객 회사**: B2B 비즈니스 분야에서는 초기부터 서비스에 뛰어들려고 할 수 있다. 여러분은 잠재 고객을 기쁘게 만들고 싶겠지만, 그들은 자신들만의 니즈와 방향을 갖고 있다. 그러므로 이들의 피드백을 듣다 보면 여러분의 비전을 잃어버 리기 십상이다. 여러분은 "아니요."라는 말을 할 수 있어야 하고, 고객별로 특화된 제품이 아닌 단일 제품을 만드는 일에 전념해야 한다.

IT 부서에서 구매했지만 회사 내 어느 누구도 사용하지 않는 재고 소프트웨 어[44]의 시대는 끝났다. 잠재 고객이 여러분의 제품을 사용하지 않는다면 그들 은 제품을 추천하지 않을 것이고, 결국 여러분의 비즈니스는 성장하지 않을 것이기 때문에 누군가 여러분의 제품을 실제로 사용한다는 것이 중요하다.

여러분은 판매하고자 하는 가치 제안과 이점을 고객이 제품을 사용하며 느끼 는 가치와 일치시켜야 한다. 제품 시장 적합성(PMF)에 도달하기 위해 여러분 의 제품은 *진정한* 가치를 제공할 필요가 있다.

기회

"창업자와 사용자 사이에는 가능한 다른 사람들이 있어서는 안 된다. 즉, 창업자가 판매, 고객 지원 등의 일을 해야 한다는 뜻이다."[45]

샘 올트먼(Sam Altman)

단계 2에서 분석이나 다른 정량적 측정법은 무언가 배우기 위한 가장 좋은 방법이 아니다.

'단계 2: 스타트업'은 총에 칼을 꽂고 싸우는 일종의 백병전[46]이며, 측량할 수 없는 일을 하는 단계[47]다. 여러분은 소규모 고객에게 배우기 위해 그들과 신뢰감과 친밀감을 쌓아야 한다. 또한, *빈틈없는 통찰력을 기반으로 결정을 내려야 한다.*

비즈니스를 시작해 유지하고, 여러분과 고객 사이에 피드백 흐름을 만들기 위해 다음 사항을 고려하라.

- 초기 인터뷰 대상자를 시범 고객으로 만들거나 고객 자문 위원회를 만든다(10장).
- 이메일 목록이나 여러분이 접근할 수 있는 소규모 커뮤니티를 활용한다.
- 적절한 오디언스에게 전달되도록 타깃 광고를 사용한다.
- 유통 플랫폼을 구축해 신규 가입자 확보에 필요한 노력을 줄인다.

단계 2에서 여러분은 현금이 바닥나기 전에 제품 시장 적합성을 확보하기 위한 경쟁 상태에 있다.

제품 시장 적합성을 확보하기 전까지는 최적화도 하지 말고, 완전한 형태의 회사도 만들지 않도록 한다. 제품 시장 적합성이 없다면 마케팅, 영업 및 고객 성공에 대한 투자는 시기상조이기 때문이다.

영업과 마케팅 지식이 아무리 많다 하더라도 아무도 필요로 하지 않는 물건을 팔 수는 없다. 다른 말로, 판매할 만한 제품이 없다면 영업의 신이 온다 해도 아무런 소용이 없다.

발전하기

"여러분이 첫 출시 제품을 고객에게 판매할 수 없다면 고객의
문제를 이해하지 못했거나 비즈니스 진행에 문제가 있다는
뜻이다."[48]

데스 트레이너(Des Traynor)

신제품을 시장에 내놓았으나 원하는 결과를 얻지 못했을 때 혁신가는 흔히 제품에 기능을 추가하기 시작한다. 그러나 이는 새로운 고객이 그 제품의 핵심 가치를 누리기 어렵게 만든다.

새로 추가한 기능이 고객 리텐션에 효과가 없다는 사실을 깨달았을 때 혁신가는 더 많은 기능을 추가한다.

바로 이 순간, 혁신가는 데이비드 블랜드(David J. Bladn)가 말한 제품 사망 주기 (Product Death Cycle, PDC)[49]에 빠져든다.

그림 II-1 데이비드 블랜드의 제품 사망 주기 다이어그램

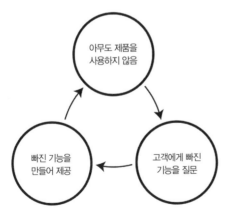

헛수고를 피하기 위해 북극성 지표를 만들고, 그 지표에 따라 여러분의 초기 제품을 최적화하는 것이 좋다.

여러분이 선택한 지표는 고객 가치를 잘 대변할 수 있어야 한다. 그리고 그렇게 선택한 지표는 다음 예와 같이 제품 시장 적합성을 달성하기 위해 필요한 하위 목표가 될 수 있다.

- 링크드인 세일즈 내비게이터 시험판에 대해 팀원과 함께 사용하기로 계약한 영업 운영 리더의 비율(6장)
- FYI(16장)의 핵심 기능 사용 시간(retention)
- 드뢰거 세이프티(Dräger Safety)의 신제품 콘셉트에 대한 긍정적인 시장 반응 비율

혹은 다음과 같이 제품 시장 적합성에 대한 직접적인 측정이 될 수도 있다.

- 제품이 단종되었을 때 '매우 실망스럽다.'고 말할 사용자의 비율

고객이 여러분이 시장에 내놓은 제품의 핵심 기능에 관심을 가질 때까지는 어떤 것도 추가하지 마라.

잘 동작하는 기능을 유지하고, 다듬기를 반복하라.

여러분이 서비스 회사를 운영한다면…

이번 단계에서는 여러분이 제공한 제품이 고객 니즈에 대한 해결책을 제공하고 있는지, 그 결과 고객 추천을 받을 수 있는지 확인하는 방법을 학습한다.

모멘텀 생성 및 유지

"초기 사용자의 규모에 정해진 기준은 없다. 그러나 고객이
여러분의 제품을 사용하는지, 계속해서 사용하고 있는지 혹은
제품 사용을 그만두었는지 알 수 있을 만큼의 초기 사용자는
필요하다."[50]

모건 브라운(Morgan Brown)
〈진화된 마케팅 그로스 해킹〉의 공동 저자

폴 그레이엄(Paul Graham), 제시카 리빙스턴(Jessica Livingston), 트레버 블랙웰
(Trevor Blackwell), 로버트 태판 모리스(Robert Tappan Morris)는 2005년 3월에 사
실상 가장 성공적인 스타트업 액셀러레이터인 Y 콤비네이터(Y Combinator)를
설립했다.

수년간 스트라이프(Stripe), 드롭박스(Dropbox), 에어비앤비(Airbnb)와 같은 성공
사례를 통해 학습하면서 그들의 조언 역시 크게 발전했다.

Y 콤비네이터가 학습한 모멘텀을 이끌어내는 주요 방법 가운데 하나는 주 단
위 목표를 수립하는 것이다. 스타트업 창업자들은 Y 콤비네이터에 있는 동
안, 그리고 바라건대 그 이후에도 매주 5~7% 수준의 비즈니스 성장을 기대
했다.[51]

실제 성장 지표는 업체마다 다르며, 팀이 성장을 이끄는 방법 역시 팀마다 다
르다. 그러나 공격적인 성장 목표가 성장 모멘텀을 이끌어 나가는 데 도움이
된다는 사실은 비슷하다.

비즈니스 초기에 여러분은 매주 상당한 발전을 이루고 있다고 느껴야 한다. 학습할 것이 매우 많고, 제품 가치와 가치 발견을 개선할 수 있는 기회가 많다.

스타트업 단계에서 여러분은 다음 사항에 집중해야 한다.

- 여러분의 제품이 기대 가치를 제공하고 있는지에 대한 평가(8장)

- 이상적인 고객 프로필(ideal customer profile) 다듬기(9장)

- 제품이 고객의 기대를 만족시키고 넘어서는지에 대한 평가(10장)

- 제품 시장 적합성을 발견했는지에 대한 평가(11장)

북극성 지표에 관해 생각하기를 반복하라. 이 책의 끝에 있는 빌딩 블록에서 북극성 지표에 관해 좀 더 학습할 수 있다.

08

가치 제공 평가하기

제품을 출시했고 고객이 제품을 구매해 사용하기 시작했다. 이번 장에서 설명하는 기법을 사용해 여러분의 제품이 **기대 가치(혹은 무엇이든 실제 가치)를 고객에게 제공하는지 평가하라.**

"'단순함'은 좋지만 '불완전함'은 좋지 않다. 고객은 분명 현재 상태 그대로의 제품을 사용하길 바란다. 이는 구매한 제품이 복잡한 제품의 버전 0.1이 아니라 단순한 제품의 버전 1.0이기 때문이다."[52]

제이슨 코헨(Jason Cohen)
WP 엔진(WP Engine) 창립자이자 CTO

실리콘 밸리 그룹(Silicon Valley Group) 창립자이자 제품 관리 전문가인 마티 케이건(Marty Cagan)은 제품과 관련해 두 가지 불편한 진실이 있다고 말했다.[53]

1. 제품 아이디어 가운데 적어도 절반은 효과가 없거나 제대로 동작하지 않을 것이다.

2. 기대했던 비즈니스 가치를 제공하는 수준까지 아이디어를 구현하려면 일반적으로 몇 차례의 이터레이션을 거쳐야 한다.

다시 말해 여러분이 아무리 열심히 고객 연구를 수행했다 하더라도 첫 번째 버전의 제품은 거의 100% 불완전할 것이다.

이런 불편한 진실 때문에 여러분의 최소 기능 제품을 언제나 최소한으로 유지해야 한다. 또한, 여러분은 고객 요구를 추측하는 것이 아니라 찾아내야 한다.

이런 이유로 우버플립(Uberflip) 제품 관리자인 조나단 라바(Jonathan Laba)는 '유연성 있는 구현'을 주장하며 다음과 같이 말한다. *"제품의 가치가 드러나게 만들 수 있는 최소한의 인터페이스를 생각하라. 그 인터페이스는 변경할 수 있어야 하며 기능을 추가하거나 빼기 쉬워야 한다. 이는 어떻게 제품을 완벽하게 보이도록 만들 수 있느냐가 아닌 유연하게 만들 수 있느냐에 관한 생각이다."*

제품의 성공은 대개 한두 가지 기능 덕분일 것이다. 제품을 단순하게 유지하면 초기 사용자가 완전한 제품이 가져올 수 있는 복잡성을 피해 핵심 기능의 가치를 평가할 수 있다.

여러분 제품의 핵심 기능은 고객에게 가치를 제공하는가? 그 기능 덕분에 고객 인게이지먼트(engagement)를 유지하는가? 더 영향력 있게 만들 수 있는가?

8.1 고객 근접성(Customer Proximity) 생성 ──

"가능한 많은 것을 지원하기 위해 노력하되 모든 것을
한꺼번에 자동화하려고 하지 마라."

사무엘 훌릭(Samuel Hulick)
유저온보드(UserOnboard) 창립자

기술 제품에 있어 '고객과 가까이'의 의미는 무엇일까?

사용자의 일거수일투족을 지켜본다는 뜻일까? 혹은 전화기 옆에서 대기한다는 뜻일까? 아니면 모니터 화면 이곳저곳에 채팅창을 띄워놓고 대기한다는 뜻일까?

'고객과 가까이'는 고객이 여러분에게 좀 더 쉽게 피드백을 제공할 수 있도록 만든다는 뜻으로, 다음과 같은 경우를 생각할 수 있다.

- 채팅 툴 내장 및 고객 피드백에 대한 응답. 더 나아가 제품에 피드백 기능 내장
- 고객별 질문을 직접 쓴 이메일 발송
- 사용자 계정 직접 구성 및 설정
- 고객 연락 대기
- 신규 가입자에게 제품 데모 수행
- 고객에게 연락
- 위 방법을 섞어서 수행

그림 8-1 피드백 기능 통합 사례

여러분의 제품에서 가능한 많은 것을 지원하기 위해 노력하되, 모든 것을 한꺼번에 자동화할 수 있다고는 생각하지 마라.

'고객과 가까이'에 대해 사무엘 홀릭은 "고객에게 제품 가치를 제공하는 과정

에 여러분이 더 많이 참여한다면 고객을 직접 대하고 그들의 반응에 적응함으로써 좀 더 많은 가치 제공 과정을 직감적으로 선택할 수 있다."고 말한다.

사용자가 여러분의 이메일, 온보딩(onboarding), 채팅 메시지 등이 모두 자동화된 것이라고 생각한다면 그들은 피드백을 제공하는 일에 비교적 낮은 관심을 보일 것이다. 이에 먼저 다음과 같은 일을 하라.

제품을 개인별 서비스 형태로 제공하는 일에 가능한 많은 시간을 소비하라. 이는 여러분이 제품에서 잘 되고 있는 것과 그렇지 않은 것을 파악하는 데 유용하다.

다음은 웹사이트 개인화 플랫폼 업체인 라이트메시지(RightMessage)의 브레넌 던(Brennan Dunn)과 그의 팀이 신제품을 출시하며 했던 일 가운데 하나다.[54]

그들은 의도적으로 온보딩의 많은 부분을 중단했다. 그리고 사람들이 신제품을 사용하기 위해 회원 가입을 할 때 자신들이 자문가로 도움을 제공하는 동안 화면을 공유하도록 유도했다. 사용자들이 주도적으로 제품을 사용하되, 브레넌과 그의 팀 역시 사용자의 부담을 덜어주기 위해 함께 했다.

그들은 그간 어떤 소프트웨어 온보딩에서도 제공하지 못했던 것을 하고자 했다. 다시 말해 고객의 특별한 환경과 고객이 해야만 하는 일을 고려하며 매일같이 고객에게 자문이나 교육을 제공하고자 했다.

처음에는 반발도 있었다. 그러나 제대로 된 결과를 원하고 실제 제품 구매 의사를 가지고 있던 업체들은 브레넌의 방식이 자신들에게 더 좋다는 사실을 이해하고 받아들였다.

브레넌과 그의 팀은 향후 온보딩 과정을 자동화하면 고객 전환율이 하락할 것이라는 것을 알고 있었지만, 이런 직접 교육 경험을 통해 많은 것을 배웠다.

초기 고객에게 다가갈 수 있는 기회를 찾아 다음 사항을 파악하고 이해하는 데 집중하라.

1. *고객이 자신들의 생활과 업무에서 희망하는 변화*

2. *여러분의 제품 혹은 그 제품을 이용하는 서비스를 통해 고객이 희망하는 변화를 달성하는 방법*

여러분의 제품 제작 의도와는 별개로, 고객의 희망과 그것을 달성하는 방법에 집중함으로써 여러분은 잠재 고객의 생활 속에서 그들의 니즈에 더 적합한 제품을 어떻게 만들 수 있는지 배울 수 있을 것이다.

신규 고객이 되기 전에 고객이 어려움을 겪는 이유와 신규 고객이 된 후에 고객이 희망하는 사항을 이해하는 순간, 여러분은 고객과의 소통을 자동화하는 데 있어 좀 더 나은 상황에 있게 될 것이다.

여러분이 서비스 회사를 운영한다면…

이번 장에서는 제품을 제공하고, 제품의 어느 부분이 좋으며 어느 부분이 좋지 않은지 파악하는 방법을 학습한다.

8.2 사용 가능한 기법

제품 출시 초기, 여러분은 초기 사용자와 고객으로부터 무언가 배우기 위해 가능한 모든 방법을 사용해야 한다. 다음은 여러분이 사용할 수 있는 몇 가지 기법이다.

- **소규모 고객 리텐션 분석**: 사용자가 여러분의 제품을 사용해 하려는 일을 이해하고, 사용자가 하고 있다고 말하는 것을 하고 있는지 살펴보는 데 유용한다.

- **후속 이메일을 통한 학습**: 여러분의 제품을 더 이상 사용하지 않는 옛 사용자로부터 피드백을 얻을 수 있다. 더 이상 제품을 사용하지 않더라도 그들로부터 많은 것을 배울 수 있다.

- **고객 인터뷰 및 데모를 통한 학습**: 고객의 기대와 제품 가치에 대한 고객의 인식을 좀 더 깊이 있게 이해할 수 있다.

초기 제품 인게이지먼트로부터 학습할 수 있는 여러 가지 기법이 있다. 여러분의 제품이 기대가치를 제공하는지 평가해야 할 때 고객과의 거리를 좁히고 이 장에서 제시하는 기법을 이용하라.

8.3 소규모 고객 리텐션 분석

"제품의 주요 기능 사용 주기가 일주일보다 길면 사용자의
습관을 바꾸기가 매우 어려울 것이다."

니르 이얄(Nir Eyal)
〈초집중〉의 저자

여러분의 최소 기능 제품을 분석하기 시작할 때 자칫 자제력을 잃고 지나친 분석에 빠져들기 쉽다. 어디에서 통찰력 담긴 결과를 얻을지 확실히 알지 못하는데다, 시간이 있는 만큼 추가적인 분석도 가능하다고 생각하기 때문이다.

그러나 고객의 수가 많지 않으므로 여러분이 수행한 분석은 어떤 것이든 틀렸을 가능성이 클 것이다. 그러므로 여러분은 그 밖의 다른 일에 집중하는 편이

낫다.

사실 이런 초기 상태에서는 일련의 고객 활동 혹은 고객 활동 로그로부터 더 빨리 배울 수 있을 것이다.

그림 8-2 고객 활동 로그 화면의 예

오후 2:43	미첼: 새해 채용 계획 프로젝트에 파일 6개 업로드
오후 2:43	미첼: 새해 채용 계획 프로젝트에 설명 '재정팀 확인 대기' 추가
오후 2:42	타마스: 로그인
오후 2:42	존: 연간 리뷰 프로젝트에 사진 업로드
오후 2:42	미첼: 새해 채용 계획 프로젝트 생성
오후 2:41	존: 휴일 계획 프로젝트에 메모 추가
오후 2:39	존: 휴일 계획 프로젝트에 메모 '금년은 다음 두 가지 면에서 …' 추가
오후 2:38	미첼 로그아웃
오후 2:37	존: 연간 리뷰 프로젝트에 동영상 업로드. 업로드 완료
오후 2:37	미첼: 가입
오후 2:37	미첼: 로그인

사용자별 활동 로그를 분석하는 일은 제품 사용 흐름, 제품 사용 시 주요 행동, 제품 사용 끝마침 등에 대해 감을 잡는 데 도움이 된다.

아직 *의미* 있는 고객 리텐션이 무엇인지 명확하지 않을 것이므로 '사용 후 7일 안에 재사용한 고객의 숫자'와 같은 종합적인 리텐션 관련 값은 배울 만한 정보를 얻기에는 너무 일반적이다.

좀 더 깊이 파고들기 위해 사용한 기능과 리텐션 정보에 집중해 고객을 한 명씩 살펴보도록 한다.

- *사용자는 제품의 핵심 기능을 사용하고 있는가?*
- *고객이 경험하고 있는 제품의 가치는 여러분이 기대했던 것인가?*

- 신규 고객이 된 후 제품의 가치를 처음으로 경험하기까지 얼마의 시간이 걸렸는가?

- 고객은 그들의 태스크를 완료했는가?

- 얼마나 자주 제품을 사용했는가?

- 고객은 자발적으로 제품을 다시 사용했는가?

- 다시 제품을 사용하며 어떤 일을 하는가?

- 사용자의 일을 고려했을 때 제품 사용 빈도는 적절한가?

여러분의 목표는 사용자가 가능한 빨리 제품의 핵심 가치를 경험하도록 만드는 것이다. 사용자가 제품을 사용하며 '아하! 정말 좋은 제품이군.'이라고 느끼기까지 오랜 시간이 걸린다면 좋은 고객 리텐션을 얻기가 매우 힘들어진다.

코호트(Cohort)를 대상으로 지난 몇 주간의 회원 가입, 고객 활동, 고객 활동의 발전 등을 살펴보는 주간 성과 점검회의를 만들어라.

그 회의에서 '사용자가 제품을 얼마나 잘 사용하는가?', '고객이 중요한 일을 수행하고 있는가?', '고객이 사용하지 못하는 기능이 있는가?', '고객이 다시 사용하는가?', '고객의 제품 사용 가운데 여러분이 이해하지 못하는 것이 있는가?' 등을 살펴보라.

고객 인게이지먼트는 돈으로 살 수 없다. 소규모 고객의 제품 리텐션 패턴을 명확하게 이해할 때까지는 전체 취합된 데이터를 보고 싶은 충동에 지지 마라. 고객이 늘어 모든 고객의 리텐션 분석을 할 수 없을 때까지는 이를 계속하는 것이 좋다.

리텐션 분석을 반복하라. 궁극적으로 고객 리텐션 곡선은 평평해져야 한다.

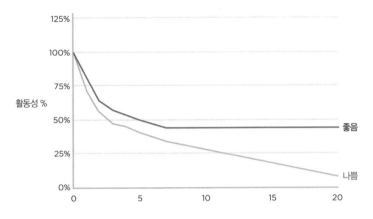

그림 8-3 고객 리텐션 곡선의 평탄화

8.4 후속 이메일을 통한 학습 ──────────

"정신적으로는 괴롭겠지만, 항상 부정적인 피드백을 찾아라."

일론 머스크(Elon Musk)
연속 창업자

제품 사용을 중단하고 이탈한 고객으로부터 배울 수 있는 것이 많다.

그들을 다시 붙잡기는 어려워도 제품의 품질을 개선하는 데는 도움이 될 수 있다.

이탈 고객은 여러분의 제품이 무언가 부족하거나 고장 나서 혹은 혼란스럽거나 자신들에게 잘 맞지 않는다고 느껴서 제품 사용을 포기했을 가능성이 있다. 이런 고객이 제품 사용을 포기한 까닭을 이해하는 것이 제품 개선 관점에서 앞으로 무엇에 집중해야 하는지 파악하는 데 가장 중요하다.

이탈 고객은 여러분을 알지도 못할 뿐더러, 이미 여러분의 제품이 자신에게는 맞지 않는다고 결정했다. 그들이 자신의 시간을 소중하게 생각한다면 전화도 받지 않으려 할 것이다.

그들의 마음을 열기 위해 후속 이메일을 보내도록 하라.

고객 데이터베이스, 고객 활동 로그, 고객 분석 혹은 드리프트나 인터콤 같은 고객 커뮤니케이션 툴로부터 이탈 고객에 관한 정보를 얻을 수 있다.

일주일 사이에 이탈한 고객이 질문에 가장 잘 대답할 것이며, 이탈한 지 일주일 이상 지난 고객에게 연락하면 응답률은 크게 떨어질 것이다.

다음은 히텐 샤가 FYI 운영 초기에 사용했던 후속 이메일 스크립트로, 참고해 사용할 수 있다.

그림 8-4 FYI에 대한 히텐 샤의 후속 이메일 스크립트

간단한 질문

안녕하세요 아무개님.

저는 FYI의 공동 창업자인 히텐 샤라고 합니다.

아무개님께서는 최근 FYI에 가입하셨으나 요즘은 사용하지 않고 계십니다.

저는 아무개님께서 FYI를 사용하지 않는 이유를 알고 싶습니다.

답장을 통해 꼭 이유를 알려주시기 바랍니다.

저는 아무개님이 FYI를 통해 좀 더 빠르게 문서를 탐색할 수 있도록 돕고 싶습니다.

답장 기다리겠습니다.

히텐 =)

추신: 아무개님은 FYI 첫 고객 가운데 한 분이십니다. 이에 아무개님의 의견은 소중하며, 저는 진심으로 그 의견을 듣기 바랍니다.

이메일 스크립트는 가능한 많은 답장을 받을 수 있도록 공들여 작성했다. 이에 대해 히텐은 다음과 같이 설명한다.[55]

"이메일의 제목은 이메일을 열고 응답할 가능성이 가장 높은 것으로 선택했어요. 여러분이 이탈 고객에게 질문하는 것과 완벽하게 맞아 떨어지기 때문이지요. […] 다시 말해 그 제목은 답장을 작성하는 일에 시간과 노력이 많이 들지 않을 것을 암시해요. […] 첫 번째 문장에서는 자신이 누구인지 알려야 합니다. 고객이 자신이 받은 이메일이 자신에게 관심이 있고, 귀 기울이고자 하는 사람으로부터 왔다는 것을 안다면 이메일에 응답할 가능성이 높아질 거예요. 또한, 회사의 공동 창업자나 임원을 발신인으로 이메일을 보내면, 고객에게 자신의 응답과 의견이 얼마나 소중한지 보여 줄 거예요. 제품 링크를 넣어두면 이미 잊었을지 모를 여러분의 제품을 그들이 다시 떠올리는데 도움이 될 거예요. 두 번째 문장에서는 이탈 고객에게 제품과 관련해 그들이 한 일을 알려 주어야 해요. […] 여러분의 요청을 그들이 취할 행동과 연결 지어 두는 것이 매우 중요합니다. 그래야 그들이 잊지 않고 자신의 피드백을 줄 가능성이 높아질 거예요. […] 여러분은 이탈 고객에게 제품의 가치 제안, 즉 제품의 존재 이유와 목적을 상기시켜 주어야 합니다. 이는 고객의 문제를 좀 더 효과적인 방법으로 해결하고자 하는 여러분의 긍정적인 의도를 확실히 보여줍니다. […] 마지막으로 여러분이 답장을 꼭 받고 싶어 한다는 사실을 알려 주세요."

이모티콘을 사용하면 고객은 자신이 발신인에게 특별한 존재라고 느낄 것이다. 또한, 추신은 여러분의 요청을 다시 한 번 반복하는 효과가 있다.

여러분의 후속 이메일 스크립트를 만들거나 예로 보여준 히텐 샤의 이메일 스크립트를 사용할 수 있다. 이탈 고객이 보내준 답장을 통해 제품 사용의 걸림돌(friction point)을 확인하고, 고객 기대치와의 차이나 고객에 대한 오해를 끄집

어내며, 고객에 대해 좀 더 많은 것을 알 수 있도록 하라.

8.5 고객 인터뷰 및 데모를 통한 학습 ──────

"반응과 모순된 피드백에 주의하라. 고객에게 가까이 다가가
그들이 생각하고 답하기 전에 먼저 어떻게 제품을 사용하는지
관찰하라."[56]

제이크 냅(Jake Knapp)
〈스프린트〉의 저자

브레넌과 그의 팀이 라이트메시지(RightMessage)에서 했듯이, 셀프서브(self-serve) 모드가 없는 제품을 출시하는 것은 좋은 생각일 수 있다.

개발 시간을 단축할 수 있을 뿐만 아니라 제품 사용에 대한 부담감을 높여 구매하지 않을 고객을 쫓아버리는 데도 한몫할 수 있기 때문이다.

링크드인 세일즈 내비게이터 사례 연구에서 보았듯이, 제품 사용에 기꺼이 시간을 투자하는 잠재 고객은 제품에 관심 있다는 신호를 보내는 것이다. 이에 반해, 잠재 고객이 데모도 보려하지 않고 제품 사용에 필요한 설정도 하려고 하지 않는다면 그들은 제품에 별반 관심이 없을 듯하다.

데모를 통해 하려고 하는 일은 다음 세 가지다.

1. 첫 번째 실행에 앞서 고객 기대를 감지한다.

2. 제품이 고객의 기대를 얼마나 충족시키는지 판단한다.

3. 제품의 제약, 이슈나 문제점, 고객 반대 등을 찾아낸다.

이 일은 대면이나 화상으로 할 수 있다. 또한, 특정 고객의 니즈나 어려움을 확실히 파악할 수 있도록 여러 사람의 의견이 섞이지 않는 일대일 세션을 진행한다면 더욱 좋다.

사전에 참석자 계정을 만들고 미팅 시간에 이메일로 로그인 정보를 공유하는 것도 일대일 세션 진행에 도움이 될 것이다.

제품에 대한 이야기로 들어가기 전에, 고객이 제품을 구매했던 이유 혹은 제품을 구매하고자 했던 이유를 파악하는 일은 중요하다. *고객은 어떤 일을 하려 하는가?*

밥 모에스타(Bob Moesta)와 크리스 스픽(Chris Spiek)이 개발한 스위치 인터뷰 (switch interview)는 이런 유형의 탐구에 가장 이상적인 도구로, 제품을 개선하거나 제품에 대한 요구를 더 많이 끌어낼 수 있다.

스위치 인터뷰에서는 한 가지 이야기, 즉 충족되지 못한 니즈가 있다는 것을 어떻게 깨달았고, 여러분의 제품을 어떻게 발견했는지에 집중한다.

그리고 여러분은 제품 사용에 이르는 타임라인을 재구성하기 위해 노력한다. 제품 사용에 이르는 과정을 타임라인(timeline)에 따라 정리해라.

1. **첫 생각**: 변화가 필요한 첫 순간

2. **수동 관찰**: 잠재 고객은 여러 가지 방법을 고려하지만, 적극적으로 변화를 추구하지는 않는다.

3. **능동 관찰**: 잠재 고객이 구매 결심 단계로 나가는 두 번째 사건으로, 잠재 고객은 해결책을 찾기 위해 시간을 쓰며 노력하기 시작한다.

4. **결심**: 잠재 고객은 여러 대안을 놓고 평가한다. 이 과정이 끝나면 구매를 결심하거나 제품을 사용하기 위해 회원 가입한다.

5. **소비**: 제품을 구매하거나 회원 가입한 후 사용자는 그 제품을 사용하며 가치를 얻는다.

그림 8-5 스위치 타임라인

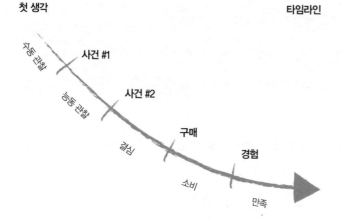

스위치 인터뷰를 위한 샘플 스크립트는 다음과 같이 작성할 수 있다.

1. *[핵심과업(jobs to be done)]을 처리하기 위해 무언가 필요하다는 것을 언제 처음으로 깨달았나요?*

2. *문제를 처리하기 위한 제품을 어떤 방법으로 찾았는지 이야기해 주세요.*

3. *어떤 제품을 사용해 보았나요? 왜 사용했나요? 혹은 사용해 본 적이 없나요? 왜 사용하지 않았나요?*

4. 제품을 구매하거나 회원에 가입하기 전, 제품을 사용하면 어떨지 상상해 보았나요?

5. 제품에 대해 우려하는 점이 있나요? 제품에 대해 신경 쓰이는 이야기를 들었나요? 어떤 이야기였나요? 왜 신경이 쓰였나요?

여러분은 solvingproduct.com/switch에서 스위치 인터뷰 양식을 받아서 사용할 수 있다.

이 질문은 고객의 핵심과업 및 고객이 고려하고 있는 해결 방법을 이해하는 데 도움이 된다. 또한 해결 방법을 열심히 찾고 있는지, 평가 기준은 무엇인지, 데모를 요청하는 데 주저하는 이유가 있는지 등을 파악하는 데도 유용하다.

인터뷰를 마친 후 여러분은 인터뷰 대상자가 제품에 로그인하고, 계정을 설정한 뒤, 몇 분 동안 직접 사용하도록 할 수 있다.

그들이 여러분의 제품을 사용하고 있을 때 그 제품이 그들의 기대를 충족시키고 있는지 파악하기 위해 노력하라.

- 당신은 무엇을 기대하고 있나요?
- 당신은 [제품명]을 사용해 어떤 문제를 해결할 수 있다고 생각하나요?
- [경쟁사 제품명]과 비교해 어떤가요?

열린 질문을 하며 상대방의 대답과 행동 모두를 통해 학습해라.

생각하고 있는 것을 말하라고 요구하지 마라. 그런 요구를 하면 상대방이 자연스럽게 행동할 수 없다.

상대방이 아직 제품을 구매하지 않았다면 제품 판매를 시도해 보라(7장).

여러분은 비슷한 논의를 통해 학습할 수 있는 것이 많다. 데모 후에 그들의 제품 사용을 모니터링하며, 그들의 기대와 행동이 잘 맞는지 평가하라. 인터뷰를 진행하며 확인했던 고객의 니즈를 처리하기 위해 그들이 여러분의 제품을 사용하고 있는지를 며칠 후에 확인하라.

8.6 발전하기

**"평가할 수 있고, 그 결과에 따라 되돌릴 수 있도록
한 번에 한 가지 기능만을 소개하라."**

랜스 러브데이(Lance Loveday), 산드라 니하우스(Sandra Niehaus)
〈ROI를 높이는 웹사이트〉의 공동 저자

어떤 제품이든 한 가지 혹은 적은 개수의 기능으로 시작한다. 여러분은 차별화된 핵심 가치에 집중하는 방식으로 제품의 사용처를 늘리고 유용성을 높일 수 있다.

일반적으로 사람들이 여러분의 제품을 사용해 수행하는 첫 번째 일이 무엇이고, 그 일을 하는 혹은 하지 않는 이유를 파악하며, 논리적으로 다음 단계가 무엇인지 찾는다.

히텐 샤는 "수많은 사람이 다음 할 일을 논리적으로 파악하는 데 실패한다. 왜냐하면 논리적으로 다음에 할 일이 현재 이미 하고 있는 일, 사람들이 가장 많이 하고 있는 일과 전적으로 관련 있기 때문이다."라고 말한다.

초기 사용자와 고객은 제품의 가치를 알고 있는가? 그들은 어떤 가치를 기대했으며, 실제 어떤 가치를 경험하고 있는가?

새로운 가치를 고객에게 소개하기에 앞서, 고객이 기대하는 것과 그들이 실제로 경험하고 있는 것 사이의 차이를 이해하고 그 차이를 줄이는 방법을 고민하라.

제품 가치를 명확히 하고 제품에 대한 거부감을 없애라. 더 많은 초기 사용자 혹은 고객이 제품을 가치 있다고 여기도록 이 과정을 지속적으로 이터레이션하라.

이와 관련해 연속 창업자인 제프 앳우드(Jeff Atwood)는 *"이터레이션 머신이야말로 여러분이 기업가로서 이용할 수 있는 가장 강력한 도구다."*라고 말한다.[57]

8.7 사례 연구
짐 퓨얼은 어떻게 고객과의 거리를 좁혔을까?

"내가 청바지 가게를 운영하고 있는데, 손님이 들어왔다가
청바지를 사지 않고 나간다면 그리고 서너 명의 손님이
연이어 그런다면 나는 그들을 쫓아가 무엇이 부족한지 혹은
그들이 무엇을 기대했는지 물어볼 것이다. 그날 문제를
해결하지 못한다면 이틀이나 사흘이 지나도 아니 나흘이
지나도 상황이 좋아지지 않을 것이기 때문이다."

댄 마텔(Dan Martell)

모스타파 엘허내위(Mostafa Elhefnawy)는 캐나다 토론토의 스냅트래블(SnapTravel)에서 시니어 제품 관리자로 일한다. 입사하기 전, 그는 수많은 제품 리더가

그러하듯 기업가였다.

2014년 그는 자신의 운동 요법에 맞는 고품질 식사가 필요했으며, 이 문제를 해결하기 위해 짐 퓨얼(Gym Fuel)이라는 회사를 설립했다. 그는 요리사와 운전 사를 시간제로 고용하고 주방 또한 시간제로 임대하는 방식으로 재빨리 최소 기능 제품을 만들었다. 일단 제품을 만들자, 제품의 진정한 잠재력을 이해하기 위해 직관을 뛰어넘어야 하다는 사실을 깨닫기까지 오랜 시간이 걸리지 않았다.

모스타파는 시장을 학습하기 위해, 바꿔 말해 짐 퓨얼을 알게 된 경로, 제품 사용 동기 및 사용 경험 등을 묻기 위해 고객에게 전화를 걸거나 이메일을 보내기 시작했다.

그는 곧 두 종류의 서로 다른 고객 그룹이 짐 퓨얼을 이용한다는 사실을 알게 되었다.

1. 피트니스에 관심 있는 고객 그룹. 이들은 짐 퓨얼이 제공하는 음식의 칼로리와 3대 영양소 비율을 알고 싶어 했다.

2. 음식 만들기는 싫지만 건강하게 먹기를 원하는 고객 그룹. 이들은 편한 때에 바로 식사할 수 있기를 원했다.

모스타파는 구매자를 두 그룹으로 분류하기 위해 주문 과정에 질문을 추가했다. 그는 고객이 짐 퓨얼을 알게 된 경로와 짐 퓨얼을 장기간 이용할지를 알고 싶었다.

고객으로부터 좀 더 많은 것을 배우기 위해 모스타파는 종종 직접 배달기사 역할을 하거나 배달에 동행했다. 고객과 만나는 시간은 짧았지만, 그들은 모스타파가 서비스를 개선한 뒤 한 달에 1만 달러 이상의 매출을 올리는 데 도움을 주었다.

이 단계에서는 모스타파처럼 초기 고객으로부터 무언가 배울 구실이나 기회를 찾는 일이 매우 중요하다.

여러분이 고객과의 거리를 더 좁히고, 고객을 만나는 계기를 더 많이 만든다면 잘되는 일과 잘되지 않는 일을 더 빨리 알 수 있을 것이다.

8.8 행동하기

1. 고객이 여러분에게 좀 더 쉽게 피드백을 줄 수 있게 만들어라. 창의성을 발휘해 초기 고객이 자신의 생각과 아이디어를 공유할 수 있는 방법을 찾아라.

2. 이번 장에서 설명한 기법을 사용해 회원 가입, 초기 사용, 계약 해지로부터 학습할 수 있는 프로세스를 수립하라.

3. 사용자가 여러분의 제품을 사용해 얻는 가치를 평가해 보라.

4. 제품 사용에 대한 거부감을 없애고, 제품 가치를 개선하는 일에 집중하라. 그리고 이 과정을 반복하라.

09

이상적인 고객 프로필 다듬기

사용자가 여러분의 제품으로부터 가치를 얻고 있다. 자, 여러분은 **가치 적합도를 추정**하기를 원한다. 이번 장에서 설명하는 기법을 사용해 **이상적인 고객 프로필(ideal customer profile)을 다듬어라.**

"여러분의 최적합 고객은 여러분의 제품을 이해하는 데
필요한 열쇠를 쥐고 있다."
에이프릴 던포드(April Dunford)
⟨Obviously Awesome⟩의 저자

이 단계에서 기업가가 흔히 저지르는 한 가지 실수는 모든 고객으로부터 학습하기 위해 노력하는 일이다.

분명 누구라도 여러분이 판매하는 제품을 구매해 사용할 수 있다. 그러나 그것이 모든 사람의 피드백이 똑같이 중요하다는 뜻은 아니다.

특정 고객 세그먼트와 소통하는 동안 그들의 니즈를 알게 되었다면 제품 시장 적합성(PMF)을 확보하기 위한 과정을 반복하기 위해 그 고객에게 계속 집중하는 것이 중요하다.

여러분은 고객과의 초기 논의에서 *"저희 제품이 여러분의 니즈에 잘 맞나요?"*라고 물으며 자신의 제품이 고객의 기대에 얼마나 잘 맞는지 이해하고 싫어 한다.

여러분의 제품이 특정 그룹 사람들의 니즈를 실제로 해결할 때까지, 여러분이 사용자로부터 무언가 배우기 위해서는 고객의 선의와 훌륭한 제품이 될 것이라는 가능성에 의존해야 한다.

제품을 발전시켜 나가기 위해서는 이상적인 고객 프로필에 부합하는 사용자로부터 배우는 것이 중요하다. 그리고 그런 고객 세그먼트에 매우 집중했을 때 더 빨리 배울 것이다. 또한, 여러분의 팀을 다른 방향으로 이끄는 모순적인 논의 또한 감소할 것이다.

타깃 고객 세그먼트를 통해 다음과 같은 두 가지 사항을 이해하기 위해 노력한다.

- *어떤 프로필의 사람이 여러분의 제품을 가장 많이 사용하고 싶어 하는가? 혹은 가장 조금 사용하고 싶어 하는가?*
- *몇몇 사람들은 왜 여러분의 제품을 사용하는가? 혹은 왜 사용하지 않는가?*

진정한 *최적합* 고객을 찾고 더 많은 사람이 여러분의 제품을 사용하게 하려면 여러분에게는 위와 같은 두 가지 관점이 필요하다.

최적합 고객은 여러분의 제품이 성공하기를 원한다. 그들은 그 제품이 자신들이 찾고 있는 장점을 가져다 줄 때까지 여러분이 반복적으로 작업하기를 요구할 것이다. 이런 최적합 고객의 목소리에 반드시 계속 귀를 기울여라.

여러분이 서비스 회사를 운영한다면…

이번 장에서는 여러분이 소수의 첫 번째 고객에게 전달한 결과물을 평가하고 누가 가장 큰 혜택을 누렸는지 파악하는 방법을 학습한다.

9.1 사용 가능한 기법 ————————————

여러분의 제품이 왓츠앱(WhatsApp), 위챗(WeChat), 라인(Line) 혹은 페이스북(Facebook)과 같은 제품이 될까?

잘못된 목소리에 귀 기울이기로 결정한다면 여러분의 비즈니스는 샛길로 빠져 잘못될 수 있다. 심지어 적절하지 못한 사람들의 의견을 듣고 있는지도 깨닫지 못한다면 잘못된 제품을 만들 가능성이 높아질 것이다.

이해할 수 있다. 의견을 듣는 사람의 숫자가 적을수록 여러분은 시장의 규모를 제한한다고 느낄 수 있다. 그리고 타깃 시장을 좁히면 여러분의 제품을 유용하게 쓸 수 있는 좋은 고객을 배제하는 일일 수도 있다.

그러나 현실은 다르며, 이에 대해 샘 올트먼은 *"소수의 사용자가 사랑하는 것을 만드는 것이 수많은 사용자가 좋아하는 것을 만드는 것보다 낫다."*라고 말한다.

이 단계에서 여러분이 할 수 있는 가장 좋은 일 가운데 하나는 이상적인 고객 프로필의 범위를 더욱 줄이는 일이다.

이번 장에서 우리는 **고 기대 고객(High-Expectation Customer, HXC)을 정의하고 발굴**하는 기법을 살펴본다.

9.2 고 기대 고객 찾기 ————————————

"진보는 직접적으로 동기에 비례한다."[58]

프라치 나인(Prachi Nain)
베이질(Bayzil) 공동 창업자

줄리 수팬(Julie Supan)은 포지셔닝 전문가이다. 지난 수년 동안 그는 유튜브, 드롭박스, 에어비앤비와 같은 회사와 함께 일하면서 그의 특별한 방법을 연마하고 다듬었다.

그는 먼저 제품 사용으로 가장 큰 이득을 누리는 고 기대 고객을 확인하는 방식으로 회사가 자신들의 브랜드와 포지셔닝을 정의하도록 도왔다.

여러분은 고 기대 고객을 초기 수용자의 일부로 생각할 수 있다.

줄리는 "*[고 기대 고객]은 타깃 고객 가운데서 가장 분별력 있는 사람이며, 제품의 **가장 큰 장점**을 인정하고 누릴 사람이다.*"라고 말한다.[59]

다른 말로 고 기대 고객은 제품의 핵심 장점을 원한다. 그들은 자신들의 문제를 해결하려는 강한 동기를 갖고 있는데다 제품에 대한 기대도 크다. 그리고 다른 사람들은 그들을 영리하며 통찰력이 있다고 생각한다.

이 단계에서 여러분은 아마도 제품을 잘 이해하거나 성공적으로 사용하고 있는 소수의 사용자나 고객만 바라볼 수 있다.

몇몇 특이한 사람만을 위한 제품을 만들지 않도록 가능한 많은 수의 고 기대 고객을 찾아야 한다.

여러분은 초기 사용자와 고객을 구분하기 위해 기업가이자 마케팅 담당자인 숀 엘리스(Sean Ellis)가 개발한 제품 시장 적합성 설문 조사를 이용할 수 있다.

이 책의 끝 빌딩 블록의 '효과적인 설문 조사 준비'를 참고하라.

제품에 대한 고객의 인식을 이해하는 일이 여러분의 목표라는 것을 그들이 알게 하자. 또한, 자신들의 생각이 제품 전략에 반영될 것이라는 사실도 알게 하자.

설문 조사의 핵심 질문은 다음과 같다.

1. *[제품명]을 더 이상 사용할 수 없다면 어떤 느낌이 들까요?*

   - 매우 실망스러움

   - 약간 실망스러움

   - 실망스럽지 않음

   - 답 없음 – [제품명]을 더는 사용하지 않음

2. *[제품명]을 사용해 얻은 주요한 이점은 무엇일까요?*

3. *[제품명]을 사용해 가장 큰 이득을 누린 사람은 어떤 유형의 사람일까요?*

4. *여러분의 니즈를 좀 더 잘 충족시키기 위해 [제품명]을 어떻게 개선할 수 있을까요?*

가능한 많은 사용자의 답변을 수집하라. 이런 설문 조사의 한 가지 매력은 제품 사용에 관심이 매우 적은 사람들의 경우 설문 조사를 제대로 끝내지 않는다는 것이다.

첫 번째 질문에 대해 '매우 실망스러움'이라고 답한 고객은 제품의 큰 가치를 아는 사람들이다.

두 번째 질문에 대한 답변을 분석하면 여러분 제품의 핵심 이점과 연관된 주제를 확인할 수 있을 것이다. *다른 이점에 비해 눈에 띄는 이점이 있는가? 있다면 그 점은 여러분이 제품을 만드는 이유와 얼마나 일치하는가?*

제품의 강력한 이점을 찾으면 그 이점을 찾고 있는 사용자의 프로필을 살펴보라. *다른 사람들이 따라하고 싶은 사람들인가? 여러분의 제품이 그들의 기대*

를 뛰어넘을 수 있을까?

다음과 같이 제품의 핵심 이점을 명확히 하라.

우리의 제품은 [이런 프로필의 고 기대 고객]이 [이러저러한 이득을] 누리게 한다.

여러분은 같은 유형의 고 기대 고객을 찾고 있다. 같은 유형의 고 기대 고객이 5명보다 많다면 분류를 좀 더 세분화(segmentation)하라. 5명보다 적다면 좀 더 많이 찾을 수 있도록 이 책 끝에 있는 빌딩 블록의 '인터뷰할 사용자와 고객 모집'을 참고하라.

여러분의 팀 역시 분명 고 기대 고객이 되어야 한다. 이와 관련해 에어비앤비의 공동 창업자이자 CEO인 브라이언 체스키(Brian Chesky)는 *"팀원 전체가 이 사람이 그들의 시간을 쏟아부을 만한 사람이라는 것에 동의해야 한다. 많은 면에서 그들도 스스로 고 기대 고객이 되기를 간절히 바라야 한다."*라고 말한다.

여러분의 제품이 모든 사람을 위한 것은 아니다. 의견을 듣는 사용자 그룹을 개선하며 앞으로 나아가라.

9.3 발전하기

"틈새시장은 큰 시장을 여는 열쇠다."[60]

앤디 라클레프
웰스프런트 공동 창업자이자 CEO

《상식 밖의 경제학》[61]이라는 책으로 발표된 연구에서 댄 애리얼리(Dan Ariely)는 사람들은 성공 가능성이 있는 수많은 길이 주어졌을 때 가능한 오랫동안 모든 선택 기회를 열어두려 한다는 사실을 발견했다. 그들은 특정한 기회를 선택하면 좀 더 큰 성공을 거둘 수 있을 때조차도 여전히 모든 기회를 열어 두려고 한다.

올바른 고 기대 고객에게 집중하는 일은 스타트업의 성패를 좌우할 만큼 중요하다. 그러나 이번 장 사례 연구 슈퍼휴먼(Superhuman)에서 보듯, 더 적은 개수의 기회의 문을 활짝 열어 두었을 때 흔히 시장 제품 적합성을 가장 잘 찾을 수 있다.

이번 장을 통해 발전하려면 고 기대 고객이 추구하는 핵심 이점을 명확히 하고, 그들의 피드백에 우선순위를 정하며, 그들의 니즈를 좀 더 잘 충족시킬 수 있도록 제품을 개선하라.

다음 장에서 우리는 그 핵심 이점을 중심으로 가치를 반복적으로 만들어 낼 기법을 소개할 것이다.

9.4 사례 연구

슈퍼휴먼은 어떻게 고 기대 고객에게 집중했는가?

"파워 유저는 제품 사용자 적합성을 나타내는 가장 큰 표시다.
제품 사용자 적합성을 넘어 제품 시장 적합성을 가지려면
이런 파워 유저의 목소리에 귀를 기울여 더 많은 사용자를

끌어오도록 제품을 발전시켜야 한다."[62]

피터 라우텐(Peter Lauten), 데이비드 올레비치(David Ulevitch)
앤더스 호로비츠(Andreesen-Horowitz) 파트너

라훌 보라(Rahul Vohra)는 2010년 이후 이메일 제품 분야에서 일하고 있다. 그는 이메일 클라이언트인 슈퍼휴먼을 만들기 전에 받은 편지함 내 연락처에서 소셜 미디어 정보를 보여주는 이메일 추가 기능인 라포티브(Rapportive)로 성공을 거두었다.

그는 자신의 회사를 인수한 링크드인에서 근무했다. 통합 분야에서 일하면서 라훌은 지메일 사용자 경험이 점점 나빠지는 것을 관찰할 수 있었다. 속도가 느려졌을 뿐만 아니라 오프라인 상태에서는 잘 동작하지 않았고, 각종 플러그인이 어수선하게 들어 있었다.

라훌, 콘라드 아윈(Conrad Irwin), 비벡 소데라(Vivek Sodera)는 2014년 슈퍼휴먼을 시장에 내놓았을 때 자신들이 어려운 일을 앞에 두고 있음을 알았다.

지메일은 무료로 사용할 수 있었고, 성숙한 제품이었으며, 이미 수백만 명의 사용자가 5-10년 동안 사용하고 있었다. 그들은 사람들이 그런 지메일을 버리고 새로 선택해 사용하고 싶을 만큼 좋은 제품을 만들어야만 했다.

엄청난 도전이었다. 2년이 지났지만 고객은 거의 없었고, 라훌은 팀원에게 문제를 설명하기 위해 애쓰고 있었다. 그들은 제품 시장 적합성이 무엇인지 알았으나 그것을 향해 얼마나 나아갔는지 평가할 명확한 방법이 없었다. 그리고 명확한 평가 지표가 없는 가운데 과정을 반복하기는 어려웠다.

"내가 찾은 제품 시장 적합성(PMF)의 정의는 명확하고 설득력 있었어요. 그러나 시대에 뒤쳐진 지표였지요."

그러나 라홀이 숀 엘리스의 제품 시장 적합성 설문 조사를 찾았을 때 모든 것이 바뀌었다.

그의 팀은 사용자에게 *"이 제품을 더 이상 사용할 수 없다면 어떤 느낌이 들까요?"*라고 질문하고 '매우 실망스러움'이라고 답한 사람들의 비율을 측정했다. 시안의 벤치마크에 따르면 응답자의 40%가 '매우 실망스러움'이라고 답했을 때 제품 시장 적합성을 찾았다는 것을 알 수 있다.[63]

설문 조사를 시작하기 위해 라홀과 그의 팀원은 4개의 질문으로 이루어진 설문 조사를 전체 사용자에게 보냈다. 그리고 응답자의 단 22%만이 '매우 실망스러움'이라고 답했다.

라홀과 그의 팀원은 그 결과를 보고 분석을 마치는 대신, 결과를 세분화하기 시작했다.

'매우 실망스러움'이라고 답한 사람들의 역할(창업자, 관리자, 임원, 비즈니스 개발)에 초점을 맞춘 결과, 라홀과 팀원은 이러한 전문가들의 응답이 33%까지 올라간다는 것을 깨달았다.

두 번째 질문인 *"슈퍼휴먼을 사용해 가장 큰 이득을 누린 사람은 어떤 유형의 사람일까요?"*에 대한 답변을 분석하며 그들은 자신들의 고 기대 고객을 명확히 정의할 수 있었다.

> 니콜은 많은 사람을 다루며 열심히 일하는 전문가다. 예를 들어 그는 임원, 창립자, 관리자 혹은 비즈니스 개발자일 수 있다. 니콜은 오랜 시간 일할 뿐만 아니라 주말에도 종종 일한다. 그는 자신이 매우 바쁘다고 여기며, 좀 더 여유가 있기를 바란다. 니콜은 자신이 생산적이라고 느끼면서도, 더 잘할 수 있고 때론 상황을 개선할 방법을 찾으려 할 만큼 자신의

상황을 충분히 인식하고 있다. 그는 하루 작업 시간의 상당 시간을 100-200통의 이메일을 읽으며 보내거나 15-40통, 바쁜 날에는 80여 통의 이메일을 보내며 시간을 소비한다.

니콜은 이메일에 답하는 것을 업무의 일부로 여기며, 그렇게 하는 것에 자부심을 가진다. 그는 이메일에 답하지 않으면 팀의 소통이 막히거나 명성에 흠이 생기고, 기회를 잃을 수 있다고 여긴다. 받은 편지함을 비우려고 하지만 기껏해야 일주일에 두세 번 그럴 수 있다. 아주 가끔 아마도 1년에 한 번 정도 그는 이메일 파산을 선언할 것이다. 그는 일반적으로 성장형 사고방식을 갖고 있다. 새로운 제품과 기술에 열려 있지만, 이메일에 대해서만은 고정형 사고방식을 갖고 있을 수 있다. 새로운 고객에게는 열려 있는 반면, 누군가 그를 더 빠르게 만들 수 있다는 이야기에는 냉소적이다.

선택한 설문 조사 대상자에 대한 점수가 여전히 40% 이하였기 때문에 라훌과 팀원은 '니콜'이 슈퍼휴먼을 사랑한 이유를 이해하고 싶어 했다.

세 번째 질문인 "슈퍼휴먼을 사용해 얻은 주요한 이점은 무엇인가요?"에 대한 답변을 분석하며 고 기대 고객이 슈퍼휴먼으로부터 얻은 핵심 이점이 속도, 알림 제어, 단축키라는 것을 깨달았다. 이때부터 이런 이점이 제품 개발 방향을 잡는 데 도움이 되었다.

슈퍼휴먼을 사용하며 행복감을 느끼는 사용자가 속도를 주요한 이점으로 여긴다는 것을 알고는, 라훌과 팀원은 더 빠른 이메일 제품을 찾고 있는 불만족 사용자('약간 실망스러움'이라고 답한 그룹)를 계속 찾았다. 아마도 그들은 불만족 사용자의 우려를 해결해 그들을 고객으로 얻을 수 있는 방법을 찾을 수 있었다.

라훌과 팀원은 개발 노력의 50%는 고 기대 고객의 사용 경험을 개선하는 일에, 나머지 50%는 '약간 실망스러움'이라 답한 고객의 기대를 만족시키는 일에 집중했다. 이런 방식을 통해 그들은 제품 사용 경험을 개선하고 시장 적합성을 확장해 나갔다.

제품 시장 적합도 점수가 빠르게 개선되었다. 3분기만에 고 기대 고객의 점수가 58%로 거의 2배 가까이 올랐다.

이후 라훌과 팀원은 대기자 명단에 있던 30만 명 이상의 사람들로 대상을 확장했음에도 발전 방향을 잡기 위해 여전히 제품 시장 적합도 설문 조사를 사용한다.

여러분은 슈퍼휴먼처럼 자신의 최고 고객의 니즈를 만족시키는 것에 집중해 제품을 개선할 수 있다.

9.5 행동하기

1. 제품 시장 설문을 만들어 모든 사용자에게 보내라.

2. 첫 번째 질문에 '매우 실망스러움'이라고 답한 응답자에게 집중하라. *이 응답자는 제품의 주요한 장점이 무엇이라고 느끼는가?*

3. 동일한 이점을 찾고 있는 응답자들의 프로필을 보면서, 다른 사람들이 닮고 싶어 하는 사용자와 다른 사람에게 제품을 소개할 가능성이 있는 사용자를 찾아라.

4. 고 기대 고객 5명을 찾을 때까지 타깃 고객을 다듬고 조정하라.

5. 고 기대 고객의 프로필을 고객 세그먼트나 페르소나(persona)로 바꾸는 것을 고려하라.

10

고객 가치의 반복적인 평가와 개선

여러분은 제품의 타깃 고객을 세심하게 정했다. 이번 장에서 설명하는 기법을 사용해 여러분의 제품이 **타깃 고객의 기대를 만족시킬 수 있는지 더 나아가 그 기대를 뛰어넘을 수 있는지 평가하라.**

"소수의 사용자가 사랑하는 제품을 만드는 것이 수많은 사용자가 좋아하는 제품을 만드는 것보다 낫다. […] 소수의 사람들이 사랑하는 제품을 수많은 사람이 사랑하는 제품으로 확장해 나가는 일은 훨씬 쉽다."[64]

샘 올트먼(Sam Altman)

지금쯤이면 여러분은 만족시키고자 하는 사용자나 고객, 그리고 제품이 그들에게 제공할 가치에 대해 명확한 생각을 갖고 있어야 한다.

이제 목표는 여러분의 제품이 고객의 여러 기대를 확실히 만족시키고 넘어서는 것이 되었다.

이를 위해 먼저 '*시간 절약*', '*높은 수입*', '*1등 품질*' 같이 추구할 가치를 명확히 해야 한다.

핵심 고객은 제품의 가치를 평가하기 위해 어떤 기준을 사용하는가?

가치에 대한 명확한 생각을 갖게 되면 다음 일은 아래와 같다.

1. 더 많은 고 기대 고객이나 최적합 고객이 제품 가치를 빠르게 경험할 수 있도록 걸림돌(friction point)을 제거한다.

2. 제품이 고객 기대를 충족시킬 때까지 ROI나 가치를 개선한다.

아직 여러분이 통계적으로 중요한 데이터를 가지고 있지는 않을 것이므로 성과에 대한 소규모 평가와 주관적인 평가에 의존해야만 한다.

나중에는 부가가치를 정량화하기 위해 데이터를 사용할 수 있다. 그러나 지금은 제품 가치를 반복적으로 인식하는 데 집중하라.

여러분이 서비스 회사를 운영한다면…

이번 장에서는 고객에게 더 많은 가치를 제공하기 위해 고객의 핵심 평가 기준을 이해하고 필요한 과정을 반복하는 방법을 학습한다.

10.1 사용 가능한 기법

이번 장에서 소개할 기법은 제품 사용의 걸림돌을 확인하고 제품 가치를 반복적으로 평가하며 개선하는 데 도움이 될 것이다.

- **방문자 기록 분석**: 걸림돌을 확인하고 제품 개선을 위한 가설을 만드는 데 유용하다.

- ***도그푸딩(dogfooding)*을 통한 학습**: 자신의 제품을 직접 사용해 보는 기법인 도그푸딩은 제품의 제약을 확인하고 제품 가치를 반복적으로 개선하는 훌륭한 방법일 수 있다. 이 기법은 여러분의 회사가 실제적으로 제품의 사용자가 될 수 있을 때 특히 유용하다.

- **고객 자문 위원회를 통한 학습**: 핵심 고객과의 거리를 좁히고 고객으로부터 더 빠르게 학습하는 데 유용하다.

제품 가치를 구체화하고, 이를 반복적으로 평가하고 개선하기 위해 위의 기법을 적절히 섞어서 사용하라. 또한, 너무 빠르게 앞으로 나아가지 마라. 여러분의 제품이 실질적인 가치를 전달하는 것이 매우 중요하다.

10.2 방문자 기록 분석

"의도를 가지고 제품을 사용하는 사람의 경험은 '한 번 이 제품을 써 보고, 쓸 만한지 아닌지 이야기해 주세요.'라는 말을 듣고 제품을 사용하는 사람의 경험과는 사실상 약간 다르다."

모스타파 엘허나위(Mostafa Elhefnawy)

세션 리플레이라고도 부르는 방문자 기록은 사용자나 방문자가 웹사이트나 제품을 이용할 때 취한 실제 행동이다.

방문자 기록이 정성적 탐구(예: 사용자 테스트)처럼 보일 수도 있겠지만, 사실 정량적 탐구(예: 분석)에 가깝다. 방문자 기록은 '*왜* 일어났는가?'가 아니라 '*어떤 일이* 일어났는가?'를 알아보는 데 유용하다.

방문자 기록은 장애물, 기술 이슈, 품질 개선 기회를 밝히는 데 유용할 수 있다. 또한, 추가적인 연구나 제품 개선을 위한 가설을 만들고 제품 실사용에 대한 느낌을 얻는 데도 도움이 될 것이다.

방문자 기록은 사용자 테스트와는 달리 실제 의도를 가진 사용자가 여러분의 제품을 어떻게 사용하는지 확인하는 데 유용하다.

방문자 기록을 훑어보기 위해 여러분은 핫자(Hotjar)나 풀스토리(FullStory)와 같은 제삼자가 제작한 툴을 설치할 필요가 있다. 이런 툴을 사용하면 웹사이트나 제품에서의 사용자 행동을 특정 페이지나 제품 전체를 대상으로 기록할 수 있다.

처음에는 사용하자마자 사용을 끝내는 초단기 사용자를 포함한 모든 사용자의 사용 시간 전체를 기록하는 것이 좋다. 너무 제약을 두지 말고 무언가 발견할 수 있는 여지를 남겨라.

모든 방문자 기록을 전체적으로 살펴보라. 일의 순서, 탐색하는 방법, 사용 중 주저하거나 막힌 곳, 사용자의 핵심 태스크, 오류, 잘못된 곳 클릭, 사용을 마치는 지점 등에 집중하라.

가장 긴 기록과 가장 짧은 기록을 비교하라. 가장 성공한 기록과 가장 실패한 기록을 비교하라. 특정한 패턴이 보이는가?

이슈에 주목하라. 일반적인 사용 방식이 어떤지 감이 오기 시작하면 번갈아 나오는 흐름을 평가하고 핵심 행동을 깊이 있게 분석하라.

이 단계에서는 제품을 개선하기 위해 노력하는 것보다 제품 가치, 제품 사용 욕구, 제품 사용의 걸림돌을 이해하는 것이 더 중요하다.

세션 기록 재생 툴 대부분은 사용자의 특정 행동에 대해 탐색, 태깅 및 세션 공유 기능을 제공할 것이다. 이는 방문자 기록을 재생하며 훑어볼 때 사용자의 반응을 추적하고 비교하는 유용한 방법이 될 수 있다.

세션 기록 재생 툴의 여러 기능을 보면 툴에서 제공하는 히트맵 분석, 퍼널 분석, 폼 분석 등을 사용하고 싶은 유혹을 느낄 수 있다. 그러나 이 지점에서 그런 기능은 그리 유용하지 않을 것이다.

실제 의도를 가진 사람들이 제품을 사용하는 모습을 관찰하는 일은 제품 가치 향상 기회를 발견하는 데 분명 유용할 것이다.

10.3 도그푸딩을 통한 학습 ─────────

"최고의 소프트웨어는 제작과 사용이 동시에 일어난다. 즉,
제작자가 사용자이며, 사용자가 곧 제작자다."[65]

데스 트레이너(Des Traynor)

SAP CX 전략 책임자인 에스테반 콜스키(Esteban Kolsky)의 주장에 따르면 불만을 제기하는 한 명의 고객이 있을 때 불만이 있어도 침묵하는 26명의 고객이 있다.[66] 즉, 불만을 가진 27명의 고객 가운데 단 1명만이 불만을 직접 말한다는 뜻이다.

신제품의 경우 특히 사용자가 제품의 가치를 완전히 확신하지 못하는 초기 단계에서 그 비율은 훨씬 높을 듯하다.

사용자는 제품에 대해 자신이 경험한 문제를 글로 쓰고 설명하느라 시간을 들이는 대신 이탈해 다른 제품을 사용할 것이다.

이런 이유로 초기 제품 인게이지먼트(engagement)로부터 학습하기 위한 방법을 적어도 한 개 정도는 추가로 마련해 두는 것도 좋다.

도그푸딩은 자신의 제품을 직접 사용해 보는 기법으로, 제품을 반복적으로 사용하며 배울 수 있는 훌륭한 방법이다.

제품을 직접 사용해 볼 수 있다면 여러분은 실질적인 이점을 얻을 수 있다. 여러분 회사의 직원은 *제품을 직접 사용*(dogfooding)해 볼 수 있을 때 자신이 만들고 있는 제품과 제품 제작 이유를 좀 더 쉽게 이해할 수 있다.

좀 더 자세히 설명하면 영업 팀은 자신들이 판매하는 제품을 더 잘 이해하게 되고, 프로덕트 팀은 수정해야 할 버그가 무엇인지 알게 되며, 고객 성공 팀은 고객에게 더 공감할 수 있게 된다.

자신의 제품을 도그푸드하기 위해, 바꿔 말해 직접 사용해 보기 위해 다음 사항을 고려하라.

- 팀원 전체가 그 제품을 사용한다.

- 실 사용자와 동일한 방식으로 제품을 사용한다.

- 새 계정을 생성하는 습관을 가진다(예: 길동+1@회사이름.com, 길동+2@회사이름.com, …).

- 혼란스러운 문구, 사용성 문제 및 반복 사용하며 나온 피드백을 체계적으로 추적한다.

- 사용자나 고객들이 알려준 문제점과 우려사항을 재현한다.

제품이 여러분이나 팀원과 같은 사람을 위해 제작된 것이 아니라면, 제품 가치와 기대에 대한 팀원의 피드백은 무시해야 한다.

그 제품이 여러분의 회사와 같은 조직을 대상으로 제작된 것이라면 분명하게 사용자와 같은 목적과 방식으로 그 제품을 사용하라.

팀원이 잘 사용하고 있는지 관찰하라(8장). 제품을 사용해야 하는 사람들이 사용하지 않는다면 이는 언제나 위험 신호다.

여러분의 팀원과 제품 최종 사용자 사이에 너무 쉽게 틈이 생길 수 있다. 사용자와 밀접한 관계를 유지하라. 팀원 가운데 *어느 누구도 타깃 고객 프로필과 맞지 않는다면* 가장 적합한 고객에게 학습할 수 있도록 적어도 고객 자문 위원회를 만들어라.

10.4 고객 자문 위원회를 통한 학습 ─────

"내 경험상 사용자 탐구에 있어서 고객 인터뷰는 ROI
측면에서 가장 좋은 방법은 아니었다. 비공식 연락 채널(예:
문자, 이메일, 전화 심지어 페이스북 메신저)을 통해 간단한
질문을 던질 만큼 편안한 소수의 대표 고객과 밀접한
관계를 만드는 것이 ROI 측면에서 가장 좋았다. 여러분의
아이디어 중에 실행 불가능한 아이디어는 중단시키고 괜찮은
아이디어는 진행하도록 격려하는 방식으로 빠른 확인을 받을
수 있다면 이는 값으로 헤아릴 수 없을 만큼 귀중하다."

알렉스 시프(Alex Schiff)

고객과의 거리가 가까울수록 더 빨리 배울 수 있다.

질문이 있을 때마다 고객 세그먼트를 정의하고 이메일을 쓰며, 인터뷰 스크립트를 만들고 사용자를 만나 인터뷰를 수행하며, 인터뷰 결과를 분석해야 한

다면 여러분이 꼭 만나야 하는 만큼 자주 고객을 만나지 못할 가능성이 매우 높다.

여러분이 잠재 고객을 인터뷰하거나(4장) 제품 아이디어를 검증하는 동안(7장), 혹은 사용자나 고객과 관계를 만드는 동안, 고 기대 고객 프로필과 일치하는 사람들을 만나거나(6장) 궁극적으로 제품을 판매하고 싶은 사람을 만났을 가능성이 있다.

학습 속도를 올리기 위해 타깃 그룹을 대표하는 사용자들로 구성된 고객 자문 위원회(Customer Advisory Board, CAB)를 만드는 것을 고려하라.

여러분은 고객 자문 위원회를 운영하면서 다음과 같은 효과를 거둘 수 있다.

- 아이디어에 대한 피드백을 얻을 수 있다.
- 제품 사용 상황을 이해할 수 있다.
- 열린 질문을 좀 더 많이 할 수 있다.
- 사용자 테스트를 빠르게 할 수 있다.
- 기능 아이디어를 테스트하고 검증할 수 있다.

고객 자문 위원회를 구성하기 위해 거리낌 없이 의견을 말하고, 열정적이며, 상상력이 뛰어난 사람들을 찾아라. 위원회 구성 초기, 모든 참가자는 고 기대 고객 프로필과 일치해야 한다.

여러분은 동일한 니즈를 공유하는 사람을 원할지도 모르지만, 위원회 구성원은 비전과 아이디어가 서로 매우 다를 수 있다.

회사 규모가 커지면 여러분이 마주한 새로운 도전을 고려해 다른 구성원을 모집하고 싶을 것이다. 이와 관련해 연속 창업자 피터 카자니(Peter Kazanjy)는

"고객 자문 위원회는 반드시 여러분 앞에 놓인 도전에 잘 맞추어 구성해야 한다."고 말한다.[67]

고객 자문 위원회의 규모는 최대 25명을 넘지 말아야 한다. 적합하지 않은 조직의 사용자가 위원회에 들어오는 일에 고객이 강제로 찬성하게 만들지 않는 것이 중요하다.

제품, 제품 로드맵, 제품 전략에 대한 피드백에 집중하라. 고객 자문 위원회 구성원은 제품 자체에 매우 익숙하기 때문에 그들이 잘 모르는 온보딩(onboarding)이나 랜딩 페이지(landing page)에 대한 피드백은 그리 중요하지 않을 것이다.

위원회 구성원에게는 다양한 방식으로 보답할 수 있다. 예를 들어 새로운 기능에 대한 특별 사용 권한을 주거나 제품을 출시할 때 그들의 이름을 언급할 수도 있다. 혹은 그들이 직접 자신이 위원회 구성원임을 사람들에게 말하도록 제안하거나 제품 구매 가격을 할인해 줄 수도 있다.

이와 관련해 카자니는 "위원회 구성원으로서 그들을 홍보하겠다고 이야기했을 때 얼마나 많은 사람이 위원회 일에 흥미를 갖는지 보면 깜짝 놀랄 것이다."라고 말한다.

위원회 구성원은 제품 제작 과정에 참여한다는 사실에 감사할 것이다.

여러분은 고객 자문 위원회를 통해 더 빨리 배울 것이다. 또한, 위원회 구성원들은 자신들이 사용하려는 제품을 더 좋은 품질의 제품으로 만나볼 수 있다.

10.5 발전하기

"와우(wow)를 찾아라. 사람들은 와우에 대해 이야기할 수
있어야 한다."

프레드릭 라론드(Fred Lalonde)
하퍼(Hopper) 공동 창업자이자 CEO

이번 단계에서 많은 것을 학습했을 것이다. 그러나 새로 배운 지식을 통해 제품 시장 적합성(PMF)에 다가가지 못했다면 결국 헛수고를 하고 있다는 사실을 깨닫게 될 것이다.

북극성 지표를 정의하고 제품을 출시할 때마다 그 지표를 사용해 평가한다면 여러분의 회사를 성장시키는 데 유용할 것이다. 이 단계에서 여러분의 지표는 정성적이다. 그러나 그 지표가 고객 가치를 나타낸다면 여러분은 그 지표를 통해 회사가 올바른 방향으로 나아가고 있는지 알 수 있을 것이다.

여러분이 정성적인 탐구를 통해 학습하고 있는 것이 의미 있다는 것을 검증하는 일은 정말로 중요하다. 이와 관련해 CXL 창립자 피프 라야(Peep Laja)는 "데이터는 그 자체만으로 여러분에게 아무것도 알려주지 않는다. 젠장!"이라고 말한다.[68] 여러분이 학습하고 있는 것을 통해 목표에 한 발 더 다가가지 않았다면 사용자로부터 학습하는 방법을 다시 평가하라.

핵심 사용자와 여러분이 해결하고자 하는 그들의 니즈를 꼭 붙잡아라. 이번 단계는 정확도를 높이는 것에 관한 것이므로 제품이 유용하고 고객의 기대를 뛰어넘는다는 확실한 신호를 볼 때까지 반복적으로 제품의 가치를 평가하고 개선해야 한다.

10.6 사례 연구

플로타운은 초기 걸림돌을 어떻게 줄였을까?

"여러분의 가치가 무엇인지 알려줄 데이터는 오직
고객에게서만 나온다."[69]

패트릭 캠벨(Patrick Campbell)
프라핏웰(ProfitWell) 창립자이자 CEO

댄 마텔(Dan Martell), 이든 블라치(Ethan Bloch), 데이비드 존(David John)은 플로타운(Flowtown)에서 일하기 시작했을 당시 이미 스타트업의 쓴맛 단맛을 모두 맛본 상태였다. 그들의 제품 타임리(Timely)는 버퍼(Buffer)의 전신으로 사용자가 엑스(구 트위터) 팔로잉 정보를 이용해 트윗 효과를 극대화하기에 가장 좋은 시간에 트윗을 자동 예약할 수 있는 간단한 툴이었다.

댄과 공동 창업자들은 사람들이 회원 가입을 하도록 만들 수는 있었다. 그러나 회원 가입자 가운데 단지 10%만이 실제로 제품 사용을 시작했다. 좀 더 많은 사용자가 타임리의 가치를 알게 하기 위해 사용자 활동 로그와 리텐션 데이터를 본격적으로 분석하기 시작했다.

한 번 떠난 사용자가 타임리를 다시 사용하지 않을 것이라는 사실이 확실해지자, 댄은 사용자들과 연락이 닿기를 바라며 다음과 같이 연락했다.

"안녕하세요 존, 방금 전 타임리에 가입하셨군요. 혹시 딱 5분만 통화할 수 있어요? 내 전화번호를 남겨요. 문자 주세요."

그러나 고객과의 통화는 댄이 기대했던 것과는 달랐다. 사용자들은 타임리가 정말로 놀랍고, 타임리의 아이디어를 사랑한다고 끊임없이 말했다. 또한, 낮 시간이나 다음 주에 타임리를 사용할 것이라고 말했다. 분명 사용자들은 타임리를 사용하려는 마음을 먹고 회원 가입을 했다. 그러나 어떤 이유에서인지 그들은 사용을 미루고 있었다.

타임리 팀은 내부 논의를 거듭하면서 사용자가 사용을 미루는 주된 이유가 트윗할 것이 없기 때문이라는 사실을 깨달았다.

문제를 깨달은 타임리 팀은 사용자가 회원 가입한 후에 바로 트윗을 스케줄할 수 있도록 가장 일반적인 트윗을 찾아 미리 준비해 두었다.

사용자가 타임리를 통해 트윗을 게시하지 않는다면 사용자는 타임리의 핵심 가치를 깨달으며 느끼는 '와우'를 경험하지 못하고 결국 그것을 다시 사용하기 위해 타임리에 돌아오는 일도 없을 것이 분명했다.

타임리 팀은 신중한 평가를 통해 타임리를 사용하고 싶은 마음이 들게 하는 트윗 문구를 결정했다. 이 문구가 모든 사람에게 적당한 것은 아니었지만 사용자를 붙들기에는 충분했다.

사용자는 한 번의 클릭으로 그 트윗을 미리 저장해 둘 수 있었다. 일단 트윗을 게시하면 그 트윗이 리트윗 되었을 때 이메일을 받는다.

사용자는 제품의 가치를 경험하고 장점을 보게 되면 대개 사용하는 편이 낫다는 것을 깨닫는다. 작은 변화가 플로타운 초기 성장의 문을 열었다.

사용자가 여러분 제품의 핵심 가치를 발견하지 못하게 만드는 것은 무엇인가?

10.7 행동하기

1. *최적합* 사용자와 고객이 제품의 가치를 평가하기 위해 사용하는 기준을 명확히 하라.

2. 초기 사용자가 제품의 가치를 발견하지 못하게 만드는 걸림돌을 확인하기 위해 제품 사용법을 분석하라.

3. 고객이 제품에서 많은 가치를 얻을 수 있도록 고객 자문 위원회와 함께 일하라.

4. 5명 내지 그 이상의 *최적합* 고객이 제품에서 진정한 가치를 경험하고 있다는 구체적인 증거를 얻을 때까지는 앞으로 더 나아가지 마라.

11

제품 시장 적합성 평가

여러분의 제품은 고객에게 가치를 전달한다. 이번 장에서 설명하는 기법을 사용해 여러분이 **제품 시장 적합성(PMF)을 찾았는지 평가하라.**

"스타트업 창업은 둥근 돌을 언덕 위로 끊임없이 밀어 올리는 시시포스(Sisyphus)의 운명을 짊어지기로 결정하는 것이다. 바위 밀기에는 시장 적합성이 없고 바위 추적하기에는 시장 적합성이 있다. 양쪽 모두 힘든 일이지만 완전히 다르게 느껴진다. 여전히 바위를 밀고 있다면 여러분은 시장 적합성을 아직 갖고 있지 않다."[70]

에밋 쉬어(Emmett Shear)
트위치(Twitch) 공동 창업자이자 CEO

수년간 제품 시장 적합성을 정의하는 일에 많은 노력을 기울였다.

이유는 명확하다. 스타트업의 생존을 위해 매우 중요한 단계이며, 이후 모든 단계에서 유용하기 때문이다.

여러분의 회사가 성장하고 있지 않다면 고객 이탈률이 높다면 여러분의 제품이 잘 팔리지 않는다면 혹은 고객이 제품에 그다지 신경 쓰는 것 같지 않다면 현재 여러분의 회사는 제품 시장 적합성을 갖고 있지 않다.

다음과 같은 상황에서 제품 시장 적합성을 갖고 있다고 말할 수 있다.

- **사용자가 오래 사용한다**: 장기 리텐션은 제품 시장 적합성을 결정하는 데 가장 좋은 지표다.[71]

- **사용자와 고객이 습관적으로 사용한다**: 제품 시장 적합성을 갖고 있다면 적어도 일부 사용자는 여러분의 제품에 의지하게 된다.

- **회사가 유기적으로 성장한다**: 사용자는 다른 사람에게 이야기할 만큼 제품으로부터 충분한 가치를 얻고 있다.

- **단위 경제가 이해되기 시작한다**: 여러분은 고객 평생 가치(Customer Lifecycle Value, CLV)보다 적은 고객 확보 비용(Customer Acquisition Cost, CAC)으로 고객을 반복해 확보할 수 있다. (예: 고객 확보 비용 < 고객 평생 가치[72])

- **사람들은 고장 났을 때조차 제품을 사용한다**: 여러분은 많은 일을 망치고도 여전히 성공할 수 있다. 제품 가치와 유용성이 제품 사용의 문제점을 훌쩍 뛰어 넘는다.[73]

제품 시장 적합성에 대한 수많은 정의가 있지만, 대부분의 제품 리더와 기업가는 제품 시장 적합성이 1) 리텐션, 2) 매출, 3) 유기적 성장의 조합으로 구성되는 경향이 있다는 데 동의한다.

고객이 오랜 시간 제품을 사용하는가? 그들이 다른 사람에게 제품에 관해 이야기하는가? 그들은 구매에 만족하는가?

여러분이 서비스 회사를 운영한다면…

이번 장에서는 여러분이 제공한 일이나 결과물이 추천과 긍정적인 리뷰를 이끌어 내는지, 고객이 여러분을 제품 판매 회사로서 신뢰해서 오는 것인지 파악하는 방법을 학습한다.

11.1 사용 가능한 기법

제품 시장 적합성 없이 회사를 확장하려는 것은 스타트업 실패를 미리 알려주는 가장 일관된 신호이므로[74] 여러분의 제품이 현재 어느 위치에 있는지 명확히 확인하는 것이 중요하다. 이때 다음과 같은 기법을 사용할 수 있다.

- **고객 리텐션 분석**: 데이터가 많지 않다면 수동으로 할 수 있다. 좀 더 많은 데이터를 확보하기 시작하면 분석 툴을 사용한다.
- **제품 시장 적합성 설문 조사**: 제품 시장 적합성을 평가하기 위해 사용하는 가장 일반적인 방법이다. 여러분은 설문 조사를 통해 *방향적으로 정확한* 결과를 얻게 될 것이다.

다음 단계로 이동하기 전에 데이터를 분석하고자 노력하며 다른 분석을 수행하는 것도 좋다.

11.2 고객 리텐션 분석

"리텐션 그래프를 그리기 위해 다양한 코호트(cohort)에서
시간에 따른 사용 고객 비율을 그려라. 그래프가 어떤
지점에서 평평해진다면 아마도 특정 시장이나 오디언스에
대한 제품 시장 적합성을 발견한 것이다."[75]

브라이언 밸푸어(Brian Balfour)
리포지(Reforge) 창립자이자 CEO

수년 전 페이스북은 거의 70%에 달하는 고객 리텐션율을 달성했다.[76] 당시

그리고 아마 오늘날까지도 이 정도 수준의 제품 충성도는 처음 있는 일이었다.

광고를 통해 수익의 대부분을 얻는 페이스북은 오랜 전부터 비즈니스의 성격을 이해하고 있었다. 그리고 수년 간 시장에서 가장 매력적인 앱이었던 왓츠앱(WhatsApp)과 인스타그램(Instagram)을 인수했다. 또한, 실패하기는 했지만 몇 차례에 걸쳐 스냅챗(Snapchat)을 인수하려고 했다.[77]

페이스북과 구글[78]이 오래 전에 깨달았던 것처럼 고객 리텐션이 핵심이다.

이는 광고가 주도하는 비즈니스에 한정된 이야기가 아니다. 제품의 수익 모델이 무엇이든 제품이 시장의 필요를 충족시킨다면 비즈니스 성공에 도움이 될 것이다.

제품을 습관적으로 사용하는 고객이 생기는 것이 고객 리텐션을 위해 중요하다.

그림 11-1 성공적인 고객 리텐션

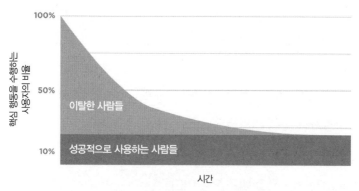

고객 리텐션의 핵심은 다음과 같다.

1. **핵심 행동**: 사용자가 제품으로부터 가치를 얻고 있다는 것을 뜻하는 주요 행동

2. 사용 빈도: 얼마나 자주 제품 가치를 경험해야 하는가? 사용 빈도는 제품 사용이 사용자의 핵심과업 처리에 도움이 되는 빈도와 일치해야 한다.

〈초집중〉의 저자인 니르 이얄(Nir Eyal)은 '유지 상태의 사용자'를 '습관화된 (habituated) 사용자'로 정의했다.

습관화된 사용자에 대한 상세한 정의는 여러분이 만든 제품 유형에 따라 달라질 것이다.

- 소셜 네트워크 소프트웨어 제품이라면 습관화된 사용자는 매일같이 로그인하는 사람일 것이다.

- 기업용 소프트웨어 제품이라면 습관화된 사용자는 매일 아침 특정한 태스크를 수행하는 사람일 것이다.

- 세금 준비 소프트웨어 제품이라면 습관화된 사용자는 1년에 단 한 번 그 제품을 사용할 수도 있다.

일정한 사용 주기가 있다는 것이 중요하다.

제품의 고객 리텐션율을 평가하기 위해 제품의 기대 사용 빈도만큼 제품을 사용하는 사용자의 비율을 확인하라.

니르가 인터뷰에서 언급했듯이, 제품 사용자 가운데 습관화된 사용자의 비율이 5% 이하라면 아마도 여러분은 제품 시장 적합성을 갖고 있지 않다.

제품 사용 고객 가운데 5%, 10% 혹은 15%의 고객이 지속적으로 제품을 사용하며 습관화된 사용자가 되는 것을 보기 시작했다면 이는 여러분이 일정 수준 이상의 제품 시장 적합성을 갖추기 시작했다는 뜻이다.

여러분의 고 기대 고객을 보라(11장). *그들 가운데 최소 10%는 습관화된*

사용자인가? 여러분의 제품은 고객이 지속적으로 제품을 사용하도록 만들고 있는가?

11.3 제품 시장 적합성 설문 조사 ─────────

"사람들은 '이 제품을 더 이상 사용할 수 없다면 어떤 느낌이 들까요?'와 같은 질문으로 제품 시장 적합성 점수를 매긴다. 이런 방식을 거부하는 사람이 많이 있지만, 나는 굳이 그것에 대해 논쟁할 생각조차 없다. 그들이 옳을 수도 있지만, 그들이 한 가지 놓치고 있는 것이 있다. 중요한 것은 점수가 아니다. 중요한 것은 열린 질문을 통해 얻을 수 있는 모든 귀중한 정보다."

히텐 샤(Hiten Shah)

우리는 9장에서 숀 엘리스의 제품 시장 적합성(PMF) 설문 조사 방법을 사용해 제품 타깃을 좀 더 잘 정하는 방법을 살펴보았다.

본질적으로 숀 엘리스 테스트는 제품 시장 적합성을 평가하는 유일하고 진정한 표준화된 방법이다.

전체 설문 조사는 일곱 개 질문으로 구성된다.

1. *[제품명]을 더 이상 사용할 수 없다면 어떤 느낌이 들까요?*

2. *[제품명]을 다른 사람에게 소개한 적이 있나요?*

3. *[제품명]을 어떻게 알게 되었나요?*

4. *[제품명]을 더 이상 사용할 수 없다면 어떤 제품을 대신 사용할까요?*

5. *[제품명]을 사용해 얻은 주요한 이점은 무엇인가요?*

6. *[제품명]을 사용해 가장 큰 이득을 누린 사람은 어떤 유형의 사람일까 요?*

7. *여러분의 니즈를 더 잘 충족시키기 위해 [제품명]을 어떻게 개선할 수 있을까요?*

제품 시장 적합성 점수 측정을 위한 핵심 질문은 '*[제품명]을 더 이상 사용할 수 없다면 어떤 느낌이 들까요?*'이다. 질문에 대해 선택할 수 있는 답변은 다음과 같다.

- 매우 실망스러움

- 약간 실망스러움

- 실망스럽지 않음

- 답 없음 – [제품명]을 더는 사용하지 않음

수백 개의 스타트업을 대상으로 연구를 수행해 얻은 숀 엘리스의 설문 조사에서 첫 번째 질문 '*[제품명]을 더 이상 사용할 수 없다면 어떤 느낌이 들까요?*'에 대해 실망스럽다고 답한 사용자의 비율이 40%를 넘는다면 그 제품은 제품 시장 적합성을 갖고 있다.

제품 시장 적합성 점수를 두고,[79] 두 가지 이유 '핵심 질문이 응답자에게 미래에서의 그들에 관해 답하도록 요구한다는 점'과 숀 자신도 인정했듯이 '40%라는 기준 숫자가 다소 임의적[80]이라는 점'을 들어 점수의 유효성에 관해 의 구심을 나타내는 사람도 있지만, 설문 조사 결과는 여전히 여러분을 올바른 방향으로 안내할 수 있다.

유효한 데이터를 얻으려면 설문 조사 응답자의 숫자가 최소 40명은 되어야 한다. 또한, 제품 시장 적합성 설문 조사에서 응답자로부터 명확한 답을 얻기 위해 추가로 질문할 것을 권장한다.

"그 답변에 대한 주요 이유는 무엇인가요?"

첫 번째 질문을 사용해 나머지 질문의 답변을 분류한다면 여러분은 제품 시장 적합성이 없는 제품을 개선할 수 있는 방법을 찾을 수 있을 것이다.

이 책 뒤편 빌딩 블록에 있는 '효과적인 설문 조사 준비'는 여러분이 설문 조사를 준비할 때 유용하다.

제품 시장 적합성 설문 조사를 주의해 사용하라. 이를 위해 최소 한 가지 이상의 방법을 추가로 사용해 제품 시장 적합성을 가지고 있는지 확인한다.

11.4 발전하기

"회사가 제품 시장 적합성을 찾을 수 있는지를 예측하는
한 가지 지표는 '잦은 제품 업데이트 빈도'다."[81]

나발 라비칸트(Naval Ravikant)
엔젤리스트(AngelList) 공동 창업자

이번 단계는 제품 시장 적합성을 갖출 때까지 반복한다. 즉, 여러분이 제품 시장 적합성을 갖추고 있으며 제품이 기대했던 가치를 제공한다는 명확한 신

호를 볼 때까지 제품 시장 적합성을 갖추기 위한 노력을 계속해야 한다. [82]

스타트업에서는 생존이 중요하다. 즉, 경쟁자보다 먼저 제품 시장 적합성을 확보하고 제품을 퍼뜨릴 만큼 충분한 기간 동안 생존하는 것이 가장 중요하다.

제품 시장 적합성 없이 다음 단계로 넘어간다면 비즈니스가 부진할 때 그 원인이 성장 전략의 문제인지 제품이 성공할 만큼 제대로 준비되지 않은 탓인지 판단하기 힘들 것이다.

이와 관련해 기업가이자 마케터인 앤드러스 퍼드(Andrus Purde)는 "*마케팅이 필요 없는 제품을 만들어야 한다. 다시 말해 제품은 마케팅 없이도 팔릴 만큼 좋아야 한다.*"고 말한다.

11.5 사례 연구
페이팔의 제품 시장 적합성 발견

"제품 시장 적합성은 승리의 나팔을 불며 갖추었다고 선언할 일회성 이벤트가 아니다. 경쟁자가 등장하고 시장은 나뉘고 진화하며 일이 일어난다. 그리고 이 모든 것은 여러분이 가속 페달을 밟으며 앞으로 달려 나가기에 앞서 올바른 방향을 향하고 있는지 알기 어렵게 만든다."[83]

벤 호로위츠(Ben Horowitz)
앤드리슨 호로위츠 파트너(Andreessen Horowitz Partner)

페이팔은 논쟁의 여지없이 역사상 가장 큰 성공을 거둔 스타트업 가운데 하나다. 시장에 진입한 지 20년이 지났지만 여전히 경쟁력을 유지하고 있다. 또한, 페이팔 마피아[84]라 불리는 페이팔 공동 창업자들은 링크드인(LinkedIn), 유튜브(YouTube), 옐프(Yelp), 야머(Yammer) 등 오늘날 우리가 즐겨 사용하는 몇몇 제품을 계속 만들어 냈다.

페이팔의 최고 운영 책임자(COO)였던 데이비드 O. 삭스(David O. Sacks)는 페이팔이 제품 시장 적합성을 발견했던 순간을 다음과 같이 회상한다.[85]

1999년 11월, 데이비드는 이베이(eBay) *파워셀러*로부터 한 통의 이메일을 받았다. 그 파워셀러는 페이팔 로고를 물품 경매에서 사용하기 위한 버튼으로 바꾸었고, 페이팔 지원 팀에 로고 사용 허락을 요청했으며, 데이비드는 법 관점에서 그 메일을 검토했다.

당시 페이팔은 이베이 경매를 막연하게 알고 있었다. 그것은 페이팔이 생각하고 있었던 여러 사용 사례 가운데 하나였다. 페이팔은 이메일 송금이라는 제품 비전을 갖고 있었으나 누가 그런 제품의 가치를 정말로 이해하고 사용할지는 알지 못했다.

개별 판매자가 자신만의 페이팔 버튼을 만들기 위해 시간을 쓰고 있다는 것은 데이비드와 그의 동료들에게 터무니없는 일처럼 느껴졌다. 그들은 그런 사람이 또 있는지 알아야만 했다.

그들은 이베이를 샅샅이 조사하며 페이팔을 찾았고, 얼마 지나지 않아 이미 수백 건의 경매가 결제 방법으로 페이팔을 언급하고 있다는 사실을 발견했다. 그들은 흥분해 어쩔 줄 몰랐다.

페이팔을 사용하지 않는 이베이 판매자는 우편으로 수표가 오기를 몇 주 동안 기다려야 했고, 수표를 받은 뒤에는 수표를 돈으로 결제받기 위해 또 기다려야 한다는 사실을 알게 되었다. 이베이에서 페이팔 사용은 판매자에게 실제로 이득이 되는 일이었다.

페이팔 팀은 제품 시장 적합성의 초기 *신호*를 발견했다는 사실을 알았다.

페이팔 팀은 일을 신속히 진행하기 위해 훗날 유튜브를 창립하는 페이팔 웹 디자이너 채드 헐리(Chad Hurley)에게 판매자가 경매에 넣어 사용할 수 있는 '페이팔로 결제' 버튼을 만들도록 했다. 이제 판매자가 할 일은 HTML 코드를 복사해 붙여 넣는 일뿐이었다.

페이팔은 이베이 커뮤니티에서 삽시간에 퍼져 나갔다. 페이팔은 다른 계획을 접고 이베이에 전념했다. 몇 달 지나지 않아 페이팔 사용자는 10만 명이 되었으며, 곧 100만 명을 넘어 이듬해 여름에는 500만 명이 되었다.

페이팔 팀은 자신들의 제품을 가장 필요로 했던 고객 세그먼트를 확인하고, 그 고객의 사용 방식에 집중해 제품 전파 속도를 끌어올리는 방법을 발견했다.

이 모든 일이 올바른 신호에 귀를 기울인 덕분이었다.

11.6 행동하기

1. 고객 리텐션, 매출, 유기적 성장 등을 살펴보면서 제품에 대한 보편적인 평가를 수행하라. *여러분은 제품 시장 적합성을 갖추고 있는가?*

2. *최적합 고객에게 집중하라. 그들 가운데 몇 퍼센트가 습관화된 사용자인가?*

3. 제품 시장 적합성 설문 조사를 수행하고 확보한 데이터를 분석하라.

여러분은 제품 시장 적합성을 갖추고 있는가?

4. 여러 분석을 통해 강력한 제품 시장 적합성을 갖추었다고 확신할 때까지는 다음 단계로 진행하지 마라.

SOLVING PRODUCT

III

단계 3: 성장

규모를 키울 수 있을까?

"성장은 제품의 가치를 이해하는 데 방해되는 것을 줄이며
사람들과 가치를 연결한다."[86]

케이시 윈터스(Casey Winters)
이벤트브라이트(Eventbrite) 최고 제품 책임자

유명한 기업가이자 투자가인 마크 앤드리슨(Marc Andreessen)은 모든 스타트업은 제품 시장 적합성 발견 이전과 이후로 나눌 수 있다고 쓴 적이 있다.[87]

이런 변화가 특정 사건을 계기로 일어났는지 여부와는 상관없이, 현실은 제품 시장 적합성을 발견하자마자 상황이 달라진다는 것이다.

- 여러분의 회사는 성장 모멘텀을 갖고 있다.

- 여러분이 직접 만들어 내지 않은 수요를 보기 시작한다.

- 여러분이 좋아하든 싫어하든 상관없이 제품에 대한 일정 수준의 고객 요청, 고객 피드백 및 논쟁이 있다.

- 투자자, 컨설턴트, 은행가 등이 연락한다.

- 확장을 위해 많은 것을 해야 한다.

- 신규 직원을 채용하고, 자본을 모으고 있다면 회의에서 비전과 비즈니스 전략을 생각하는 데 많은 시간을 사용한다.

이 모든 것과 함께, 새로운 목표와 책임, 엄청난 압박감이 회사에 가해진다.

이 단계에서는 제품에 대해 싫든 좋든 여러 버전을 관리해야 한다.

1. 제품 시장 적합성까지 이끈 제품

2. 확장을 목표로 제작해야 하는 제품

3. 비즈니스 모델에 관해 더 명확한 정보를 얻기 위해 필요한 분석용 *제품*

4. 투자자와 채용한 직원에게 들려줄 제품 개발 이야기

5. 팀원 및 임원과 공유한 제품 비전

6. 집중과 모멘텀을 이끌어 내기 위해 사용할 핵심 성과 지표(Key Performance Indicator, KPI)

위에서 언급한 모든 제품과 관련 사항은 비즈니스가 중요한 변화를 겪는 동안에도 동기화되고 반복되어야 한다.

성장 단계는 팀에게도 커다란 도전이지만 나아갈 길을 설정하고 회사를 움직이게 만들어야 하는 회사의 리더에게는 훨씬 큰 도전이다.

도전

"일반적으로 회사의 규모가 크면 클수록 제품에서 여러분의 팀이 책임져야 하는 부분은 더 작아진다."[88]

알레산더 힙(Alexander Hipp)
N26 시니어 제품 담당자

회사가 성장 단계에 이르러 규모가 커지기 시작하면 일반적으로 프로덕트 팀은 일정 수준의 개발 속도를 유지해야 한다는 압박을 받는다. 영업 팀은 고객에게 팔 기능을 찾아 개발 팀 문을 두드리고, 개발 팀은 현재 빠져 있는 주요한

기능을 제품에 추가해야 하며, 회사는 마케팅 팀을 운영하기 시작해야 한다.

회사 내 여러 팀은 제품 제공에 집중해야 하며 탐색은 극소수만이 누릴 수 있는 사치가 된다. 보통은 세상에 재빨리 제품을 출시하는 것이 올바른 제품을 출시하는 것보다 우선순위가 더 높다.

회사는 제품 개발 속도를 높이기 위해 팀을 나누고 관리자를 채용한다. 결과적으로 프로덕트 팀과 고객 팀은 흔히 서로에게서 *격리*된다.

- 지원 팀은 필요하지만 비용을 줄이기 위해 축소해야 하는 조직으로 간주된다.
- 영업 팀은 신규 고객 확보에 집중한다. 그러나 영업 팀은 제품에 신경 써도 성과로 인정받지 못한다.
- 프로덕트 팀은 새로운 기능을 지속적으로 개발하느라 바빠서 다른 팀을 만날 수 없다.

팀이 사용자, 고객, 경쟁자로부터 무언가 배우기 위해 자신만의 프로세스를 수립하는 일은 흔한 일이다.

예를 들어 프로덕트 팀은 현재 그들이 제작하고 있는 제품과 직접 연관된 피드백에만 주의를 기울일 것이다.

그러나 밥 모에스타(Bob Moesta)가 인터뷰에서 이야기했듯이 *"제품 비즈니스를 운영하는 수많은 사람이 제품 결정을 내린다고 느끼지만 실은 전략적인 결정을 내리는 일을 하고 있다."*는 것이 문제다.

이번 단계에서 전략적인 결정은 가장 중요한 위치에 있어야 하며, 다음 단계로 나아가는 방법을 배우기 위한 명확한 계획이 있어야 한다.

오늘의 여러분을 만든 것이 내일의 여러분을 만들지는 않는다.

"고객과의 대화가 모멘텀을 만드는 가장 좋은 방법이라면 고객과의 대화를 멈추는 일은 모멘텀을 잃어버리는 가장 쉬운 방법이다."[89]

맷 보겔스(Mat Vogels)
제스트풀(Zestful) 공동 창업자이자 CEO

회사는 제품 시장 적합성을 갖추는 순간 완전히 다른 사고방식을 가질 필요가 있다.

더 이상 생존은 *회사의 목적이 아니다.* 제품 시장 적합성을 갖추기 전에 여러분은 시장에서 기회를 찾고 있었다. 지금은 기회를 찾았고, 이제는 얼마나 많은 것을 얻을 수 있는지 알아야 한다. 여러분은 인게이지먼트(engagement)(사용자 관심과 참여 확대), 디스트리뷰션(distribution)(마케팅, 광고, 소셜 미디어, 앱 스토어를 활용한 사용자 기반 확장), 수익 창출(monetization) 등으로 눈을 돌려야 한다.

초기 단계에서 잘 작동했던 리더십 스타일과 회사 운영 시스템이 성장 단계에서는 제대로 작동하지 않는 경우가 흔하다.

또한, 회사가 극복해야 할 도전과 잡아야 할 기회가 달라진다. 그러므로 여러분이 사용자와 고객으로부터 학습하는 방식 역시 바뀔 필요가 있을 것이다.

오늘의 여러분을 만든 것이 내일의 여러분을 만들지는 않는다.

여러분을 도와줄 수 있는 팀을 만들 수 있다면 좋다. 이와 관련해 샘 올트먼은 "일반적으로 제품 시장 적합성을 확보하기 전의 채용은 성장 속도를 늦출 것이다. 그러나 제품 시장 적합성을 확보한 후의 채용은 성장 속도를 높일 것이다."라고 말한다.

사례 연구 ─────────────────────
왜 스탯플로는 고객 연구 전략을 바꾸었을까?

"여러분은 좀 더 데이터에 의존하기 시작한다. 완전 수작업으로 일을 처리하던 단계에서 데이터를 이용하기 시작하는 단계로 발전했지만, 고객이 늘어나면서 그조차도 힘들어진다. 이제 여러분은 세그먼트(Segment)와 같은 툴을 더 많이 사용해야 한다. 수백만 건의 고객 행동을 접하고, 수백만 건의 일이 발생하기 때문에 여러분이 그 모든 것을 직접 살펴보아야 한다면 따라갈 방법이 없다. 그 시점에서 툴은 모든 것을 그래프로 표현할 수 있고, 어떤 기능이 수행되었는지 볼 수 있기 때문에 정말 유용하다. 그러나 툴을 처음 사용할 때 여러분은 세그먼트와 같은 툴에 모든 것을 때려 넣어 너무 많은 데이터를 얻는다. 결과 데이터를 보고는 흥분하지만 그 데이터를 이용해 결론을 내리기는 매우 힘들다. 그래서 실제로 어떤 데이터가 중요한지 학습하는 것이다."

이안 저베이(Ian Gervais)

우리는 4장에서 스탯플로의 제품 담당 임원인 이안 저베이를 만나 보았다.

스탯플로가 성장함에 따라 이안의 팀은 계약한 매장에서 계속해 많은 시간을 보냈다.

고객의 매장을 직접 방문하는 것이 초기 성공에 핵심적인 역할을 했고, 고객도 그런 밀착 지원을 높이 평가했지만, 그런 상호작용은 명확한 성공 동력을 넘어서는 부담으로 되돌아 왔다.

고객과의 밀착 만남은 지속적인 신기능 요청으로 이어졌고, 그런 요청은 이안의 팀에 부담이 되었다. 고객 요청에 따라 새로 추가된 일부 기능은 의미 있게 느껴졌지만, 이안의 팀이 구현한 그런 기능 가운데 다수가, 예를 들어 달력 통합, 약속 예약 등과 같은 기능이 스탯플로의 핵심 제품 기능 *대신* 사용되었다.

고객의 신기능 요청을 수용하기 위한 토론이 계속되면서 스탯플로는 목적에서 벗어나고 있었으며, 프로덕트 팀은 집중과 효율성을 잃어버리고 있었다. 결과적으로 고객의 업무와 생산성이 부정적인 영향을 받기 시작했다.

이와 관련해 이안은 "*초기 단계의 스타트업에서는 어서 빨리 서비스를 시작하라는 압력이 있다. 고객은 수많은 요청사항을 갖고 있으며, 여러분은 바로 뛰어들어 고객을 만족시키고 싶다. 이 과정에서 여러분은 제품을 만들어 이루고자 했던 비전을 잃어버리기 매우 쉽다.*"고 말한다.

모든 고객의 매장을 일일이 방문하는 일은 더 이상 가능하지 않았다. 이안의 팀은 훌륭한 제품 경험을 어떻게 만들 수 있는지 학습하고 싶었다.

그들은 확장하기 위해 고객으로부터 학습하는 방법을 크게 바꾸어야 했다.

기회

"여러분의 제품이 제품 시장 적합성을 갖추었다면 제품 시장 적합성 향상은 가장 높은 투자자본수익률(ROI)을 달성할 수 있는 투자일 것이다."[90]

랜드 피시킨(Rand Fishkin)
연속 창업자

기술 관점에서 제품 시장 적합성은 신화처럼 여겨진다. 제품 시장 적합성은 여전히 다소 애매하지만 비즈니스를 성사시키거나 중단시킬 수 있는 잠재력을 가진 큰 콘셉트다.

그러나 사실 제품 시장 적합성은 영구적인 상태가 아니며, 시장별, 기능별, 세그먼트별로 존재한다.

여러분은 비즈니스를 예상대로 성장시키기 위해 제품 시장 적합성을 강화하고, 고객이 제품을 사용하는 동안 꾸준히 가치 있는 경험을 제공해야 한다.

이는 다음 두 가지 사실을 뜻한다.

1. **최고 고객으로부터의 학습**: 고객이 누구인지, 여러분의 제품을 어떻게 사용하는지, 왜 그 제품을 '필수품'이라고 여기는지 파악하고 이해한다.

2. **가치 전달법의 쉬운 이해 및 최적화**: 제품 구매에서 리텐션에 이르기까지 가치 전달 과정을 조정하고, 제품이 반드시 제공해야 하는 제품 사용

경험을 최적화한다.

이 단계에서는 제품에 새로운 가치를 더하기보다는 제품의 가치를 좀 더 많은 사용자에게 알려주는 편이 좋다.

연속 창업자 댄 마텔(Dan Martell)의 말처럼 고객의 마음에는 그들만의 마음속 (mental) 영화가 있다. 여러분은 그 영화에 영향을 끼치고 싶어 한다.

"여러분은 고객이 제품을 설명하는 방식과 그들이 해결하려는 문제가 무엇인지 알고자 한다. 그들이 기대한 것과 여러분이 한 것에 차이가 있다면 그 차이를 이해하는 일은 가치 있는 일이다. 그러나 나에게는 고객의 마음속 영화를 정제하고, 고객에게 맨 처음 솔루션을 소개한 사람부터 홈페이지, 회원 가입 플로, 첫 번째 사용자 경험 및 고객 인게이지먼트 (engagement) 이메일에 이르는 모든 것이 고객 문제에 대한 사려 깊고 일관된 명확한 마음속 영화가 될 것이라는 것을 아는 것이 중요하다."

개별 행동에 휘말리다 보면 서로 모순된 메시지를 보내기 쉽다. 이 단계에서 **여러분이 해야 할 일 가운데 가장 중요한 것은 고객의 성공에 관심 있다는 사실을 고객에게 알리는 일이다.**

여러분은 모델에서 안정적이고 예측 가능한 부분을 찾아 늘릴 필요가 있다.

노력과 결과 사이에 명확한 관련이 있다는 사실을 아는 순간, 실제 동인에 집중해 발전을 만들기가 훨씬 쉬워진다.

성장 단계에서 우리는 다음과 같은 일에 집중한다.

- 퍼널에서 새는 곳 발견하기(12장)
- 고객이 우리의 제품을 구매하는 이유 이해하기(13장)

- 판매하는 것과 판매하는 방식을 맞추기(14장)

- 비즈니스를 확장하기 위해 최적의 확보 채널을 발굴하기(15장)

고객은 제품을 사용하며 과정을 경험해야 한다. 그러므로 옆에서 그들을 돕는 일은 중요하다.

성장에 대해 심사숙고할 시간이다.

여러분이 서비스 회사를 운영한다면…

이 단계에서는 여러분이 제공하는 서비스에서 꼬인 부분을 파악하고, 판매 방식을 개선하며, 더 많은 고객을 확보하는 방법을 학습한다.

명확한 행동 —————————————————

"비즈니스 모델은 백만 번 정도 점진적으로 개선하는 과정을 통해 성공한다."[91]

게일 굿맨(Gail Goodman)
콘스탄트 컨택트(Constant Contact)의 전 CEO

여러 가지 제품 '버전'을 유지해야 하고 모든 것을 통합하는 종합적인 전략이 필요하기 때문에 큰 계획을 세우기 시작하는 것은 자연스러운 일이다.

그러나 데이비드 캔슬(David Cancel)이 말했듯이 *"흔히 큰 계획은 고객의 문제를 해결하기보다는 회사의 호기심을 충족시킨다."*[92]는 문제가 있다.

너무 멀리까지 앞서 계획하면 시장 변화에 반응하는 능력이 감소하고, 빠르게 반복하며 성장하는 능력이 제한될 수 있다.

발전하려면 고객 성공에 대한 명확한 목표와 지표를 갖고 실험적이고 결과 중심적인 사고방식을 갖는 것이 중요하다.

이 단계를 성공적으로 지나가기 위해 다음과 같이 하라.

1. 실험적인 사고방식을 가져라.

2. 명확한 전략을 세우고, 고객의 성공에 맞추어 북극성 지표를 설정하라.

3. 주간 목표를 설정하되, 90일 이상 앞서 계획하지 마라.

4. 배운 것을 회사 전체에 공유하라.

5. 태스크가 아닌 결과물에 집중하며 시도하라.

기회를 전략적으로 평가하는 일은 깜짝 놀랄 만큼 더 좋고 예측 가능한 성장으로 이어질 수 있다.

지금부터 시작해 보자!

12

퍼널에서 새는 곳 발견하기

제품 시장 적합성(PMF)을 찾았다. 이제 신규 사용자를 추가 확보하기에 앞서 제품 사용의 걸림돌(friction point)을 줄여라. 이를 위해 이번 장에서 설명하는 기법을 사용해 **퍼널에서 새는 곳을 찾아라.**

> "전체 시장 규모(Total Addressable Market, TAM)의
> 훨씬 더 큰 부분은 사람들이 현재 하고 있는 것을 바꾸게
> 만들고, 인간의 자연스러운 습관이나 조직의 관성을
> 극복하는 데서 나온다."
>
> 빌 올렛(Bill Aulet)
> 〈스타트업 바이블〉의 저자

여러분은 제품 시장 적합성을 찾았고, 회사는 성장하고 있다.

놀라운 일이다. 그러나 여러분이 제품 시장 적합성을 찾기 전에 제품 메시지와 워크플로를 최적화하는 데 많은 시간을 쏟지 않았다면 일정 수준의 상상력을 가진 고객만이 여러분의 제품을 채택할 것이다.

지금까지는 초기 수용자가 최적화되지 않은 제품 메시지, 이상적이지 않은 사용성, 기능에 대한 고객과 여러분 사이의 의견 차이를 보완해 주었다. 이는 그들의 제품 사용 니즈가 제품 사용의 걸림돌보다 크기 때문이다.

그러나 초기 수용자는 매우 변덕스러운데다[93] 시장의 작은 부분만을 대표한다는 문제가 있다.

〈*Diffusion of Innovations*〉의 저자인 에버렛 로저스(Everett Rogers)는 초기 수용자의 시장 내 비율이 혁신가를 포함해 기껏해야 16% 정도라고 추정했다.[94] 그러므로 회사가 이 단계를 벗어나지 못한다면 여러분은 16%의 고객을 대상으로 비즈니스를 운영해야 할 것이다.

성장을 이어가며 다음 단계로 나아가기 위해서는 고객 여정 전반에 걸쳐 제품 사용의 걸림돌을 극복해야 한다.

자본이 충분하다면 어려움을 극복하며 끝까지 버틸 수도 있겠지만, 그런 방식은 매우 비효율적이고 비용이 많이 든다.

일반적으로 새로운 제품의 채택은 무엇이 되었든 기존 제품의 대체를 뜻한다. 그러므로 대체 과정이 원활할수록 신규 사용자와 고객을 좀 더 쉽게 끌어들일 수 있다.

기존 제품과 새 제품 사이의 갈등을 강조하기 위해 고객 핵심과업(jobs to be done)에 관한 사고 리더(Thought Leader)인 크리스 스픽(Chris Spiek)과 밥 모에스타(Bob Moesta)는 '발전을 만드는 힘'[95]으로 알려진 네 가지 힘을 만들었다.

짐 칼바흐(Jim Kalbach)는 네 가지 힘을 다음과 같이 잘 요약했다. "*사용자는 현재 제품의 문제 때문에 새 제품의 사용을 고려한다(밀어내기). 새 제품의 매력은 고객을 현재 작업 방식으로부터 끌어낸다(끌어당기기). 변화에 대한 불확실성 때문에 현재 상태를 유지한다(우려). 고객은 습관 때문에 새 제품의 사용을 꺼려 한다(충성).*"

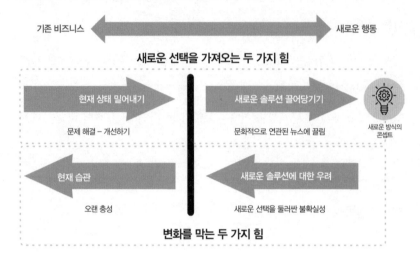

그림 12-1 크리스 스픽과 밥 모에스타의 발전을 만드는 힘 다이어그램

기존 비즈니스 ◀━━━━━━━━━━━━━━▶ 새로운 행동

새로운 선택을 가져오는 두 가지 힘

현재 상태 밀어내기

문제 해결 – 개선하기

새로운 솔루션 끌어당기기

문화적으로 연관된 뉴스에 끌림

새로운 방식의 콘셉트

현재 습관

오랜 충성

새로운 솔루션에 대한 우려

새로운 선택을 둘러싼 불확실성

변화를 막는 두 가지 힘

이와 관련해 연속 창업자인 마크 앙투안 로스(Marc Antoine Ross)는 "*사용자가 제품 사용법을 이해할 때까지는 다른 문제가 생깁니다.*"라고 말한다. 이처럼 한 제품을 다른 제품으로 교체하는 일에는 언제나 *돈, 세상의 평가, 학습 시간, 기회 상실* 등과 같은 비용이 발생한다.

사람들이 새 제품을 사용하도록 설득한다는 것은 다음과 같은 고객 여정의 여러 단계가 순조롭게 진행되도록 만든다는 뜻이다.

- 필요하다고 판단한다.
- 여러분의 제품을 발견한다.
- 제품을 평가한다.
- 제품을 구매한다.
- 제품을 사용하기 시작한다.
- 제품을 사용한다.

- 제품을 사용해 얻은 가치나 ROI(투자자본수익률)를 평가한다.

- 반복해 돈을 지불한다.

- 여러분으로부터 지원을 받는다.

- 제품에 대한 정보나 인식을 주변에 퍼뜨린다.

이 과정에서 제품 사용의 걸림돌이 클수록 퍼널은 더 잘 샌다.

일정 수준의 제품 사용 지식을 갖춘 잠재 고객이 신제품 사용을 거절했다면, 대개 신제품 사용 위험과 학습 시간 등을 고려한 신제품 채택 비용이 기대 가치보다 크기 때문이다.

그러므로 성장 속도를 증가시키려면, 신제품과 고객이 만나는 모든 지점과 고객 여정 전반에 걸쳐 제품 사용의 걸림돌을 줄여야 한다.

여러분이 서비스 회사를 운영한다면…

이번 장에서는 잠재 고객이 여러분과 함께 일하거나, 여러분의 권고를 실행하거나, 당신의 업무를 추천하는 것을 막고 있는 게 무엇인지 알아내는 방법을 학습한다.

12.1 사용 가능한 기법

제품 사용의 걸림돌을 확인하는 수많은 방법이 있다. 여러분은 전체적으로 이해하기 위해 고객 확보 방법, 고객 이탈 혹은 사용 이유, 구매를 막는 것, 제품 사용을 통한 새로운 성장 여부 등을 분석하기 원할 것이다.

확보

- **트래픽 분석**: 제품 홈페이지와 고객 확보 전략이 올바른 사용자를 끌어들이고 있는지 이해하는 데 유용할 것이다.
- **언어/시장 적합성 테스트**: 잠재 고객이 제품에 관한 올바른 메시지를 이해했는지 확인하는 데 유용할 것이다.

매출

- **판매 과정으로부터의 학습**: 영업 팀이 얻은 정보를 이용해 피칭을 개선할 수 있다.
- **부정적인 의견 분석**: 잠재 고객이 구매에 앞서 주저하는 원인을 찾을 수 있다.

리텐션

- **고객 성공으로부터 학습**: 제품 설정, 온보딩(onboarding), 판매 후 피드백을 이해할 수 있다.
- **주요 행동 분석**: 사용자가 제품을 사용하며 특정 작업을 수행하거나 수행하지 않는 이유를 이해할 수 있다.
- **기능 인게이지먼트(feature engagement) 분석**: 어떤 기능이 가치 있다고 인식되는지 이해하기 위해 제품 사용 리텐션을 좀 더 깊이 있게 파악할 수 있다.
- **제품 대체(switching) 행동 분석**: 고객 리텐션을 개선하고 더 많은 고객을 확보하기 위해 기능에 대한 고객 기대치와의 차이를 발견할 수 있다.
- **기쁨 분석**: 제품이 고객 기대를 충족시키거나 넘어섰는지 파악할 수 있다.
- **고객 지원 대화 분석**: 고객과의 모든 상호 소통으로부터 학습하는 과정을 수립할 수 있다.

추천

- **제품 관련 입소문 분석**: 제품 사용 경험이 새로운 구매를 유도하는지 이해할 수 있다.

이 장에서 살펴볼 것이 많다. 먼저 트래픽, 기능 인게이지먼트 및 반대 이유 등을 분석하는 것으로 시작하라. 이후 비즈니스 우선순위에 따라 분석을 확장한다.

12.2 확보

트래픽 분석

"고객 리텐션을 높이려고 부적합한 고객에게 제품을 판매하지 마라."

제이슨 렘킨(Jason M. Lemkin)
연속 창업자

이 단계에서 회원 가입 과정을 하나의 퍼널로 보기 시작한다면 좋은 생각이다. 이는 벤치마킹과 과정 평가에 도움이 될 수 있다.

퍼널(예: 랜딩 페이지 방문 > 회원 가입 > 첫 사용)의 각 단계를 따라가며 살펴본다면 제품 사용의 걸림돌을 찾을 수 있을 것이다.

몇몇 경험 법칙은 다음과 같다.

- 타깃 시장에서 생성된 트래픽의 1% 이상은 제품 사용을 위해 회원 가입할 때 발생하는 트래픽이어야 한다.
- 블로그 방문자 가운데 5-10% 이상은 랜딩 페이지를 방문해야 한다.
- 랜딩 페이지 방문자 가운데 20-40%는 회원 가입을 해야 한다.

이 비율은 시장, 제품 유형, 시장 적합성에 따라 달라질 것이다.

제품 소개 홈페이지가 적절한 잠재 고객을 끌어들이지 않는다면 트래픽은 회원 가입으로 이어지지 않을 것이다. 설상가상 고객이 마음을 바꾼다면 그들은 제품 사용을 그만두고 이탈해 비즈니스의 걸림돌이 될 것이다.

비즈니스 확장을 시도하기에 앞서, 제품 퍼널이 자연스럽게 끌어들일 수 있는 고객 프로필을 이해하고자 한다면 이는 좋은 생각이다.

여러분은 이미 *최적합* 고객이 누구인지 잘 알고 있어야 한다(9장). 예를 들어 *여러분의 최적합 고객은 독일 치과의사인가 미국의 사스*(Software-as-a-Service, SaaS) *회사인가?*

여러분은 사용자로부터 신호를 감지할 수 있는 순간(예: 홈페이지 방문, 이메일, 회원 가입 등), 제품 소개 홈페이지가 어떤 프로필의 고객을 끌어들이는지 파악할 수 있다.

잠재 고객이 홈페이지를 방문했을 때 다음과 같은 일을 할 수 있다.

- 그들이 방문한 웹 페이지 정보를 통해 잠재 고객 프로필을 추론할 수 있다. *방문한 웹 페이지의 내용은 엔지니어, 마케터 혹은 경영진을 대상으로 한 것인가?*

- 프로필을 작성하기 위해 인구통계학 관점에서 트래픽을 보라. *홈페이지 방문자의 국적은? 주 연령대는 어떻게 되는가? 회사인가 소비자인가?*

- 홈페이지 방문자가 광고를 보고 방문한 것이라면 *어떤 광고를 클릭했을까? 광고 내용은 무엇인가? 광고 대상은 누구인가? 광고를 클릭했다는 사실에서 무엇을 추론할 수 있는가?*

- 오가닉 서치(organic search)를 통해 홈페이지를 방문한 것이라면 *방문자는 어떤 검색어를 사용했을까? 검색어를 통해 어떤 것을 추론할 수 있는가? 탐색 키워*

드를 확인하기 위해 구글 서치 콘솔(Google Search Console)과 구글 애널리틱스(Google Analytics)를 결합해 사용할 수 있다.

- 회사에 제품을 판매하고 있다면 클리어비트 리빌(Clearbit Reveal)이나 리드피더(Leadfeeder)와 같은 제품을 사용해 방문한 회사를 알 수 있다. *그 회사는 적절한 시장에 속한 회사인가? 그 방문으로부터 그 밖의 무엇을 알 수 있는가?*

이메일 주소를 얻었을 때 다음과 같은 일을 할 수 있다.

- 잠재 고객 프로필을 추론하기 위해 랜딩 페이지나 이메일 확보 과정을 살펴보라. *어떤 피칭이 그들에게 효과가 있었는가? 그들은 특정 유형의 고객을 대상으로 하는 콘텐트나 랜딩 페이지에서 회원 가입을 했는가?*

- 사회적 데이터와 회사 데이터를 얻기 위해 이메일을 강화하라. 예를 들어 클리어비트 인리치먼트(Clearbit Enrichment)나 타워데이터(TowerData)를 사용해 직위, 위치 심지어 소득 수준 같은 데이터 포인트(data point)를 추가로 얻을 수 있다.

고객이 회원 가입하면 이 모든 데이터 포인트뿐만 아니라 추가 데이터 포인트도 얻을 수 있다. 그러나 보다시피 사용자가 회원 가입을 하기 전에도 트래픽 품질을 파악할 수 있다.

모든 트래픽이 똑같이 생성되는 것은 아니다. 타깃 시장으로부터 생성된 적격 트래픽의 비중이 전체 트래픽의 최소 30%가 되는 것을 목표해야 한다. 30%에 미치지 못한다면 확보 전략을 향상시키기 위해 15장의 기법을 사용하라.

타깃 시장으로부터 충분한 트래픽을 얻을 수 없다면 여러분의 퍼널을 반복하며 학습하는 데 힘든 시간을 겪을 것이다.

12.3 언어/시장 적합성 테스트

"여러분의 웹사이트를 방문한 사람들은 기본적인 믿음을 갖고 있다. 예를 들어 웹사이트에 제품에 대한 좋은 메시지가 있다고 믿는다. 또한, A/B 테스팅을 통해 원하는 설정을 할 수 있다고 믿는다. 또한, 자신들에게 제품 관련 이메일을 보낼 것이라고 믿는다. 그러나 대부분의 사람들은 즉시 고객이 될 만큼 충분한 믿음이나 동기를 갖고 있지 않다. 여러분은 그들을 고객으로 만들기 위해 그들의 믿음과 제품 사용 동기 향상을 목표로 해야 한다."[96]

기욤 카바네(Guillaume Cabane)
성장 조언가

누군가 제품의 이름을 언급하는 순간, 그 제품에 대한 기대감이 생긴다.

여러분의 제품이 앱스토어나 플레이스토어 같은 앱 시장에 등록돼 있거나 여러분이 제품 광고를 하고 있다면 고객과의 그런 모든 접점이 고객의 기대감을 만들고, 그런 기대감은 제품을 평가하기 위해 사용된다는 것을 이해해야 한다.

고객 관계 관리(Customer Relationship Management, CRM) 소프트웨어를 판매하고 있음에도 제품 광고에서 자문회사라고만 말한다면 고객은 판매 중인 소프트웨어가 자신들의 고객 데이터베이스 구축에 별 도움이 되지 않을 것이라 생각해 매우 실망할 것이다. 결국 고객은 그 소프트웨어 제품을 사용하지 않을 가능성이 있으며, 아마도 여러분은 그 이유조차 깨닫지 못할 것이다.

이런 이유로 잠재 고객이 여러분이 전달하려 했던 메시지를 제대로 이해하고 있는지 확인하는 이해도 테스트를 하면 좋다. 이는 이번 장에서 설명할 다른 분석 기법을 수행할 때 발생할 수 있는 문제를 줄이는 데도 유용할 것이며, 최적화할 벤치마크를 제공할 수도 있다.

가장 인기 높은 이해도 테스트 가운데 하나로 5초 테스트가 있다. 이 테스트에서 사람들은 가치 포지셔닝, 메시지, 스크린샷, 웹사이트를 5–15초 동안 본 후 다음 질문에 자신들이 보고 이해한 것을 요약해 답하도록 되어 있다.

"이 [웹 페이지/웹사이트/제품]은 무엇에 관한 것입니까?"

이해도 테스트에는 20–40명의 참가자가 필요하며, 한 시간 정도가 소요된다.

이 테스트에서는 중요하거나 대표성 있는 결과를 기대하기보다는 방향적으로 정확한 결과를 확인하면 충분할 것이다.

80% 혹은 그 이상의 긍정적인 응답을 찾아라. 5초 테스트의 응답은 여러분의 메시지와 고객의 이해 사이의 차이를 찾아내는 데 유용해야 한다. 인지부하가 전환 비율을 제약하는 만큼, 전달하려는 메시지는 가능한 간단하게 만드는 것이 좋다.

이해도 테스트 참가자들이 타깃 시장에 속한 사람들일 필요는 없겠지만, 그들과 동일한 수준의 언어 및 어휘 능력은 갖고 있어야 한다.

유저빌리티허브(UsabilityHub)는 최고 수준의 고유한 5초 테스트를 보유하고 있다. 그러나 여러분은 고객 인터뷰나 사용자 테스트 동안 자신만의 이해도 테스트를 만들 수 있다.

시장이 확대되고 여러분의 메시지도 진화하는 만큼, 잠재 고객과 현재 고객을 대상으로 이해도 테스트를 정기적으로 수행하면 좋다.

고객에 대해서는 입소문에 최적화해야 한다. 반면 잠재 고객에 대해서는 메시지가 명확하고 효과적인지 확인해야 한다.

12.4 매출

판매 과정으로부터의 학습

"사람들의 두려움을 없애라. 그러면 그들은 더욱 기꺼이 돈을 낼 것이다. 사람들은 불확실성을 싫어한다. 특히 돈을 내야 할 때 그렇다."[97]

제이슨 프라이드(Jason Fried)

현장에서 매일 고객과 함께 일하는 사람들과 대화하면 많은 것을 학습할 수 있다.

판매나 판매 관련 업무를 담당한 부서의 사람들은 고객의 니즈, 기대, 반감을 늘 접하며 알게 된다.

이런 이유로 많은 회사 이해관계자는 영업 팀 직원이 수집한 정보와 그에 대한 견해를 고객의 목소리로 생각한다. 그러나 불행하게도 그리 단순한 문제가 아니다. 영업 팀은 자신들만의 관점과 방향을 갖고 있기 때문이다.

이와 관련해 〈Lean Enterprise〉의 공동 저자인 트레버 오웬스(Trevor Owens)와 오비 페르난데즈(Obie Fernandez)는 "영업 팀 직원은 한마디로 확증편향의 달인이다. 그들은 다른 사람들이 부정적으로 생각하는 신호에서도 희망을 발견한다."라고 말한다.

판매 중심 조직의 제품 리더는 흔히 주문을 받고 제품에 기능을 추가하며 거래를 성사시킨다고 느낀다.

영업 팀 직원은 거래에 따른 인센티브에 동기가 부여되며, 큰 거래가 성사되었을 때 이익을 본다. 그러므로 그들은 제품 경험에 항상 신경 쓰지 않는다. 흔히 고객과 무리한 약속을 하며, 고객의 문제를 완전히 풀지 못할 기능을 요청할 것이다.

결과적으로 시간이 지나며 제품은 필요 이상의 기능을 가진 채 비대해질 수 있다.

판매 과정에서 학습하는 것은 매우 중요하다. 여러분은 올바른 것을 학습하기 위해 다음과 같이 할 수 있다.

- 제품 데모 혹은 판매 관련 통화에 함께 참석한다.
- 공(Gong)이나 코러스닷에이아이(Chorus.ai) 같은 툴을 사용해 판매 관련 통화를 녹음해 분석한다.
- 적절한 질문을 던질 수 있도록 영업 팀 직원을 훈련시킨다.
- 사후 면담을 통해 정보를 확인한다.

고객과의 거리가 짧을수록, 바꿔 말해 건너 전해지는 횟수가 적을수록 여러분은 좀 더 믿을 만한 정보를 얻을 것이다.

통화에 참여하기 전에 통화 참석자를 검토하면 좋다. 이는 적절한 사람들로부터 올바른 정보를 듣는 것인지 확인하는 데 유용하다.

영업 팀 직원은 여러분이 다음과 같은 사항을 파악하는 데 도움을 줄 수 있다.

- 고객 애로 사항

- 배경

- 동기 요인

- 잠재 고객의 이익

- 논의 제안 이해관계자

- 감정적인 요인(예: 나는 해고될 거예요.)

- 희망 성과

- 예산 및 예산 담당자

- 반대 이유

- 우려 사항

- 내부 의사 결정 과정

- 관련 조직 사이의 이해관계

- 의사 결정자의 역할

- 필수 요구사항

이들은 제품 포지셔닝과 판매 과정을 개선하는 데 사용할 수 있는 중요한 정보다.

여러분은 일의 진행을 위해 다음과 같은 질문을 사용할 수 있다.

- *누가 구매를 제안했는가? 구매 제안자의 역할은 무엇인가?*

- *구매 배경은 무엇인가? 왜 지금 구매하는가?*

- 해결하고자 하는 주요 [문제나 핵심과업]은 무엇인가?

- 판매 과정에 긍정적인 혹은 부정적인 영향을 줄 수 있는 요인은 무엇인가?

- 어떤 이점이나 요인이 가장 중요한가?

- 가장 일반적인 반대 이유는 무엇인가?

- 누가 또 의사 결정에 참여하는가?

- 핵심 의사 결정자(4~6명)는 누구인가?

- 잠재 고객은 제품 구매 전에 승인을 받아야 하는가?

- 모든 과정을 고려했을 때 승인 과정에 소요되는 통상적인 기간은 얼마인가?

- 잠재 고객은 제품을 구매해 처리하려고 하는 일에 현재 얼마의 비용을 쓰고 있는가?

- 제품을 구매하면 잠재 고객은 얼마만큼의 가치를 얻을 수 있는가?

- 제품 구매가 언제 확실히 결정될지 알고 있는가?

영업 팀이 도울 수 있게 만든다면 여러분은 좀 더 체계적이고 효과적으로 유용한 정보를 알아낼 수 있다. 마이크로소프트의 수석 제품 매니저 신디 알바레즈(Cindy Alvarez)는 영업 팀 직원이 고객 니즈를 잘 파악할 수 있도록 그들을 훈련시킬 것을 제안했다.[98]

영업 팀 훈련은 고객의 기능 요청에 대해 다음 두 가지 질문을 던지는 정도일 수 있다.

- 그 기능을 제공하면 어떤 점이 좋아지는가?

- 그 기능을 제공하면 무엇을 할 수 있게 되는가?

과정이 올바르면 고객이 의사결정 과정에 좀 더 참여한다고 느끼게 만들며 고객과 여러분 모두 이익을 보는 윈-윈을 만들 수 있다. 고객은 "프로덕트 팀에게 알려드리겠다."로 끝나는 대화를 다소 무시하는 경향이 있다.

피상적인 수준을 넘어 의미 있는 답변을 얻는 가장 좋은 방법으로, 근본 원인에 도달할 때까지 답변에 "왜?"라는 질문을 연달아 던지는 도요타의 *5 WHY* 질문 기법이 있다. 이 기법은 잠재 고객이나 고객이 새 기능이 필요하다며 구현을 요청할 때 사용할 수 있다.

다음은 *5 WHY* 질문의 예다.

"우리는 제때 정보를 관리하고 전달할 시스템이 필요하다."

1. *왜?* 정보가 불완전하고 정리돼 있지 않기 때문이다.

2. *왜?* 조직별로 정보를 관리하는 방법이 다르기 때문이다.

3. *왜?* 정보 구성 규칙에 강제성이 없기 때문이다.

4. *왜?* 규칙을 주고받는 명확한 방법이 없기 때문이다.

5. *왜?* 이런 정보를 공유할 중앙 시스템이 없기 때문이다.

핵심과업, 고객의 제품 구매 이유, 고객이 사용하는 언어 등을 체계적으로 파악해 얻은 통찰력 있는 정보는 제품 개발 방향을 정하는 일에 유용하다. 그리고 그 정보에는 여러분의 팀이 고객 이슈를 어떻게든 해결할 수 있는 좋은 기회가 있다. 근본 원인을 파악하면 고객의 제품 구매 이유를 명확히 아는 데 도움이 되며, 이는 잘못된 기능을 구현하는 위험을 줄여 줄 것이다.

12.5 부정적인 의견 분석 ──────────

"알겠고, 분명 어려운 일이다. 그 일은 배를 걷어차일 생각을
하고 줄에 서 있는 것과 같다. 그러나 그런 행동의 반대편에
가치 있는 기회가 있다는 사실을 안다면 여러분은 믿음을
갖고 계속 나아가야 한다."

댄 마텔(Dan Martell)

듣기 거북할지 몰라도 거절은 혁신의 가장 좋은 선생님이다.

거절에도 불구하고 계속 노력하며 제품의 가치를 개선해 나간다면 여러분은
극단적으로 빨리 학습할 것이다. 이는 연속 창업자인 댄 마텔이 월 단위 구독
모델을 선호하는 주요한 이유 가운데 하나다.

그는 다음과 같이 설명한다. *"나는 매달 투자금을 벌어야 한다. 트렐로(Trello)
와 이메일 마케팅 툴 이용료로 각각 89달러와 250달러를 낼 때마다 지불하
는 돈만큼의 가치를 얻고 있는지 나 자신에게 묻는다. 나는 그런 교환의 정직
함과 순수함을 사랑한다. 그러나 때때로 기업용 제품은 그렇지 못하다. 여러
분이 200-300만 달러의 연간 구독료를 내는 연간 구독 서비스에 3-4년째
가입하고 있다면 얻어야 하는 데이터를 얻지 못하고 무감각하게 있는 것이므
로 사실상 여러분에겐 정말로 나쁘다."*

거절에 문을 열고, 불만을 환영하는 것에 대해 할 말이 있다.

여러분이 앱이나 소비재 제품을 판매하고 있을지라도, 처음에는 시간을 들여
가며 대면 판매를 하는 것도 좋다. 대면 판매를 통해 부정적인 의견을 좀 더

빨리 알아낼 수 있기 때문이다.

이와 관련해 컨버트키트(ConvertKit) 공동 창업자인 네이턴 베리는 "여러분이 누군가에게 제품 구매를 요청하면 그 사람은 사회적으로 이유를 말할 책임이 있다."[99]고 말한다.

이는 피칭이 실패하더라도 부정적인 의견 하나는 얻을 수 있다는 뜻이다. 그리고 충분히 오랜 시간 동안 그런 과정을 거친다면 여러분은 결국 모든 부정적인 의견을 들을 수 있을 것이다.

여러분이 모든 부정적인 의견을 듣기 위해 노력하지 않는다면 제품 개선 능력을 제한하게 될 것이다.

주도적인 자세를 취하라. 계약을 성사시키기 위해 노력하는 것을 넘어, 잠재 고객에게 다음과 같이 질문하며 부정적인 의견을 수집할 수 있다.

- *[제품명]에 대해 가장 크게 우려하는 것은 무엇인가요?*
- *구매나 업그레이드를 주저하게 만드는 이유는 무엇인가요?*
- *우리 제품 대신 [경쟁사명] 제품을 구매한 이유는 무엇인가요?*

신규 고객에게는 다음과 같이 질문할 수 있다.

- *우리 고객이 되는 것을 거의 막을 뻔했던 것은 무엇이었나요?*
- *왜 [제품명]의 구매를 주저했었나요?*

이런 질문은 고객이 제품 구매에 대해 어떤 부정적인 의견을 갖고 있는지 파악하는 데 유용할 것이다. 그리고 부정적인 의견을 알게 되면 극복할 방법도 찾을 수 있다.

부정적인 의견은 여러분이 광고 문구를 더욱 활기차게 만들고, 자주 묻는 질문(Frequently Asked Questions, FAQ)을 정리해 제공하며, 제품 품질을 개선하는 데 유용하다.

부정적인 의견이 명확하지 않고 간접적이라면 숨은 뜻을 잘 찾아 이해해야 한다. 예를 들어 가격에 대한 부정적인 의견은 가격보다는 가치에 대한 부정적인 의견일 가능성이 크다. 이는 여러분이 고객에게 제품의 가치를 적절히 전달하지 못했다는 뜻이다.

가격에 대한 고객의 부정적인 의견을 다룰 때 고객에게 제품 가격이 매우 비싼 이유를 합리적으로 생각해 보도록 요청하며 근본 원인을 다루기 위해 노력하라.

여러분이 적극적으로 부정적인 의견을 찾았다면 결국 모든 부정적인 의견을 들을 수 있을 것이다. 그리고 그렇게 얻은 정보는 고객용 메시지를 개선하고 고객의 기대를 더욱 만족시키는 데 유용할 것이다.

12.6 리텐션

고객 성공으로부터 학습

"만족하지 못한 고객은 불평하는 대신 다른 제품을 사용한다."

에드워즈 데밍(W. Edwards Deming) 박사
엔지니어이자 작가

고객 성공(Customer Success, CS) 팀은 잠재 고객과 고객이 제품을 사용해 성공적인 결과를 거둘 수 있도록 지원하는 일에서 큰 역할을 한다.

이 팀의 팀원은 고객과 소통하며 그들이 제품의 가치를 경험하도록 지원하는 일에 많은 시간과 노력을 들인다. 또한, 고객 기대치와의 차이, 고객 니즈, 제품의 100% 활용을 막는 문제를 지속적으로 파악한다.

그러나 이들은 영업 팀과 마찬가지로 자신들만의 관점과 방향을 갖고 있다. 흔히, 고객 성공은 고객 온보딩, 리텐션, 갱신/재구매로 나타날 것이다.

B2B 비즈니스라면 고객 성공 전문가들은 1인당 30-40명의 고객을 배정받을 수 있다. 그들은 자신의 고객 문제를 우선적으로 해결하려 할 가능성이 있다.

고객 성공 팀의 팀원과 일한다면 고객의 문제점과 제품 사용의 걸림돌을 좀 더 큰 범주에서 집중해 살펴보는 것이 좋다.

정보를 파악하기 위해 여러분은 고객 온보딩이나 후속 통화에 참여하거나 녹음된 통화를 들을 수 있다. 이때 여러분이 찾는 것은 제품 사용의 걸림돌, 고객이 사용하는 단어, 장기 고객 리텐션 관련 이슈다.

고객 성공 팀 팀원은 또한 사례 연구로 사용할 수 있는 특정 사용 사례를 발굴하는 일도 매우 잘 할 것이다.

결국 성장의 최고 원천은 현재 고객이 될 것이다. 그러므로 고객이 제품 구매 후 어떤 문제와 직면했는지를 이해하는 것이 좋다.

고객 성공 전문가로부터 정보를 얻어 학습하기 위해서 다음과 같이 질문하라.

- *고객을 가장 잘 확보할 수 있는 곳은 어디인가요?*
- *최고의 고객을 끌어오는 데 유용할 피칭과 제품의 이점은 어떤 것인가요?*
- *어떤 조직에서 최고의 고객이 나오나요? 그 이유는?*

- 판매 과정에 누가 참여하나요? 또한 고객 온보딩에 누가 참여하나요?

- 고객의 성공적인 온보딩에 가장 큰 영향을 끼치는 요인은 무엇인가요?

- 제품 업그레이드와 재구매에 가장 큰 영향을 끼치는 요인은 무엇인가요?

- 가장 크게 성공한 고객은 누구인가요? 그 이유는?

- 가장 조금 성공한 고객은 누구인가요? 그 이유는?

집단사고에 빠지는 것을 피하기 위해 고객 성공 팀 한 명 한 명과 대화를 나눈 후 그들의 핵심 의견을 스스로 종합해 정리하라.

고객 성공 팀에서도 자기들만의 보고서를 작성할 수 있다. 그 보고서에 담긴 핵심 의견을 여러분이 정리한 생각과 비교할 수 있다. 이 과정에서 궁금한 사항은 고객 성공 팀에게 질문하라. 그러나 이때 고객 성공 팀이 자신들만의 관점과 방향을 갖고 있다는 사실도 절대 잊지 마라.

12.7 주요 행동 분석

"우리는 데이터 포인트(data point)에 부합하는 패턴이나 추세를 보도록 훈련받아 왔다. 정성적인 연구에 있어 특이한 패턴이나 추세가 많은 차이를 만들었는데, 이는 그들이 완전히 다른 시장, 완전히 다른 고객을 이해하는 데 필요한 데이터일 수 있기 때문이다. 그러므로 특이 패턴이나 추세를 이해하고 분석할 필요가 있다."

아쉬윈 굽타(Ashwin Gupta)
VMO 성장 팀 대표

데이터를 깊이 있게 분석하기 시작하면 다음과 같이 본능적으로는 이해하기 어려운 사용자의 제품 사용 패턴이 보이기 시작할 것이다.

- 제품 사용 경험이 없으나 회원 가입을 한 사용자
- 제품 업그레이드 없이 최대한 무료 평가판만을 이용하는 사용자
- 제품 사용의 핵심 지점에서 제품 이용을 그만두는 사용자
- 제품의 보조 기능을 지속적으로 이용하는 사용자
- 불규칙적으로 제품을 이용하는 사용자

제품 사용의 걸림돌을 계속 발견하기 위해 고객 여정과 여러분의 퍼널 전체를 살펴보라.

사용자가 매우 적극적으로 제품과 결합된 초 제품 인게이지먼트 영역이 있는가? 혹은 갑작스럽게 하락하거나 이해할 수 없는 행동에 해당하는 영역이 있는가?

제품 사용의 가장 큰 걸림돌을 확인하라. 여러분의 목표는 일부 사용자가 다른 제품 사용으로 전환하게 만들거나 이탈하게 만드는 프로필, 목적, 행동에 있어서의 차이를 이해하는 것이다.

고객이 제품 사용을 그만 두거나 여러분을 궁금하게 만드는 태스크를 한 바로 직후에 그 고객과 연락할 수 있는가? 적절한 시점의 설문 조사는 이해하고 싶은 고객의 행동을 세부적으로 나누어 보는 데 유용하다.

다음 두 가지를 조사하는 단항 설문 조사를 마련하라.

- **그 행동을 완료한 사용자**: *"그렇게 행동한 원인은 무엇인가요?"*
- **그 행동을 하지 않기로 결정한 사용자**: *"그렇게 행동하지 않은 원인은 무엇인 가요?"*

설문 조사 과정에 걸림돌이 적을수록 사용자는 더 많이 조사에 응할 것이다. 예를 들어 앱으로 전달된 설문 조사나 제품 팝업창에서 제시된 설문 조사는 이메일로 전달된 설문 조사보다 좀 더 적절한 응답을 많이 얻을 수 있다.

우수한 분석과 세분화(segmentation)를 통해 사용자가 여러분의 제품을 사용해 하려는 일을 정확히 확인하고 목표로 설정할 수 있다. 그렇게 하면 설문 조사 가 시의 적절하고 고객의 업무와 관련성이 높아져 설문 조사 응답률이 2-4% 정도 증가하고[100] 답변의 질이 나아질 것이다.

제품 구매를 막 완료한 고객은 구매 프로세스를 끝낸 지 얼마 되지 않았기 때 문에 더 나은 피드백을 제공할 것이다. 그들은 제품을 구매한 이유, 제품을 찾게 만든 정서적 사건, 제품에서 가치를 발견한 부분 등에 대해 유용한 정보 를 제공할 가능성이 상당히 높다.

설문 조사 답변을 얻기 시작하면 바로 제품 사용을 완료한 사용자의 답변과 중도에 포기한 사용자의 답변을 비교하라. *주목할 만한 차이점이 있는가? 사 용자의 페르소나(persona), 프로필, 고객 평생 가치(CLV) 등을 염두에 두고 설문 조사 답변을 살펴보면 새로운 패턴이 보이는가?* 설문 조사 응답은 성공 요인 을 이해하고 제품 사용의 걸림돌을 확인하는 데 유용해야 한다.

설문 조사 답변을 보고도 제품 사용자의 행동에 대해 결론적인 설명을 만들지 못했다면 설문 조사와 동일한 목표로 인터뷰 대상 사용자를 모으라. 대상자 모집에 필요한 수고를 줄이기 위해 이 책의 끝 빌딩 블록에 있는 '인터뷰할 사 용자와 고객 모집'을 참고한다.

설문 조사가 대상자의 일과 관련이 없다면 그들은 조사에 피로감을 느낀다. 높은 응답률을 얻기 위해 조사 시점을 잘 잡고, 조사를 간결하게 만들라.

또한 연구 결과에 따르면 일단 설문 조사에 참여한 사람은 후속 질문에 답할 가능성이 90% 이상이다.[101] 그러므로 설문 조사 목표가 타당하다면 좀 더 많이 질문하는 것을 고려하라.

시사점을 포착할 때 설문 조사 답변이 제품에 불만을 가진 사용자와 고객에 의해 왜곡되었을 가능성이 매우 높다는 사실을 기억하라. 이는 그들의 응답률이 상대적으로 높을 가능성이 크기 때문이다. 그러므로 많은 경우 고객 인터뷰나 분석을 통해 얻은 시사점을 함께 고려하는 것이 좋다.

사용자나 고객의 어떤 행동을 이해하기 시작했다면 다음으로 제품 사용 감소폭이 큰 경우로 옮겨가라.

12.8 기능 인게이지먼트 분석

"내 생각에는 기능 리텐션보다 기능 인게이지먼트가 더 중요하다. 기능 인게이지먼트는 제품 사용을 중단했던 고객이 다시 제품을 사용하는 이유이기 때문이다. 그러므로 기능 인게이지먼트가 기능 리텐션보다 중요도에서 한 단계 더 높다. 다시 돌아온 고객이 무엇을 하겠는가? 자신과 결합된(engaged) 기능을 더욱 오래 사용한다."

히텐 샤

사용자 경험 사고 리더인 자레드 스풀(Jared Spool)은 제품 사용 시간을 다음 두 가지 종류로 분류한다.[102]

1. **목적 시간**: 사용자가 핵심 목적을 달성하며 소비한 시간. 가치가 높다고 인식

2. **도구 시간**: 사용자가 제품 그 자체를 사용하며 소비한 시간. 가치가 낮다고 인식(예: 로깅, 앱 관리, 대기 등)

이런 분류의 이면에 감추어진 생각은 브라이언 밸푸어(Brian Balfour)가 제시한 '의미있는 사용'[103]의 콘셉트처럼, 제품을 사용하며 소비된 모든 순간이 가치 있는 것은 아니라는 것이다.

이메일을 삭제하기 위해 혹은 각종 알림 메시지를 제거하기 위해 매주 제품을 이용하는 사용자의 제품 사용과 매일 핵심 작업을 수행하는 사용자의 제품 사용을 비교할 수는 없다.

기능 리텐션을 깊이 있게 파헤치기 위해 계정 생성, 암호 리셋 등과 같은 관리 기능을 제외한 모든 제품 기능을 나열하라.

각각의 기능을 사용자 기준 몇 %의 사용자가 사용하는가? 사용자는 각각의 기능을 얼마나 자주 사용하는가? 각각의 기능에 대한 사용자의 관심은 증가하는가? 혹은 감소하는가?

제품 인게이지먼트를 기반으로 임곗값을 설정하라. 여러분은 다음과 같은 도표로 기능 사용을 시각적으로 나타낼 수 있다.

X축은 각 기능을 사용하는 사용자의 비율을 나타내며 Y축은 사용 빈도를 나타낸다.

이 그림보다 더 세분화하는 것이 여러분의 이해에 잘 맞겠는가?

그림 12-2 기능 사용 개요

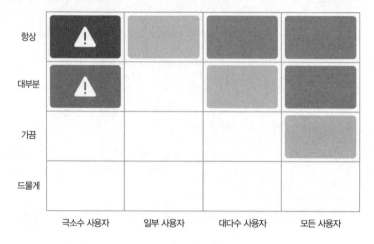

자, 주요 기준을 살펴보며 기능 사용을 나누어 보자.

- 사용자 vs. 고객

- 결합된 사용자 vs. 비결합된 사용자

- 기업용 제품에 대한 조직 내 역할

- 언어

- 구독형 제품의 요금 청구 주기

- 고객 생애 매출(Customer Lifetime Revenue, CLR)

- 할부 기능(payment plan)

- 프로필 혹은 페르소나

툭 튀어나오는 아웃라이어가 있는가?

기능 인게이지먼트 분석은 고객이 사용하지 않는 기능이나 기대했던 것처럼 사용하고 있는 기능을 확인하는데 유용할 것이다. 또한, 사람의 말과 실제 행동 사이의 차이를 좀 더 잘 이해하는 데도 유용할 수 있다.

수석 제품 매니저인 닉 마우로(Nick Mauro)는 한 발 더 나아갈 것을 권장한다. 세븐피프티(SevenFifty)에서 그와 팀원은 그들이 가장 가치 있다고 생각한 기능과 행동에 다양한 가중치를 부여했다. 이후 그들은 기능을 개선하거나 변화시켰을 때 점수 변화를 살펴보며 특정 변화의 임팩트를 측정할 수 있었다.

리텐션 코호트를 넘어 살펴보라. 그리고 실제 기능 사용이 여러분의 기대와 잘 맞는지 깊이 파고들어 평가하라.

12.9 제품 대체 행동 분석

"고객이 아무런 말도 없이 떠나는 순간이 바로 진실의 시간이다. 여러분이 리더라면 진실의 시간으로부터 배울 수 있다."

애리 웨인즈웨이그(Ari Weinzweig)

성장 전문가 앨런 클레멘트(Alan Klement)는 "우수 고객의 습성과 최근에 이탈한 고객의 습성을 비교하는 일은 충성도 낮은 고객을 충성도 높은 고객으로 탈바꿈시키는 방법을 이해하기 위한 매우 훌륭한 방법이다."라고 말한다.

사용자가 제품 사용 가입을 할 때 그들은 제품 사용 의지를 보여준다. 그들이 제품 사용을 그만두고 탈퇴할 때 그들은 채워지지 않은 기대감 혹은 다른 제품이 채워줄 수 있다는 기대감을 전달한다.

여러분은 이탈 고객의 의사 결정 과정을 살펴보는 방식으로 제품 리텐션(retention)을 증가시키는 방법을 배울 수 있다.

일반적으로 제품 사용 취소 결정은 실제 취소보다 몇 주, 몇 달, 심지어 몇 년 전에 일어나기 때문에 실제 취소로 이끈 일련의 사건을 이해하기 위해서는 과거로 돌아가야 한다.

이때 가장 좋은 방법이 이탈 고객 인터뷰(8장)다.

이탈 고객 인터뷰를 수행하려면 먼저 최근 탈퇴한 10-15명의 사용자를 모아라. 여러분의 제품이 무료미엄(freemium)* 제품이라면 최근 제품 사용을 멈추고 이탈한 무료미엄 사용자의 인터뷰를 고려하라. 이를 통해 일반 사용자와는 확연히 다르게 제품을 사용했던 사용자에게 집중할 수 있다.

일반적으로 그들에게는 인터뷰에 대한 보상을 해 주어야 한다. 그들은 이미 다른 제품을 사용하고 있을 가능성이 크며, 여러분의 제품에 대한 관심이 없다는 것도 보여주었다. 인터뷰 대상자 모집을 좀 더 쉽게 하려면 이 책의 끝에 있는 빌딩 블록에서 인터뷰 대상자 모집 가이드를 참고한다.

여러분은 인터뷰를 통해 제품 사용 취소로 이끈 사건을 시간 순서대로 나열할 수 있어야 한다. 인터뷰에서 다음과 같이 질문할 수 있다.

- *처음에 [제품명] 사용을 위해 회원 가입했던 이유는 무엇인가요?*
- *[솔루션 공간(solution space)]에 대한 옛 경험은 어떠했었나요?*
- *다른 제품을 평가했었나요?*
- *[제품명]의 사용 용도는 무엇이었나요? 얼마나 자주 사용했었나요?*

---

* **옮긴이** 기본 기능은 무료로 제공하되, 고급 기능은 유료로 제공하는 제품

- [제품명]이 여러분에게 잘 맞지 않는다고 처음 생각했던 때가 언제인가요?

- [핵심과업] 처리를 위해 마지막으로 [제품명]을 사용했던 때가 언제인가요?

- [핵심과업]을 [제품명]을 사용하지 않고 처음으로 처리했던 때가 언제인가요?

- 왜 그날 제품 사용을 취소했었나요? 전날이나 다음날이 아니라 왜 그날 취소했었나요?

- 여러분은 지금 어떤 제품을 사용하나요? [제품명]과 비교해 어떻게 느끼나요?

- 다른 [제품명]으로 옮겨가기 시작한 그날 어떤 일이 있었나요? 다음날이 아니라 왜 그날 시작했었나요?

- [제품명] 사용을 통해 [핵심과업]을 얼마나 많이 개선했다고 느끼나요?

- [제품명] 사용을 통해 얻을 수 있는 가장 큰 이득은 무엇인가요?

- [제품명]을 다시 구독하게 하려면 무엇을 해야 하나요?

고객이 한 명, 두 명 돌아오도록 노력하는 것이 목적은 아니다. 여러분의 제품에서 습관 형성 측면을 증가시키는 방법을 이해하는 것과 고객을 쫓아내는 이슈를 해결할 방법을 찾는 것이 목표다.

이번 장 앞부분에서 제시된 네 가지 힘 다이어그램을 사용해 여러분이 발견한 것을 정리할 수 있다.

첫째, 밀어내기와 끌어당기기의 동기를 확인하라. *사람들은 무엇 때문에 여러분의 제품을 구매했는가? 사람들은 무엇 때문에 제품을 떠나갔는가?*

다음으로 그들의 현재 습관과 우려를 잘 배치하라.

적당한 범주에 여러분이 발견한 것을 배치하라. (밀어내기, 끌어당기기, 걱정 및 습관) 특정한 패턴이 나타날 때까지 이탈 고객 인터뷰를 계속 진행하라.

고객이 이탈한 이유를 파악하기 시작하면 취소를 허용하기 전에 사용자에게 메시지를 표시하는 등 취소 사유 파악 방법의 체계화를 고려하라.

무슨 설문 조사를 만들든 간결하게 만들어라. 그리고 다음과 같이 열린 질문을 하라.

- 회원 탈퇴를 결심한 주요 이유가 무엇인가요?
- [제품명]이 여러분에게 어떻게 이득을 주었나요?
- 그 제품의 무엇을 좋아했었나요?
- 그 제품의 무엇을 좋아하지 않았었나요?
- 회원 탈퇴를 막았던 것은 무엇이었나요?
- 우리가 어떻게 제품을 개선할 수 있나요?

인터뷰 답변을 사용해 제품을 개선할 수 있다.

답변을 참고해 사용자와 고객이 떠나지 않고 계속 머물 수 있도록 필요한 조정을 하라. 이와 관련해 기업가인 제이슨 랜젤라(Jason Langella)는 *"여러분이 고객에게 감사하지 않는다면 여러분 이외의 다른 누군가가 감사할 것이다."* 라고 말한다.

12.10 기쁨 분석

"제품 사용 취소가 없다고 해서 고객이 제품에 만족했다는 뜻은 아니다."[104]

다르메시 샤(Dharmesh Shah)
허브스팟 공동 창립자이자 CTO

시장에서 글로벌 경쟁이 점점 치열해지고 있는 만큼 고객 기대를 충족시키는 것만으로는 더 이상 충분하지 않다.

이 문제에 대해 W. 에드워즈 데밍(W. Edwards Deming)은 "단순히 만족하고 있는 고객이 있다는 것은 충분하지 않을 것이다. 만족하지 못한 고객이 이탈할 것이기 때문이다. 더욱이 불행하게도, 만족하고 있는 고객 역시 손해가 크지 않고 이득이 있다면 이탈할 수 있다."라고 말한다.

고객과의 모든 상호 소통은 고객을 기쁘게 하고 제품에 대한 입소문을 만들 수 있는 기회다. 이에 대해 슬랙(Slack)의 공동 창립자이자 CEO인 스튜어트 버터필드(Stewart Butterfield)는 "고객과의 모든 상호소통은 마케팅 기회다. 고객 서비스 측면에서 필요 이상의 서비스를 제공한다면 고객이 여러분의 제품을 추천할 가능성이 훨씬 높아진다."라고 말한다.

그렇다면 여러분의 제품은 고객에게 기쁨을 주는가?

고객의 기쁨을 평가하는 가장 좋은 방법으로 기대 일치 이론[105]에 근거한 기대 불일치 척도가 있다.

기대 불일치 척도 측정에서는 응답자에게 제품 사용 경험이 기대했던 것과 비교해 '기대 이상이었는지', '기대와 같았는지', '기대 이하였는지' 평가하도록 한다.

측정에 필요한 입력은 이메일, 인앱 메시지 혹은 설문 조사를 통해 얻을 수 있다. 다음은 한 예다.

그림 12-3 기대 불일치 척도 설문 조사의 예

업카운셀 | [***] 변호사와의 계약 점검

안녕하세요 [***]님.

[***]님은 최근 회사 해산 업무를 진행하기 위해 홍길동 변호사를 채용했습니다. [***]님의 업무가 잘 진행되도록 하는 것이 저희에게는 매우 중요하기 때문에 일이 잘 진행되고 있는지 여쭤볼 수 있도록 잠깐 시간을 내어주시길 원합니다.

지금까지 [***] 변호사와 함께 업무를 진행하며 어떻게 느끼셨는지 평가해 주실 수 있나요?

기대 이상
기대 충족
보통
기대 이하

감사합니다.
업카운셀

어떤 면에서 기쁨은 만족함의 극단적인 형태이므로 고객 만족과 연관 있는 데이터를 살펴보는 것이 타당하다.

기대 일치 이론 설문 조사에서는 기대 경험과 실제 경험을 비교하며, 다음과 같은 상태를 확인한다.

- **일치**: 실제 경험이 기대 경험을 충족했는가?

- **긍정적인 불일치**: 실제 경험이 기대 경험과 비교해 기대 이상인가?

- **부정적인 불일치**: 실제 경험이 기대 경험과 비교해 기대 이하인가?

사람마다 기준과 기대가 다르기 때문에 설문 조사 답변은 명확히 주관적일 것이다.

설문 조사에서 긍정적인 불일치는 기쁨으로 볼 수 있다. 답변에 대해 '−1(부정적인 불일치), 0(일치), 1(긍정적인 불일치)'과 같이 점수를 매길 수 있다.

후속 질문을 제시하며 추가적으로 파고들어가 경험의 어떤 부분이 기쁨이나 불만족에 가장 큰 영향을 주었는지 파악한다면 무척 흥미로울 수 있다.

그림 12-4 후속 질문의 예

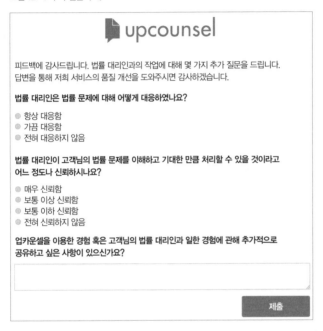

벤처 투자자인 토마즈 텅구즈(Tomasz Tunguz)는 고객 기쁨의 주요 요인으로 다음 두 가지를 언급했다.[106]

1. 제품의 빠른 발전

2. 훌륭한 고객 지원

16장에서는 고객을 기쁘게 할 수 있는 개선 사항을 정의하는 데 유용한 심층 분석 기법을 살펴볼 것이다.

12.11 고객 지원 대화 분석 ──────────

"사람들이 우리 서비스에 대해 불평하는 것을 들을 때면, 나는
거의 언제나 힘이 샘솟는다. 사람들이 우리 제품에 관심을
갖고 신경 쓴다는 뜻이기 때문이다."

다니엘 에크(Daniel Ek)
스포티파이(Spotify) 공동 창립자이자 CEO

여러분이 한두 명 정도가 아니라 한 무리의 연구가에게 접근할 수 있다면 어떤
일이 생길까?

많은 회사가 지원 조직을 필요하지만 없어졌으면 하는 비용 센터라고 생각한
다. 지원 조직은 흔히 고립되며, 결국 조직 내 지원 전문가가 매일 발견하는
통찰력 있는 정보는 프로덕트 팀에 전달되지 않는다.

결과적으로 불만 사항을 이야기한 고객 가운데 80-90%는 불만 사항이 처리
된 후 오히려 이전보다 더 불쾌한 상태가 된다.[107]

이런 문제는 지원 팀만을 탓할 수 없다. 전달받은 피드백이 고객이 가장 신경
쓰는 것, 즉 제품에 전혀 영향을 주지 않았기 때문이다. 통찰력 있는 정보가
중간에 사라졌다.

그러나 지원 팀을 잘 운영한다면 고객 지원은 미래 영업에 대한 강력한 예측
인자가 될 수 있다. 또한, 고객의 통찰력과 추천을 거의 끝없이 생성하는 데
유용할 수 있다.

시장 내 가장 성과 높은 몇몇 회사는 고객 핵심과업 이론 위에서 지원 팀 직원
을 훈련시킨다. 지원 팀은 문제의 핵심에 도달하기 위해 고객에게 불만 이유

와 어려움을 질문한다. 이후 그렇게 얻은 통찰력 담긴 정보를 다른 조직에서 유용하게 사용할 수 있는 형태로 정리한다.

데이비드 캔슬(David Cancel)은 그의 다섯 번째 스타트업인 드리프트에서 회사가 다음 단계로 발전하기 위해 알아야 할 사항을 *지원 팀*으로부터 얻기로 결정했다. 이런 결정은 고객의 피드백을 실행 가능하게 만드는 데 유용한 스포트라이트 프레임워크(Spotlight Framework)[108]로 이어졌다.

그는 "사람들은 흔히 피드백의 잘못된 부분에 집중하는 경향이 있다. 피드백에 숨겨진 문제나 근본 원인에 집중하기보다는 피드백 대상에 집중한다는 뜻이다."라고 말한다.

고객 피드백에서 집중해 살펴볼 부분은 사용자가 묻는 질문 유형이다.

데이비드는 고객 피드백을 다음과 같이 세 가지로 분류할 것을 권장한다.

1. 사용자 경험 이슈

2. 제품 마케팅 이슈

3. 제품 포지셔닝 이슈

사용자 경험 이슈에 관한 고객 피드백에는 흔히 다음과 같은 문구가 들어간다.

- *내가 어떻게 …*

- *… 일 때 어떤 일이 발생하나요?*

- *나는 …을 하려고 했어요.*

예를 들어 고객은 "내가 어떻게 새 스프레드시트를 만들 수 있나요?"와 같은 피드백을 줄 수 있다.

고객이 이와 비슷한 질문을 할 때 고객은 *방법*을 모를 뿐 제품을 사용해 스프레드시트를 만들 수 있다는 사실을 알고 있다.

제품 마케팅 이슈에 관한 고객 피드백에는 흔히 다음과 같은 문구가 들어간다.

- *…을 할 수 있나요?*
- *…과 어떻게 비교할 수 있나요?*
- *…과 어떻게 다른가요?*
- *…을 왜 사용해야 하나요?*

예를 들어 고객은 "세일즈포스와 통합할 수 있나요?"와 같은 피드백을 줄 수 있다. 사용자나 고객이 이런 유형의 질문을 던진다면 그들은 여러분의 제품을 사용해 할 수 있는 것과 할 수 없는 것을 이해하고자 하는 것이다.

제품이 특별한 기능을 갖고 있으며, 그 기능에 관한 질문이 종종 나온다면 그 기능의 발견성을 개선해 다수의 사용자가 쉽게 사용할 수 있도록 만들거나 특정 유형의 사용자에게 그 기능을 홍보하는 방안도 좋은 생각일 수 있다.

마지막으로 제품 포지셔닝 이슈에 관한 고객 피드백에는 흔히 다음과 같은 문구가 들어간다.

- *나는 아마도 타깃 고객은 아니지만, …*
- *나는 내가 틀렸다고 확신한다. 그러나 나는 …라고 생각했다.*

예를 들어 고객은 "나는 아마도 이 제품의 타깃 고객은 아니지만, 이 제품을 나의 웹사이트에 추가할 수 있을까요?"와 같은 피드백을 줄 수 있다. 제품 포지셔닝에 관한 피드백은 거의 사과문처럼 보인다.

이런 질문을 던진 고객이 사실 여러분의 최적합 고객에 속한다면 그들이 자신들을 겨냥한 제품이 아니라고 생각했으므로 제품 포지셔닝에 잘못이 있을 수도 있다.

그림 12-5 스포트라이트 프레임워크의 치트 시트

스포트라이트 프레임워크 치트 시트

사용자 경험	제품 마케팅	제품 포지셔닝
내가 어떻게 …	…을 할 수 있나요?	나는 아마도 타깃 고객은 아니지만, …
… 일 때 어떤 일이 발생하나요?	…과 어떻게 비교할 수 있나요?	나는 내가 틀렸다고 확신한다. 그러나 나는 …라고 생각했다.
나는 …을 하려고 했어요.	…과 어떻게 다른가요?	
	…을 왜 사용해야 하나요?	

사용자의 피드백 유형을 이해하고, 받은 피드백을 세 가지 그룹으로 분류하라. 그리고 그 피드백을 회사 전체에서 볼 수 있도록 하라.

시간이 지나면서 피드백 그룹의 변화를 잘 살펴보라. *이슈가 해결되고 있는가? 오히려 문제가 더 나빠진 이슈가 있는가? 새로운 이슈가 자꾸 생겨나는가?*

여러분의 웹사이트에 도움말, 자주 묻는 질문, 혹은 고객 문의 부분이 있다면 검색어를 잘 살펴보라. *사용자가 무엇을 찾고 있는가? 사용자는 어떤 문제로 어려움을 겪고 있는가?*

사친 레키(Sachin Rekhi)는 고객의 모든 검색어를 직접 다시 실행해 그들이 적당한 답변이나 해결책을 얻었는지 확인하라고 권장한다. 이를 통해 여러분은 고객이 얻을 답변이나 해결책을 개선할 수 있고, 그 결과 고객 지원 업무도 줄일 수 있다.

고객은 제품에 대해 생각하는 사람들이 아니다. 고객 피드백에 대해 해결책이 아니라 문제에 집중하라.

12.12 추천

제품 관련 입소문 분석

"공짜로 소문이 퍼질 때까지 여러분의 메시지를 다듬어라.
그런 다음에 메시지가 더 잘 퍼져나갈 수 있도록 돈을
투자하라."[109]

오스틴 올레드(Austen Allred)
람다 스쿨(Lambda School) 공동 창립자이자 CEO

고객을 확보하는 일이 점점 더 어려워지고 있으며 필요한 비용도 증가하고
있다.

콘텐츠 마케팅이 정체되고 있다. 전체 광고 지출의 60.9%[110]를 차지하는 페
이스북과 구글 광고는 점점 더 경쟁적이다. 마케터는 더 영리해지고 있는 반
면, 성장하는 채널의 수는 줄어들고 있다.

결과적으로 고객 확보 비용(Customer Acquisition Costs, CAC)은 지난 5년간 거의
50% 증가했다.[111]

이런 문제에 대응하기 위해 점점 더 많은 회사가 입소문, 바이럴 루프(viral loops)
또는 다른 제품 주도 성장 역학을 통해 신규 고객을 확보하고자 자신들의 제
품을 활용한다.

오늘날 현실은 새로운 사용자 코호트(cohort)가 신규 고객 확보로 이어질 수 있

는지 이해하는 일이 예전보다 훨씬 중요하다는 것이다.

이런 현상을 나타내는 지표로 바이럴 계수가 있으며 이는 추적하기 좋은 지표가 될 수 있다. 계수의 값이 1보다 크면 한 명의 사용자가 한 명 이상의 사용자를 데려온다는 뜻이다. 또한, 계수의 값이 1.6보다 크면 제품에 대한 입소문이 났다는 뜻이다.

이론적으로는 순고객추천지수 설문 조사가 어떤 사용자가 해당 제품을 추천할 가능성이 가장 높은가에 관한 데이터를 프로덕트 팀에게 전달하므로 유용해야 한다. 그러나 5장에서 언급했듯이 순고객추천지수는 예측치 부족을 포함해 많은 문제점을 갖고 있다.

넷플릭스(Netflix)가 순고객추천지수 설문 조사 질문[112]을 바꾼 이유 중 하나다.

"지난 6주 동안 넷플릭스를 친구나 동료에게 이야기한 적이 있나요?"

사용자에게 자신의 미래 행동을 예측하도록 요청하는 대신, 새 질문은 '사실'을 수집한다. '예'라고 답하는 사용자가 많으면 많을수록 넷플릭스는 더 빠르게 성장했다. 반대로 '아니요'라고 답하는 사용자가 많으면 많을수록 해지율은 증가했고, 성장 속도는 떨어졌다. 새 질문이 회사의 성장과 상관관계가 더 높았다.

여러분도 비슷한 질문을 사용할 수 있다. 다음 질문을 고려하라.

- 왜 [제품]을 추천하기로 결심했었나요?

- 친구나 동료에게 [제품]을 어떻게 설명해 왔나요?

- [제품]을 사용하며 얻었던 주요 이점은 무엇인가요?

여러분의 제품을 정말로 추천했던 사람들의 프로필을 살펴보면서 열린 질문에 대한 답을 분석하면 시장에서 더 많은 공유가 이뤄질 수 있는, 더 좋은 메시지를 발견할 수 있다.

동일한 메시지가 입소문, 리뷰, 소셜 미디어 등을 통해 증폭될 때 임팩트는 더욱 커진다.

같은 회사의 많은 사용자가 사용해야 하는 제품이라면 여러분은 그들에게 회사 내부적으로 제품을 팔고, 홍보할 수 있는 수단을 제공해야 한다. 이해관계자에게 제품 노출이 많아지면 많아질수록 팀원이 해당 제품을 사용하기 시작할 가능성이 점점 높아질 것 같다.

여러분이 이 과정을 더욱 체계적으로 만들기 시작하면 여러분은 사람들에게 공유를 요청하거나 친구에게 제품에 관해 말하기 위해 혹은 새 고객을 추천하기 위해 "아하 순간(Aha moments)"을 사용할 수 있다.

제품 확산 속도를 개선하기 위해 '아하 순간'을 찾고, 공유 루프를 제품화하면서 회원 가입의 걸림돌을 줄여라

12.13 순고객추천지수가 실패하는 경우 ─────

"순고객추천지수는 비즈니스 지표 가운데서도 환상적인
지표다. 사람들은 다른 모든 사람이 사용하기 때문에
그 지표를 사용하며, 여러분도 그 지표가 도움이 된다고
생각한다.(사실은 그렇지 않다.) 순고객추천지수는 중독되기
쉽다. 게다가 일단 중독되면 멈추기가 정말로 어렵다.

순고객추천지수는 현실에 대한 인식을 왜곡한다. 컨설턴트는 여러분에게 그 지표를 계속 떠벌이며 만족한다.”[113]

자레드 스풀(Jared Spool)
UX 인플루언서

순고객추천지수는 2003년 베인앤컴퍼니(Bain & Company)의 프레드 라이켈트(Fred Reichheld)가 개발해 상표 등록한 지표다.

이 지표를 사용했던 원래 목적은 회사 고객의 충성도 측정을 돕는 것이다.

점수는 *“친구나 동료에게 우리 [회사/제품/서비스]를 추천할 가능성은 얼마나 되는가?”*라는 단 한 가지 질문에 대해 답변으로 받은 점수(0에서 10점)를 사용해 계산한다.

결과 점수는 −100에서 100 사이에 있다. −100부터 0은 문제를 나타내고, 0부터 30은 발전의 여지가 있다는 것을 의미한다. 30 이상이라면 여러분의 회사가 매우 잘하고 있다는 뜻이다.

애플처럼 순고객추천지수가 70을 넘는다면 이는 여러분의 회사가 시장에서 수많은 입소문을 만들어 내고 있다는 뜻이다.

포춘 1000 회사 가운데 2/3 이상이 자신들의 순고객추천지수를 계속 모니터링하는 데는 다음과 같이 많은 이유가 있다.[114]

- 질문이 간단하므로 고객이 답하기 쉽다.
- 실행 가능한 느낌을 준다. 결국 회사 내 모든 사람의 일이 고객 만족에 영향을 줄 수 있다.
- 경쟁사를 벤치마킹하며 비교할 수 있는 점수를 만들 수 있다.

- 유기적인 입소문을 통한 고객 확보를 평가하는 데 유용한 지표처럼 보인다.

- 이해하기 쉬운 데다 본래 하버드 대학에서 지원하는 방법이다.[115]

이런 긍정적인 이유가 있지만, 순고객추천지수 설문 조사에 대한 비판이 꾸준히 증가하고 있다. 많은 회사가 이 데이터를 확보해 잘못 사용한다. 그들은 고객의 행복을 표현하거나 제품에 대한 애정을 표현하는 수단으로써 이 지표를 바꿔서 사용한다.

또한, 순고객추천지수는 후행 지표이므로 어떻게 점수를 올리고, 왜 점수가 떨어졌는지 정확히 알기 어렵다. *나의 일이 이 지표를 개선했는가?* 회사 내 팀들은 그들의 일이 전반적인 점수에 어떻게 반영되었는지 알지 못한 채 많은 일을 한다.

게다가 예측이다. 사람들은 자신들의 미래 행동을 예측하는데 매우 서툴다. 그러므로 누군가에게 어떤 일을 할지에 관해 가능성을 질문하는 일은 아무리 좋게 보아도 오해의 소지가 있다.

제품을 판매하고 있는 시장의 고객이 자신 외에는 비슷한 일을 하는 사람을 알지 못할 수도 있다. 바꿔 말해 고객의 친구나 가족은 여러분의 제품을 필요로 하지 않는다. 이 경우 고객이 제품 사용을 통해 많은 가치를 얻고 있음에도 순고객추천지수는 낮을 수 있다.

마지막으로 매우 중요한 사실이 한 가지 있다. 조직은 잘못된 이유로 순고객추천지수를 묻곤 한다. 조직은 벤치마크, 긍정적인 고객 평가 순위 등을 원하면서 정작 그 안에 담긴 인사이트에 대해서는 궁금해하지 않는다.

순고객추천지수는 부정한 목적으로 얻기 쉽다. 고객 경험 전문가인 칼 길리스(Karl Gilis)는 인터뷰 동안 볼보 자동차 대리점을 방문했던 경험을 이야기해 주었다. 그는 자동차를 받은 후 "회사에서 설문 조사 요청을 받을 거예요. 10점 부탁드릴게요."라는 말을 들었다. 그 직원은 긍정적인 고객 경험을 만들기 바라기보다는 좋은 평가를 받기 원했다.

문제될 만한 부분이 많기는 하지만, 순고객추천지수 설문 조사는 매우 유용할 수 있다. 이 설문 조사를 통해 최고의 효과를 얻으려면 점수에 근거해 다음과 같은 후속 질문을 고객에게 할 것을 추천한다.

- **비추천자**(점수: 0~6): *어떻게 하면 저희가 다음에 더 잘할 수 있는지 의견을 줄 수 있나요?*
- **중립자**(점수: 7~8): *어떻게 하면 저희 제품을 더 자주 사용할까요?*
- **추천자**(점수: 9~10): *제품 사용 경험 가운데 무엇이 가장 좋았나요?*

여러분은 이런 열린 질문을 통해 가치 있는 의견을 많이 얻을 수 있을 것이다.

12.14 발전하기

"기발한 마케팅 기법, 제품 디자인 패턴, 사용자 인터페이스 트렌드 등을 아무리 많이 고려하고 적용해도 오디언스가 자신의 현재 상황을 어떻게 인식하고 개선하기를 원하는지와 같은 기본적인 지식을 활용하는 것보다 나은 성과를 낼 수는 없을 것이다."

사무엘 홀릭(Samuel Hulick)

다양한 분석을 통해 퍼널의 새는 곳을 발견하는 데 도움을 얻을 수 있다.

빠르게 성장하기를 원한다면 회사는 모든 문제를 한 번에 다룰 수 있어야 한다. 이는 회사가 자본과 직원을 늘리는 이유다. 맞는가?

회사가 제품 시장 적합성을 찾은 이후 자본을 소진하고 직원을 빠르게 늘리는 경향을 보면, 당연해 보이기도 하지만, 사실 현실은 매우 다르다.

목표는 순차적으로 달성해 나가는 것이 가장 좋다는 것은 이미 입증된 사실이다.[116] 회사는 한 번에 한 가지 북극성 지표 혹은 한두 가지 핵심 목표에 집중해야 한다. 이런 방식을 사용해야 성과를 평가하고 어떤 일이 결과를 이끌었는지 파악하기가 좀 더 쉽다. 팀은 목표가 적을수록, 더 많은 에너지를 제한된 목표에 집중하게 된다. 결과적으로 정말로 중요한 일이 무엇인지를 좀 더 쉽게 파악할 수 있다.

기업가이자 투자가인 데이브 맥클루어(Dave McClure)는 이런 생각을 명확하게 만들기 위해 해적 지표로 알려진 AARRR 프레임워크[117]를 만들었다.

맥클루어의 모델에 따르면 혁신가는 사용자가 고객 라이프 사이클의 다섯 단계를 어떻게 거쳐나가는지 측정한다.

- **고객 확보**(Acquisition): 다양한 경로를 통해 퍼널에 진입한 방문자
- **활성화**(Activation): 처음으로 제품을 사용하며 즐거워하는 방문자
- **수익화**(Revenue): 제품을 구매해 고객이 된 사용자
- **리텐션**(Retention): 돌아와 충성스러운 고객이 된 사용자
- **추천**(Referral): 친구나 동료에게 제품에 관해 말하는 사용자나 고객

잠재 고객이 확보되면(**A**cquired) 그는 활성화되고(**A**ctivated) 수익으로(**R**evenue) 이어지며 리텐션(**R**etained) 상태에 머무르면서 제품 사용 경험이 만족스러우면

제품을 추천할(Refer) 수 있다.[118]

고객 라이프 사이클 전체를 퍼널로서 모니터링하고 사용자 코호트를 평가하면 사이클의 중단점(break point)을 좀 더 쉽게 확인할 수 있다.

제품에 대한 퍼널은 다음과 같다.

그림 12-6 AARRR 프레임워크를 사용하는 퍼널의 예

	1주
코호트 내 사용자	1000
고객 확보	
블로그 방문	100.0%
홈페이지 링크 클릭	15.0%
회원 가입 버튼 클릭	2.5%
회원 가입 프로세스 시작	2.0%
회원 가입 완료	1.7%
사용자가 회원에 가입한 것으로 간주	17
활성화	
첫 번째 제품 사용 과정 보기	1.7%
첫 번째 과정 완료	1.6%
두 번째 과정 완료	1.3%
세 번째 과정 완료 (조건부)	1.2%
주요 인터페이스 사용	1.2%
사용자가 활성화된 것으로 간주	12
리텐션	
사용자의 제품 재사용	0.6%
제품을 3회 사용	0.3%
사용자가 리텐션 상태인 것으로 간주	3
수익화	
사용자가 정식 제품 사용 시작	0.2%
사용자가 둘째 달에도 요금 결제	0.2%
사용자가 셋째 달에도 요금 결제	0.2%

이 퍼널을 보고 답할 수 있는 질문은 예를 들어 다음과 같다. 블로그를 방문한 사람들(1,000명) 가운데 몇 명의 사람들이 홈페이지를 방문했는가?(150명) 회원 가입 버튼을 클릭한 사람들은 몇 명인가?(25명) 사실상 회원 가입 과정을 완료한 사람들은 몇 명인가?(17명)

단계를 넘어갈 때 값의 하락을 살펴보고 데이터를 내부/외부 벤치마크 결과와 비교하는 과정을 통해 문제점을 찾을 수 있어야 한다. 이렇게 찾은 문제점은 문제를 파악해 성과를 개선할 수 있는 기회가 된다. 여러분은 solvingproduct.com/funnel의 템플릿을 이용해 퍼널 분석을 시작할 수 있다.

특정 단계에서 고객 이탈을 확인하면 다양한 면에서 그 단계를 분석해야 한다. 예를 들면 다음과 같다.

- 각기 다른 경로를 통해 확보한 사용자가 서로 다르게 행동하는가?
- 다른 지역에 비해 더 좋은 성과가 나는 지역, 도시 혹은 나라가 있는가?
- 스마트폰, 태블릿 혹은 데스크톱 사용자가 동일한 태스크를 수행해 완료할 수 있을까?
- 사이트별 성능 측면에서 고려할 것이 있는가?

이런 분석은 제품 개선과 여러 실험에 대한 가설을 수립하는 데 유용할 것이다.

발전하기 위해 한 가지나 두 가지 주요 목표에 집중해 개선을 만들어라. 그리고 그 과정을 반복하라. 성과가 나오면 다음 중단점으로 옮겨가라.

이런 과정을 통해 여러분은 고객 여정 전반에 걸쳐 지속적으로 성과를 높일 수 있을 것이다.

12.15 사례 연구

그럽허브는 어떻게 제품 사용 습관을 만들었을까?

"전환율을 높일 수 있는 통찰력 담긴 정보를 발견하는 한 가지 훌륭한 방법은 사람들이 '예'라고 말하는 이유에 집중하는 것을 멈추고, '아니요'라고 말하게 만드는 것에 집중하는 것이다."

그레고리 시오티(Gregory Ciotti)
쇼피파이(Shopify) 콘텐트 마케터

2008년 케이시 윈터스(Casey Winters)는 온라인 배달 음식 주문 플랫폼인 그럽허브에 15번째 직원으로 합류했다. 당시 4만여 명의 사용자가 이용하던 그럽허브는 제품 시장 적합성을 찾은 이후 성장하고 있었다.

회사에서 첫 번째 마케팅 담당자로 채용되었기 때문에 케이시는 회사의 성장 속도를 높일 책임이 있었다. 서비스를 개선하고, 제품에 대한 올바른 고객 기대를 정립하기 위해 케이시는 사용자의 고객 충성도를 파악하고 싶었다.

케이시의 팀이 식당에 전화를 걸어 배달 주문에 관해 문의하며 조사를 진행한 결과, 그들은 일반 고객 한 명이 한 달에 평균 1-2회 정도 배달 음식을 주문한다는 사실을 파악했다. 케이시는 그럽허브(Grubhub)가 사용자가 선호하는 배달 음식 주문 플랫폼인지 알고 싶었다.

회사에는 이런 문제를 다룰 만한 전문 조사/분석 팀이나 완전한 프로덕트 팀이 없었기 때문에[119] 케이시와 제품 디자이너가 조사/분석 역할을 맡았다.

그들은 설문 조사를 발송하는 것으로 조사를 시작했다. 그들이 궁금해 했던 질문은 사용자의 배달 음식 주문 횟수와 주문 시 그럽허브 이용 횟수였다. 그들은 몇 명의 사용자가 일부 음식 주문을 위해 그럽허브를 정기적으로 이용하는지 파악하고자 했다. 또한, 반대로 몇 명의 사용자가 배달 음식 주문에 오직 그럽허브만을 이용하는지도 파악하고 싶었다.

놀랍게도 응답자의 40%가 그럽허브에서보다 다른 곳에서 더 많은 배달 음식 주문을 하고 있었다.

모든 음식 주문을 그럽허브로만 하지 않는 이유를 파악하기 위해 케이시는 전화를 걸기 시작했다. 그리고 사용자와 거듭 통화하면서 이유가 드러나기 시작했다.

케이시는 자신이 수집한 이유의 중요성을 정량화하기 위해 좀 더 많은 그럽허브 사용자에게 설문 조사를 발송했다. 설문 조사에 자신이 수집한 답변을 나열하고는 *"그럽허브를 사용해 배달 음식을 주문하지 않는 가장 일반적인 이유는 무엇인가요?"*라고 질문했다.

얼마 지나지 않아 그럽허브가 등장하기 전에 식당에서 직접 음식을 주문해 이용해왔다는 것이 가장 주요한 이유로 밝혀졌다.

이런 설문 조사와 인터뷰는 케이시와 그의 팀이 사용자의 그럽허브 사용을 막는 것이 무엇인지 파악하는 데 유용했으며, 고객의 온보딩을 개선하고 고객 세분화 전략을 가다듬는 데 도움을 주었다.

고객 연구와 마케팅 전략을 결합하는 능력 덕분에 케이시는 그럽허브의 사용자를 300만 명 이상으로 증가시키며 매출 향상을 가져오는 데 크게 기여할 수 있었다. 2014년 4월, 회사는 주식시장에 상장되었다.

12.16 행동하기

1. AARRR 프레임워크를 이용해 여러분의 제품 퍼널을 만들어라.

2. 제품 퍼널에서 가장 큰 걸림돌을 확인하라. 각 걸림돌에서 원인을 이
   해하기 위해 다양한 각도에서 데이터를 분석하라.

3. 가장 큰 걸림돌에 집중하라. 걸림돌의 원인을 이해하고 제품이 앞으로
   계속 나아가도록 만들기 위해 가장 좋은 분석 기법을 선택하라.

4. 시간을 두고 이번 장의 모든 분석 기법을 수행하라.

13

고객의 제품 구매 이유 이해하기

이제 여러분이 파악한 것을 토대로 행동할 시점이다. 이번 장에서 설명하는 기법을 사용해 **고객이 여러분의 제품을 구매하는 이유를 이해하라.**

"제품 구매 빈도는 문제의 성격, 긴급성 정도, 제품에 대한 사용자 만족도와 관계가 있다."[120]

이시 베이드(Ish Baid)
버추얼리(Virtually) 창립자이자 CEO

앞에서 거래 규모와 전환율의 극대화가 아니라 학습이 우선이라고 언급한 바 있다. 이제 상황이 바뀌었다.

이제 비즈니스의 실제적인 경제적 동력을 이해하기 시작하는 것이 좋다.

고객은 무엇을 구매하는가? 그들은 왜 구매하는가? 그들은 왜 다시 구매하는 가? 가격이 얼마 이상이면 너무 비싼 것인가?

이 책의 앞에서는 여러분의 제품이 가치가 있는지, 돈을 받을 수 있는지 확인 했다. 이번 단계에서는 지속 가능한 비즈니스를 만들고 키우는 일을 다룬다.

여러분이 이미 투자를 받았든 투자를 받을 생각이든 혹은 제품을 판매해 성장 에 필요한 자금을 모을 계획이든 판매 퍼널을 개선해 이익을 얻을 수 있다.

이미 투자를 받아 자금을 확보했다면 좀 더 긴 호흡으로 달려가며 다음 투자 자금 모집 시점을 늦출 수 있다(투자 자금 모집은 시간이 오래 걸리는 일이다!). 투자를 받으려면 좀 더 많은 데이터 포인트(data point)를 확보해, 투자 자금 모집 입지를 강화할 것이다. 매출을 통해 성장에 필요한 자금을 모을 계획이라면 그렇게 하라. 여러분의 비즈니스는 더 빠르게 나아갈 수 있다.

이번 단계에서는 여러분의 피칭을 가다듬고 판매 과정을 개선한다.

어떤 장점을 홍보해야 하는가? 장점에 대해 어떻게 설명하는가? 제기된 반대 의견을 어떻게 극복하고 판매에 대한 걸림돌(friction)을 줄이겠는가?

여러분이 서비스 회사를 운영한다면…

이번 장에서는 고객이 왜 여러분과 일하기를 선택하고, 그중 일부는 나머지 고객보다 더 만족하는지 파악하는 방법을 학습한다.

13.1 사용 가능한 기법

고객의 제품 구매 이유를 파악하려면 여러분의 제품으로부터 가장 많은 가치를 얻고 있는 고객에게 다가가 그렇게 느끼는 이유를 알아내기 위해 노력해야 한다.

- **행동 세분화(segmentation)를 통한 학습**: 제품 사용자 가운데 가장 큰 가치를 누리고 있는 사용자 세그먼트를 파악할 수 있다.
- **제품의 진정한 가치 이해하기**: 가장 큰 가치를 누리고 있는 고객이 제품을 구매하고, 이후 다시 구매하는 진정한 이유를 구체화할 수 있다.

비즈니스 확장을 시도하기 전에 이 두 가지를 수행하는 것이 좋다.

13.2 행동 세분화를 통한 학습

"누군가 매장에 들어와 비싼 상품을 샀다고 해서 반드시 그
사람을 고객으로 우선시해야 한다는 뜻은 아니다."

제이슨 스탠리(Jason Stanley)
엘리먼트(Element) 인공지능 디자인 연구 수석

최적합 고객 프로필에 맞는 사용자를 확보하기 위한 최선의 노력에도 불구하
고, 여러분은 아마도 다음과 같은 일을 발견할 것이다.

- 일부 고객은 다른 고객에 비해 훨씬 적극적으로 사용한다.

- 다른 목적과 사용 사례가 등장하기 시작한다.

- 일부 고객은 다른 고객에 비해 더 많은 돈을 사용한다.

- 다른 니즈를 가진 다른 세그먼트의 사용자가 제품을 사용하며 가치를 누린다.

- 비슷한 유형의 고객 그룹에서 서로 다른 모습이 나타나기 시작한다.

일반적으로 비즈니스가 성장하면서 다양한 제품 사용 유형과 소비 패턴을 발
견하기 시작한다.

여러분은 특정 사용자 세그먼트를 대상으로 제품을 개발했을 것이다. 그러나
시간이 지나 다른 사용자 세그먼트가 그 제품을 사용해 더 많은 가치를 얻고
있다는 사실을 발견했을 때 목표를 조정하지 않는다면 그건 바보 같은 일이다.

지금은 제품의 주 용도가 아닌 기능이 점점 강화되어 미래에는 최고의 성공 기회가 될 수도 있다.

스위스 로잔 연방 공과대학 연구가들은 스타트업의 73%가 초기 타깃 시장이 그들의 성공을 뒷받침할 수 없다는 것을 깨달았을 때 결국 다른 시장으로 방향을 바꾸었다고 결론을 내렸다.[121]

여러분은 현재 올바른 사용자와 고객에게 집중한다고 확신하는가?

이 시점에서 여러분의 고객 구성을 살펴보는 것이 합리적이다. 여러분은 이미 기회를 놓치고 있는지도 모른다.

현재 제품 사용자를 세분화하기 위해 세 가지 주요 기준에 따라 성공을 정의해야 한다.

1. **매출(revenue)**: 한 고객이 제품을 사용하는 전체 기간 동안 지불한 총 금액을 뜻하는 고객 생애 가치(LifeTime Value, LTV)는 흔히 가장 많은 돈을 사용하는 고객을 찾는 좋은 방법이다.

2. **인게이지먼트(engagement)/리텐션(retention)**: 제품의 핵심 기능 사용 빈도(12장), *습관화된* 사용자 수 혹은 7일/14일/28일 리텐션율 등이 제품 인게이지먼트를 평가하는 좋은 방법이다.

3. **추천(referral)/입소문**: 추천 전송 혹은 추천 완료 횟수가 추천 및 입소문에 대한 좋은 평가 방법일 수 있다.

세 가지 기준에 대한 평가 결과를 살펴보고 세 그룹을 만든다.

1. **최고 고객**: 매출, 인게이지먼트, 추천 측면에서 상위 1%에 해당하는 고객

2. 차상위 고객: 상위 2-10%에 해당하는 고객

3. 최악 고객: 하위 10%에 해당하는 고객

보유 기술에 따라 다르겠지만, 여러분은 SQL, CRM, 데이터베이스 기술을 사용하거나 믹스패널(Mixpanel), 앰플리튜드(Amplitude), 인터콤(Intercom) 같은 툴을 사용해 세 그룹의 고객을 찾아낼 수 있다.

그리고 세 그룹에 집중해야 하는 이유는 다음과 같다. 상위 1%에 해당하는 최고 고객은 제품의 절대 지지자다.

상위 2-10%에 해당하는 차상위 고객은 좋은 비교점을 제공한다. 즉, 손쉬운 할 일을 찾는 데 유용하다.

마지막으로 하위 10%에 해당하는 최악 고객은 아마도 여러분이 타깃 고객으로 삼지 말아야 할 사람을 정의하는 데 유용하다.

각 그룹에서 임의로 15-20명의 후보를 선정하라. 그리고 20분 정도의 인터뷰 일정을 잡아라.

여러분은 그들이 누구이고, 제품이 그들의 어떤 문제를 해결해 주었으며, 그들이 어떤 가치를 인지했는지 알고 싶을 것이다.

이를 위해 다음과 같은 질문으로 인터뷰를 시작할 수 있다.

- *소속 회사에서 어떤 역할을 맡고 있습니까?*
- *당신에게 성공은 어떤 모습인가요?*
- *당신은 처음에 왜 회원에 가입했었나요?*
- *다른 툴을 평가한 적이 있었나요?*

- 다른 툴을 사용했던 경험으로 어떤 것이 있나요?

- 이 제품을 구매/사용하기로 결정한 계기는 무엇인가요?

- 이 제품을 어떻게 사용하고 있는지 찬찬히 설명해 줄 수 있나요?

- 이 제품을 사용하며 얻은 가장 큰 가치는 무엇인가요?

- 왜 이 제품을 계속 사용하고 있나요?

- 이 제품을 사용해 해결한 당신의 문제 가운데 가장 주요한 문제는 무엇인가요?

- 더 이상 이 제품을 사용할 수 없다고 했을 때 당신이 가장 아쉽게 느끼는 것은 무엇일까요? 이 제품을 대신해 어떤 제품을 사용할까요?

이런 인터뷰를 통해 서로 다른 제품 포지셔닝을 평가하고자 노력한다.

최고 고객의 이야기 가운데 공통적인 것은 무엇인가? 지속적인 제품 사용으로 이어지는 사용 사례는 무엇인가? 최고 고객의 니즈는 무엇인가? 그들은 어떤 가치를 찾고 있는가? 그들이 제품의 핵심 가치를 어떻게 설명하는가?

비슷한 분석 방식을 사용했을 때, 최고 고객이 여러분이 생각했던 사람과 사실상 매우 다른 경우는 흔하다.

특정 패턴이 보이기 시작하면 좀 더 많은 고객에게 설문 조사를 보내 탐구를 확장하는 방안을 고려하라. 여러분은 인터뷰 질문처럼 열린 질문을 할 수 있다. 패턴이 명확하다고 느낀다면 객관식 답변을 제공하고, 응답자가 자유 형식의 답변을 입력할 수 있는 방법을 제공하는 것도 고려하라.

설문 조사 준비에 필요한 도움을 얻고 싶다면 이 책 끝의 빌딩 블록에서 '효과적인 설문 조사 준비'에 관한 가이드를 참고할 수 있다.

우리는 랜더(LANDR)에서 비슷한 분석을 통해 직업이 고객 평생 가치에 큰 영향을 끼치는 것에 주목했다.

우리는 인터뷰를 통해 알아낸 기본 직업 분류를 사용했으며, 그들이 어떤 종류의 일을 했었는지 파악하기 위해 제품 사용자 가운데 상당수 사용자를 대상으로 설문 조사를 진행했다.

우리가 사용한 기본 직업 분류를 확신하지 못했기 때문에 설문 조사 응답자가 다른 직업을 추가할 수 있도록 했다.

모든 사용자로부터 답을 얻을 수는 없었을지라도 응답자의 수를 크게 가져가는 방식으로 고객 세분화를 정교화할 수 있었다.

허브스팟의 마케팅 임원인 키에란 플래너건(Kieran Flanagan)은 최고 성과 세그먼트의 고객이 회원가입 후 첫째 주에 어떤 일을 했었는지, 그 고객이 어떻게 사용법을 배워 제품을 사용하게 되었는지, 그리고 결국 어떻게 고객이 되었는지 보기 위해 변수 사이의 관계를 추정하는 통계적 과정인 회귀분석을 사용할 것을 추천한다. 분석을 통해 얻은 통찰력이 담긴 정보는 전체 성능을 향상시키는 데 유용할 것이다.

고객에 대한 정보를 요약하기 위해 사용되는 인터뷰 데이터를 기반으로 가상의 프로필인 페르소나(persona)를 만들기 위해 여러분이 발견한 세그먼트를 사용하고자 한다면 좀 더 많은 사람을 대상으로 설문 조사를 진행하는 방식으로 그들을 명확히 검증해야 한다.

가장 좋은 성과를 낼 수 있는 세그먼트를 확인하는 즉시 우선순위를 결정할 수 있다. 목표할 세그먼트의 수가 적으면 적을수록, 여러분의 메시지는 더욱 명확해지고 확신은 커질 것이다.

13.3 제품의 진정한 가치 이해하기 ─────

"사람들이 제품을 구매하는 이유와 회사가 제품을 파는
이유가 일치하지 않는 경우가 많다."[122]

제이슨 프라이드(Jason Fried)

이 단계에서 다수의 제품 영업 팀 직원을 고용하거나 영업 조직을 확장하는
일이 실패하는 데는 이유가 있다. 성장 단계에서는 학습이 중심이지만, 프로
세스 문제가 중심이라고 쉽게 오해하기 때문이다.

많은 회사가 프로세스를 수립한 뒤, 영업 팀 직원을 고용하고는 제품 판매가
시작되기를 기대한다. 그러나 명확한 장점을 갖춘, 제대로 된 제품을 판매하
는 데 익숙한 영업 팀 직원은 그 기대에 부응하지 못한다.

현실적으로 판매 전략을 처음 생각한 사람과 그것을 실제로 실행하는 사람 사
이에는 큰 차이가 있다.

이와 관련해 제이슨 렘킨(Jason M. Lemkin)은 *"매출을 늘리기 위해 마법사 영업
팀 직원을 채용할 수는 없다."*고 말한다.[123] 그러므로 여러분 스스로 먼저 판
매 전략을 이해해야만 한다.

**고객이 여러분의 제품을 반복해 구매하는 이유를 알지 못한다면 여러분은 비즈니스를 확장
할 준비가 돼 있지 않은 것이다.**

고객의 제품 구매 이유를 잘못 알았던 회사의 예는 셀 수 없을 만큼 많다. 결
과적으로 그런 회사는 부적절한 고객에게 제품을 판매하였으며 결국 성장이
멈추었다.

수요 창출 전문가 르네 바스티얀스(Rene Bastijans)는 인터뷰[124]에서 그가 함께 일하고 있는 이러닝 회사에 관한 이야기를 공유했다. 이 회사는 자신의 제품을 사내 지식 공유 플랫폼으로 판매하고 있었다.

회사 관계자와 여러 차례의 인터뷰를 진행하며, 르네는 이 회사의 제품을 구매하는 사람들이 일할 시간을 확보하기가 너무 어려워 신규 입사자를 교육시키려는 목적으로 그 제품을 이용하고 있으며, 덕분에 좀 더 많은 작업 시간을 확보할 수 있었다는 사실을 깨달았다. 늘 회사를 떠나는 사람들이 있었기 때문에 제품 구매자는 업무 처리에 집중할 수 있도록 신규 입사자 교육을 맡길 플랫폼을 찾고 있었다.

회사의 생각과 고객의 생각은 매우 다르지 않은가?

이와 관련해 에이프릴 던포드(April Dunford)는 *"현재 우리가 사용하고 있는 제품의 용도와 그 제품을 처음 만들 때 생각했던 용도가 다른 경우는 많다. 예를 들어 이메일 시스템은 그룹 채팅에 가까우며, 데이터베이스는 분석 플랫폼처럼 보이고, 케이크는 머핀이 되었다. 이런 변화는 점진적으로 일어나기 때문에 제품 창조자조차 종종 그것을 알아차리지 못한다. 우리는 여전히 제품을 처음 만들고자 했던 것으로 본다. 그러나 그밖에 무엇이 있을 수 있을까?"*라고 말한다.

여러분의 판매 프로세스가 작동하려면 잠재 고객의 제품 구매 이유를 알아야 한다. 이를 위한 가장 좋은 방법으로 구매 결정을 평가하는 스위치 인터뷰가 있다.

최고의 성과를 내는 고객 세그먼트에서 임의로 15–20명의 고객을 선발해 다음과 같은 질문을 해라.

- 제품에 관해 어떻게 처음 들었나요? 당시 제품에 대해 무엇을 알았나요?

- 당시 당신의 삶에서 어떤 일이 진행 중이었나요?

- 제품을 사용하면 삶이 어떨 것이라 상상했었나요? 그리고 무엇을 기대했나요?

- 무엇이 당신이 회원 가입해 제품을 사용해 보도록 만들었나요?

- 그 밖에 누가 그 결정에 관여했나요?

- 다른 제품을 평가했었나요?

- 회원 가입을 하고 제품을 사용했을 때 기대했던 것과 비교해 어떠했나요?

- 당신은 시작하는 데 필요한 모든 정보를 갖고 있다고 느꼈었나요?

- 애초에 무엇이 그 제품을 구매하도록 만들었나요?

- 무엇이 가장 설득력이 있었나요?

- 어떤 것이 제품 구매를 주저하게 만들었나요?

- 제품을 구매한 덕분에 예전에 할 수 없었던 일을 할 수 있게 된 것이 있나요?

- 당신이 제품을 사용하며 느낀 주요 제품 가치는 무엇인가요?

제품을 사용해 어떤 일을 하고 싶었나요? 고객은 어떻게 느끼고 싶어 하나요? 혹은 느끼고 싶지 않나요? 다른 사람들이 어떻게 인식하기를 원하나요?

제품을 구매해 하려는 일과 특별히 얻으려는 가치를 질문하여 고객이 기대하는 것과 현실을 비교할 수 있다. 또한, 제품에서 진정한 가치를 만들어 내는 것에 대해 감을 잡을 수 있을 것이다.

그들의 답변을 월간 요금제로 몇 달간 혹은 연간 요금제로 몇 년간 구독하고 있는 고객이나 일회성 방식으로 여러 차례 구매한 고객의 답변과 비교해 보는 것도 좋다.

제품을 반복해 구매하는 일은 제품이 고객에게 지속적으로 가치를 제공하고 있다는 커다란 증거다.

재구매 고객을 인터뷰하며 다음과 같은 질문을 할 수 있다.

- *애초에 무엇이 그 제품을 구매하도록 만들었나요?*
- *무엇이 가장 설득력이 있었나요?*
- *재구매를 결정했던 이유는 무엇이었나요?*
- *결정 기준은 무엇이었나요?*
- *당신이 제품을 사용하며 느낀 주요 제품 가치는 무엇인가요?*
- *중요하다고 느꼈던 제품 가치는 시간이 지남에 따라 변했나요?*
- *지난 [기간] 동안 [제품명]을 사용해 오면서 제품의 가치가 증가 혹은 하락했다고 느꼈나요? 이유는 무엇이었나요?*
- *당신은 누군가에게 그 제품을 추천한 적이 있었나요? 왜 추천했나요?*
- *연간 요금제 가입을 검토한 적이 있었나요?*
- *그렇게 결정했던(혹은 결정하지 않았던) 이유는 무엇이었나요?*

고객의 원래 기대와 구매, 재구매 이유를 비교해 봄으로써 여러분은 가치에 대한 인식이 시간이 지나며 어떻게 변하는지 이해할 수 있다.

고객이 제품을 구매 혹은 재구매한 이유가 여러분이 제품을 제작한 이유와 잘 맞는가? 여러분이 깨닫지 못했던 제품 사용 패턴이 있는가? 여러분은 고객이 제품을 사용하는 새로운 이유를 파악하고 있는가?

이와 관련해 오픈뷰 벤처 파트너스(OpenView Venture Partners)의 창립자인 스콧 맥스웰(Scott Maxwell)은 "스타트업 가운데 절반은 고객의 제품 구매 이유를 잘

못 알고 있다"고 얘기한다.[125]

고객의 제품 사용을 잘 분석하라. 여러분이 인터뷰한 사용자는 자신이 말한 방식대로 제품을 사용하는가? 데이터를 통해 그 밖의 무엇을 알 수 있었는가?

고객이 제품 구매를 통해 얻으려는 가치를 이해하기 시작하면 매출 확대를 통한 고객당 매출 증가 방법을 생각할 수 있다.

예를 들어 파닷(Pardot) 공동 창립자이자 전 CEO인 데이비드 커밍스(David Cummings)는 "사스(Software-as-a-Service, SaaS)라는 성배는 새로운 고객 없이도 매년 성장하는 비즈니스다."[126]라고 말한다.

13.4 발전하기

"빠르게 구매하고, 할인 요청을 거의 하지 않으며, 친구에게
제품을 추천하는 고객이 타깃 시장이다."

에이프릴 던포드

이제 새로운 고객이 꾸준히 들어와야 한다. 그 고객 가운데 일부는 제품 가치를 발견하지만 일부는 그렇지 못하다.

이 단계에서는 제품을 사용하면서 다른 고객 대비 훨씬 많은 가치를 얻고 있는 고객을 찾아, 그들의 생각과 다른 고객의 생각을 비교하고, 그들의 진정한 제품 구매 이유를 이해하는 것이 핵심이다. 한 마디로 여러분은 고객 가운데서 금광을 찾기 위해 노력하는 것이다.

이번 단계에서 다음과 같은 것을 알아내야 한다.

- 최고의 고객이 제품을 사용해 해결하고자 하는 일

- 그들이 원하는 결과와 그들이 제품을 평가하는 방법

- 그들이 제품을 어떤 용도로 분류하며, 그 제품을 대신할 다른 제품의 존재 여부

- 제품의 ROI를 평가하는 방법과 돈을 계속해 지불하는 것을 정당화하는 방법

- ROI를 산정하며 수행하는 비교

- 구매 예산 및 그 예산에 대한 경쟁 여부

정보는 정확할수록 좋다.

그리고 최고의 고객들로부터 얻은 답변과 제품을 사용하며 별다른 가치를 느끼지 못한 고객의 답변을 비교하면 원하는 정보가 드러날 것이다.

최고 고객의 제품 구매 이유를 파악하면 다음 사례 연구에서 소개할 클래리티 (Clarity)의 팀과 매우 비슷하게, 그 고객으로부터 더 많은 것을 얻을 수 있는 방법을 찾을 수 있어야 한다.

13.5 사례 연구 ──────────────────

클래리티가 최고 고객의 제품 구매 이유를 학습한 방법

"의도적으로 자신이 누구인지 알아내라."

돌리 파튼(Dolly Parton)
가수이자 작곡가

2012년 댄 마텔(Dan Martell)과 마이크 우(Mike Wu)는 전문가가 자신의 전문 능력을 팔아 수익을 얻을 수 있는 시장인 클래리티(Clarity)를 만들었다. 그들이 비즈니스를 시작했던 초창기에는 그런 시장이 없었다. 사용자는 전문가 목록을 탐색하고, 전문성에 따라 전문가들을 정렬한 후 통화 일정을 정할 수 있었다. 그것이 클래리티가 했던 일의 전부였다.

댄은 오마르라는 초기 수용자가 단 1주일 동안 전문가와 연결돼 대화를 나누면서 7천 달러를 썼다는 사실을 알았을 때 매우 깜짝 놀랐다.

오마르의 행동은 정상적인 고객의 행동과는 너무나 달랐기 때문에 그 고객과의 대화가 필요하다고 생각했다. 이와 관련해 그는 "오마르가 ROI 계산을 하고, 결국 그런 결정을 하게 만든 것이 무엇인지 알아내야만 했다."고 말한다.

오마르는 클래리티를 발견하고는, 가치를 알아보고 여섯 번의 통화 비용을 직접 지불했다. 그는 회사나 공동 창업자 누구와도 관련이 없었다. 댄은 오마르와의 통화에서 그가 많은 돈을 써가며 행사장을 직접 찾아가, 줄을 서서 오랜 시간 기다린 후 강연자나 전문가에게 질문하곤 했었다는 사실을 알게 되었다. 게다가 어렵게 질문해 들은 대답은 거의 다른 참석자를 고려한 상당히 추상적인 답변이었다. 다시 말해 *적절한 답변을 들을 때도 있었지만, 그렇지 못할 때도 있었다.*

클래리티를 이용한 덕분에 오마르는 학회나 행사장을 직접 가느라 썼던 돈의 일부만 사용하고도 같은 수준의 강연자와 대화를 나눌 수 있었다. 그는 다른 고객이 그렇게 하지 않는다는 사실을 믿지 못했다.

댄은 *최적합* 고객과 사람들이 클래리티를 이용하는 핵심 이유를 찾았다.

클래리티는 충고, 자문, 전문성을 가치 있게 여기는 성장 마인드의 기업가에게 적합하다고 판명되었다. 이런 기업가들은 자신이나 팀에 투자하는 것이 가치 있다고 믿었다.

댄은 한 발짝 뒤로 물러나 오마르의 정체성, 가치관, 운영하는 비즈니스 등을 고려해 그를 바라보면서, *오마르와 같은 사람들이* 에버노트(Evernote)를 사용한다는 사실을 발견했다. 2012년 당시 에버노트는 고급 툴이었다. 이러한 사실은 기업가가 정보를 모으며, 자신과 회사에게 도움이 될 만한 툴에 돈을 쓴다는 신호로 볼 수 있었다.

댄과 그의 팀은 오마르와 같은 *최적합* 고객을 찾기 위해 이렇게 새로 알게 된 사실을 이용했다.

덕분에 클래리티는 빠르게 성장할 수 있었다. 2015년 다른 회사에 인수될 당시 17,000명 이상의 기업가가 자신의 전문성을 높이기 위해 클래리티를 이용하고 있었다.

13.6 행동하기

1. 고객 구성을 조사하고, 제품을 사용해 가장 큰 가치를 얻고 있는 고객 세그먼트를 분석하라.

2. 제품을 잘 사용하고 있는 고객 가운데 인터뷰 대상자를 선발하라. 그리고 그들의 제품 구매 이유와 그들이 제품 구매 결정을 어떻게 합리화하는지 이해하라.

3. *최적합* 고객이 제품을 사용해 얻고 있는 가치를 명확히 하라.

4. 타깃 고객들을 세분화하고, 최고 고객의 특징을 좀 더 깊이 있게 이해하기 위해 노력하라.

5. 고객의 제품 구매, 재구매 *이유*를 파악하지 못했다면 회사를 확장하려고 시도하지 마라.

14

판매 제품과 판매 방법 맞추기

고객의 제품 구매 이유를 알았으므로 올바른 고객 기대에 맞추어 퍼널을 설정하라. 이번 장에서 설명하는 기법을 사용해 **판매 제품과 판매 방법을 맞추어라.**

"'리텐션' 속성보다는 '고려'에 포지셔닝을 집중하라. 제품 구매를 고려할 만큼 충분한 가치를 알지 못하는 고객은 뛰어난 고객 서비스 같은 리텐션 속성을 경험할 만큼 오래 제품을 이용하지 않을 것이다."

에이프릴 던포드

고객의 제품 구매 이유를 아는 것과 제품에 관해 고객과 소통한다는 것은 서로 별개의 일이다.

여러분이 제품의 핵심 가치를 효과적으로 알릴 수 없다면 *최적합* 고객을 끌어모으는 데 어려움이 있을 것이다.

다음과 같은 방법으로 고객과 소통하면서 제품의 진정한 가치를 알리는 데 초점을 맞추어야 한다.

- 제품 광고, 제품 설명, 제품 리뷰
- 랜딩 페이지(landing page), 제품 추천, 제품 데모

- 이메일, 온보딩(onboarding), 메시지

- 여러분의 팀이 제품에 관해 이야기하는 방식

- 기타 모든 소통 방식

제품 포지셔닝이 넓으면 넓을수록, 좀 더 다양한 오디언스에게 제품 구매를 이야기할 수 있다고 생각한다. 그러나 실은 토니 울윅(Tony Ulwick)의 말처럼 *"모호함이 아닌 정확성으로 제품의 진정한 가치를 알리는 것"*이 매우 중요하다.

다시 말해 여러분의 제품이 잠재 고객에게 명확하면 명확할수록, 그들이 제품 구매 여부를 명확히 결정하는 일과 다른 사람에게 추천하는 일이 좀 더 쉬워진다.

그러므로 **빠른** 성장을 위해 판매 제품과 판매 방법을 서로 맞추어라.

> *여러분이 서비스 회사를 운영한다면…*
>
> *이번 장에서는 잠재 고객이 여러분이 하고 있는 일을 발견하는 방식과 여러분의 서비스 제공을 이해하는 방식을 개선하는 방법을 학습한다.*

14.1 사용 가능한 기법

판매 제품과 판매 방법을 맞춘다는 것은 제품이 고객 여정(customer journey)의 여러 다른 단계에서 어떻게 인지되고 이해되는지 평가해, 제품에 관한 올바른 이야기가 퍼져 나가도록 해야 한다는 뜻이다.

회원 가입 이유 분석을 수행하면 *최적합* 고객을 끌어 들이기 위해 퍼널의 메시지를 반복하는 데 도움이 될 것이다. 반면에 **가치 창출 시간 분석**(Analyzing Time to

Value, TTV)을 수행하면 회원 가입한 고객의 가치 발견 과정을 최적화하는 데 유용할 것이다.

사용자 확보 전략이 올바른 고객을 끌어들이고, 제품이 사용자를 제품의 핵심 가치로 빠르게 안내하도록 두 가지 기법을 사용하라.

14.2 회원 가입 이유 분석 ─────────────

"제품이 아무리 좋더라도 무료 시험판 사용 고객 가운데
40-60%는 다시 그 제품을 사용하지 않을 가능성이
매우 높다."

사무엘 훌릭(Samuel Hulick)

사람마다 가치를 다르게 인식하고 이해한다.

제품을 잘 이해하거나 사용할 수 있는 능력을 갖춘 두 잠재 고객이 동일한 제품 광고, 랜딩 페이지, 제품 메시지, 제품 기능을 보고 완전히 서로 다른 결론에 도달할 수 있다.

결과적으로 한 명은 완전히 제품에 빠져 자신의 모든 지인에게 제품을 추천하는 반면, 다른 한 명은 제품을 완전히 오해하고 여러분이 만든 바로 그 제품을 찾고 있다며 소셜 미디어에 게시할 수도 있다.

이런 사실은 "왜 사람들은 이 제품이 얼마나 굉장한지 알지 못하죠?"라고 말하며 의아해 했던 오마르(13장)를 떠올리게 한다.

그런데 제품을 이해하는 책임이 오롯이 고객의 몫이어서는 안 된다.

댄 마텔(Dan Martell)은 가치 인식을 이해하기 위해 신규 회원 가입자에게 다음과 같이 질문하는 설문 조사를 추천했다.

"당신은 친구나 동료에게 이 제품을 어떻게 설명하시겠습니까?"

댄은 자신의 경험상 회원 가입자의 80%가 회사 웹사이트의 제품 메시지와 다르게 답변했다고 말한다.

회원 가입 이유 파악을 시작하기 위해 한 개의 열린 질문으로 사용자의 답변을 유도하는 단일 질문 설문 조사를 준비하라.

제품을 막 사용하기 시작한 고객을 대상으로 인앱 메시지나 인앱 팝업 기능을 이용해 설문 조사를 진행한다면 고객의 자발적인 대답을 얻을 수 있을 것이다. 게다가 그 시점에는 회원 가입 이유가 고객의 머릿속에 생생한 상태일 것이다.

여러분은 댄의 질문을 사용할 수도 있고, 다음과 같이 질문할 수도 있다.

- *당신은 제품에 대해 무엇을 기대하며 회원 가입을 했나요?*
- *제품을 사용하는 주요 목적은 무엇인가요?*
- *오늘 회원 가입을 결정하게 만든 세 가지 주요 사항은 무엇인가요?*

다음과 같이 질문할 수도 있다.

- *이 제품을 선택하기 전에 다른 제품의 사용을 고려한 적이 있나요?*

이 설문 조사는 잠재 고객이 여러분의 제품이 어떤 종류의 제품에 속한다고 인지하는지 이해하는 데 유용할 것이다.

신규 가입자의 프로필을 찬찬히 검토하라. *여러분의 타깃 고객 프로필과 일치하는가? 일치율이 30% 이하라면 제품 메시지와 고객 확보 전략을 개선하라.*

타깃 고객 프로필에 부합하는 사용자의 답변에 집중하라. *그들 가운데 적어도 30%는 제품의 핵심 가치를 이해했는가?*

타깃 고객 프로필에 부합하는 사용자 가운데 제품의 핵심 가치를 누리기 위해 회원 가입을 한 비율이 60%를 넘을 때까지 제품 메시지와 고객 확보 전략의 개선을 반복하라.

이와 관련해 홍보 전문가 데이브 트로트(Dave Trott)는 *"타깃 시장이 속한 영역을 파악하면 타깃 시장 바깥의 다른 모든 그룹에 대한 관심을 줄일 수 있다."*고 말한다.[127]

부적합한 잠재 고객을 재빨리 솎아내면 그들에게 묶인 자원을 다른 일에 사용할 수 있으며, 적합한 고객을 확보하고 그들이 제품 가치를 누리게 하는 데 더 많은 시간을 사용할 수 있을 것이다.

회원 가입 이유가 제품의 핵심 가치에 부합할 때까지 제품 메시지를 가다듬어라.

14.3 가치 창출 시간 분석 ——————————

"사용자가 제품을 사용해 의미 있는 즉각적인 성공을 좀 더 빨리 경험할 수 있게 도와 주면 여러분의 제품을 다시 찾고 결국 고객으로 전환될 것이다."[128]

웨스 부시(Wes Bush)
〈Product-Led Growth〉의 저자

올바른 사용자들이 올바른 이유로 회원 가입하고 있다면 여러분은 성공했다. 맞는가?

반드시 그런 것은 아니다.

단계 2에서 보았던 것처럼 가치 제안을 받아들이는 것과 제품의 실제 가치를 경험하는 것은 차이가 있다.

사용자가 회원 가입하면 여러분은 사용자가 원하는 결과를 얻게 함으로써 제품의 가치를 재빠르게 확립해야 한다.

제품을 사용하면 문제가 해결된다는 사실을 구독자(subscriber)에게 좀 더 빨리 설득할수록 제품과 결합해(engaged) 행복한 구독자를 더욱 빨리 얻게 될 것이다.

그러기 위해 여러분은 다음과 같은 일을 할 필요가 있다.

1. 제품의 필수 경험을 명확히 정한다.

2. 그런 경험을 시간적으로 빨리 경험하게 하는 방법을 찾는다.

이는 사용자가 제품의 '아하' 순간을 가능한 빨리 경험하게 만든다는 뜻이다.

활성화 혹은 활성화 비율은 사용자의 '아하' 순간과 가장 자주 연결되는 지표다. 또한, 전환율과 장기 리텐션에 가장 큰 영향을 끼치는 지표이기도 하다.

사용자가 제품의 가치를 잘 이해하면 할수록 그들은 그 제품을 사용하고, 의지하게 되며, 제품을 사용하기 위해 기꺼이 반복해 돈을 낼 가능성이 높아진다.

활성화 및 활성화 지표의 문제는 고객 확보, 매출, 추천과 같은 대부분의 해적 지표와는 달리 여러분 제품에 고유하다는 것이다. 여러분은 무엇이 제품의 아하 순간을 가져오는지 찾아야 한다.

이를 위해 어떤 행동이 고객의 장기 리텐션과 가장 밀접하게 연관돼 있는지 이해해야 한다.

이는 '특정 행동'과 '리텐션'이라는 두 변수 사이의 연관성 정도를 나타내는 상관계수를 계산해 알 수 있다.

예를 들어 다음과 같다.

- 6개월 이상 제품을 이용한다. 그리고 자신의 프로필 정보를 관리한다.

- 6개월 이상 제품을 이용한다. 그리고 제품을 매일같이 사용한다.

- 6개월 이상 제품을 이용한다. 그리고 미국에 산다.

모든 시나리오를 검토하여 장기 리텐션과 가장 밀접한 관계가 있는 행동을 확인할 수 있다.

앰플리튜드(Amplitude)와 같은 분석 툴에는 이런 데이터를 빠르게 얻는 데 유용한 기능이 들어 있다.

동일한 분석 방법을 사용하면 어떤 행동이 전환율, 추천 혹은 다른 대상과 가장 밀접한 상관관계가 있는지 파악할 수 있다.

이는 올바른 사용자가 가능한 빨리 제품의 가치를 경험할 수 있도록 아하 순간을 배치하고 순서화하는 데 유용하다.

그림 14-1 앰플리튜드 컴파스(Amplitude Compass)

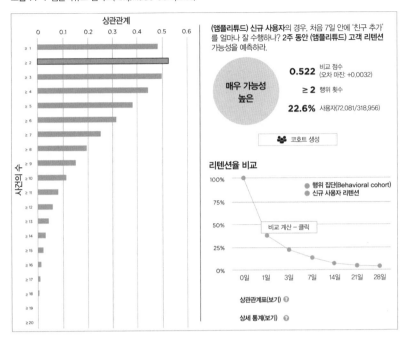

예를 들어 여러분의 제품이 스마트폰이라면 아하 순간은 다음과 같을 수 있다.

1. 빠른 설정

2. 달력과 이메일 동기화

3. 카메라 품질

4. 동영상 추천

5. 간편한 앱 관리

스마트폰 신규 사용자가 이런 다섯 가지 기능을 제시된 순서에 따라 경험한다면 그 스마트폰이 자신의 일이나 개인 생활에 얼마나 가치 있고, 필수적인지 깨닫는 데 유용할 것이다.

이런 콘셉트를 종종 '감탄에 이르는 최단 경로(Minimum Path to Awesome, MPA)'라고 부르며, 이는 제품을 사용하며 가치를 발견하는 최적 경로를 의미한다.

여러분의 제품이 사용하기에 복잡하거나 첫 번째 성과를 경험하기까지 오랜 시간이 걸린다면 제품 판매를 확대하는 데 어려움이 있을 것이다.

그렇다면 장기 리텐션과 가장 연관성이 높은 행동은 무엇일까? 사용자가 제품의 가치를 경험하기 위해 절대적으로 필요한 최소한의 단계는 무엇인가? '감탄에 이르는 최단 경로'는 얼마나 긴가?

제품 가치를 경험하기 위해 사용자가 거쳐야 할 단계를 시간에 따라 표시한 도표를 만들어라. 다음으로 불필요한 모든 것은 잘라 내라.

사용자는 제품 사용 초반에 제품의 가치를 경험해야 하며, 제품, 이메일, 온보딩 흐름은 사용자를 제품 가치 경험까지 이끄는 데 유용해야 한다.

이와 관련해 제품 온보딩 전문가 사무엘 홀릭(Samuel Hulick)은 "수많은 방법 가운데 제품 웹사이트는 한쪽 편의 대화가 미리 녹음된 대화다."라고 말한다.

그 대화에는 올바른 문제와 제품 가치에 대한 이야기가 들어 있어야 하며, 올바른 소개가 올바른 순서로 나와야 한다.

회원 가입자의 35-40%가 활성화되고 제품을 활발히 사용하는 사용자가 될 때까지 이런 작업을 계속 반복하라.

14.4 발전하기

"제품 판매를 증가시키지 않는 것은 판매를 감소시키고 있는 것이다. '그것이 판매를 증가시키는가?' 어려운 테스트다."

댄 케네디(Dan Kennedy)
직접 반응 마케팅 전략가

고객 확보로부터 회원 가입, 가치 발견으로 이어지는 과정에서 이들 간의 정합성을 향상시키려면 반복적인 과정을 거쳐야 한다.

그런 반복적인 과정은 의미 있는 웹사이트 방문자 트래픽을 충분히 확보하는 것에서부터 시작한다. 하루에 적어도 수백 명의 사람이 여러분의 제품 웹사이트를 방문하는가? 그렇지 않다면 의미 있는 방문자를 더 많이 확보하기 위해 광고를 고려하라.

1-4주의 평가 주기를 정하고 고객 확보에서 회원 가입, 활성화 및 리텐션으로 이어지는 퍼널을 주기적으로 평가하라.

한 번에 한 가지 목표에 집중하라. 그리고 방문자 트래픽의 품질 분석에서부터 시작하라(12장). 방문자 트래픽 가운데 제품을 사용할 수 있는 의미 있는 트래픽이 30%를 넘을 때까지 반복하라.

일단 목표에 도달하면 다음은 회원 가입 단계다. 올바른 사용자가 올바른 이유로 회원에 가입할 때까지 가치 제안, 피칭, 장점 설명 등을 반복하라.

타깃 사용자 가운데 제품 핵심 가치를 누리기 위해 회원에 가입하는 사용자의 비율이 60%에 다다르면, 다음은 가치 발견을 개선하는 일이다. 회원 가입자 가운데 적어도 35-45%가 '활성화'될 때까지 반복하라.

실험. 이 단계는 정말로 끝나지 않는다. 여러분의 피칭, 메시지 및 판매 과정은 언제나 개선될 여지가 있다. 예를 들어 슬랙(Slack)의 경우 홈페이지 메시지를 40번 이상 개선하면서 실험했으며[129] 오늘날에도 여전히 더 나은 메시지를 찾아 실험 중이다.

퍼널은 항상 *최적합* 고객이 여러분의 제품을 고려하게 만드는 것에 대해 여러분의 최신 이해를 반영해야 한다.

14.5 사례 연구
판다독은 어떻게 최고의 메시지를 찾았나?

"[인터콤]은 온보딩 툴로 핵심과업을 사용한다. 그들은 항상 인터뷰를 한다. 부분적으로는 사용자가 어떤 용어나 표현을 사용하는지 알기 위한 것이다. 하지만 속을 들여다보면 아직 메시징 언어가 없을 때 사용자가 요청한 것 중에 하나는 '온보딩을 도와주세요'에서 '메시지를 도와주세요'로 메시지가 변화한 것이다. 사용자가 사용하는 언어로 말하면 처음에 그들이 발견한 것은 '사람들이 방문하지만 실제로 제품을 사용할 수는 없다'였다. 그래서 이제는 이것을 온보딩과 메시지로 바꿨다. 기술이 변함에 따라 언어가 어떻게 진화하는지 항상 모니터링한다."

밥 모에스타(Bob Moesta)

나는 판다독(PandaDoC)의 창립자이자 CTO인 세르게이 바르시우크(Sergey Barysiuk)를 회사가 시작된 벨라루스 민스크에서 처음 만났다. 세르게이와 그의 공동 창립자 미키타 미카도(Mikita Mikado)는 지난 2011년 컨설팅 비즈니스의 부업으로 판매 제안 소프트웨어 회사를 설립했다.

몇 년 후 그 회사를 운영하며 수천 명의 고객을 확보하자, 그들은 회사의 브랜드 이미지가 고객이 제품을 사용하며 누리는 가치와 더 이상 잘 맞지 않는다고 느꼈다. 세르게이는 판다독의 제품 메시지를 업데이트하기 위한 프로젝트에 착수했다.

그들은 사람들이 판다독을 이용해 얻고자 하는 고객의 진짜 핵심과업을 알기 원했다.

세르게이는 판다독에 대한 고객의 의견에서부터 시작하고 싶었다. 그는 파이썬과 스크래피를 사용해 G2와 캡테라(Capterra)에서 각각 365개와 657개의 제품 리뷰를 얻었다.

고객 데이터는 리뷰 사이트에 의해 구조화가 잘 되어 있었다. 그리고 각각의 리뷰는 장점, 단점, 통계적 데이터 및 여러 측면의 평가 결과를 담고 있었다.

그림 14-2 판다독 제품에 대한 리뷰 사례

제임스 S
일반 관리자
정보 기술 및 서비스, 직원 수 11-50명
소프트웨어 사용 기간: 6개월 미만

평가	**5/5**
사용 용이성	5/5
고객 서비스	5/5
기능	5/5
가성비	5/5
추천 가능성	5/5
	10/10

리뷰 출처
출처: 캡테라
2020년 5월 4일

"의심의 여지없는 최고의 제안서 작성기"

평가: 지난 수년간 견적 프로그램이 콘텐츠 라이브러리, 전자 서명, 실시간 견적 수정 기능 등을 갖추기 바라며 기다려 왔어요. 이제 몇 분 만에 가능해졌네요.

장점: 직관적이고 사용하기 쉬워요. 디자인을 어울리게 설정할 수 있어요.

단점: 제로(Xero)와의 기본 통합. 돈을 지불한 만큼만 사용 가능하며, 결제는 달러로 해야 해요.

유사한 툴: 다큐사인(DocuSign), 콩가 다큐먼트 제너레이션(Conga Document Generation), 프로포시파이(Proposify)

판다독 선택 이유: 데모 및 우리 비즈니스의 어려움과 요구사항을 이해하기 위한 노력

판다독 이전에 사용했던 툴: 아이티쿼터(ITQuoter)

판다독으로 바꾼 이유: 혁신성과 지원의 부족

리뷰를 이해하기 위해 세르게이는 보얀트(Voyant) 툴의 용어 색인 툴을 사용해 워드 클라우드(Word cloud)를 생성했다.[130]

기능적인 고객 핵심과업을 확인하기 위해 세르게이는 서로 다른 요소에 접근해야 했다.

- **동사**: 고객이 달성하기 위해 노력하고 있는 것
- **목적어**: 고객이 처리하고 싶어 하는 일
- **문맥**: 제품 사용으로 이끈 원인

세 가지 가운데 목적어가 가장 명확하기 때문에 세르게이는 목적어에서 시작하기로 결정했다.

그는 고객이 가장 흔히 사용하는 '제안서, 견적서, 계약서, 협약서, 문서'와 함께 사용된 동사를 찾았으며, 확인 결과 '생성하다, 발송하다, 서명하다, 추적하다' 등과 같은 동사가 계속해서 등장했다. 그리고 그가 평가한 목적어 전체에서 가장 빈번히 나타난 것은 '문서'였다.

판다독의 장점을 찾기 위해 세르게이는 '프로세스'와 가장 빈번히 연관되는 키워드를 살펴보다가 '효율화하다, 가속하다, 단순화하다' 등과 같은 장점이 드러나는 것을 보면서, 그는 자신이 간과한 '쉬운'이라는 단어가 어떤 다른 가치어보다 자주 나타난다는 사실을 깨달았다.

그런데 '쉬운'은 정말로 무엇을 의미했을까?

세르게이는 답을 찾기 위해 장점의 문맥을 더 깊이 파고들었다.

그림 14-3 '쉬운'에 덧붙일 수 있는 문맥

쉬운(338)

··· 문서를 원하는 양식으로 바꾸기

··· 유지하기(3)

··· 추적하기(5)

··· **사용하기(110)**

··· 공유하기(3)

··· 보내기(13)

··· 원하는 양식으로 바꾸기(3)

··· 채택하기

··· 제안서를 생성하기

··· 일하기(3)

··· 고객에게(6)

··· **생성하기(22)**

··· 업데이트하기(1)

··· 다루기(1)

··· 이해하기(1)

··· 수립하기(5)

··· 완료하기(1)

··· **서명 받기(8)**

··· 템플릿을 만들기(2)

··· 모양을 만들기(2)

··· 학습시키기(1)

··· 찾기(4)

··· 작성하기

··· 시작하기(2)

··· 구성하기(1)

··· 모으기(2)

··· **만들기 (10)**

··· 찾아다니기(4)

··· 팀에게(2)

··· 편집하기(4)

··· 관리하기(6)

··· 배우기(2)

··· 조직하기(3)

··· 생성하기(2)

··· 조정하기

··· 협력하기(1)

··· 생산하기(1)

··· 수정하기(1)

··· 실행하기(1)

그림 14-3의 데이터는 세르게이의 가정, 즉 '판다독이 프로세스를 효율화한다'는 가정을 확인시켜 주었다.

고객의 핵심 기능 과업은 다음과 같았다. 1) 제안서를 생성하고 발송한다. 2) 계약서를 생성하고, 발송하고, 서명한다. 3) 문서를 생성하고, 발송하고, 서명한다. 문서를 추적하는 기능은 통상적인 고객 핵심과업이라기보다는 감탄을 주는 요인으로 자주 나타났다.

고객은 제안서와 계약서를 생성하고, 발송하며, 추적하고 서명하기 위해 판다독을 사용하고 있었다.

그의 생각에 제안서와 계약서는 '판매 문서'로 요약할 수 있으며, 생성, 발송, 추적 및 서명은 '프로세스 효율화'로 요약할 수 있었다.

결과적으로 가치 제안은 다음과 같았다.

판매 문서에 대한 프로세스 효율화

새 제품 메시지를 채택하기에 앞서 세르게이와 그의 팀은 어떤 메시지가 가장 효율적인지 결정하기 위해 A/B 테스트(20장)를 수행하기로 결정했다.

놀랍게도 이런 과정을 통해 채택한 새로운 메시지는 만족한 고객의 단어를 반영하면서 판다독 회원 가입자, 온보딩 및 리텐션율 등의 증가로 이어졌다.

14.6 행동하기

1. 신규 회원 가입자의 프로필을 확인하라. *그들 가운데 적어도 30%는 여러분의 타깃 고객 세그먼트에 해당하는가?*

2. 그렇지 않다면 광고, 랜딩 페이지, 회원 가입 메시지를 반복해 다듬어라.

3. 신규 회원 가입자를 대상으로 그들이 여러분의 제품을 다른 사람에게 어떻게 설명하는지 질문하는 설문 조사를 수행하라.

4. 신규 회원 가입자의 다수가 제품 사용 능력이 있고, 제품의 가치를 이해할 때까지 고객과의 소통 퍼널을 반복하라.

5. 비즈니스 확장 속도를 높이기에 앞서 *판매 제품과 판매 방법*을 맞춰라.

15

확장을 위한 최고의 고객 확보 채널 발견하기

여러분의 제품은 확장 준비가 되었다. 이번 장에서 설명하는 기법을 사용해 **성장률 증가 속도를 높이고, 최고의 고객 확보 채널을 발견하라.**

"두 가지 형태의 회사가 있다. 첫째는 예인선 같은 회사로, 약간이라도 속도를 올리려면 1톤의 연료를 주입해야만 하는 것처럼 느껴진다. 둘째는 돛단배 같은 회사로, 순풍이 배 뒤에서 부는 것처럼 느껴진다. 둘 사이의 차이는 '훌륭한 제품을 만들자'와 같이 흔해 빠진 구호가 아니며, 중요한 것은 제품 시장 적합성(PMF)과 그로스 해킹(growth hacking)이다."[131]

브라이언 밸푸어(Brian Balfour)

대부분의 걸림돌(friction)을 극복할 때까지 고객 확장을 연기하는 것이 중요하다고 줄곧 이야기해 왔다.

그리고 그렇게 하면 다음과 같은 일을 하는 데 유용하다.

1. **회사의 실제 단위 경제에 대한 감 잡기:** 고객 확보 비용, 전환율, 이탈률, 판매 사이클에 대해 자신만의 벤치마크를 수립하기 시작하면 회사 성장에 이용할 수 있는 채널을 선별하는 데 도움이 될 것이다. 이와 관련해 빌 올렛(Bill Aulet)은 *"판매 사이클의 길이는 신규 고객 확보 비용의 핵심적인 결정 요소"*라고 말한다.

2. **확장 시 발생 가능한 이슈 확인:** 일찍이 회사는 루빅스 큐브와 같다고 말한 바 있다. 큐브에서 파악한 부분이 많으면 많을수록 좀 더 쉽게 이슈를 찾을 수 있다. 제품 시장 적합성 없이 회사를 확장하려고 하면 여러 이슈가 합쳐져 복합 이슈가 생겨난다. 그 결과 문제점의 근본 원인을 찾는 일이 더 어려워진다.

일단 퍼널에서 걸림돌을 줄이고(12장), 고객의 제품 구매 이유를 명확히 하고(13장), 판매 제품과 판매 방법을 맞춘 후(14장), 단위 경제에 대한 감을 잡아라. 그러면 여러분은 확장을 시작할 준비가 된 것이다.

축하한다. 이제 시작해 보자.

여러분이 서비스 회사를 운영한다면…

이번 장에서는 최적합 고객을 더 많이 찾고, 더 많은 고객을 확보하기 위한 프로세스를 확립하는 방법을 학습한다.

15.1 사용 가능한 기법

표면적으로는 사용자와 고객을 확보하는 방법이 수천 가지나 있는 것처럼 보일 수 있다. 그러나 실제로 회사의 특별한 동작 방식을 고려하면 그 가짓수는 훨씬 줄어든다.

- **고객 확보 채널 분석**: 고객 확보 실험을 수행할 만한 채널을 선별하는 데 유용하다.

- **무료미엄(freemium) 잠재력 분석**: 무료미엄이 고객 확보 전략에 포함되어야 하는지 판단하는 데 유용하다.

두 가지 분석 방법을 통해 여러분의 회사를 확장하는 최선의 방법을 찾아라.

15.2 고객 확보 채널 분석

"반복 가능하고 예측 가능한 마케팅 전략에 집중하라."

노아 케이건(Noah Kagan)
스모(Sumo) 공동 창립자이자 CEO

가브리엘 와인버그(Gabriel Weinberg)와 저스틴 마레스(Justin Mares)는 그들의 책 〈Traction〉에서 회사가 고객을 확보하기 위해 이용할 수 있는 19개 채널을 테스트했다.[132]

1. 제휴 프로그램(affiliate programs)

2. 비즈니스 개발(business development)

3. 공동체 구축(community building)

4. 콘텐츠 마케팅(content marketing)

5. 이메일 마케팅(email marketing)

6. 엔지니어링 마케팅(engineering as marketing)(예: 위젯, 챗봇 등)

7. 기존 플랫폼(existing platforms)

8. 오프라인 광고(offline ads)

9. 오프라인 이벤트(offline events)

10. 대중 홍보(Public Relations, PR)

11. 판매(sales)

12. 검색 엔진 마케팅(search engine marketing)(예: 구글 혹은 빙에서의 광고)

13. 검색 엔진 최적화(search engine optimization)

14. 소셜 미디어 광고(social & display ads)(예: 잠재 고객 발굴 광고)

15. 강연(speaking engagements)

16. 타깃 마켓 블로그(target market blogs)

17. 무역 박람회(trade shows)

18. 독창적인 대중 홍보(unconventional public relations)

19. 입소문 마케팅(viral marketing)

이 채널 중 상당수가 끝없이 성장하지는 않겠지만, 그들은 여전히 퍼널 상단(top of your funnel, TOFU)을 구축하는 고객 확보 전략의 일부가 될 수 있다.

고객 확보 채널 가설은 이 책 앞부분에서 초기 사용자와 소통할 때 이미 나타나기 시작했을 것이며, 여러분은 그 가설을 하나씩 탐색해야 한다.

초기 행동을 살펴보는 것으로 채널 기회를 찾을 가능성이 높다. 예를 들어 여러분의 분석을 볼 때, 다양한 방법을 시도해 보는 것이 중요하다.

- 트래픽을 보내기 시작하는 웹사이트나 플랫폼이 있는가? 그들 가운데 어느 것이든 확장될 수 있는가?

- 매개변수를 살펴보았을 때 트래픽을 여러분의 사이트로 보내는 이메일이나 다른 플랫폼이 있는가?

- 일부 콘텐츠가 입소문을 타고 성장해 왔는가? 콘텐츠 가운데 몇몇은 수많은 오가닉 서치(organic search) 트래픽을 끌어들이기 시작했는가?

- 제품을 사용하는 일부 행동이 증폭될 수 있는가? 노마드 리스트(Nomad List) 창립자인 피터 레벨스(Pieter Levels)는 독립 가능한 큰 기능을 분리해 고객 확보를 유도할 것을 추천한다.[133] 이것이 옵션이 될 수 있을까?

의식적으로든 아니든 우리는 과거에 성공으로 이끌었던 전략에 집중하는 경향이 있다. 이번 단계에서 채널을 너무 빠르게 배제하면 자칫 회사 성장에 방해가 될 수 있다.

일부 채널은 비즈니스 수명 주기의 다른 단계에서 가장 잘 작동할 것이다. 예를 들어 콘텐츠 마케팅은 결과가 나오기 시작할 때까지 6개월 이상 시간이 소요될 수 있다.[134] 그러므로 앞서 계획하는 것이 중요하다.

올바른 고객 확보 채널을 찾기 위해 실험을 수행할 필요가 있다. 20장에서 테스팅 프로세스를 상세히 다루겠지만, 지금은 최소의 비용으로 최대한 빨리 테스팅을 할 수 있어야 한다. 즉, 첫 번째 실험에서 시간과 비용을 많이 소비하지 마라.

여러분이 찾고 있는 것은 다음과 같은 채널이다.

- 합리적인 수준의 노력으로 사용자를 확보할 수 있는 채널

- 고객 확보에 소요되는 시간, 비용, 자원을 고려했을 때 ROI가 양수인 채널

- 적어도 향후 6개월 동안 지속될 수 있는 채널

- 최적합 고객을 끌어들일 수 있는 채널

- 단위 경제에 맞게 작동하는 채널

여러분이 평가한 각각의 채널에 대해 다음을 자문해 보라.

1. *타깃 시장의 잠재 고객에게 직접 닿을 수 있는가?*

2. *확장할 수 있는가?*

성장 전문가인 브라이언 밸푸어는 고객 확보 비용(CAC)과 고객 생애 가치(CLV)를 근거로 일부 회사가 특정 채널을 작동시킬 수 없는 이유를 설명한다.[135]

회사의 단위 경제는 회사를 유지할 수 있는 채널의 개수를 제약할 것이다.

그림 15-1 브라이언 밸푸어의 사용자당 평균 매출 ↔ 고객 확보 비용 스펙트럼

고객 평생 가치는 언제나 고객 확보 비용보다 (훨씬) 높아야 한다. 또한, 다음 사례 연구에서 보듯 가장 적절한 고객 확보 전략을 사용하기 위해 고객 평생 가치가 너무 낮은 상황은 피해야 한다.

그림 15-2 잘못된 모델 시장 적합성(Model Market Fit, MMF)의 예

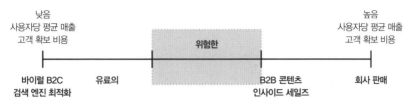

여러분만의 채널 평가 기준을 결정하라.

앞서 설명한 19개 채널과 여러분이 생각한 다른 채널을 찬찬히 검토하라. 가브리엘 와인버그와 저스틴 마레스는 채널 사이의 우선순위를 정하기에 앞서, 스프레드시트에서 채널 평가를 수행하고 실험용으로 상위 3개 채널을 선택해 집중할 것을 추천했다.

이후 선택한 채널을 하나씩 테스트할 수 있다.

15.3 무료미엄 잠재력 분석

"무료미엄은 사무라이의 검과 같다. 잘못 사용하면 자신의
팔을 벨 수도 있다."[136]

롭 월링(Rob Walling)
연속 창업자

롭 월링의 이 말은 무료미엄의 위험성을 말하고 있다.

무료미엄이 제 역할을 하면 정말로 좋은 성과가 난다. 예를 들어 스포티파이(Spotify)는 프리 티어(Free tier) 음악 서비스를 제공하여 수백만 명의 사용자를 확보했으며, 그들 가운데 26% 이상을 유료 고객으로 전환시켰다.[137] 그러나

대부분의 회사에서 무료미엄은 매우 위험할 수 있다.

무료미엄은 마법의 해결책이 아니다. 또한, 비즈니스 모델도 아니다. 무료미엄은 이 책에서 다루는 다른 전략과 마찬가지로 항상 작동하지는 않는 고객 확보 전략이다.

무료미엄은 그 자체로는 어떤 매출도 만들지 못한다. 이런 이유로 무료 요금제로 시작하기보다는 프리 티어를 제공하는 것이 가장 좋다. 여러분은 우선 퍼널의 최상단을 넓히기에 앞서 작동하는 비즈니스 모델을 갖고 있는지 확인해야 한다.

사용자가 무료미엄을 좋아하는 이유는 그들이 평가, 제품 인게이지먼트, 구매 프로세스를 제어할 수 있기 때문이다. 그들은 제품을 시험 삼아 사용하고, 자신의 일에 잘 쓸 수 있는지 직접 확인한다. 무료로 제품을 사용하면 위험이나 제품 사용에 대한 거부감이 적기 때문에 무료미엄 제품은 다른 사람에게 좀 더 쉽게 추천할 수 있다.

무료미엄이 여러분의 비즈니스에서 효과를 낼 수 있는 전략인지 테스트하기 위해 스스로 다음과 같은 질문을 하라.

- **누가 제품을 사는가?** 구매자가 제품을 사용하는 사람이 아니라면, 무료미엄을 통해 올바른 오디언스에게 도달하기는 어려울 것이다.

- **사용자 네트워크에 누가 있는가?** 무료미엄은 입소문을 통해 퍼져나가는 제품을 판매할 때 가장 효과가 좋다. 특히, 사용자가 비슷한 일을 하는 사람들과 연결돼 있고, 제품 판매에 그들 사이의 공유 방식을 이용할 수 있다면 프리 티어 제공은 더욱 효과적일 것이다.

- **설명이 필요 없을 만큼 충분히 단순한가?** 입소문이 나기 위해 제품은 가치 창출 시

간이 짧아야 하고(14장), 가치 제안이 넓어야 하며, 제품은 설명의 여지가 없어야
한다.

- **여러 달 동안 계속해서 사용할까?** 사용자가 매달 그 제품을 사용하지 않는다면 유
  료 요금제를 사용할 만큼 충분한 가치를 경험하기 어려울 것이다. 그러므로 매달
  제품을 사용하며 가치를 경험할 수 있어야 하며, 이상적으로는 매주 제품을 사용
  하며 가치를 경험할 수 있어야 한다.

- **프리 티어만으로도 시장에 파괴적인 충격(disruption)을 줄 수 있는가?** 무료미
  엄은 여러분이 시장에 충격을 주려고 할 때 타당하다. 창업자인 앤드류 나도
  (Andrew Nadeau)는 "*비즈니스에서 무료미엄의 역할은 사람들이 사용하기 시*
  작하기까지 필요성을 모르는 제품을 위한 것이다."라고 말한다.[138] 이런 이유로
  무료미엄은 새로운 제품 사용 행위를 만들어 내는 데 도움이 된다.

- **4%의 전환율이 비즈니스 유지에 도움이 될까?** 무료미엄은 효과가 좋을 때조차 약
  4%의 사용자만이 유료 고객이 된다.[139] 이 정도로 *비즈니스를 유지할 수 있을까?*
  무료 체험판은 무료미엄에 비해 전환율이 더 높다.[140] 그러므로 낮은 전환율이 문
  제되지 않을 만큼 전체 시장 규모(TAM)가 충분히 커야 한다.

- **비용을 감당할 수 있는가?** 신규 사용자를 확보하는 데 소요되는 한계 비용이 무시
  할 만큼 작아야 한다. 신규 무료미엄 사용자를 오랜 기간 돈을 받지 않고 지원해야
  할 수도 있다. 그러므로 그들의 계정 유지 비용이 비즈니스에 피해를 주지 않도록
  해야 한다.

전형적으로 두 가지의 무료미엄 제품이 있다.

1. **즉시 사용 모델(On-demand models):** 이 모델에서는 제품 핵심 기능의
   사용 횟수가 제한된다. 또한, 매달 포인트가 충전된다. 이 모델이 작
   동하려면 사용자가 돈을 내고 제품을 이용하고 싶을 만큼 핵심 기능을
   자주 사용해야 한다.

2. **프리미엄(premium) 기능 모델**: 사용자는 기본 기능을 사용하며, 추가 기능을 사용하기 위해 돈을 내고 사용 권한을 업그레이드할 수 있다. 이 모델이 성공하려면 제품의 무료 사용으로부터 업그레이드가 별다른 거부감 없이 자연스럽게 이루어져야 한다.

무료미엄 모델을 추가하는 것은 흔히 부 제품을 관리한다는 뜻이다. 무료미엄 모델은 독립적으로 유지될 수 있을 만큼 충분한 가치를 만들어 낼 수 있어야 하면서도 유료 요금제 시장을 잠식할 만큼 가치가 있어서는 안 된다.

요약하면 다음과 같다.

- 매력적인 기본 제안
- 신규 유료 고객을 관리할 적절한 경계 설정
- 신규 유료 고객을 장기 유료 고객으로 전환시킬 만큼의 충분한 고착도

이에 대해 가격 전문가 헤르만 시몬(Hermann Simon)은 "*무료 제품과 유료 제품의 차이는 고객들이 페니 갭*(penny gap)*을 뛰어넘을 만큼 충분히 커야 한다.*"라고 말했다.

경계 울타리의 적절한 높이를 찾기 위해 제품의 핵심 기능에 대해 *몇 퍼센티지(%p)의 고객이 매달 그 기능을 사용하는지 살펴봐야 한다.*

대부분의 고객이 매달 제품을 사용하고, 핵심 기능을 일정 횟수 이상 사용한다면 아마도 여러분은 제품 가치의 50~70%를 무료로 제공할 수 있다.

고객이 제품을 구매하는 주 이유와 부 이유가 있다면 아마도 여러분은 그 이유에 해당하는 기능 가운데 한 가지를 무료로 제공할 수 있다. 그 정도면 사용자가 회원에 가입해 프리 티어를 이용하는 데 충분할까?

무료미엄 제품의 평가는 세분화(segmentation) 문제다. 여러분은 사용자가 회원으로 가입해 제품을 사용할 만큼 충분히 가치 있으면서도 무료 사용에 만족할 만큼 가치가 있으면 안 되는 제품 사용 수준을 찾아야 한다.

데이터를 깊이 있게 분석하고, 다양한 수준의 무료미엄 제품을 고려하며 평가해 보라. 그리고 무료미엄 제품의 잠재력 평가 작업을 완료했을 때만, 프리 티어 제공 여부를 고려하라.

15.4 발전하기

"마구잡이식 접근은 작동하지 않는다. 대부분의 회사는 제대로 작동하는 유통 채널을 하나도 갖고 있지 않다. 유통 채널 하나라도 작동하게 만들 수 있다면 여러분은 훌륭한 회사를 갖고 있는 것이다. 여러 개의 유통 채널을 시도하며 하나를 정하지 않는다면 끝이다. 유통은 소수의 채널이 전체 결과를 생성하는 거듭제곱의 법칙(power law)을 따른다."

피터 틸(Peter Thiel)
연속 창업자

이 단계에서 발전하기 위해 한 번에 한 개의 고객 확보 채널에 집중하라. 자신이 올바른 방향을 향하고 있다는 징표를 찾기 위해 여러 실험을 신속하게 수행하라. *적절한 사용자를 확보하고 있는가?*

몇 가지 콘셉트를 반복해 테스트하되 처음부터 최적화하지는 마라. 일단 채널이 작동하기 시작하면 효과를 개선할 수 있을 것이다.

시장 규모에 따라 수백-수천 명의 잠재 고객에게 제품을 확인해 볼 수 있는 기회를 제공해야 한다.

작동하는 고객 확보 채널을 찾을 때까지 실험을 계속하라. 채널을 찾았다면 최대한 많은 사용자를 확보하기 위해 모든 노력을 쏟아부어라.

이와 관련해 투자가이자 기업가인 피터 틸은 그의 책 〈제로 투 원〉에서 "제품의 유통은 거듭제곱의 법칙을 따른다."고 말했다. 여러분은 작동하는 몇 개 채널을 찾아야 한다. 그러나 채널 가운데 하나가 성장의 대부분을 이끌 가능성이 매우 높다.

브라이언 밸푸어(Brian Balfour)는 "우리는 언제나 누군가 만들어 놓은 플랫폼 뒤에서 비즈니스를 만든다."고 말한다. 우리가 채널을 통제할 수는 없다. 그러나 제품은 통제할 수 있다. 채널이 실제적인 잠재력을 갖고 있다면 제품을 그 채널에 맞춰 고치는 것도 고려하라.

트립어드바이저(Tripadvisor)는 사용자가 생성한 콘텐츠의 검색 엔진 인덱싱을 최적화할 때 그렇게 했다. 에어비앤비(Airbnb) 역시 양면 소개 프로그램을 만들어 그렇게 했다.[141] 유니토(Unito) 또한 협력사 앱에서 최적화를 수행해 그렇게 했다.

거듭제곱의 법칙을 기억하라. 새로운 플랫폼과 채널을 사용하는 테스팅을 프로세스의 일부로 만들어라. 새로운 채널을 찾아 테스팅하기 위한 시간을 확보하라.

어떤 채널이든 시간이 지나면 결국 고갈돼 효과가 사라질 것이다. 그러므로 여러분은 단기 고객 확보를 위한 투자와 장기 성장 기회를 위한 투자 사이에서 확실히 균형을 잡아야 한다. 이에 비즈니스가 성장하고 있더라도 새로운 고객 확보 전략 테스팅을 계속하라.

15.5 사례 연구
브랜디스티는 어쩌다 잘못된 모델 시장 적합성을 갖게 되었나?

"엄청난 도약이 필요한 제품이 아니라 고객을 미래로 이끈 제품이 성공한다."[142]

애런 레비(Aaron Levie)

마이클 사카(Michael Sacca)는 드리블(Dribble)과 로켓십 팟캐스트(Rockeship Podcast)에 앞서 샌디에이고에 위치한 웹 개발회사인 타이니 팩토리(Tiny Factory)의 공동 창업자였다. 수십 개의 고객 회사와 일하는 디자이너이자 개발자로서, 그와 그의 팀원은 디지털 애셋 관리 툴을 자주 사용해야만 했다.

당시 그런 툴의 대부분은 장기계약을 하는 대기업을 타깃 고객으로 삼고 있었으며, 월 사용 비용이 500달러 이상이었다. 시장에 저가 제품이 없었기 때문에 마이클과 그의 팀원은 브랜디스티(Brandisty)를 만들자는 생각을 했다. 브랜디스티의 전략은 규모를 키워 고객이 월 25달러 수준의 싼 가격으로 브랜드 자산을 저장하고 사용하게 하는 것이었다.

일단 비즈니스를 시작하자 마이클은 고객의 어려움을 이해하고 사용 사례를 찾기 위해 인터뷰를 시작했다. 그는 수개월에 걸쳐 150편 이상의 인터뷰를 끝마쳤으며, 이를 통해 '내부 공유, 파일 내보내기, 변화하는 요구 조건 다루기' 등과 같은 고객의 주요 문제점을 확인할 수 있었다. 그리고 이 문제는 브랜디시티가 다룰 수 있는 명확한 고객 문제점이었다.

그들이 이 단계에서 평가하지 않은 것은 그들의 제품을 돈을 내고 사용할 고객의 규모였다.

작은 규모의 회사에서는 디자이너들이 수동으로 애셋을 내보내도 문제가 없는 것으로 판명되었다.

이에 대해 마이클은 *"고객의 문제는 대량 구매가 필요한 만큼 심각한 것은 아니었다."* 고 말했다. 가격이 낮은데다 스스로 제품을 만들다 보니 빠르게 경쟁력을 구축할 수 없었다. 이에 그들은 브랜드 관리 에이전시, 스타트업, 중견회사 등으로 타깃 고객을 바꾸려 노력했다.

시간이 지나 브랜디스티는 그루폰, 덴마크 방송국 및 여러 다른 회사와 일하게 되었다. 그러나 고객의 규모가 커지자 기대 또한 심각한 속도로 증가했다. 당시 고객은 통합, 다중 티어(tier) 관리, 분기별 청구서 등 비즈니스 시작 당시에는 생각하지도 않았던 수많은 기능을 원했다.

결국 마이클과 그의 팀은 기존 디지털 애셋 관리 툴이 회사 레벨에서만 존재했던 이유가 문제를 느끼고, 문제 해결에 기꺼이 돈을 낼 충분한 숫자의 고객이 오직 회사 레벨에서만 존재했기 때문이라는 것을 깨달았다.

브랜디스티뿐만 아니라 경쟁자도 하나둘씩 같은 것을 깨닫기 시작했다.

결국 마이클과 그의 팀은 다른 회사와 경쟁하며 비즈니스를 유지할 만큼 충분한 매출을 달성하는 데 실패했다.

15.6 행동하기

1. 현재의 고객 확보 채널을 분석하라. 최고의 사용자가 여러분의 제품을 어떻게 발견하고 있는지 이해하라.

2. 비즈니스 모델과 단위 경제를 고려해 '고객 확보' 채널 후보의 범위를 좁혀라.

3. 고객 확보 채널을 순위별로 나열하고, 상위 3개 채널을 선택해 실험을 수행하라.

4. 채널이 실제 잠재력을 보일 때만 채널 최적화를 시작하라.

5. 잠재력이 검증되었을 때만 프리 티어 제공이나 무료미엄 제품 추가를 고려하라.

IV

단계 4: 확장

얼마나 클 수 있을까?

"성공한 큰 규모의 조직에서는 때론 위기감(urgency)과
열망(hunger)을 느끼기가 어렵다. 어떤 회사도 단지
지키기만 할 수는 없다. 여러분의 회사가 높은 시장 점유율로
시장을 주도하고 있다고 하더라도 지키기만 해서는 시장에서
살아남을 수 없다."

올리-페카 칼라스부오(Olli-Pekka Kallasvuo)
노키아 전 CEO이자 회장

여러분은 시장의 요구를 충족시키기 위해 회사의 규모를 키워 나간다. 관리자는 목표를 부여받고, 주요 결과물에 대해 책임을 져야 한다. 인사 팀을 만들고, 업무 수행과 직원 채용에 대한 기준을 수립한다. 여러분이 채용한 임원의 프로필과 성과물은 점점 더 인상적이다. 여러분이 채용하고 있는 사람은 처음 회사를 설립한 사람과는 전혀 다르다. 비즈니스는 성장하며, 또한 변화하고 있다.

개별적으로 볼 때 이 모든 것들은 아마도 올바른 결정이다. 그러나 최고의 결정조차도 결과가 따른다.

다음 몇 가지 규칙은 회사에서 발생하는 일을 설명하는 데 유용할 수 있다.

1. *"사람들은 보상받는 방식에 따라 행동한다."*[143] – 딘 R. 스피처(Dean R. Spitzer) 박사, 《KPI 이노베이션》의 저자

2. *"회사에서 자동으로 측정한 모든 것이 피고용인의 행동을 만든다."* 벤 호로위츠(Ben Horowitz), 앤드리슨 호로위츠 파트너(Andreessen Horowitz Partner)

3. *"사람들은 자신의 목표 수준에 도달하지 못하고, 시스템의 수준으로 떨어진다."* 제임스 클리어(James Clear), 〈아주 작은 습관의 힘〉의 저자

바꿔 말해 **회사의 규칙, 시스템, 보상이 회사의 성과를 좌우한다.** 이와 관련해 나발 라비칸트(Naval Ravikant)는 *"거의 모든 인간의 행동은 인센티브로 설명할 수 있다."*고 썼다.[144]

성장하는 대규모 회사는 다양한 실패 지점이 있는 복잡계(complex system)이므로 회사가 확립한 시스템의 결과물을 예측하기가 어려울 수 있다.

이는 많은 회사에서 가치와 기업 문화의 중요성을 강조하는 이유이기도 하다. 기업 문화와 가치는 정답이 명확하지 않을 때 행동과 의사결정을 만드는 데 도움이 되기 때문이다.

확장 단계에서 회사를 성장시키기 위해서는 인재, 통찰력, 창의성 만큼이나 프로세스, 시스템, 인센티브 등이 필요하다.

도전

"여러분의 현재 상태(제품의 현재 상태)와 여러분이 원하는 미래 상태(제품으로 이루려는 새로운 현실) 사이에는 언제나 건강한 긴장감이 있을 것이다."

존 컬터(John Culter)
앰플리튜드(Amplitude) 제품 홍보 담당자

여러분이 제품이나 홍보 분야에서 일하고 있다면 코닥(Kodak)에 관한 이야기

를 들어 보았을 것이다.

코닥의 창립자인 조지 이스트먼(George Eastman)은 롤필름을 발명했다. 코닥은 최고의 카메라와 필름을 만들어 내며 오랫동안 시장의 리더 자리에 있었다. 1975년 R&D 부서에서는 디지털 카메라를 발명했다(첫 번째 상용 디지털 카메라가 나오기 15년 전).[145] 이 발명이 자사의 핵심인 필름 비즈니스에 위협을 끼칠 것이라고 느꼈던 코닥의 임원들은 디지털 카메라를 상용화하지 않기로 결정했다.

디지털 카메라 시장이 롤필름의 수익을 대부분 잠식한 후 2012년 1월 19일, 코닥은 은행에 파산 신청을 했다.[146]

아마도 거대 비디오 대여 회사인 블록버스터(Blockbuster)에 대해서도 들어보았을 것이다. 블록버스터는 한 때 전 세계에 9,000개 이상의 체인점을 운영했다. 지난 2000년 블록버스터는 5천만 달러에 넷플릭스를 인수할 수 있었다.[147] 그러나 기회를 놓쳤고, 지난 2013년 문을 닫았다.

고 클레이 크리스텐슨(Clay Christensen)이 쓴 〈혁신기업의 딜레마〉를 읽어본 적이 있는가? 이 책에서는 새로운 기술과 기회를 이용하는 데 좀 더 적합한 새로운 회사가 기존 거대한 회사를 어떻게 파괴하는지 설명한다. 새로운 회사는 비즈니스 거점을 확보하고는, 비즈니스를 강화하고 확장해 나간다. 그리고 결국 시장의 기존 리더와 경쟁해 시장을 차지한다.

어떤 이야기든 그 모두가 조직의 안주와 혁신 부족을 지적한다.

아마도 옛날에는 탁월한 경영만으로도 회사가 성장할 수 있었다. 그러나 탁월한 경영은 중요하기는 해도 충분하지는 않다.

요즈음은 모든 회사가 혁신해야 생존할 수 있다.

이와 관련해 토니 울윅(Tony Ulwick)은 "언제나 자신의 강점에 기대어 일하는 회사는 이미 과잉 상태에 있는 제품을 내놓을 가능성이 높다."라고 말한다.

제품과 회사의 재발명(reventing)은 안전지대로부터 벗어난다는 뜻이다.

핵심 비즈니스를 성장시키고 혁신하는 동시에 여러분의 회사를 안전지대에 있게 만든 경영 우수성을 유지하는 일이야말로 진정한 도전이다.

확장 단계에서는 흔히 계속 끌고 갈 유산, 보존할 매출, 지켜야할 명성이 있다. 이에 자칫 일상적인 반복에 빠져 현재 시장에 있는 영역에만 집중하다가 다른 기회를 무시하기 쉽다.

계속 성장하기 위해서는, 기존 비즈니스 방식을 바꾸더라도 지속적으로 영역의 경계를 밀어내야 한다.

새로운 성장이 오는 곳 ─────────

"가치 전달이 지속 가능한 성장을 이끈다."[148]

숀 엘리스(Sean Ellis)

매우 단순하게 이야기하면 확장 단계에서의 성장은 제품 가치를 증가시킨다는 뜻이다.

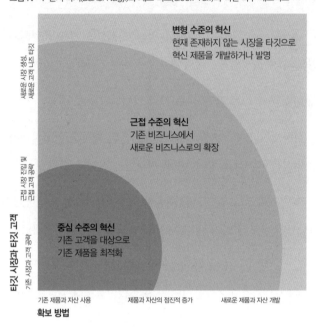

그림 IV-1 반시 나지(Bansi Nagji)와 제프 터프(Geoff Tuff)의 혁신 욕구 매트릭스[149]

변형 수준의 혁신
현재 존재하지 않는 시장을 타깃으로
혁신 제품을 개발하거나 발명

근접 수준의 혁신
기존 비즈니스에서
새로운 비즈니스로의 확장

중심 수준의 혁신
기존 고객을 대상으로
기존 제품을 최적화

새로운 시장 생성,
새로운 고객 타깃

근접 시장 진입 및
근접 고객 공략

타깃 시장과 타깃 고객
기존 시장과 기존 고객

기존 제품과 자산 사용 　　 제품과 자산의 점진적 증가 　　 새로운 제품과 자산 개발
확보 방법

좀 더 자세히 설명하면 다음과 같다.

- 제품 핵심 기능 향상(더 좋게, 더 빠르게, 더 쉽게, ROI를 더 크게 등)

- 제품의 고유한 가치를 새로운 시장에 소개

- 기능 확장(새로운 특성, 새로운 툴, 새로운 기대 산출물)

- 사용자 경험 개선(사용성 개선, 지원 개선, 에코 시스템 지원 개선 등)

- 현재 혹은 미래 고객을 대상으로 신제품 개발

고객이 인지한 제품 가치가 크면 클수록 여러분은 제품 가격을 올릴 수 있고, 새로운 고객을 얻을 수 있으며, 체험판 사용자의 유료 고객으로의 전환율을 높일 수 있고, 현재 고객을 더 오래 유지할 수 있다.

이와 관련해 퀵스프라우트(QuickSprout)의 CEO인 라스 로프그렌(Lars Lofgren)은

"대부분의 마케팅 문제는 제품 문제다."라고 말한다. 즉, 고객이 인지하는 제품의 가치를 높이면 수많은 마케팅과 판매 문제가 해결된다.

그러나 가치가 크다고 해도, 사실 가치는 사전적 의미 측면에서 가장 모호한 단어일 수 있다.

가치란 무엇인가? 그리고 여러분은 어떻게 확실히 여러분의 팀이 하고 있는 일을 가치 있게 여기도록 할 수 있는가?

기회

"과다한 기능 추가는 제품의 핵심 가치를 실행할 수 없다는 진짜 문제를 감춘다."[150]

히텐 샤(Hiten Shah)

아마존, 구글, 마이크로소프트와 같은 초일류 회사조차 약 50%의 실패를 경험한다.[151] 이 회사들은 세계 최고의 엔지니어를 보유하고 있으며, 연구 및 데이터 팀은 제품 개발을 위한 프로덕트 디스커버리(product discovery)를 수행한다. 이 회사들의 개발 프로세스는 경쟁 업체가 시기할 만큼 뛰어나지만, 이들이 만든 제품과 기능의 절반은 원래의 개발 의도와는 다르다.

사용자나 고객의 관점에서 가치를 정의하는 일은 제품 개발에서 가장 어려운 일 가운데 하나다. 배울 수 있고, 향상시킬 수도 있는 기술이지만, 최고의 제품 리더조차 그 일이 어렵다고 생각한다.

이와 관련해 마티 케이건(Marty Cagan)은 "*제작할 만한 가치가 있는 무언가가 주어지지 않는다면 여러분의 개발 팀이 제아무리 훌륭해도 소용없다.*"고 말한다.

그러므로 여러분의 팀이 경쟁자보다 자주 가치를 정의하고 전달할 수 있다면 여러분은 결국 시장의 리더가 될 수 있다(아직 시장의 리더가 아니라면).

'가치' 정의 문제는 매우 주관적이고 상황적이다.[152] 사용자마다 혹은 사용자 세그먼트마다 사용 시점에 따라 서로 다른 것을 가치 있다고 인식할 것이다.

고객의 관점에서 가치를 정의하기 위해 주의를 기울이고 비즈니스 구도(landscape)에 대해 지속적으로 학습해야 한다.

확장 단계에서 우리는 다음에 집중한다.

- 고객 인게이지먼트(engagement) 강화 및 수익 향상을 위해 *가치* 있는 제품 개선 사항의 발굴(16장)
- 현재 제품의 이점을 누릴 수 있는 다른 고객 세그먼트 발굴(17장)
- 새로운 사용자와 고객을 끌어들이기 위한 제품 개선(18장)
- 현재 사용자를 대상으로 새로운 제품 개발 기회 발굴(19장)

여러분이 서비스 회사를 운영한다면⋯

이번 단계에서는 더 많은 제품 재사용 고객을 얻기 위해 시장을 탐색하고, 제품을 새로운 시장에 소개하며, 고객을 위해 새로운 문제를 해결하는 방법을 학습한다.

비즈니스 발전시키기

"좋은 우선순위는 가감 없고 명백한 사실에 근거를 두어야
한다. 여러분이 데이터와 명확한 전략을 갖고 있을 때
우선순위 설정이 쉬워진다."[153]

멜리사 페리(Melissa Perri)
〈개발 함정을 탈출하라〉의 저자

확장 단계에서 비즈니스를 진척시키려면 시장과 기회에 대해 논리적이고 정
교한 접근 순서를 제시하는 제품 전략을 가지는 것이 중요하다.

그러므로 시장에서 학습한 정보에는 항상 전략적 필터가 있어야 한다. 이 필터
는 제품 범위 안과 밖에 해당하는 것을 분리하고 구분하는 데 유용해야 한다.

비즈니스 진척을 위해 여러분은 다음과 같은 일을 해야 한다.

1. 모든 기회를 발굴해야 한다.

2. 옵션을 정의한다.

3. 실험과 프로덕트 디스커버리를 통해 각 옵션의 가치를 평가한다.

4. 학습하며 옵션을 구체화한다.

5. 제품 전략에 근거해 가치가 가장 높은 기능을 제공한다.

6. 옵션의 우선순위를 다시 정한다.

현재 사용자를 위한 제품 개선과 새로운 시장으로의 전략적 확장 사이에서 균
형을 잡아야 하므로 이를 위해 특정 역량을 제한하는 것도 좋다.

그와 같은 방식으로 여러분의 팀은 양쪽에서 발전을 만들고 양쪽의 결과물을 주의 깊게 고려할 수 있을 것이다.

- 라훌 보라(Rahul Vohra)는 개발 역량을 50:50으로 나누어 제품 핵심 기능 개선과 비즈니스 확장 기회에 각각 사용할 것을 권장한다.

- 제이슨 렘킨(Jason M. Lemkin)은 비즈니스 확장에 역량의 25%를 사용할 것을 권장한다.

- 에이전트어시스턴트(AgentAssistant)의 공동 창립자인 매튜 노튼(Matthew Norton)은 이미 구축한 것을 반복하는 데 역량의 95%를 사용하고, 새로운 아이디어에는 5%만 사용할 것을 권장한다.[154]

어떤 비율을 선택하든 확장과 개선 사이의 균형은 비즈니스 발전에 유용할 것이다.

또한, 여러분의 팀이 새로운 가치를 정의하고 시장에 전달하는 일을 잘하면 잘할수록 회사는 더 빠르게 성장할 것이다.

자, 지금부터 계속 성장해 보자!

16

가치 있는 제품 개선 사항 발굴하기

여러분의 비즈니스는 성장하고 있다. 이번 장에서 설명하는 기법을 사용해 **고객 인게이지먼트(engagement)를 높이고 수익성을 높일 수 있는 제품 개선 사항을 구체화하라.**

"올바른 제품 구성 설계란 제품 타깃 세그먼트에 꼭 필요한 기능, 다시 말해 고객이 기꺼이 지갑을 열 만한 기능을 갖춘 제품을 설계한다는 뜻이다."

마드하만 라마누잠(Madhavan Ramanujam), 게오르그 타케(Georg Tacke)

제품의 여러 기능에 대한 가치 판단은 고객마다 다를 수밖에 없다.

제품의 몇몇 기능은 좀 더 높은 수준의 고객 충성도를 이끌어내고, 다른 기능에 비해 고객 만족도에 큰 임팩트를 끼친다.

이런 현상은 카노 모델을 고안한 일본의 노리아키 카노(Noriaki Kano) 박사의 연구 결과를 통해 가장 명확하게 설명할 수 있다. 카노 박사의 연구에 따르면 제품의 기능들은 다섯 가지로 분류할 수 있다.

1. **의무 기능(mandatory)**: 새로운 제품이 반드시 갖춰야 하는 기능이다. 로그인, 사용자 정보 입력 등과 같은 기능을 예로 들 수 있다. 이런

의무 기능은 제품에 새로운 가치를 더하지는 않는다. 그러나 제품에 꼭 있어야 하는 기능이며, 고객 또한 당연하게 생각한다.

2. **성능 기능(performance)(일차원 기능)**: 제품의 두세 가지 핵심 기능으로 고객은 이 기능 때문에 제품을 구매한다. 이 기능은 여러분이 제품을 통해 제공하는 핵심 가치로, 제품 광고지에 이 기능을 기술하고 경쟁사와 이 기능을 놓고 경쟁한다.

3. **매력 기능(exciter)**: 고객이 기대하지 않았던 기능과 특징으로, 제품에 새로운 가치를 더한다. 예를 들어 회계 솔루션에 자동 세금 계산, 지방세 규정 정보 혹은 소득 공제 기능이 들어 있다면 고객은 좋아할 것이다. 그러나 없다고 해서 고객이 불만족스럽게 느끼지는 않는다.

4. **비차별화 기능(indifferent)**: 고객의 제품 선택에 영향을 주지 않는다. 제품 기능을 늘리기 위해 만들었을 뿐 제품의 수익성을 높인다거나 제품에 새로운 가치를 더하지는 않는다.

5. **역효과 기능(reverse)**: 존재만으로 고객 만족도에 부정적인 영향을 준다.

카노 모델에 따르면 성공하는 제품은 모든 의무 기능을 완전하게 갖추고 있으며, 성능 기능이 경쟁사 제품보다 *뛰어나다*. 또한, 몇몇 매력 기능을 갖추고 있지만, 비차별화 기능, 역효과 기능은 가능한 피한다.

간단한가?

그러나 기능과 관련한 문제는 그리 간단하지 않고 이중적이다.

1. 고객은 성능 기능을 요청하거나 성능 기능에 열광하지 않는다. 그러나 고객이 요청하는 기능이나 *매력* 기능은 특별히 제품 성능에 영향을 끼

치지도 않는다. 그러므로 이와 같이 서로 다른 특성을 가진 기능 사이에서 균형을 잡는 방법을 찾아야 한다.

2. 고객과 시장 기대의 변화에 따라 제품 기능의 분류가 변하며, 이런 변화를 즐거움의 자연적 감소라 부른다.[155]

시간이 지남에 따라 매력 기능은 더 이상 매력적이지 않다(예: 호텔과 커피숍에서 무료로 제공하는 와이파이를 생각해 보라). 제품 성능에 대한 기대가 높아지고 의무 기능은 점점 늘어간다.

시간이 흘러도 성능 개선이 없는 제품은 단지 정체된 제품이 아니라 오히려 퇴행하는 제품인 이유다.

그림 16–1 시간에 따른 기능 만족도

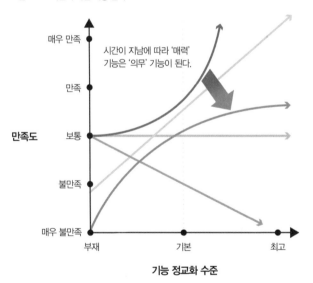

반대로 기준 목표를 잘 만족시키고 있을 때 기준 목표를 어느 정도까지 높이고 언제 *멈출지* 아는 것도 중요하다.

결국 시장의 진화 속도가 제품 기능의 재분류 속도를 결정한다.

여러분의 제품이 의무 기능을 잘 수행할 수 있다고 해서 경쟁사 제품을 이길 수는 없다. 그러나 의무 기능을 잘 갖추고 있지 않다면 고객을 잃을 수 있다. 그러므로 여러분은 고객이 기대하는 의무 기능이 무엇인지 언제나 확실히 알고 있어야 한다.

이 단계에서 여러분은 고객이 제품을 구매하는 이유와(13장), 그들이 제품의 성공을 어떻게 평가하는지 알아야만 한다. 그리고 그 과정을 통해 제품의 핵심 성능 기능이 무엇인지 명확히하는 데 필요한 정보를 얻어야 한다.

카노 모델의 다섯 분류를 염두에 두고 좀 더 깊이 파고 들어가면, 여러분은 기본적인 기능을 모두 갖추면서도 지속적으로 제품에 가치를 더할 수 있을 것이다.

여러분이 서비스 회사를 운영한다면…

이번 장에서는 고객에게 제공할 서비스의 품질을 더욱 향상시키고, 고객이 여러분의 서비스를 다시 이용할 가능성을 높이는 방법을 어떻게 찾을지 학습한다.

16.1 사용 가능한 기법 ─────────────

잠재적 수익성과 제품 인게이지먼트를 높이는 수많은 방법이 있다. 이번 장에서는 제품의 가치를 높이는 개선 방법을 찾아 평가하는 몇 가지 기법을 살펴본다.

- **기능 사용 맥락 분석**: 고객 관점에서 제품을 선택해 사용하는 이유, 제품에 대한 기대 그리고 여러분의 제품이 고객의 기대를 얼마나 만족시키는지를 파악할 수 있다.

- **고객 이탈 이유 분석**: 고객이 여러분의 제품으로부터 최대한의 가치와 만족을 얻지 못한 이유를 파악할 수 있다.

- **가치 요인 분석**: 고객으로부터 얻은 정보를 토대로 제품의 가치를 높일 수 있는 여러 개선 사항의 우선순위를 정할 수 있다.

- **기능 실험을 통한 학습**: 제품의 여러 기능을 핵심적인 기능과 그렇지 않은 기능으로 분류할 수 있다.

- **구매 의사 분석**: 여러분이 제품에 만들어 넣고자 하는 기능에 고객이 비용을 지불할지 여부를 판단할 수 있다.

여러분은 제품 기능에 대한 아이디어를 떠올리자마자 기능 실험이나 구매 의사 분석을 통해 그 아이디어의 성공 잠재력을 평가해야 한다. 이는 고객이 그 기능을 가치 있다고 여기는지 확신하는 데 도움이 될 것이다.

16.2 기능 사용 맥락 분석 ────────────

"고객은 새로운 제품 기능을 요청할 때 일반적으로 단지
한 가지 문제를 해결하는 데 집중할 뿐, 자신이 요청한 새로운
기능이 제품 혹은 서비스의 다른 기능에 어떤 영향을 끼칠지
생각하지 않는다."

토니 울윅

여러분은 자신의 제품 기능에 변화를 만들기에 앞서, 현재 고객이 제품 기능을 어떻게 사용하고 있는지 이해해야 한다.

여러분은 자신이 추가하려는 기능에 대해 매우 까다롭고 엄격해야 한다. 쓸모없거나 복잡한 기능은 고객의 눈을 통해 좀 더 쉽게 알아볼 수 있다.

고객은 여러분이 판매한 제품의 기능을 현재 어떻게 사용하고 있는가? 그 기능은 사용하기 쉬운가? 그 기능은 고객의 성공에 기여하는가? 고객은 그 기능을 어떤 상황에서 사용하는가?

인터콤의 제품 관리자인 데스 트레이너(Des Traynor)는 제품의 기존 기능을 개선하는 세 가지 방법을 다음과 같이 제시한다.

1. 기존 사용자를 위해 기존 기능을 개선하기

2. 고객이 더 자주 사용할 수 있도록 수정하기

3. 더 많은 사람이 사용할 수 있도록 수정하기

제품 핵심 기능의 개선 방향을 알기 위해 사용자가 그 기능을 사용한 후 즉시 의견을 줄 수 있도록 인앱 메시지를 사용할 수 있다(12장).

특정 기능을 좀 더 자주 사용하도록 만들거나 그 기능을 사용하는 고객의 숫자를 늘리기 위해 댄 마텔(Dan Martell)이 즐겨했던 다음 질문을 이용할 수 있다.

"이 [기능/제품]을 사용하기 3분 전에 당신은 무엇을 하나요?"
"이 [기능/제품]을 사용하고 3분 후에 당신은 무엇을 하나요?"

이 질문은 여러분이 제품을 사용하게 된 이유, 제품 사용 맥락, 제품에 대한 기대, 기대에 대한 만족의 정도를 파악하는 데 유용할 것이다.

고객의 열린 답변을 분석하면 특정 기능을 고객이 좀 더 자주, 잘 사용하게 만들 수 있는 기회를 발견할 수 있다.

16.3 고객 이탈 이유 분석

"고객을 끌어들일 만한 기능을 찾을 때 가장 좋은 사용자는 한때 '예'라고 대답했으나 지금은 '아니요'라고 답하는 사용자다."[156]

빈센트 후앙(Vincent Huang)
스프링보드(Springboard) 제품 및 고객 담당 임원

잠재 고객이 여러분의 제품을 선택할 때 혹은 경쟁사 제품을 선택할 때 혹은 고객이 이탈할 때, 여러분의 제품이 고객의 기대를 얼마나 잘 충족시키고 있는가에 관한 정보가 **매일** 생성된다.

우리는 12장에서 이미 잠재 고객의 이런 결정이 제품 시장 적합성(PMF)과 판매 퍼널을 개선하는 데 유용하다는 것을 보았다. 또한, 그런 결정은 사용자를 위한 새로운 가치를 만들기 위해서도 사용할 수 있다.

여러분의 제품은 고객에게 유일한 해결책이 아니다. 바꿔 말해, 고객이 자신의 문제를 해결하기 위해 고려할 수 있는 여러 제품 가운데 하나일 뿐이다.

주목도, 광고 예산, 입소문, 고객 니즈, 기대감, 기대 충족도, 이 모든 것은 시간의 흐름 속에 변할 수 있으며, 이는 고객의 제품 선택 변화로 이어질 수 있다. 그런 의미에서 수요와 니즈는 유동적이다.

고객이 여러분의 제품을 구입했을 당시에 그 제품은 아마도 니즈에 가장 잘 맞는 제품이었다. 그러나 지금, 회사에서의 변화 혹은 경쟁사의 공격적인 마케팅 때문에 그들은 다른 제품이 니즈에 더 적합할지도 모른다고 생각한다.

고객 니즈와 고객 선택의 지속적인 변화를 이해하기 위해 여러분은 다음 사항을 이해할 필요가 있다.

- 여러분의 제품이 현재 가장 인기 높은 제품보다 좋은 이유
- 잠재 고객이 경쟁사 제품보다 여러분의 제품을 선택하는 이유
- 잠재 고객이 여러분의 제품보다 경쟁사 제품을 선택하는 이유
- 잠재 고객이 여러분의 제품보다 간접 경쟁사 제품을 선택하는 이유
- 고객이 여러분의 제품으로부터 이탈한 이유
- 고객이 이탈한 후 선택한 경쟁사 제품
- 고객이 경쟁사 제품을 선택한 이유

고객이 경쟁사 제품을 선택한 이유를 알고 싶다면 여러분은 경쟁사 고객에게 물어야만 한다. 경쟁사 고객은 다음과 같은 경로로 찾을 수 있다.

- 경쟁사 웹사이트의 사례 연구
- G2, 캡테라(Capterra) 등의 제품 리뷰
- 소셜 미디어
- 빌트위드(BuiltWith)나 데이터나이즈(Datanyze)와 같은 기술 통계 업체(디지털 흔적이 남는 제품의 경우)

최신 정보를 얻고 싶다면 최근 3개월 이내에 경쟁사 제품을 구매한 고객에게 집중하라.

그리고 그들의 결정 프로세스를 이해하는 데 도움이 될 만한 다음과 같은 질문을 던져야 한다.

- [경쟁 제품]에 대해 처음 어떻게 알게 되었나요? 그 당시 이 제품에 대해 무엇을 알았었나요?

- 그 당시 당신 삶에서 어떤 일이 있었나요?

- 이 제품으로부터 무엇을 기대하고 있었나요?

- 회원 가입을 하고 이 제품을 사용하도록 결심하게 만든 것은 무엇이었나요?

- 다른 누군가가 의사결정에 관여했었나요?

- 다른 제품을 평가해 보았었나요?

- 회원 가입한 후 이 제품은 기대에 비해 어떠했었나요?

- 이 제품 사용에 필요한 모든 정보가 있다고 느꼈었나요?

- 이 제품 구매를 결정하게 만든 것은 무엇이었나요?

- 당신에게 확신을 준 중요한 것은 무엇이었나요?

- 이 제품을 쓰고 있기 때문에 예전에 할 수 없었던 무언가를 지금은 할 수 있나요?

앨런 클레멘트(Alan Klement)는 고객이 여러분의 제품을 선택한 이유, 고객이 여러분의 제품과 경쟁사 제품을 두고 고려한 사항, 여러분의 제품 사용을 중단한 이유 등을 항상 함께 분석할 것을 추천한다.

"현재 고객이 "이 제품과 세일즈포스를 통합한다면 훌륭할 거야."라고 말하더라도 그것을 기록하되, 그 기능이 없다는 이유로 고객이 이탈한다는 신호를 보기 전까지는 조치를 취하지 않을 것이다."

여러분의 제품을 선택한 이유, 경쟁사 제품을 선택한 이유, 여러분 제품의 사용을 중단한 이유를 구분해 나누어 보면 어떤 패턴이 나타나기 시작한다.

그림 16-2 데이터의 세 가지 구분

제품 구매 이유	고객 이탈 이유	경쟁사 제품 구매 이유
손쉬운 이메일 자동화	투박한 사용자 인터페이스	24시간/365일 고객 서비스
우수한 전달성	제한된 보고 및 분석	앞선 A/B 테스팅
통합 웹사이트 빌더	제한된 템플릿	전자상거래 통합
다중 언어 지원	세일즈포스 미통합	플랫폼 API
강력한 세분화	단순 CRM	푸시 알림
워드프레스 통합	고객 서비스 부실	세일즈포스 통합

고객 리텐션율을 개선하려면 고객이 이탈해 경쟁사를 선택하는 원인이 되는 기능에 집중하라.

좀 더 많은 고객을 확보하고 수익성을 개선하려면 잠재 고객이 여러분의 제품 대신 다른 제품을 선택하도록 확신을 심어준 기능에 집중하라. 이를 통해 점차 경쟁자로부터 시장 점유율을 뺏어 올 것이다.

16.4 가치 요인 분석 ─────────

"사람들은 잘못된 일을 매우 열심히 한다. 그러나 올바른 일을 하는 것이 열심히 일하는 것보다 더 중요하다."[157]

카테리나 페이크(Caterina Fake)
플리커(Flicker) 공동 창립자

이번 장 앞부분에서 우리는 제품의 기능 유형을 이해하는 방법으로 카노 모델을 살펴보았다. 노리아키 카노 박사가 만든 표준 질문인 카노 설문 조사는 고객 입력을 이용해 기능을 분류하는 데 유용하다.

이와 같은 설문 조사를 통해 가능한 모든 제품 요구사항의 90%를 정할 수 있지만, 카노 설문 조사는 매우 길기 때문에 데이터 수집이 어려울 수 있다.

고객의 요구사항을 평가하기 위해 카노 설문 조사를 사용하는 전문가인 IBM 연구자들은 20개 이상의 기능을 테스트해 얻은 데이터의 양이 고객과 자신들 모두에게 지나치게 많다고 결론지었다.[158] 이런 이유로 나는 이 책에서 다른 기법에 초점을 맞추어 왔다.[159]

최고-최저 조정법(Best-Worst Scaling)으로 알려진 최대차(MaxDiff) 기법은 사람들이 서로 다른 특성을 어떻게 평가하는지 결정하기 위해 시장 조사에서 사용하는 통계적 기법인 컨조인트 분석(Conjoint Analysis)을 수행하기 위한 기법이다.

최대차 설문 조사를 이용하면 많은 대답을 얻지 않고도 여러 대상을 비교하며 그들 사이의 장단점을 잘 파악할 수 있다.

그리고 아래와 같이 가장 중요한 기능 사이의 우선순위를 도출할 수 있다.

1. 기능 A

2. 기능 B

3. 기능 C 등

이 기법에서는 사용자나 고객에게 네다섯 가지의 기능을 동시에 보여 주고, 가장 중요한 기능과 가장 덜 중요한 기능을 선택하도록 요청해 데이터를 얻을 수 있다.

최대차 설문 조사를 수행하기 위해 소투스 소프트웨어(Sawtooth Software)나 서베이기즈모(SurveyGizmo)와 같은 잘 제작된 설문 조사 툴을 사용하라. 양쪽 모드 설문 조사 데이터를 분석하는 데 유용한 내장 함수를 갖고 있다. 물론 직접 결과를 분석할 수도 있겠지만,[160] 분석에 위험이 따를 수 있다.

그림 16-3 최대차 설문 조사의 예

출퇴근하며 음악을 들을 때, 여러분에게 가장 중요한 것과 가장 덜 중요한 것은 무엇인가요?		
가장 중요		가장 덜 중요
◉	소음 제거	◉
◉	배터리 사용 시간	◉
◉	소리 크기 조정	◉
◉	음악 추천	◉

여러분은 최대차 설문 조사 대상의 명확한 고객 세분화(segmentation)를 원한다. 고객 세그먼트 전체에 대해 설문 조사를 수행한다면 믿을 만한 결과를 얻지 못할 것이다.

타깃 고객에 대해 통계적으로 유의미한 대표 집단이 필요하므로 여러분은 각 세그먼트당 150-300명의 설문 조사 대상자를 모집할 수 있는지 확인해야 한다. 여러분이 테스트하고자 하는 기능의 목록을 만들어라. 그리고 설문 조사 대상자가 명확한 답변을 할 수 있도록 그 기능을 수행하게 하라. 대상자가 설문 조사에 응답할 때 기능을 오해하는 일이 없어야 한다.

최대 25개의 기능을 테스트하라. 그리고 응답자에게는 각 기능을 최소 세 번은 보여 줘라.

그림 16-4 기능의 우선순위 예

1. 배터리 사용 시간
2. 무선 헤드폰
3. 헤드폰 착용감
4. 반응 시간
5. 소음 제거
6. 디자인

최대차 분석을 통해 얻은 데이터가 정량적이기는 해도, 그 결과가 사실상 매우 정성적이라는 사실이 중요하다. 분석 결과를 통해 대상 기능의 상대적 중요성은 알 수 있으나 그 기능이 정말로 중요한지는 알 수 없기 때문이다.

맥락은 사람들이 만들고자 하는 수많은 트레이드오프를 결정할 것이다. 이에 최대치 분석을 구매 의사 분석과 결합하는 것은 좋은 아이디어다.

대규모 데이터 세트를 사용하면 하위 세그먼트당 응답을 비교해서 이탈 기회를 식별할 수 있을 것이다.

16.5 기능 실험을 통한 학습

"검증하지 않았다면 어떤 것도 만들지 마라. 실행 버튼은 만들더라도 기능을 구현하지는 마라. 결과를 추적하라."

세바스티앙 브라울트(Sebastien Brault)
연속 창업자

특정 기능을 미리 테스트하는 일반적인 방법으로 페이크 도어(fake door) 수요 테스트가 있다.

페이크 도어 테스트는 제품, 기능 혹은 서비스를 제공하는 척하는 것이다. 예를 들어 여러분이 구현할 생각을 하고 있는 기능에 대해 실제로 구현하는 대신 실행 버튼이나 메뉴 항목만 추가해 놓는 방법이다.

사용자가 실행 버튼을 누르면 설문 조사에 답하거나 인터뷰에 참석하는 방식으로 실험에 기여할 수 있다는 것을 설명하는 웹 페이지로 이동한다.

여러분은 페이크 도어 수요 테스트를 통해 해당 기능이 사용자의 관심을 끌수 있는지 파악할 수 있다. 그러나 이 테스트에는 다음과 같이 몇 가지 어려운점이 있다.

1. 단순한 호기심 때문에 클릭한 경우를 제외할 수 없으므로 링크나 실행버튼을 클릭했다고 그 기능이 실제로 가치 있을 것이라는 뜻은 아니다.

2. 링크나 실행 버튼의 위치가 테스트 결과에 영향을 끼칠 것이다.

3. 링크나 실행 버튼의 명칭이 잘못된 기대감을 줄 수 있다. 여러분이 페이크 도어 수요 테스트를 수행하고자 하면 그에 앞서 12장의 이해도테스트를 명확히 진행하라.

그러므로 페이크 도어 수요 테스트를 통해 알 수 있는 것은 기능을 *시험해 보는 일*에 관심이 있는지 여부라 할 수 있다.

아마도 좀 더 가치 있는 수요 테스트는 현재 존재하는 기능을 숨기거나 제거하는 식으로 페이크 도어 수요 테스트를 역으로 수행하는 것이다. 여러분은일부 사용자를 대상으로 특정 기능을 숨기는 A/B 테스트를 계획할 수 있다.만약 그 기능이 가치 있다면 그 기능의 부재는 제품 사용에 영향을 끼칠 것이다. 그러므로 고객 문의가 증가한다면 이는 테스트를 위해 숨겨진 기능이 가치 있다는 것을 뜻하는 훌륭한 지표일 수 있다.

조금 부드러운 방법으로 특정 기능을 사용한 고객에게 제품 시장 적합성 설문조사(11장)의 주 질문("*[이 기능]*을 더 이상 사용할 수 없다면 어떤 느낌이 들까요?*")을 할 수도 있다.

일반적인 제품 시장 적합성 설문 조사와 마찬가지로 "그 기능을 사용하지 못하면 매우 실망스러울 거예요."라고 답한 응답자의 비율이 40%를 넘는다면 그 기능은 시장 적합성을 갖추고 있다고 추론할 수 있다.

또한, "그렇게 대답한 주된 이유가 무엇인가요?"라는 열린 질문을 앞 질문에 연이어 한다면 사용자 사이의 차이를 드러내는 데 도움이 될 것이다. 즉, 그 기능이 누군가에게는 가치 있는 반면, 누군가에게는 그렇지 못한 이유를 파악할 수 있다.

설문 조사는 제품 관련 결정을 좀 더 올바르게 내리는 데 도움이 될 수 있다. 그러나 제품 관련 결정을 설문 조사에 전적으로 의존하지는 마라. 설문 조사는 단순히 참고 데이터일 뿐이다.

때때로 간소화는 제품의 존재 가치를 좀 더 효율적으로 만드는 가장 좋은 방법이다. 그러므로 더 이상 영향을 주지 못하는 기능은 두려워하지 말고 과감히 없애라.

앱큐스(Appcues)의 카트리나 발보니(Katryna Balboni)는 기능 제거를 제품 전략의 일상적인 부분으로 만들 것을 권고했으며,[161] 마인드 더 프로덕트(Mind the Product)의 공동 창립자인 조나 바스토(Janna Bastow)는 한술 더 떠 기능 제거 목록 작성을 권고했다.[162]

장점과 단점을 꼼꼼히 따져보라. 이와 관련해 데이브 맥클루어(Dave McClure)는 "잘못된 것은 없애라. 그러면 실제로 가치가 있는 것을 알게 될 것이다."[163]라고 말한다.

16.6 구매 의사 분석 ─────────────────

"백만 달러에 어떤 정보를 구입하겠습니까?"

존 컬터(John Culter)

이것은 앰플리튜드(Amplitude) 제품 홍보 담당자인 존 컬터가 고객의 수익성 있는 가치가 무엇인지 알기 위해 묻는 질문이다.

이는 다음 두 가지 역할을 한다.

1. 고객이 말을 꺼내서 그들이 가장 필요로 하는 것을 공유하도록 유도한다.

2. 고객에게 트레이드오프(Trade-offs)를 강요한다.

고객은 필요한 정보를 얻을 수도 있지만 더 많은 비용이 들 것이라고 생각한다. 그리고 이는 논의를 현실화한다.

이는 드리프트의 프로덕트 팀이 회사 창립 후 몇 년이 지난 후에도 기능 검증을 위해 여전히 달러 테스트 형식을 사용하는 이유다. 그들은 고려하는 기능에 가격을 매김으로써 자신들이 제작하는 모든 기능에 수익성이 있다는 것을 확인한다.

드리프트의 CEO인 데이비드 캔슬(David Cancel)은 "달러 테스트를 수행하면 대부분의 기능 요청이 기적처럼 사라진다. 덕분에 여러분의 부담은 가벼워지고 결정은 쉬워진다. 요구하는 기능에 가격을 매기고, 그 기능에 더 많은 비용이 들 것이라고 정직하게 말하면 그만한 비용을 지불할 가치가 있다고 말하는 셈이다."라고 말한다.

구매 의사 분석을 수행하기 위해 가격 전문가인 마드하만 라마누잠(Madhavan Ramanujam)과 게오르그 타케(Georg Tacke)는 다음과 같은 질문을 추천했다. 참고로 질문 순서에 맞추어 질문해야 한다.

1. *받아들일 수 있는 가격은 얼마라고 생각합니까?*

2. *비싼 가격은 얼마라고 생각합니까?*

3. *엄두도 내지 못할 만큼 비싼 가격은 얼마라고 생각합니까?*

이 질문에 대한 답변은 기능이 수익을 낼 수 있을지 판단하는 데 유용하며, 여러분에게 가격 잠재력에 대한 아이디어를 제공할 것이다.

구매 의사에 관한 대화는 서로 불편할 수 있다. 그러나 7장에서 보았듯이, 이는 고객이 제품이나 여러분이 만들려고 하는 기능에 대해 진정한 니즈를 갖고 있는지 파악하는 데 매우 중요하다.

여러분이 B2C 영역에서 비즈니스를 하거나 제품 사용자가 많다면 여러분은 사용자에게 좀 더 높은 가격으로 회원 가입할 것을 요청하거나 일시적으로 차단을 해제하기 위해 일회성 요금을 지불하도록 요청하며 대상 기능을 차단하거나 제한할 수 있다.

또한, 다음과 같이 업그레이드 결정을 요청해 볼 수도 있다.

그림 16-5 업그레이드 메시지 예

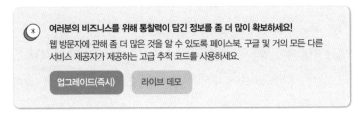

어떤 면에서 이는 페이크 도어 수요 테스트의 변형된 형태다.

이 기능을 아직 구현하지 않았으므로 돈을 받기 시작하는 것은 일반적으로 적절하지 않다. 돈을 내게 하는 대신 여러분이 하고 있는 조사에 대한 설명 페이지로 이동하거나 기능 구체화를 위한 고객 인터뷰 지원 양식으로 이동하는 것을 고려하라.

16.7 발전하기

"새로운 기능은 해당 특정 기능을 사용하는 사용자를 유지하면서 기능의 자체 채택을 이끌어 내는 확장 가능한 방식을 가져야 하고, 고객 리텐션율, 고객 기능 인게이지먼트, 그리고/혹은 핵심 기능에 대한 수익화를 개선할 수 있어야 한다."[164]

케이시 윈터스(Casey Winters)

이 단계에서 나아가려면 한 번에 하나의 사용자 프로필 또는 페르소나(persona)에만 집중하라. 또한, 만들려고 생각 중인 기능으로 모든 사람을 만족시키려 하지 마라. 사용자가 자신의 핵심과업을 좀 더 잘 처리할 수 있게 도와야 한다.

제품의 가치를 높일 기회를 발견했다고 곧바로 구현에 달려들지 마라. 새로운 가치를 더하는 기능의 콘셉트와 실제 구현 사이에는 차이가 있으며, 새로운 가치 제공에 이르기까지는 통상 여러 차례 이터레이션이 필요하다. 이를 *타임 투 머니*(time to money)라 부른다.

이번 장 앞부분에서 다루었던 몇몇 기법을 사용해 콘셉트 검증을 완료했다면 이제 구체화하라.

- *어떤 것이 현재 상태를 나타내는가?*
- *누구의 행동이 변화하리라 기대하는가?*
- *그들은 어떻게 변할까?*
- *새로운 행동은 사용자나 고객에게 어떤 이익을 가져다줄까?*
- *새로운 행동은 회사에 어떤 이익을 가져다줄까?*
- *고객은 변화에 대해 무엇을 말할까?*

구현하려는 기능이 명확해지면 해당 기능의 타깃 오디언스를 대상으로 매우 가벼운 프로토타입을 제작할 수 있다. 이는 사용자 테스트(5장)를 통해 가장 잘 할 수 있다.

자연스럽고 솔직한 반응을 원하기 때문에 프로토타입은 실제처럼 보여야 한다. 액슈어(Axure), 키노트(Keynote) 혹은 기본적인 HTML을 사용해 이러한 프로토타입을 만들 수 있다.

지난 몇 년 사이 최고의 프로토타입 제작 툴이 된 키노트는 새로운 기능에 관한 아이디어를 모바일 혹은 컴퓨터에서 테스트하는 프로토타입을 제작하는 데 사용할 수 있다.

새로운 기능이 고객 인게이지먼트나 리텐션율을 개선하기 위한 것이라면 초보자에서 전문가에 이르기까지 다양한 범위의 사용자를 모집해야 한다. 새로운 기능이 고객 확보와 온보딩(onboarding)을 위한 것이라면 제품을 한 번도 사용해 본 적이 없는 사람들을 모집해야 한다.

사용자 테스트와 인터뷰를 결합하는 것도 좋은 아이디어일 수 있다. 그렇게 하려면 참여자별로 한 시간 정도씩 일정을 수립하라. 목적은 다음과 같을 것이다.

1. 사용자의 맥락과 신기능의 가치가 그들의 삶에 어떻게 녹아들지를 이해하라.

2. 구현된 신기능이 사용자의 니즈를 얼마나 잘 충족시킬지를 평가하라.

다음과 같은 질문으로 처음 10-15분을 사용할 수 있다.

- *[역할명]으로서 자신의 역할을 어떻게 설명할까요?*

- *당신에게 성공은 어떤 모습입니까?*

- *자신의 [핵심과업(Job To Be Done)]을 어떻게 다룰지 말해 줄 수 있나요?*

- *[제품명]을 사용하기로 결정했던 이유는 무엇인가요?*

- *[핵심과업]을 수행하기 위해 [제품명]을 어떻게 사용하고 있는지 설명해 줄 수 있나요?*

- *[특정 핵심과업 단계]를 수행하는데 방해가 되는 것은 무엇인가요?*

- *좀 더 많은 [성과]를 얻기 위한 방법을 찾았나요?*

- *[제품명]의 주요 한계는 무엇이라고 느끼나요?*

인터뷰 뒤에 사용자 테스트를 진행하라. 빌딩 블록의 사용자 테스트 수행에서 사용자 테스트를 위한 최상의 실천 방법을 찾아 볼 수 있다.

처음 몇 분 동안은 사용자나 고객이 프로토타입에 친숙해질 수 있도록 하자. 그리고 그들이 준비되면 첫 번째 태스크를 제시하라.

테스트 참가자가 주어진 태스크를 해나갈 때 다음과 같은 것을 질문하라.

- **기대감**: *이 기능이 무엇일 거라 기대하나요? 이것을 클릭하면 어떤 일이 일어나리라 생각하나요? 당신이 [태스크]를 수행하는 방식과 어떻게 일치하나요?*

- **이해**: *이것이 무엇이라고 생각하나요? 이것이 무엇을 의미한다고 생각하나요? 이것으로부터 무엇을 이해하나요?*

여러분의 목표는 새로운 기능에 대한 기대와 실제 사이에 있는 차이와 걸림돌(friction point)을 찾는 것이다. 유명한 연구 결과에서 사용성 전문가 제이콥 닐슨(Jakob Nielsen)은 대표 고객 다섯 명의 사용성 테스트를 통해 사용성 문제의 85%를 발견할 수 있다는 것을 보여 주었다.[165]

한 번에 여러 가지 테스트를 진행하는 것보다는 여러 번의 테스트를 수행하는 것이 더 좋다. 이렇게 하면 새로운 기능의 구현을 점진적으로 개선할 수 있으며, 사용성, 언어 및 태스크 관련 이슈를 학습할 수 있다. 결과적으로 고객이 기대하는 가치에 더 가까운, 훨씬 높은 품질의 구현을 더 빠르게 제공할 수 있다.

고객이 새로 추가한 기능을 잘 사용하지 않는다면 여러분은 제품을 더 좋게 만들고 있는 것이 아니다. 새로운 가치 추가를 반복하는 것이 실제로 고객에게 새로운 가치를 전달하는 가장 좋은 방법이다.

16.8 사례 연구
히텐 샤와 마리 프로코펫은 어떻게 FYI를 개선했는가?

"다방면의 베팅을 강요받으면 개발 파이프라인에 다양한 아이디어가 흘러 들어가면서 회사 자원이 고갈된다.

아이디어 하나하나가 추진을 위한 에너지와 헌신을 요구하기 때문이다."

토니 울윅

히텐 샤와 마리 프로코펫이 자신들의 문서 검색 제품에서 가장 중요한 기능이 검색이 아니라는 것을 깨닫는 데는 오랜 시간이 걸리지 않았다.

두 사람은 사용자가 그들의 제품에 흥미를 갖게 만들 수는 있었다. 그러나 흥미가 구매로 이어지려면 통합 부분에서 세계적 수준이 되어야만 했다. 간단히 말해 통합 기능이 완벽하게 작동하지 않는다면 비즈니스 자체가 불가능했다.

비즈니스에 필요한 통합 기능을 확보하기 위해 두 사람은 통합 기능이 최적화될 때까지 무수히 많은 시간을 쏟아부으며 기능을 테스트하고 개선하는 일을 반복했다. 통합 기능 최적화 후에는 문서 탐색 기능 최적화와 온보딩이 뒤따랐다. 제품이 개별 사용자를 대상으로 효과를 거두자, 두 사람은 다음 할 일을 찾기 시작했다.

이와 관련해 히텐 샤는 *"제품 개발에서 순서를 정하는 일은 가장 복잡한 일 가운데 하나다. 시장에 제품이 다양하지 않아 개발 순서를 생각할 필요가 없었을 때에는 정말 쉬운 일이었다."*라고 말한다.

다음 일은 FYI 성장의 많은 부분이 사용자의 동료들이 제품을 발견한 것에서 비롯되었다는 것을 깨달으면서 나타났다.

사용자의 동료들이 FYI 제품에 대해 들었는지 혹은 회의 시간에 사용하는 것을 보았는지는 명확하지 않다. 그러나 그들로부터 FYI의 유기적인 성장이 이루어지고 있는 것은 확실했다.

당시 FYI는 팀 콘셉트를 갖고 있지 않았다. 이에 동료들을 초청할 방법도 아예 없었으며, 팀 관련 기능을 만들어 넣는 것은 생각조차 해본 적이 없었다. 히텐과 마리에게 이런 발견은 일종의 계시였다. 덕분에 두 사람은 *팀을 고려한 FYI*라는 콘셉트를 중심으로 제품 로드맵을 다시 생각하고 일의 우선순위도 조정하였다.

그들이 보았을 때, 팀 제품을 제작할 생각으로 시작했었다면, 이 가운데 어떤 것도 잘되지 않았을 것이다.

두 사람은 업무용과 개인용 양쪽 모두에서 고객을 끌어 모을 수 있는 세계적인 수준의 개인용 제품을 우선 제작해야 했다. 사용자 또한 FYI 제품을 다른 사람에게 주저 없이 소개해 줄만큼 FYI를 사랑해야 했다. 모든 개선이 핵심 제품에서 이터레이션으로 발생했다.

이와 관련해 히텐 샤는 "*다음 단계에 대하여 생각하는 방법은 사람들이 여러분 제품을 사용해 가장 많이 하고 있는 일로부터 출발하는 것이다. 그 다음에는 그들이 왜 그것을 사용하는지 파악해야 한다. 논리적으로 다음 할 일은 사용자가 이미 하고 있는 것과 관련이 있다. 이는 다음 기능이 제품의 나머지 기능처럼 높은 사용률을 가지도록 보장할 수 있는 유일한 방법이다.*"라고 말한다.

16.9 행동하기 ————————————————————

1. 기능 사용을 탐색하라. 기능을 중심으로 사용 맥락을 이해하라.

2. 고객 문의, 사용 맥락, 고객 이탈 등을 분석해 고객 인게이지먼트와

수익성을 향상시키는 아이디어를 만들어라.

3. 최대차 설문 조사, 기능 실험 혹은 구매 의사 분석을 통해 기능을 테스트하고 순위를 매겨라.

4. 제품 가치 향상 기회를 확인했다면 원활한 구현을 위해 사용자와 협력하라.

5. 고객이 개선 사항으로부터 기대 가치를 얻고 있는지 확인하기 위해 제품 출시 후에도 개선 사항을 계속 모니터링하라.

17

다른 세그먼트 발굴하기

여러분의 제품은 한 세그먼트의 니즈를 해결한다. 이번 장에서 설명하는 기법을 사용해 여러분의 제품을 사용해 이익을 얻을 수 있는 **다른 세그먼트를 발굴하라.**

"제품 시장 적합성(PMF)을 확보했다면 비슷한 문제를 가진 다른 오디언스를 찾아라."[166]

네이트 데스몬드(Nate Desmond)
성장 마케터

제품 개선을 넘어 세 가지 방법으로 제품 비즈니스를 확장할 수 있다.

1. 제품이 현재 제공하고 있는 가치를 새로운 세그먼트에 소개

2. 신규 고객을 끌어들이기 위해 신기능 추가

3. 핵심 제품을 중심으로 연관성 있는 신제품 제작

새로운 세그먼트를 공략하는 일은 판매, 마케팅, 관리 프로세스를 상당히 복잡하게 만들 수 있다는 사실을 이해하는 것이 중요하다. 또한, 여러분이 익숙해질 필요가 있는 새로운 사용 사례와 페르소나(persona)가 생겨날 수도 있다.

우리는 관련 있는 핵심과업(jobs)과 고객 세그먼트를 탐색하는 방식으로 시장

확장 기회를 찾을 것이다. 위의 세 가지 방법 가운데 첫 번째는 기존 비즈니스와의 차이가 가장 적을 것이다. 그러므로 첫 번째 방법에서 출발하는 것도 좋은 아이디어다.

여러분이 서비스 회사를 운영한다면…

이번 장에서는 여러분의 제품을 사용해 이득을 볼 수 있는 새로운 고객 세그먼트를 발굴하는 방법을 학습한다.

17.1 사용 가능한 기법

시장 확대를 위해 새로운 고객 세그먼트를 발굴하려면 여러분이 비즈니스 초기에 수집했던 일부 정보를 다시 살펴보고, 새로운 세그먼트의 요구를 테스트해 보아야 한다.

- **다른 시장의 매력 분석**: 고객 소통 및 제품 사용에서 탐색할 만한 패턴을 찾을 수 있다.
- **고객 인터뷰를 통한 학습**: 고객 세그먼트와 시장 요구를 체계적으로 평가할 수 있다.
- **새로운 시장 세그먼트에 대한 판매 혹은 광고**: 다른 세그먼트의 요구를 재빨리 테스트할 수 있다.

여러분은 먼저 다른 시장의 매력을 분석해야 한다. 이후 판매, 광고나 고객 인터뷰를 통해 시장 요구를 측정할 수 있을 것이다.

17.2 다른 시장의 매력 분석

"여러분이 한 산업 분야에서 한 명의 고객을 갖고
있다면 여러분은 10을 얻을 수 있다. 틀을 벗어난
사람(outlier)이라고 이상한 것은 아니다. 그들이 미래다."

제이슨 렘킨(Jason M. Lemkin)

이 단계까지 오면서 여러분은 이미 다른 시장 세그먼트에서 매력을 느꼈을 가
능성이 있다.

- 제품 메시지가 특정 시장에 집중돼 있음에도 불구하고 다른 세그먼트의 잠재 고객
  이 회원 가입한 일이 있는가? 이런 사용자 그룹 중 눈에 띄는 고객이 있는가?

- 다른 세그먼트의 잠재 고객 가운데 누구라도 여러분 제품에서 실제 가치를 찾은
  일이 있는가? 타깃 고객과 비교했을 때 제품을 사용하면서 비슷하거나 더 큰 가치
  를 누리는 세그먼트가 있는가?

- 그런 세그먼트 가운데 고객 이탈률, 고객 인게이지먼트 심지어 순고객추천지수에
  서 타깃 세그먼트보다 나은 성과를 보이는 곳이 있는가?

- 다른 세그먼트의 사용자가 다른 기능을 요청한 적이 있는가? 그들은 특화된 개발
  에 돈을 지불할 수 있을 만한 예산을 갖고 있는가?

- 여러분의 팀은 신규 시장 진입을 쉽게 만드는데 이용할 만큼 권위를 갖추고 주목
  을 받고 있는가?

- 여러분의 팀은 신규 시장으로의 확장에 사용할 수 있는 지식이나 통찰력 담긴 지
  식을 확보했는가?

- 고객이 타깃 시장 밖의 잠재 고객에게 제품을 추천했는가? 추천받은 사용자가 여
  러분의 제품으로부터 가치를 발견했는가?

이것은 현재 시장이 제품 판매 범위를 확장하고 있다는 가장 강력한 표시다. 그들은 여러분의 제품이 자신의 니즈를 충족시킬 수 있다고 생각하는 새로운 초기 수용자 그룹의 예다.

지금까지 여러분은 핵심 시장에서 승리하는 데 최대한 집중해 왔을 것이다. 이제는 집중할 곳을 바꾸어 여러분 제품의 가치를 누리려는 다른 세그먼트를 살펴볼 순간이다.

우리는 12장에서 고객 피드백과 고객 지원 대화를 수집하고 분류하는 일의 중요성에 관해 이야기했다. 다시 한 번, 그 데이터를 살펴보도록 하자.

여러분은 그 데이터로부터 다음 두 가지를 확인하고자 한다.

1. 여러분의 제품을 사용하며 가치를 누리려는 세그먼트

2. 그런 세그먼트의 제품 사용을 방해하는 것

현재 타깃 시장에 속하지 않은 사용자에게 초점을 맞추면서 다음 사항을 다시 살펴보자.

- 포지셔닝 피드백("나는 아마도 당신의 타깃 고객이 아니에요. 그러나 …", "내가 틀린 것을 확실히 알아요. 그러나 나는 …라고 생각해요.")
- 제품 웹사이트를 방문한 회사의 목록(B2B 비즈니스의 경우)
- 요청하지 않은 피드백과 이메일
- 기능 요청
- 판매 문의 전화
- 회원 가입 사용자의 프로필

- 여러분의 팀이 *"타깃 시장이 아니에요."*라고 말하며 거절한 탓에 주문을 취소한 사용자의 프로필
- 특이한 제품 사용 방식

다시 살펴보았을 때 눈에 띄는 세그먼트가 있는가?

특이사항과 이상값을 피하려고 하겠지만, 여러분이 실제로 찾고자 하는 것은 신호다. 이에 작은 세그먼트조차도 흥미로울 수 있다. 또한, 일반적으로 세그먼트는 확장될 수 있다.

여러분이 확인하고 선택한 세그먼트의 각 사용자 그룹에 대해 그들이 추구하는 가치, 제품에 대한 그들의 다른 인식, 그들의 제품 사용을 방해하는 것을 파악해야 한다. 데이터가 충분하지 않다면 인터뷰 수행 등을 통해 더 깊이 파고들어 분석하라.

이런 논의를 시작하게 만든 특정 사용자는 이미 다른 제품을 선택해 옮겨갔을 가능성이 매우 크겠지만, 그들이 어떤 솔루션을 고려하고 있는지, 그들이 어떤 솔루션을 선택했는지 파악하는 일은 여전히 매우 가치 있다.

그들이 솔루션을 찾았는가? 그렇다면 그 솔루션은 그들의 니즈를 얼마나 잘 충족시키고 있는가?

그들이 속한 세그먼트 가운데 하나에 대해서라도 여러분의 제품이 그 세그먼트의 성공에 필요한 모든 것을 갖추고 있다면, 축하한다. 여러분은 확장 기회를 발견했다. 제품 메시지를 적절히 수정하는 것만으로 그 세그먼트로 확장할 가능성이 있다.

그러나 기회를 발견했다 하더라도 전체 과정을 찬찬히 검토해야 한다.

17.3 고객 인터뷰를 통한 학습 ─────────────

"고객 발견 인터뷰에서 부정을 저지르는 것은 낙하산 접기
수업에서 부정행위를 하는 것과 같다."[167]

스티브 블랭크(Steve Blank)
고객 개발 크리에이터

〈캐즘 마케팅〉의 저자 제프리 무어(Geoffrey Moore)는 시장 평가 기준으로 다음
과 같은 것을 추천했다.

1. *규모가 충분한가?* 규모가 작거나 죽어가고 있는 시장을 목표한 것은 아닌
   지 확인해야 한다. 시장으로서 가치가 있으려면 시장 규모가 최소 천만
   달러(약 130억)의 연간 매출을 달성할 만큼 충분히 커야 한다.[168]

2. *접근할 수 있는가?* 큰 규모의 새로운 잠재 고객에게 접근하기 위해 이미
   구축해 놓은 자원이나 방법 일부를 이용할 수 있는가? 고객 확보 비용
   이 지나치게 크지는 않은가? 이 세그먼트로 확장할 수 있는 명확한 경
   로가 있는가?

3. *설득력 높은 가치 제안을 갖고 있는가?* 경쟁자보다 훨씬 큰 가치를 제공할
   수 있는가? 여러분의 가치 제안이 이 세그먼트의 니즈 및 해결할 문제
   와 연결돼 있는가?

4. *이미 온전한 제품을 갖고 있는가?* 온전한 제품이란, 새로운 세그먼트의 고
   객에게 제품을 팔기 위해 필요한 최소한의 요구조건을 뜻하며, 기능,
   통합, 협력 관계 등을 포함할 수 있다. 현재 제품 그대로 새로운 세그
   먼트에 제품을 판매할 수 있는가? 아니면 제품을 변경해야 하는가?

5. **경쟁자가 있는가?** 새로운 세그먼트에서 경쟁은 얼마나 심한가? 여러분의 제품은 차별화되는가? 잠재 고객은 어떤 대체 제품을 고려하는가?

6. **선도적 지위를 이용할 수 있는가?** 이 세그먼트에서 승리하면 새로운 비즈니스 기회가 열리는가? 미래에 또 다른 세그먼트에 들어가기 위해 활용할 수 있는 리더십, 추진력, 데이터 혹은 다른 자산을 구축하는 데 도움이 되는가?

여섯 가지 평가 기준을 제시했지만, 사실 나는 10개 정도의 평가 기준을 추가로 제시할 수도 있다. 데이터 포인트(data point)가 더 많다면 대상 세그먼트를 더 잘 평가할 수 있을 것이다.

예를 들어 고객 예산, 고통 강도, ROI 추정치, 확보 비용, 고객 이탈률 등 여러분의 결정에 도움이 될 만한 것은 무엇이든 추가할 수 있다. 이때 동종의 세그먼트를 대상으로 평가해야 한다는 사실이 중요하다.

여러분은 최고의 기회를 선택하기 위해 다중 기준 분석을 수행할 수 있다. 신속하게 시작하기를 원한다면 **solvingproduct.com/markets**의 템플릿을 사용하라.

가장 잠재력 높은 서너 개의 세그먼트를 선택했다면 세그먼트당 5–10명의 잠재 고객을 선택해 신속하게 인터뷰를 수행해야 한다.

인터뷰 목적은 다음과 같다.

1. 인터뷰 대상자의 핵심과업을 이해하는 것

2. 여러분의 현재 제품이 그들의 니즈를 얼마나 잘 충족시킬지 파악하는 것

각 세그먼트에 대해 여러분이 선택한 인터뷰 대상자의 역할과 책임을 이해하라. 그들과 비슷한 사람들을 대상으로 추가 인터뷰 대상자를 모집할 수 있다.

인터뷰에서는 다음과 같은 질문을 할 수 있다.

- *올해 당신의 목표는 무엇인가요?*

- *올해 당신은 어떻게 평가받나요?*

- *당신을 잠 못 이루게 하는 것은 무엇인가요? 그 이유는 무엇일까요?*

- *여러 문제 가운데 가장 중요한 세 가지를 꼽는다면 무엇인가요?*

- *[핵심과업]을 어떻게 다루고 있는지 말해 줄 수 있나요?*

- *[핵심과업]을 마지막으로 수행했던 때를 설명해 줄 수 있나요? 그 일에 누가 관여했나요? 어떤 태스크가 포함돼 있었나요?*

- *[핵심과업]에 대한 솔루션을 찾기 위해 마지막으로 시도했던 때가 언제인가요?*

- *어떤 대체 솔루션을 고려했었나요?*

- *여러 솔루션 사이에서 어떤 차이를 인지했었나요?*

- *이상적인 솔루션은 무엇인가요?*

잠재 고객이 핵심과업을 처리하기 위해 적극적으로 노력하고 있지 않다면 혹은 핵심과업 처리가 우선순위가 높은 일이 아니라면 확장 동력을 만들기 어려울 것이다.

회사를 대상으로 인터뷰를 진행한다면 다음과 같은 질문도 고려하라.

"*[핵심과업]의 회사 내 책임자는 누구인가요?*"

만약 질문에 대한 답변이 "아무도 없어요."라면 그 핵심과업은 존재하지 않는 것이거나 우선순위가 높은 일이 아닐 것이다.

"인터뷰를 하고 있지 않은 누군가"라고 답한다면 그 답변을 고려해 인터뷰 대상자를 조정할 수 있다.

인터뷰는 여러분의 제품이 각 세그먼트에 얼마나 적합한지 파악할 수 있어야 한다. 인터뷰 대상자는 여러분 제품을 같은 일에 사용하는가? 혹은 서로 다른 일에 사용하는가?

17.4 신규 시장 세그먼트에 대한 판매 혹은 광고

"새로운 시장에 대한 제품 시장 적합성을 증명하자마자
우리는 판매 직원이 전면에 나서서 최대한 많은 추가 잠재
고객을 발굴하기를 원한다."

마티 케이건(Marty Cagan)
SVPG(Silicon Valley Product Group) 창업자

내가 전 공동 창업자와 하이라이츠(Highlights)에서 일하기 시작했을 때,[169] 아이디어는 사스(SaaS) 회사들이 제품을 국제화하는 데 도움을 주는 분석 제품을 만드는 것이었다.

유럽의 비즈니스와 비교하면 국내 시장이 훨씬 작기 때문에 우리는 유럽에서 고객 발굴 작업을 시작했다. 십여 차례의 잠재 고객 인터뷰를 진행하자 패턴이 드러나기 시작했다.

새로운 시장을 가장 빨리 포착한 비즈니스는 그냥… 잘 해냈다. 기회를 식별하고 때로는 신호를 감지하거나 분석에 근거했지만, 신규 시장에서 자신들의

현재 제품을 판매하거나 광고하기 시작했다.

이런 통찰이 우리가 구축하려는 솔루션의 가치를 제한했지만, 시장 확장에 있어서는 좋은 교훈이었다.

여러분이 이런 상태에 있다면 여러분의 팀은 적어도 한 세그먼트에서 제품을 팔거나 광고를 해야 한다. 그리고 이를 통해 시장 확장을 가늠할 수 있는 명확한 평가 지표를 확보해야 한다.

판매 혹은 전환 퍼널을 만들고 명확한 벤치마크를 확보하라.

여러분이 광고를 통해 고객을 확보하고 있다면 동일한 광고와 제품 메시지로 그 새로운 세그먼트를 공략하라. 기존 결과와 비교해 성과가 어떠한가? 20% 낮은가? 50% 낮은가? 사용자가 회원 가입했을 때 어떤 일이 일어났는가?

- 회원 가입한 사용자가 제품을 잘 사용하는 반면, 퍼널이 낮은 성과를 내고 있다면 문제는 여러분의 메시지에 있다.

- 퍼널이 높은 성과를 내고 있는 반면, 회원 가입한 사용자가 제품을 잘 사용하고 있지 못하다면 온보딩을 조정해야 한다.

- 퍼널과 온보딩 모두 제 역할을 하고 있는 반면, 회원 가입한 사용자가 제품을 잘 사용하고 있지 못하다면 제품 조정이 필요할 수 있다. 이 일은 자칫 반복적인 기능 추가로 이어질 수 있는 만큼 주의 깊게 문제를 다뤄야 한다.[170]

시기 적절한 인앱 메시지를 사용자에게 보여 주면서 퍼널과 제품 메시지를 어떻게 조정할지 학습할 수 있지만, 판매가 좀 더 효과적인 학습법이 될 수 있다.

새로운 세그먼트에서 제품 판매를 시작하거나 영업 팀이 판매를 시작하도록 할 수도 있다. 여러분의 초기 피칭으로 판매를 시작하면 영업 팀은 사용자와의 갭, 호응을 이끌어 낼 수 있는 가치 제안, 새로운 세그먼트의 독특한 특징

등을 빠르게 파악할 것이다.

기능이 빠져 있다고 확신할 때까지는 제품이나 제품 설명 방법을 바꾸지 마라.

특정 세그먼트의 요구를 충족시키기 위해 제품을 변경할 계획이 있다면, 먼저 그 세그먼트가 확장하기에 가장 적합한 세그먼트인지 확인해야 한다.

17.5 발전하기

"명확한 전략이 없다면 진전을 이루는 일을 하기보다는
뜻밖의 일만 처리하느라 바쁠 것이다."[171]

노아 가노(Noa Ganot)
제품 관리 전문가

시장 점유율 확보는 회사에 가장 중요한 일이다. 경쟁자로부터 시장 기회를 뺏으면 회사의 실적은 우상향 그래프를 그리며 성장한다.

가장 빠르게 성장하는 회사 가운데 상당수는 시장 탐구와 확대에 전략적으로 접근한다.[172]

세그먼트, 제품 포지셔닝 및 기능 집합을 여러 개 관리하려면 그만한 부담이 발생하기 때문에 적절한 확장 시점을 선택하는 일이 매우 중요하다.

시장 확대를 고려하기에 앞서, 다음 사항을 확실히 하라.

- **기존 시장에서 가장 높은 점유율을 차지하고 있다:** *현재 시장 점유율이 30%, 40% 혹은 50%인가? 기존 시장에서 주도적인 점유율을 달성하기까지 멈추지 마라.*

- **대다수 잠재 고객이 여러분 제품을 알고 있다:** *잠재 고객이 여러분 제품에 관해 이야기하고 있는가? 얼마나 많이 알려져 있는가?* 여러분은 이를 파악하기 위한 설문 조사 방법을 22장에서 배울 것이다.

- **최고의 기회를 차지해 왔다:** 가장 높은 수익성, 가장 빠른 성장 기회, 최고의 고객 등을 차지해 왔다. 여러분은 *난공불락*의 주도적인 사업자가 되기를 원한다. 경쟁자들이 여러분이 남긴 작은 시장을 놓고 경쟁하게 만들라.

- **기존 시장에 대한 영향력을 유지하면서도 다른 일에 투입할 수 있는 자원을 갖고 있다:** 신규 시장 세그먼트를 공략하는 동안 기존 핵심 시장도 전과 동일하게 유지할 수 있다.

- 지원 팀, 마케팅 파이프라인 외에도 **별도의 영업 팀이나 마케팅 팀을 구축할 수 있는 현금 흐름을 갖추고 있다.**

위 사항은 아무리 강조해도 지나치지 않다.

제프리 무어(Geoffrey Moore)는 회사의 전략적인 발전과 확장을 위해 볼링 앨리(bowling alley)(또는 볼링핀) 전략을 사용하길 추천했다.

볼링 앨리는 일단 볼링핀을 하나 쓰러뜨리면 그 핀을 이용해 다른 볼링핀을 쓰러뜨릴 수 있다는 것으로, 한 시장에서 상당한 점유율을 달성하고 인접한 시장으로 그 영향을 확장해 나가면 그 시장도 점령할 수 있다는 전략이다.

이때 다음 핀, 즉 다음 세그먼트가 이전에 성공한 세그먼트와 연관이 있어서, 알려짐, 입소문, 사례 연구 등이 자연스럽게 이전 세그먼트에서 새로운 세그먼트로 확장되는 것이 중요하다. 결과적으로 여러분은 신규 시장에 진입해도 맨땅에서 시작할 필요가 없다.

가장 손쉽게 차지할 수 있으면서도 가장 큰 전략적 이득을 가져다 줄 세그먼트를 찾아라.

어떤 세그먼트가 여러분에게 가장 많은 기회의 문을 열어 줄까? 어떤 세그먼트가 여러분의 시장 리더십 지위를 강화해 줄까? 어떤 세그먼트가 가장 수익성 높을까?

이때 여러분의 목표는 최소의 노력으로 최대의 효과를 달성하는 것이다.

17.6 사례 연구
파퓰로는 어떻게 레드오션에서 블루오션으로 갔는가?

"시장을 주도하고 있다면 현재의 구매 기준을 강화하고,
여러분이 왜 최고인지 반복해서 강조하라."

에이프릴 던포드(April Dunford)

1996년 앤드류 오쇼네시(Andrew O'Shaughnessy)는 이메일 마케팅 플랫폼인 뉴스위버를 창업했다. 얼마 지나지 않아 아일랜드의 이 작은 회사는 여러 상을 받으며 대규모 다국적 정부 에이전시부터 소규모 회사/단체/협회에 이르기까지 다양한 고객을 확보했다.

뉴스위버가 성장하며 수익을 내고는 있었지만, 앤드류와 그의 팀은 관련 데이터를 주의 깊게 관찰하며 고객과 소통하는 습관을 만들었다.

어느 날 그들은 규모는 작지만 제품을 잘 사용하는 고객 세그먼트에서 흥미로운 사실 하나를 발견했다. 관련 데이터를 샅샅이 훑으며 조사한 결과, 그 고객 세그먼트가 사내 공지 전달, 사내 설문 조사 등 사내 커뮤니케이션에

뉴스위버를 사용하고 있다는 사실을 발견했다.

이런 사실은 그들의 관심을 사로잡았다. 추가 조사를 진행한 후 앤드류와 그의 팀은 사내 커뮤니케이션 분야가 가장 수익성 높은 세그먼트 가운데 하나였다는 사실에 깜짝 놀랐다. 좀 더 확실하게 확인하기 위해 원래의 이메일 마케팅 솔루션인 *커스터머 커넥트*(Customer Connect)와 분리해 *인터널 커넥트*(Internal Connect)를 만들었다.

두 제품으로의 분리는 효과가 있었다. 이에 앤드류와 그의 팀은 결심을 해야 했다. *자신들의 모든 역량을 단 하나의 제품에 집중한다면 더 빠르게 더 지속적으로 성장할 수 있을까?*

2014년 앤드류와 그의 팀은 사내 커뮤니케이션 마켓에 집중하기로 결정했으며, 2017년 그들은 회사 이름을 파퓰로(Poppulo)로 바꾸었다.[173]

타깃 세그먼트의 변화는 비즈니스의 변화로 이어졌다. 즉, 그들은 경쟁이 극심했던 레드오션인 이메일 마케팅 시장에서 경쟁이 거의 없어 사실상 독점할 수 있는 블루오션 시장으로 옮겨갔다.

그들은 늘 시장에 주의를 기울였던 덕분에 성공했다. 오늘날 파퓰로는 전 세계 100여 개 이상의 나라에서 850개 이상의 고객을 확보하고 있다.

17.7 행동하기 ——————————————

1. 다른 시장의 매력을 분석하라. 다른 시장의 초기 수용자가 여러분의 제품에서 가치를 얻고자 한다는 신호를 찾아라.

2. 전략적으로 세그먼트를 평가하기 위한 기준을 정의하라.

3. 평가하고 있는 세그먼트로부터 학습하기 위해 판매, 광고, 고객 인터뷰를 이용하라.

4. 가장 손쉽게 차지할 수 있으면서도 가장 큰 전략적 이득을 가져다 줄 세그먼트를 찾아라.

5. 여분의 자원이 있을 만큼 기존 비즈니스가 안정적으로 자리 잡았을 때만 다른 시장으로 진출하는 것을 고려하라.

18

신규 고객 확보를 위한 제품 개선

여러분의 제품은 시장 일부의 니즈를 다루고 있다. 이번 장에서 설명하는 기법을 사용해 **신규 사용자와 신규 고객 확보를 목표로 제품을 개선하라.**

"기반이 확고한 시장 선도 회사(예: 애플, 넷플릭스, 익스피디아 등)가 존재하고, 그런 회사와 경쟁할 의도가 없다면 여러분의 제품은 멈추어야 한다."

사무엘 홀릭(Samuel Hulick)

이 시점에서 고객을 확보하는 데 방해되는 것은 무엇인가?

- 고객 충성도와 습관?
- 경쟁사와 결합된 구매자?
- 잠재 고객에게 접근하기 어려움?
- 실제 제품과 고객 기대치와의 차이?

제품 사용의 걸림돌(friction)을 줄이고, 제품 메시지와 타겟팅을 다듬으며, 제품 핵심 기능을 개선한 후에는 경쟁사 고객이나 아직 결정하지 못한 잠재 고객을 전환하도록 설득해 신규 고객을 확보하는 일에 눈을 돌려야 한다.

경쟁사의 베스트 기능을 모방해서 '기능 동등성(feature parity)'을 갖추는 일은 비즈니스에서 흔한 일이다. 경쟁사가 하고 있는 일에 대한 이해가 제품 전략 수립 시 고려할 사항인 것은 맞지만, 이런 접근은 종종 역효과를 가져오기도 한다.

여러분이 모방하는 경쟁사가 진짜 기회를 목표로 한다는 보장은 어디에도 없다. 게다가 모방해서 만든 새로운 기능이 제품의 간결함을 깨뜨리며 자칫 시장에서 여러분 제품의 매력을 깎아 먹을 수도 있다.

제품 리더십을 유지하라. 다른 경쟁자를 따라가지 마라. 여러분의 제품 전략과 고유한 성장 방법에 집중하라. 여러분이 학습해 온 것과 여전히 학습 중인 것을 토대로 여러 기회의 우선순위를 정하라.

다음 목표를 발굴하기 위해 박스(Box)의 CEO인 애런 레비(Aaron Levie)는 "오늘 [박스 혹은 회사]를 시작한다면 나는 무엇에 집중할까? 그리고 다음 기회는 무엇일까?"라고 자문해 볼 것을 권장한다.[174]

여러분이 서비스 회사를 운영하고 있다면…

이번 장에서는 고객을 더 많이 확보하는 데 방해가 되는 것을 극복하는 방법을 학습한다.

18.1 사용 가능한 기법

아마도 여러분은 제품을 개선해 신규 고객을 확보하는 데 필요한 정보를 이미 갖고 있다. 이번 단계는 그 정보를 사용하는 방법에 관한 것이다. 다른 시장의 매력을 분석하는 것(17장)을 넘어 그 다음을 고려하라.

- **자발적인 피드백 분석**: 제품이 자신의 니즈를 충족시키지 못한다고 느끼는 사용자로부터 학습할 수 있다.

- **제품을 파헤쳐 분석하는 외부 고객으로부터의 학습**: 외부 혁신을 이용해 제품을 확장한다.

- **니즈 만족도 분석**: 현재 제품이 만족시키지 못하는 성과를 발견하는 데 유용하다.

각 분석은 제품 개선과 신규 고객 확보 기회를 보여 줄 것이다. 여러분의 비즈니스에 가장 적합한 기법을 선택하라.

18.2 자발적 피드백 분석

"미움은 무관심보다는 사랑에 더 가깝다. 무관심 속에서는
제품 개선을 반복할 수 없어도 미움 속에서는 제품 개선을
반복할 수 있다."[175]

데이브 맥클루어(Dave McClure)

비즈니스가 빠르게 성장할 때 일어나는 여러 좋은 일 가운데 하나는 수많은 자발적 피드백이 들어오기 시작한다는 것이다.

많은 회사가 자발적 피드백에 대해 서로 상반된 견해를 갖고 있다. 한쪽에서는 자발적 피드백에 대해 다음과 같이 부정적으로 생각한다.

- 중복적이라고 여긴다.

- 팀의 집중을 깨뜨린다고 생각한다.

- 이미 반대 결정을 내린 사항에 대해 지속적으로 논쟁하게 만든다.

- 늘 관리하기가 어렵다.

여러분에게는 이미 계획이 있다. 그리고 이 계획을 실행하며 앞으로 나아가기를 원한다. 이해할 수 있다.

다른 한쪽에서는 적어도 몇몇 다른 가능성을 열어 둔다는 측면에서 자발적 피드백에 가치가 있다고 생각한다.

일반적으로 사람들은 제품에 대해 매우 만족스럽게 느끼거나 불만족스럽게 느꼈을 때 자발적으로 피드백을 줄 생각을 한다.

이와 관련해 인스타그램 리서치 매니저인 션 타운센드(Sian Townsend)는 "여러분의 레이더에 걸리지 않아 전혀 몰랐던 고객 이슈가 반드시 알아야 하는 가장 중요한 이슈일 수 있다. […] 의사가 진찰을 마치고 "그밖에 이야기할 것은 없어요?"라고 묻는 데는 다 이유가 있다. 그 질문이 환자로 하여금 가장 중요한 문제를 이야기하게 만드는 경우가 자주 있기 때문이다."라고 말한다.[176]

이는 아마존 창립자인 제프 베이조스(Jeff Bezos)가 창립 초기 자신의 이메일 주소를 모든 사람에게 공개했었던 이유이기도 하다.[177] 지금도 그는 종종 수많은 불만 사항을 받아 읽은 후 적당한 팀원에게 "도대체 어떤 일인가요?"라는 뜻의 물음표를 붙여 전달하곤 한다.

이런 열린 문 전략(open-door strategy)은 상황의 패턴을 드러내거나 뜻밖의 흥미진진한 사실을 발견할 가능성을 높인다. 또한, 제품을 개선해 신규 사용자나 고객을 확보하는 데도 도움이 될 수 있다.

자발적으로 피드백을 준 사용자의 역할과 프로필을 살펴보라. *여러분의 제품을 **사용하고 있어야 하는데** 그렇지 않은 사용자가 있는가?*

제품을 사용하기 시작했었지만, 기능 1, 2, 3 …이 지원되지 않는 것을 깨닫고 다른 제품으로 옮겨간 사용자 가운데 여러분에게 피드백을 주기 위해 애썼던 사람들은 여러분의 제품에서 더 많은 혹은 남들과는 다른 가치를 얻기 위해 노력한 사람들이다.

고객이 되지는 않았지만, 제품 사용 능력이 있으며 여러분에게 피드백을 주었던 사람들 또한 통찰력의 좋은 원천이 될 수 있다.

방금 설명한 두 종류의 사용자가 준 피드백을 분석하라. 어떤 패턴이 있는가? 여러분의 제품 전략에 적합하고 좀 더 많은 사람이 제품을 선택하게 만들 수 있는 무언가가 있는가?

18.3 외부 고객으로부터의 학습

"모든 고객이 제품을 '올바르게' 사용하고 있다면 여러분은
다음 할 일에 대해 흥미진진한 어떤 것도 배우지 못할
것이다."[178]

애런 레비(Aaron Levie)

수립된 비즈니스들이 인큐베이터를 설립하고 해커톤을 개최하며 다양한 종류의 혁신 경진대회를 여는 이유가 있다.

또한, 회사들이 자신의 제품 서비스의 일부를 공개 API로 사용할 수 있도록 하고, 앱 스토어를 여는 데도 이유가 있다.

자발적인 피드백을 받을 수 있는 문을 적어도 몇 개 정도 열어 두는 것은 좋은 아이디어다.

외부로부터의 혁신이 비즈니스에 좋기 때문이다.

프로덕트 팀이 아무리 똑똑하고 창의적이더라도 자신들의 제품과 기술이 시장에서 가치를 만들어내는 모든 방법을 상상할 수는 없다.

궁극적으로 많은 기회가 추진할 만한 가치가 없을 수도 있다. 그러나 모든 기회를 인지한다는 것 자체가 이미 좋은 일이라고 할 수 있다.

고객 게시판(12장) 모니터링을 넘어 다음에 대해서도 꾸준히 관찰하라.

- 고객과의 대화에서 드러난 새로운 사용 사례
- 제품 통합을 포함한 신기능 요청
- 특이한 기능 사용 방식
- 포착하지 못했던 오류의 증가
- 인기 있는 공용 혹은 개인 API 통합
- 공용 재피어(Zapier) 혹은 (가능하다면) 유사 기능의 제품 내장

여러분의 목표는 똑똑하고 창의적인 사람들이 제품의 기능 확대를 위해 노력하는 초기 신호를 놓치지 않는 것이다.

예를 들어 이베이(eBay)와 같은 많은 회사가 '그밖에 모든 것'과 같은 기타 분류를 운영한다. *비슷한 것*을 포괄적으로 모니터링하면 충족되지 않은 니즈를 찾는 데 유용하다.

여러분이 더욱 열심히 탐색해야 하는 기회는 다음과 같다.

1. 가까운 곳에 있는 인기 있고 빠르게 성장하는 기회

2. 제품의 핵심 가치와 잘 맞는 기회

3. 고객 대다수가 가치를 더하는 것으로 인식하는 기회

이 세 가지 기준을 충족시키는 기능은 대개 구현할 만한 가치가 있다.

18.4 니즈 만족도 분석

"회사는 다음 세 가지를 알아야만 한다. 첫째, 모든 고객
성과를 알아야 한다. 둘째, 어떤 성과가 중요한지 알아야 한다.
셋째, 어떤 성과가 불만족스러운지 알아야 한다."

토니 울윅

토니 울윅은 성과 중심 혁신(Outcome-Driven Innovation, ODI)의 발명자이자 포춘 100 회사의 성공적인 혁신을 돕는 컨설팅 업체 스트래티진(Strategyn)의 창업자다.

토니와 그의 팀은 성과 중심 혁신(ODI) 프로세스를 통해 중요하지만 불만족스러운 성과를 찾는다. 이는 고객이 신제품이나 기존 제품을 사용해 아직 충족되지 않은 니즈를 해결하는 데 유용하다.

4장에서 우리는 희망 성과를 발굴하고 공식화하는 기법을 다루었다. 이번 단계에서 여러분은 팀이 도출해야 하는 성과를 파악하기 위해 성과 중심 혁신의

정량적 설문 조사 방법을 사용할 수 있다.

좀 더 매력적인 제품을 만들고자 이 설문 조사를 수행한다면 먼저 핵심 기능 과업과 연관된 모든 희망 성과를 모아야 한다. 이때 희망 성과에는 여러분의 제품이 할 수 있는 것과 없는 것이 모두 들어 있다.

설문 조사가 확실한 결론으로 이어지려면, 최소 150명 규모의 설문 대상자가 필요할 것이다.[179] 이들은 임의로 선발되지만, 주어진 핵심과업을 수행하기 위해 노력하는 사람들이어야 한다. 또한, 잠재 고객, 현재 고객 및 경쟁자의 고객을 포함하고 있어야 한다.

설문 조사에 필요한 대상자의 규모와 다양성을 고려했을 때 전문적인 설문 조사 회사와 함께 작업하는 것이 좋을 수 있다.

대상자에게 설문을 보내기 전에 희망 성과 기술이 명확하고 이해 가능한지 확인해야 한다(12장). 이는 여러분의 분석 결과가 대표성이 있다는 것을 확실히 하는 데 유용할 것이다.

성과 중심 혁신 팀이 일반적으로 설문 조사를 통해 모든(종종 100개 이상) 기대 성과 기술을 평가하기는 하지만, 이는 설문 대상자를 매우 당황하게 만들 수 있다.[180]

대안으로 초기 연구 결과를 고려해 15–20개 수준의 가장 공통된 기대 성과에 집중하는 방법도 있다. 몇몇 기회에 대한 조사를 수행하지 못할 수도 있지만, 여러분은 더 좋은 결과를 얻을 것이다.

설문 조사에서 참여자에게 중요도와 만족도에 따라 1점에서 10점 사이의 점수를 각 성과에 매기도록 요청해야 한다.

그림 18-1 성과 중심 혁신(ODI)의 희망 성과 설문 조사

---

1. 문서 탐색 시간 최소화

	매우 낮음								매우 높음
	1 2 3 4 5 6 7 8 9 10								
A. 당신에게 이 기능은 얼마나 중요한가?	◯ ◯ ◯ ◯ ◯ ◯ ◯ ◯ ◯ ◯								
B. 현재 얼마나 만족스러운가?	◯ ◯ ◯ ◯ ◯ ◯ ◯ ◯ ◯ ◯								

2. 문서 탐색 오류 가능성 최소화

	매우 낮음								매우 높음
	1 2 3 4 5 6 7 8 9 10								
A. 당신에게 이 기능은 얼마나 중요한가?	◯ ◯ ◯ ◯ ◯ ◯ ◯ ◯ ◯ ◯								
B. 현재 얼마나 만족스러운가?	◯ ◯ ◯ ◯ ◯ ◯ ◯ ◯ ◯ ◯								

수집한 데이터를 사용해 희망 성과를 하나씩 평가할 수 있을 것이다. 특정 희망 성과의 기회 점수를 계산하기 위해 성과 중심 혁신(ODI) 기회 알고리즘®을 사용할 수 있다.

중요도 + (중요도 − 만족도) = 기회 점수

기회 점수가 높을수록 그 기회는 더 중요하다.

〈The Lean Product Playbook〉의 저자이자 컨설턴트인 댄 올센(Dan Olsen)은 기회 알고리즘과는 별개로 중요도와 만족도 행렬을 사용하는 방법을 개발했다.

그는 2×2 행렬 위에 희망 성과를 표시할 것을 제안한다.

그의 모델에서 아래쪽 두 개 사분면은 진입 가치가 없는 영역이다.

오른쪽 사분면은 큰 기회가 있지만 경쟁이 심한 영역이다. 이 영역을 차지하려면 여러분의 제품은 현재 그 시장을 차지하고 있는 제품보다 최소 10배는 좋아야 한다.

왼쪽 사분면은 최고의 기회가 있는 영역이다. 이 영역에 대해 여러분은 고객 가치를 만들 수 있다.

그림 18-2 댄 올센의 중요도 vs. 만족도 격자

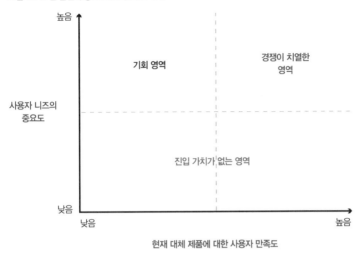

댄은 영역의 크기(X축의 대체 제품 만족도 × Y축의 사용자 니즈 중요도)를
제품이 만들어 낼 수 있는 가치 크기로 볼 수 있다고 주장한다. 즉, 영역의 크
기가 클수록 가치 생성 잠재력도 더 크다.

그림 18-3 고객 만족도 추정

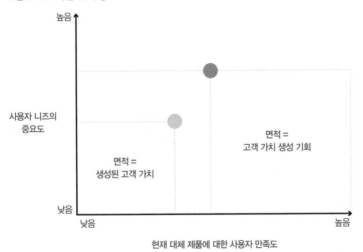

잠재 고객 및 경쟁사 고객의 설문 조사 응답 결과를 여러분 고객의 응답 결과와 비교해 보면, 신규 고객을 확보하기 위해 집중할 희망 성과를 확인할 수 있다. 새로운 경쟁자가 시장에 진입하고, 불만족이 점차 해결되면 기회도 변할 것이다. 그러므로 시장 진화를 추적하고 새롭게 등장하는 기회를 확인하기 위해 기회 탐구를 지속적으로 수행해야 한다.

이와 관련해 토니 울웍은 "일반적으로 매우 중요한 니즈는 계속 매우 중요하다. 변화하는 것은 주로 만족도다."라고 말한다.

만족도 변화를 추적하라. 그러면 기회가 스스로 나타날 것이다.

18.5 발전하기 ──────────────

"보통 첫 번째 추측은 성과로 이어지지 않을 것이다. 솔직히 말해, 첫 번째 추측에서 시작해 얻은 성과라면 아마도 그리 얻기 어려운 성과가 아니었을 것이기 때문이다."

단 투세때(Dan Touchette)

아이디어, 자발적인 피드백, 희망 성과 설문 조사 등 혁신의 원천이 무엇이든, 여러분은 제품에 추가한 무언가가 고객의 올바른 행동을 이끌어 낸다는 것을 확실히 할 필요가 있다.

신규 고객 확보를 목표로 새로운 기능을 만드는 일은 자칫 위험할 수 있다. 새로운 기능이 신규 고객 확보로 이어지지 않는다면 그것은 제품에 군더더기를 더하고 결과적으로 일부 기존 고객의 외면으로 이어질 수도 있기 때문이다.

다행스럽게도 여러분은 기능 제작 전에 배울 수 있다.

새로운 기능이 과거 사용자나 고객이 요청했던 것이라면 그들에게 다시 연락해 타임라인을 제시하고 새로운 기능이 유료 요금제에 포함될 것이라고 말하라.

그들이 여러분에게 다시 돌아오는가? 아니면 미루는가? 새로운 기능이 그들의 니즈를 해결하는가? 그들이 반대 의견을 갖고 있는가?

새로운 기능이 그들을 다시 돌아오도록 혹은 그들이 요금제를 업그레이드하도록 만들지 않는다면 조사를 계속하라.

현재 랜딩 페이지와 똑같은 새로운 랜딩 페이지를 만들어라. 또한, 고객 확보를 위해 사용해 왔던 제품 타깃을 그대로 사용하라. 그리고 새로운 기능과 이점을 추가하라. 회원 가입자가 증가했는가? 전환율이 높아졌는가?

새로운 기능 추가가 신규 고객 확보나 요금제 업그레이드 등과 같은 고객 행동 변화로 이어진다는 것을 확인하기 전에는 신규 고객 확보를 위한 새로운 기능을 구현하지 마라. 변화로 이어지지 않는 기능을 추가한다면 이는 여러분의 제품을 사용하기 어렵게 만들 것이다.

18.6 사례 연구
랜더는 어떻게 시장을 확장했을까?

"채널이 아닌 고객에게 집중하라."

미상

2014년 랜더(LANDR)는 최초의 즉석 음악 마스터링 서비스를 제공했다. 역사적으로, 음반 계약을 맺은 음악가만이 자신의 노래를 음반으로 만들 수 있었다. 그러나 랜더가 등장하며 음악가라면 누구나 언제 어디서든 스튜디오 마스터링 비용보다 훨씬 적은 비용으로 자신의 노래를 음반으로 만들 수 있게 되었다.[181]

랜더의 마스터링 툴은 파괴적이었다. 랜더는 음질을 개선하고 최적화하기 위해 인공지능 기술을 사용했다. 또한, 랜더를 사용하면 음반 제작 시간도 2분이 채 걸리지 않았다.

랜더의 마스터링 툴은 단순하면서도 제약이 없어 디제이, 음반사, 음악 작곡가 및 음악 엔지니어에 이르기까지 다양한 고객을 유인할 수 있었다.

고객이 늘어나면서 다양한 사용 사례가 나타나기 시작했다. 앨범 마스터링부터 시작해 앨범 공유와 홍보에 이르기까지, 음악 창작자는 분명 자신의 음악으로 더 많은 일을 하고 싶어 했다. 사용자와 고객은 제품의 일부 한계를 피하기 위해 노력하고 있었으며, 많은 사용자가 기능 향상과 추가 기능 구현을 요청하고 있었다.

랜더 개발 팀은 단순함이라는 제품 특징을 무너뜨리는 위험을 감수하면서 마스터링 툴에 더 많은 기능을 추가하는 결정을 내릴 수도 있었다. 그러나 그들은 그렇게 하는 대신, 음악 작품의 라이프 사이클을 따라 그들의 시장을 전략적으로 확장해 나가기로 결정했다. 2016년 그들은 공동 작업 툴을 추가했다. 2017년에는 음악 작품 유통 및 홍보 기능을 추가했으며, 2018년에는 음악 샘플을 추가해 창작가의 음악 작품 제작을 지원했다.

몇 년이 지나자 단순한 마스터링 툴이었던 랜더는 음악 창작과 관련한 여러 일을 다루는 종합적인 창작 플랫폼으로 변화했다.

랜더 플랫폼은 고객 확보 능력을 크게 향상시켰다. 현재 랜더 사용자는 자신의 음악 작품을 마스터링하고, 배포하며, 홍보하기 위해 회원 가입한다. 결국 사용자는 자신이 원하는 대로 할 수 있는 다른 툴을 발견하면서도 전체 플랫폼으로는 랜더 플랫폼을 사용한다.

여러분 제품의 사용자는 어떤 다른 일을 하려고 하는가?

이 책을 쓴 시점에 랜더는 3백만 명이 넘는 사용자를 확보하였으며 한 달에 2만 곡 이상의 작품을 세상에 배포하고 있었다. 또한, 제품 출시 후 약 1,200만 곡을 마스터링했다.

결론적으로 각종 보완적인 기능과 툴을 점진적으로 추가하는 방식이 랜더의 타깃 시장을 넓히는 데 큰 도움이 되었다고 해도 과언이 아니다.

18.7 행동하기

1. 다른 시장의 매력 분석, 자발적인 피드백의 꼼꼼한 분석, 니즈 만족도 분석, 고객이 제품을 '해킹'하는 것에서 제품 개선 사항을 배워라.

2. 여러분이 바라는 제품 개선 범위를 명확히 하라. 또한, 타임라인을 만들어라.

3. 제품 개선 사항을 먼저 사용하기 위해 요금제를 업그레이드할 의향이 있는지 개선을 요청한 사용자에게 물어보라.

4. 랜딩 페이지 테스트 혹은 구매 의사 분석을 통해 기능 구현 요구를 테스트하라(16장).

5. 고객 행동 변화를 먼저 검증하지 않은 채 고객 확보를 기대하며 새로운 기능을 만들지 마라.

19

신제품 제작 기회 발굴

여러분은 현재 제품으로부터 최대한의 성장을 이끌어 내고 있다. 이번 장에서 설명하는 기법을 사용해 제품 사용자를 대상으로 **신제품 제작 기회를 발굴하라.**

"모든 신제품은 회사의 고유한 강점을 활용해야 한다."[182]

루 썬(Lew Cirne)
뉴 렐릭(New Relic) 창업자이자 CEO

여러분의 팀에는 아이디어가 있다.

여러분이 수집한 고객 데이터가 시장에 충족되지 못한 수많은 고객 니즈가 있다는 사실을 보여 준다.

경쟁자들은 그들의 제품을 내놓고 있다.

시장에서 가장 크게 성공한 조직들은 대부분 몇 가지 제품을 갖추고 있다. 여러분도 그렇게 해야 하지 않을까?

이 단계에 이르면 제품 라인업을 확장하려는 유혹을 강하게 받는다.

그러나 제품과 제품 구성이 다양해지고 이들을 유지하기 위한 지원 사항(예: 소프트웨어 업데이트)이 많아질수록 회사의 민첩성은 떨어지고 팀과 경영진의 역량은 분산될 것이다.

팀은 느린 속도로 움직일 수밖에 없고, 명확히 집중할 수도 없다면 학습과 적응 또한 느릴 것이다.

그래서 팀은 신제품 아이디어에 대해 처음에는 언제나 '안 돼!'라고 답해야 한다.

여러분은 늘 새로운 기회를 찾아야만 한다. 그러나 신제품 개발은 할 일 목록에서 언제나 마지막이어야 한다. 즉, 여러분의 회사가 경쟁사보다 더 잘 만들 수 있다는 부정할 수 없는 증거가 있을 때 신제품 개발을 고려해야 한다.

이번 장 끝의 사례 연구에 등장하는 프라핏웰(ProfitWell)의 경우처럼 제품 라인업 확장이 훌륭한 결과로 이어질 수 있는 때도 있다. 그러나 대부분 신제품 개발은 새로운 가치를 거의 만들지 못한 채 헛수고로 끝난다.[183]

주의 깊게 일하라.

여러분이 서비스 회사를 운영하고 있다면…

이번 장에서는 여러분의 제품 라인업을 전략적으로 확장하기 위해 고객의 다른 니즈를 발굴하는 방법을 학습한다.

19.1 사용 가능한 기법

이 시점에서 아이디어 단계로 돌아가 보는 것도 좋다.

여러분이 고객 니즈와 시장의 역학관계를 잘 이해하고 있다 하더라도 우리가 정한 여러 가정은 우리를 잘못된 길로 인도할 수 있다. 앞서 이미 보아 왔듯이 새로운 제품 아이디어는 무죄를 증명할 때까지는 유죄여야 한다.

- **고객 발굴 인터뷰** 혹은 **맥락 질문**(contextual inquiry)(4장): 또 다른 고객 핵심과 업이 있는지 확인하는 데 유용할 것이다.
- **사전 판매를 통한 검증**(7장): 기회 검증에 유용할 것이다.

신제품 기회에 대해서도 원래 비즈니스 아이디어에서 제품 시장 적합성(PMF) 확보를 위해 수행했던 수준의 조사를 수행해야 한다. 이를 위해 아이디어 단계에서 거쳤던 여러 단계를 다시 검토하며 기반을 튼튼히 하라.

19.2 발전하기

"관리자들은 자신의 혁신 이니셔티브 절반 이상이 실패할 것이라고 예상한다. 이를 보완하기 위해 수십 개의 혁신 이니셔티브에 투자하며, 성공한 이니셔티브가 실패한 이니셔티브의 투자금을 만회해 줄 것이라 기대한다. 그러나 이처럼 원칙 없이 여러 아이디어에 접근하게 되면 낭비가 발생할 뿐만 아니라 정말로 투자할 만한 가치가 있는 기회에 리소스를 투입하지 못한다."

토니 올윅

1997년 애플에 복귀한 스티브 잡스(Steve Jobs)가 회의실 테이블에 애플의 모든 제품을 펼쳐 놓은 이야기는 유명하다.[184]

전시된 제품을 살펴본 스티브 잡스와 그의 팀은 약 30%의 제품은 매우 훌륭하지만 나머지 70%의 제품은 나름 괜찮기는 해도 애플이 제작할 필요가 없는 제품이라고 결론을 내렸다. 회사가 앞으로 나아갈 수 있도록 잡스와 그의 팀은 제품 로드맵을 간소화하고 회사의 역량을 좀 더 적은 수의 제품에 집중했다.

2014년 베이스캠프(Basecamp)(당시 회사명은 37시그널즈(37signals)임)[*]는 1997년의 애플과 비슷한 이유로 다품종 제품 전략에서 물러나 한 가지 제품에 집중하기로 했다.[185]

베이스캠프와 마찬가지로 다품종 제품 전략을 가지고 있었던 모즈(Moz)의 공동창립자이자 전 CEO인 랜드 피시킨(Rand Fishkin)은 *"지난 몇 년간 제품 성장률을 뒤돌아보면 우리가 제품 라인업에 새로 추가한 신제품이 모든 기존 제품의 성장률을 조금씩 깎아먹은 듯한 기분 나쁜 관련도가 있었다."*라고 말한다.[186]

엑스(구 트위터) 분석 제품인 팔로워웡크(Followerwonk)와 같은 신제품은 그들만 놓고 보면 성공적이었다. 그러나 검색 엔진 최적화 소프트웨어를 제작해 판매하는 모즈 안에서 판매되면서 성장에서 *멀어졌다.*[187]

랜드 피시킨에 따르면 다품종 제품 전략으로 성공하기 위해서는 초기 제품이 홀로 설 수 있는 충분한 추진력, 실행 가능성, 매력 등을 갖추고 있어야 한다.

다양한 제품을 제작해 판매하면 브랜드 가치가 떨어지고 성장률이 타격을 받을 수 있기 때문에 회사는 여유 자원이 있고, 핵심 제품을 확장시킬 수 없을 때에만 신제품 추가를 고려해야 한다.

제품 라인업을 확장하면서도 진정으로 발전하기 위해서 신제품이 기존 제품과 연관된 그러나 차별화된 고객 핵심과업(customer job)을 다루는지 확실히 확인하라.

---

[*] 옮긴이 2022년 5월에 사명을 다시 37시그널즈로 변경했다.

여러분의 고객이 신제품을 논리적으로는 신제품으로 보면서도 다른 한편으로는 기존 제품의 확장으로써 인식해야 한다.

두 제품이 기능적으로 전혀 연관성이 없다면 두 제품 사이에 시너지 효과가 거의 없을 것이다.

신제품 아이디어의 잠재력을 가늠하기 위해 고프랙티스(GoPractice)의 창립자이자 CEO인 올레그 야쿠벤코프(Oleg Yakubenkov)는 다음과 같이 질문해 볼 것을 권고한다.[188]

- *그 신제품은 타깃 오디언스에게 어떤 추가적 가치를 생성하는가?*
- *추가된 가치는 사용자가 경쟁사 제품을 떠나 여러분의 신제품을 사용하게 만들 만큼 충분한가?*
- *신제품은 동일한 가치 체인 안에 존재하는가?*
- *신사업의 잠재력은 무엇인가?*
- *규모가 충분히 큰가?*

신제품이 연관성만으로 성공할 수는 없을 것이다. 마이크로소프트의 검색 엔진인 빙(Bing)은 모회사인 마이크로소프트의 강력한 배포 능력과 대규모 기반 고객에도 불구하고 검색 시장에서는 비교적 작은 플레이어다.[189]

신제품이 성숙한 단계에 다다를 수 있도록 시간과 여지를 확실히 투입하라. 그렇게 하지 않으면 여러분의 제품은 한정된 자원과 관심을 놓고 서로 경쟁하며 제품 전략을 둘러싼 갈등을 유발할 것이다.

19.3 사례 연구

프라핏웰은 제품 라인업을 어떻게 확장했는가?

"제품 라인업을 확장하고자 할 때 현재 시장 내 지위를
토대로 특별히 인접해 있고 가능한 것을 찾는 것이 중요하다.
예를 들어 온라인에서 가장 많은 책을 판매하는 아마존이
첫 번째 전자책 플랫폼을 성공적으로 출시하는 일이 얼마나
쉬웠겠는가?"[190]

에반 윌리암스(Evan Williams)
연속 창업자

패트릭 캠벨(Patrick Campbell)은 2012년 프라핏웰(ProfitWell)(구 프라이스 인텔리
전틀리)을 창업했다.

원래 제품인 프라이스 인텔리전틀리(Price Intelligently)는 회사의 고객 지불 의사
데이터 수집을 지원하는 방식으로 가격 정책 개선에 도움을 주었다.

페트릭의 비전은 프로덕트 비즈니스를 만드는 것이었지만, 얼마 지나지 않아
고객들이 혼자서 가격 결정을 내리는 것을 편안해하지 않는다는 것을 깨달았
다. 패트릭의 팀은 기술과 서비스를 결합함으로써 고객에게 더 많은 가치를
제공할 수 있었다.

그들의 가격 연구는 대량의 설문 조사 데이터를 정돈하고 분석하는 일에 의존
하고 있었기 때문에 패트릭의 팀은 그 일에 필요한 재무 데이터, 퍼널 상단 데
이터 및 고객 인게이지먼트 데이터를 확보할 수 있는 더 나은 방법을 적극적

으로 찾고 있었다. 그런 모든 데이터 포인트에 접근하는 것은 어려운 일이었지만, 비즈니스를 크게 개선할 수 있는 일이었다.

몇 달 후 패트릭이 기업 공개(IPO)를 준비 중인 고객의 가격 정책을 도와주던 때에도 그의 머릿속에는 여전히 그런 아이디어가 남아 있었다. 그는 그 회사가 월간 반복 매출(MRR)의 이탈률을 잘못 계산하고 있다는 사실에 충격을 받았다.

그 회사의 CEO는 여러 비즈니스를 경영한 경험이 있었으며, 그의 팀은 경험도 풍부했다. 그러나 그 팀이 가진 데이터는 적절하지 못했다.

패트릭의 팀은 조사를 통해 많은 회사가 비슷한 문제를 갖고 있다는 사실을 깨달았다. 조사할수록 점점 더 많은 데이터가 시장에 니즈가 있음을 가리키고 있었다.

패트릭은 새 제품을 추가하는 일이 어렵다는 사실을 알고 있었다. 그러나 또한 전체 시장 규모(TAM)가 작다는 사실 역시 알고 있었다. 그들이 서비스하는 시장인 '구독 및 반복 매출 비즈니스'에 속한 회사는 최대 10만 개 정도였다.

1억 달러 회사를 만들려면 가입자당 평균 매출(Average Revenue Per User, ARPU)을 높여야 했다. 동일한 고객에게 여러 제품을 판매하면 목표 달성에 도움이 될 것 같았다.

2015년 패트릭은 무료 구독 지표 대시보드인 프로핏웰[191](현재 프로핏웰 매트릭스(ProfitWell Metrics))을 출시했다.

처음에는 제품을 무료로 출시할 생각이 아니었지만, 조사 결과 대다수 회사가 분석 제품에 돈을 지불하고 싶어 하지 않았다.[192] 프로핏웰 매트릭스는 고객을 확보하는 데 유용하고, 회사에 다음 기회를 알려 줄 것 같았다.

이후 몇 년 동안 프로핏웰은 결제 실패로 발생하는 고객 이탈율을 낮추는 데 유용한 *리테인*(Retain)과 회계 감사 문제가 없는(audit-proof) 매출 인식 제품인 *레커그나이즈드*(Recognized)를 출시했다. 두 제품 모두 패트릭 팀의 고유한 전문성과 프로핏웰 매트릭스를 통해 확보한 대규모 데이터를 활용했으며, 회사가 기꺼이 비용을 지불할 의향이 있는 명확한 결과물을 제공했다.

네 가지 제품을 관리하는 일은 매우 어려운 일일 수도 있었지만, 프로핏웰의 모든 제품은 고객 회사에서 기능과 역할이 다를 뿐 사실상 동일한 고객을 대상으로 했다.

이와 관련해 패트릭은 *"1억 달러 회사가 되기까지는 다품종 제품 전략을 취하지 않는다. 그러나 우리는 1천만 달러 회사다. […] 우리가 다른 유형의 회사와 구매자를 대상으로 하고 있다면 이 전략은 매우 어리석은 결정일 것이다."* 라고 말한다.

다품종 제품 전략도 효과를 낼 수 있다. 그러나 그러기 위해서는 사용자 혹은 구매자와 제품 사이에 명확한 시너지가 있어야 한다.

19.4 행동하기 ────────────────────

1. *여러분의 회사를 평가하라. 신제품 제작에 투입할 유휴 자원과 역량이 있는가? 충분한 유휴 자원과 역량이 있다면 신제품 개발을 고려하라.*

2. 고객 발견 인터뷰나 맥락 질문 인터뷰를 진행하며 고객 핵심과업을 발굴하기 위해 아이디어 단계로 돌아가라.

3. 여러분이 추가적인 가치를 제공할 수 있으며, 기존 주요 제품의 확장으로 인식될 수 있는 고객 핵심과업을 확인해라. 서로 다른 기회를 모아 놓은 것이 아닌 확장 팩을 생각하라.

4. 현재 고객과 신규 고객 양쪽을 대상으로 기회를 평가하라.

5. 제품 라인업을 강화할 기회를 발견했을 때에만 앞으로 나아가라.

SOLVING PRODUCT

V

단계 5: 성숙

추가 성장 기회를 찾을 수 있을까?

"고객은 자신이 행복하고 회사가 훌륭하다고 말할 때조차 아름답고 훌륭하게 불만족스러워 한다. 심지어 그게 뭔지도 모르면서 더 나은 무언가를 원한다. 그러므로 고객을 기쁘게 하기 위해 여러분은 그들을 대신해 무언가를 만들게 될 것이다."[193]

제프 베이조스(Jeff Bezos)
아마존 창립자이자 CEO

성숙 단계에 이르면 성장이 둔화될 것이라고 예상한다.

제대로 일해 왔다면 여러분의 제품은 시장에서 이미 높은 인지도를 갖고 있을 것이며, 가장 흥미진진한 기회를 잡아 왔고, 팀은 현재 전략을 수행하는 데 능숙한 전문가가 되어 있다.

이제 전환적 성장(transformative growth)(조직의 큰 변화를 통한 급격한 성장)을 위한 가장 큰 기회는 비즈니스 개발, 새로운 혁신, 인수합병 등을 통해 나타날 것이다.

제품은 성공적이며 성숙 단계에 있다. 여러분이 이겼다. *맞는가?*

이제 의자에 편안히 앉아 회사의 이익을 누리며, *비즈니스가 또 다른 18년 동안 지속되기를 바랄 수 있을까?*

1958년 S&P 500에 속한 기업의 평균 수명은 약 61년으로 기대되었다. 그러나 최근에는 기업 평균 수명이 20년 이하이며, 이 값은 계속 낮아지는 추세다.[194]

시장 점유자의 지위가 이보다 더 위태로웠던 적은 없었다.

고객이 여러분의 회사를 알고 있고, 회사는 매출을 올리고 있으며, 탄탄한 사용자 기반이 있고, 제품은 경쟁사보다 앞서 있는 것처럼 보여도, 기술 분야에서는 상황이 빠르게 변할 수 있으며 때로는 매우 미묘하게 변할 수 있다.

사례 연구
VWO의 사용자 경험 하락 회피

"어제까지 보유한 장점은 내일의 트렌드로 대체될 수 있다.
여러분이 무언가 잘못한 것이 아니더라도 경쟁자가 파도를
타고 제대로 해낸다면 여러분은 경쟁에서 지고 비즈니스에
실패할 수 있다."

지야드 지와브라(Ziyad Jawabra)
경영 컨설턴트

아신 굽타(Ashwin Gupta)는 비주얼 웹사이트 옵티마이저(Visual Website Optimizer, VWO)에서 성장을 담당하고 있다. 이 제품은 2009년 인도 뉴델리에 있는 윙기파이(Wingify)에서 제작했다.

VWO는 마케팅 팀에서 성장 및 제품 실험을 수행하기 위해 사용한다.

VWO 플랫폼을 사용하는 팀에는 흔히 매달 수행할 순차 방식의 실험이 있다. 로그인하고, 자신의 태스크를 수행하며, 다음날 결과를 보기 위해 다시 로그인한다.

이와 관련해 아신은 "대시보드를 보았을 때 사용자의 90%가 로그인해 있다면 대단한 일이다."라고 말한다.

어느 날 아신은 고객과 일반적인 대화를 나누다가 그들이 제품의 제약을 느끼고 이를 해결하기 위해 직접 만들어 사용하고 있는 몇 가지 기법에 대해 듣고는 깜짝 놀랐다. 자신이 들은 이야기들을 곰곰이 생각했을 때 확실히 몇몇 기능들이 빠져 있었다

아신은 이 문제를 더 깊이 파헤쳤다. 그리고 일부 사용자가 제품에 대해 점점 불만을 품기 시작했다는 사실을 깨닫고는 크게 놀랐다. 고객의 제품 사용으로는 전혀 알 수 없었던 문제였기 때문이었다.

아신의 팀은 매일 같이 데이터를 모니터링했다. 고객은 제품에 로그인해 태스크를 수행하긴 했지만 불만의 거품이 끓어오르고 있었다.

아신의 팀은 VWO 제품 사용자와 깊이 있는 대화를 나누었으며, VWO 사용자들은 그들의 업무 일환으로 실험을 해야 한다는 사실을 알게 되었다. 대다수 사용자가 강제로 VWO를 사용해야 했다. 그들은 로그인하고 실험을 수행했지만 VWO에 만족해서 사용한 것은 아니었다.

이런 불만의 거품이 충분히 커졌을 때 대체 제품이 나온다면 VWO 사용자가 경쟁사 제품을 사용할 기회를 놓치지 않고 달려들 것이라는 생각에 아신은 두려움을 느꼈다.

이 불만의 거품을 터뜨리거나 현저하게 줄일 수 있는 방법을 알아내야만 했다.

도전

"가장 큰 위험은 때때로 발생하는 실패가 아니라 지속적인 평범함이다."[195]

루크 로블류스키(Luke Wroblewski)
구글 제품 디렉터

성숙 단계에 접어든 회사는 문제 혹은 고객 중심에서 솔루션 중심으로 변하는 경향이 있다.

팀은 더욱 전문화된다. 그들은 종종 회사 전체의 이익에 반해 자신들의 목표와 현실을 생각하기 시작한다. 그들은 자신들의 고유한 전문성과 팀이 하고 있는 것을 더 많이 팔려고 한다.

고객 연구 자체가 기능이 되며, 팀은 고객을 알기 위해 다른 팀에 의존하기 시작한다. 직접 연구하는 것을 정당화하기가 점점 어려워진다.

수백 수천의 고객과 이사회를 만족시켜야 하는 가운데, 수많은 일을 유지 관리해야 하며, 이해관계는 훨씬 커져 간다. 코드는 제품 수준이어야 하며 출시전에 검토를 받아야 한다. 또한, 디자인은 가이드라인을 충족시켜야 한다. 결국 많은 것이 틈 사이로 미끄러져 내리기 시작한다.

결과적으로 고객은 제삼자가 되어 중심에서 벗어난다. 경쟁자끼리 서로에게 점점 집중하며, 고객이 정말로 원하는 것에는 관심을 기울이지 않는다.

> *"회사가 점점 커지면 건물 밖으로 나오기도 점점 어려워진다."*
> — 조란 코바체비치(Zoran Kovacevic), 트립액션스 제품 수석 관리자

— 369

프로덕트 팀은 자율권 부족, 결정에 걸리는 시간, 전반적인 혁신 부족에 대해 불평한다.

크게 성공해 높은 수익을 얻은 대기업에 큰 변화를 가져오기란 믿을 수 없을 만큼 어렵다.

성숙 단계의 회사는 스타트업과는 완전히 다르다. 직원은 다른 동기에 의해 움직이며, 다른 전문성과 기술을 갖고 있다. 그들은 창업자와는 다른 시각으로 세상을 바라본다.

여러분은 회사가 운영에 초점을 맞추고 있을 때 어떻게 새로운 성장을 이끌어 내겠는가?

기회 ────────────────

"핵심과업과 자신의 솔루션을 혼동하면 여러분은 스스로를 혁신의 한계에 가두게 된다."

데스 트레이너(Des Traynor)

제품에 관한 일반 이론에 따르면 처음에 제품은 고객의 니즈를 충족시키기 위해 제작되고, 시간이 흐르면서 점점 가치가 올라가며 시장에서 수익을 거둔다. 이후 고객이 그 제품을 더 이상 가치 있다고 여기지 않을 때 시장에서 사라진다.[196]

물질로 이루어진 제품이야 비슷한 경로를 거친다 해도 소프트웨어 프로덕트가 같은 운명을 겪어야 할 필요가 있을까?

1982년에 창립된 어도비(Adobe)는 1988년 주력 제품인 포토샵을 만들었으며,[197] 1990년 이 제품을 공개적으로 판매하기 시작했다. 패키지 소프트웨어 판매에서 출발해 오늘날 모바일과 클라우드에서 판매하는 방식에 이르기까지 여러 차례의 크고 작은 변화가 있었지만, 지금까지도 포토샵은 여전히 강력하다. 지난 수십 년 동안 디자인, 기능, 수익 모델이 변해 왔지만 포토샵은 여전히 사용자에게 같은 작업을 수행한다.

기술 제품은 시장에서 물러날 필요가 없다. 물론, 제품의 특정 구현(예: 구 버전 소프트웨어)이 시장에서 사라질 수는 있다.

만물은 언제나 변한다. 문제에 대한 경험과 지식이 성숙해지며, 제품의 사용 사례도 다양하고 많아진다. 기술 또한 성숙해진다. 오늘 차별화된 제품이 내일은 누구나 만들 수 있는 제품이 된다. 회사는 항상 새로운 모습을 보여 주어야 한다.

기술은 언제나 변한다. 데스 트레이너는 *"좀 더 싸고, 빠르며, 쉽게 고객의 삶을 발전시키도록 할 수 있는가?"*[198]라는 질문을 스스로 해 보라고 말한다.

앞에서 보아 왔듯이 지속적으로 성장하려면 제품 라인업 확대와 기존 제품에 새 생명을 불어 넣는 일 사이에서 균형을 잡는 것이 중요하다.

일반적으로 성숙 단계에서 성장률은 점점 낮아진다. 그러므로 지속적으로 성장하려면 제품의 경계를 바깥쪽으로 계속 밀어내야 한다. 이를 위해 여러분 회사의 기업 문화가 탐색 과정과 실패를 인정하고 이해하는 수준에 이르러야 한다.

더 많이 조사하라. 조사 팀과 정성적인 분석과 정량적인 분석 결과를 놓고 대화하라. 여러분이 고객을 완벽하게 안다고 가정하지 마라. 내부 규정과 절차가 제품 출시와 개선을 제한하지 않게 하라.

이에 대해 제프 베이조스는 *"매년 실험 횟수를 2배 늘린다면 여러분의 창의력을 2배 늘릴 것이다."* 라고 말한다.

이번 성숙 단계에서 우리는 다음 사항에 집중한다.

- 제품, 성장, 매출 실험의 신속한 수행을 통한 복리식 성장(20장)
- 제품 적합성과 유효성 극대화(21장)
- 남아 있는 성장 기회 추정 및 사용자 확보 개선(22장)
- 매출 및 수익성 극대화(23장)

여러분이 서비스 회사를 운영하고 있다면…

이번 단계에서는 수익성 개선, 업무 제공 방식, 판매, 새로운 성장 방법을 발굴하는 방법을 학습한다.

복리식 승리 ─────────────────────

"승리하는 유일한 방법은 훨씬 더 많이 실험하고, 그 과정에서 어떤 것이 통하는지 운 좋게 발견하는 것이다. 즉, 빠른 속도로 실험하고, 성과를 잘 측정하며, 매우 빠르게 움직이면 무언가 되어가기 시작할 것이다."

기욤 카바네(Guillaume Cabane)

성숙 단계에서 성공을 발견하는 가장 좋은 방법은 회사 전체를 활용해 실험 속도를 높이는 것이다.

2014년 트위터(현재 X)의 전 제품 담당 임원인 사티야 파텔(Satya Patel)은 트위터 실험 문화의 영향력을 보여 주었다.[199]

그림 V-1 트위터의 성장 2010-2012

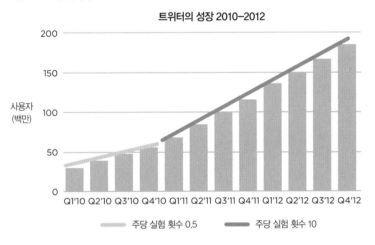

2011년 트위터가 주당 실험 횟수를 0.5에서 10으로 증가시키자 성장 속도는 크게 빨라졌다. 더 많은 실험이 더 이상 빠른 성장으로 이어지지 않을 때까지 그들은 더 많은 실험을 하며 더 빠르게 성장했다.

여러 실험이 가정에 기반을 두고 있으며, 가정이 종종 틀린다는 사실을 인정하는 것도 중요하다.

빠른 실험 과정의 성과는 다음 사항에 달려 있다.

1. 통찰력과 고객 연구의 질. 이는 팀이 더 좋은 가설을 얻는 데 유용하다.

2. 실험 속도

3. 실험 결과로부터 학습할 수 있는 능력

정성적 연구와 정량적 연구를 결합하면 가능한 최고의 실험 결과를 얻는 데 도움이 될 것이다.

실험이 학습 속도를 높이고 불확실성을 줄이는 반면, 고객 연구는 팀의 기본 지식을 개선하는 데 유용하다.

종합적으로 볼 때 회사 전체에서 얻은 실험 아이디어가 더 좋은 결과를 낸다.

약간의 실수야 피할 수 없겠지만, 20장에서 다루는 실험 과정을 따르면 좋은 결과를 얻을 수 있을 것이다.

이제 출발!

20

빠른 실험을 통한 복리식 성장

여러분의 회사는 전력을 다하고 있다. 이번 장에서 설명하는 기법을 사용해 **빠른 프로덕트, 성장, 매출 실험**의 신속한 수행을 통한 **복리식 성장**을 달성하라.

"회사로서 성공하려면 실험 문화가 자리 잡아야만 한다. 또한, 실험이 성공적이려면 사용자에 대한 통찰에 기반을 두어야 한다."

칼 길리스(Karl Gilis)
에이지컨설트(AGConsult) 파트너

실험을 효과적으로 수행하려면 일정 수준의 지식과 경험이 필요하다.

실험을 위한 실험을 하지 않으려면 실험 팀은 결과물을 만들어 내는 데 집중해야 한다. 또한, 실험을 통해 발전하려면 실패를 기꺼이 받아들일 수 있어야 한다.

평균적으로 실험의 80%에서는 기대한 결과물이 나오지 않는다. 그러나 방법이 올바르다면 모든 실험은 여러분이 무언가 배우고 발전하는 데 유용하다.

또한, 실험에 대해 올바른 사고방식을 갖고 있다면 팀은 실험을 통해 점점 나은 결정을 할 수 있다.

회사에 그런 사고방식을 구축하려면 마케터, 제품 관리자, 데이터 분석가, 엔지니어 등 여러 분야의 직원으로 구성된 팀을 만들어 그들만의 방식으로 문제를 해결하도록 하라.

회사가 실험을 통한 성장에 온전하게 집중할 수 없다면 백로그(backlog) 사이의 경쟁을 피하기 위해 성장 팀을 나누는 것도 좋은 아이디어다.

여러분은 현재 초점을 맞추고 있는 북극성 지표 혹은 AARRR 단계(12장)에 맞추어, 한 번에 한두 개의 핵심 목표에 집중해야 한다. 목표는 크고, 실험은 작고 빠르게 수행할 수 있어야 한다.

명확한 목표를 정하면 실험에 대해 짧은 주기의 일정을 수립해야 한다.

성장 실험의 성공률은 20% 정도다. 그러므로 실험 횟수가 늘어날수록 더 빨리 학습하고 바라건대 더 빠르게 성장할 것이다.

속도를 높일 수 있는 방법이 있다. 숀 엘리스(Sean Ellis)(9장)는 다음 4단계 과정을 추천한다.

그림 20-1 숀 엘리스의 빠른 실험 프로세스

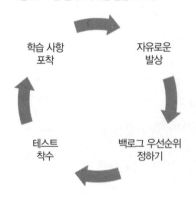

1) 자유로운 발상: 팀 내부에서 포용적인 분위기를 조성하고, 더 나은 아이디어를 이끌어 내며, 선택해 수행할 수 있는 큰 실험 기회를 지속적으로 유지하기 위해 팀뿐만 아니라 회사 전체에서 기회를 모색하는 것이 좋다. 다양한 콘셉트를 실험하는 과정은 정치적인 갈등을 줄이고, 팀원이 과정의 일부로서 자신을 느끼게 할 수 있다. 실험 결과를 투명하게 공유하고, 팀원이 성과에 대한 책임감을 갖도록 유도함으로써 객관성을 강화할 수 있다.

2) 백로그 우선순위 정하기: 엘리스는 아이디어의 순위를 정하기 위해 I.C.E 점수[200]를 만들었다. 모든 팀원은 다음 세 가지 기준에 따라 1등부터 10등까지 순위를 정한다.

1. **임팩트**: *실험이 성공적일 경우 잠재적인 임팩트는 무엇인가? 매출이 증가하는가? 고객이 증가하는가? 제품 추천이 증가하는가? 임팩트는 실험 목표와 연관이 있어야 한다.*

2. **신뢰성**: *실험이 기대한 임팩트를 보여 줄 가능성은 어느 정도인가? 어떤 증거가 있는가?*

3. **용이성**: *실험 수행이 얼마나 쉬운가? 수많은 엔지니어링 자원이 필요하지는 않은가? 혹은 광고 문구에 대한 단순한 A/B 테스트일까?*

일부 회사는 자신들의 성장 이론을 고려해 세 가지 기준 사이의 상대적 가중치를 조정하기를 원할 것이다. 성장 전문가인 기욤 카바네는 임팩트 예측을 달러로 바꾸어 우선순위를 정하는 방법을 제안한다.[201] 기욤의 방식을 사용하면 팀은 회사에 대한 매출 성장 예측을 만들 수 있다.

실험별 I.C.E 점수는 우선순위 선정에 사용할 수 있다. 매주 성장 미팅을 진행하는 일은 민첩성을 증가시키고, 팀의 정기적인 주기를 설정하는 데 유용하다.

3) 테스트 착수: 한 주 동안 팀은 브레인스토밍을 하며, 착수할 테스트를 깊이 파고든다.

실험에 착수한다면 일주일에 한두 가지 실험을 수행하며 작게 시작하라. 실험 과정을 학습해 나가면서 수행하는 실험 횟수를 점진적으로 늘려간다. 적당한 백로그로 작업을 시작하면 실험 속도를 높이기에 앞서 실험 능력을 구축할 수 있다.

과거 실험 결과에 매몰되지 마라. 모든 것은 변한다. 무언가 과거에 잘 되지 않았다면 거기에는 수백 가지 이유가 있다. 이전의 가설을 다시 들춰내 변수를 조정해 보고 타당하다고 판단하면 실험을 다시 수행하라.

4) 학습 운영: 이 단계는 많은 팀이 종종 간과하는 단계로 실험 팀은 수행한 모든 실험에서 무언가 배워야 한다.

실험 목적은 무엇인가? 실험이 왜 잘 되었는가? 혹은 왜 잘 되지 않았는가? 그 실험에서 무엇을 배울 수 있는가?

결과 분석에 팀원 전체가 참여하도록 하라. 실험의 가정과 결과를 철저히 논의하라. 많은 경우 성공적이지 못했던 실험이 가장 큰 발전으로 이어진다.

실험 결과를 투명하게 공유하면 모두가 같은 상태를 유지하는 데 도움이 된다. 이는 또한 실험 과정이 단순한 실험 실행이 아닌 실험 목표에 초점을 맞춘 실험 실행이 되도록 한다.

25장에서 설명하겠지만 빠른 주기 테스팅(high tempo testing)과 같은 교차 기능 프로세스(cross-functional process)를 촉진하고 홍보하는 일은 종종 경영진의 지지를 받고 실험적 사고방식의 가치를 강화하기 위해 중요하다.

빠르게 시작할 수 있도록 **solvingproduct.com/experiments**에서 실험 우선순위 설정 템플릿을 받아라.

여러분이 서비스 회사를 운영하고 있다면…

이번 장에서는 여러분의 서비스, 퍼널, 수익성을 개선하기 위한 실험 프로세스의 구축 방법을 학습한다.

20.1 사용 가능한 기법

프로덕트, 가치 제안, 브랜딩 등 실행할 수 있는 수백 가지 유형의 실험이 있다. 그러나 실험을 평가하는 방법은 몇 개뿐이다.

- **A/B 테스팅을 통한 학습**: 여러 비교 대상 가운데 가장 좋은 것을 결정하기 위해 대상끼리 비교할 수 있다.
- **브랜드 제거(off-brand) 테스팅을 통한 학습**: 익명성을 유지하면서 A/B 테스팅을 수행하는 것으로, 디지털 방식이라는 것만 다를 뿐 블라인드 시음 테스팅과 같다.

제품과 시장 가정을 빠르게 평가할 수 있도록 빠른 실험 프로세스를 수립해야 한다.

20.2 A/B 테스팅을 통한 학습 ────────────

"실험의 성공을 제품의 발전으로 정의한다면 실험의 90%는
실패로 끝날 것이다."[202]

트리스탄 크로머(Tristan Kromer)
혁신 코치

온라인 조사를 실행할 때 A/B 테스팅은 기술적인 실험처럼 보이지만 실은 그
렇지 않다.

오늘날 대다수 A/B 테스팅이 기술을 이용해 실행되지만, 사실 A/B 테스팅은
18세기 무렵 이후부터 존재해 왔다.[203]

A/B 테스팅은 유사한 오디언스에게 다양한 옵션을 보여 주고 그들의 행동을 관
찰하는 것이다. 이 실험은 처방약을 출시하기 전에 테스트하는 방식이다.[204]

여러분은 스플릿(split) 테스팅, A/B/n 테스팅, 버킷(bucket) 테스팅 등 다른 이
름의 실험을 통해 A/B 테스팅 콘셉트에 이미 익숙할 수도 있다.

많은 비즈니스가 A/B 테스트 수행을 꺼려하는 이유는 앱이나 웹사이트의 트
래픽 양 때문이거나 통계적으로 의미 있는 결과를 얻기까지 시간이 오래 걸릴
수 있기 때문이다. 그러나 이는 중요한 점을 놓치고 있는 것이다. A/B 테스팅
이 여러분의 결정에 대한 확신을 높일 수 있다면 가치 있다고 할 수 있다.

또한, 회사가 성숙 단계에 이르렀다면 두 가지 혹은 그 이상의 변수 사이의 관
계가 우연이 아닌 무언가에 의해 만들어졌다는 통계적 유의성을 반드시 이용
해야 한다.

그렇다면 A/B 테스팅을 잘 수행하려면 무엇이 필요한가?

성공적인 A/B 테스팅에는 세 가지 요소가 있다.

1. **동질적인 세그먼트**: 임의로 선택하되 오디언스 전체를 편향되지 않게 대표하도록 선택해야 한다.

2. **실험**: 복잡한 혹은 다변량(다중 변수) 테스트는 잊고, 가장 중요한 것을 먼저 학습한다.

3. **성공(혹은 실패) 기준**: *실험의 성공과 실패를 판단하는 기준은 무엇인지 생각한다.*

피프 라야(Peep Laja)는 A/B 테스팅을 수행하는데 평균 28일이 걸린다고 말한다.[205] 실험 기간은 트래픽의 양, 평가 대상의 분리 정도, 목표하는 신뢰도 수준에 따라 달라진다.

실험에 앞서 필요한 샘플 크기를 계산하는 것도 좋은 아이디어다. 참고로 계산에 사용할 수 있는 온라인 툴이 많이 있다.[206]

경험에 따르면 여러분은 테스팅 결과를 확인하기 전에 평가 대상당 클릭, 판매, 전환 등 적어도 350개의 주요 행동을 원한다. 향후, 실험 결과를 세분화할 생각이라면 더 많이 필요하다.

테스트는 계절 변동성(예: 여름 대 겨울, 주중 대 주말)을 극복하기 위해 충분히 긴 시간 동안 수행해야 한다. 이런 이유로 테스트는 7일, 14일, 21일 혹은 28일 주기로 한 번에 몇 주씩 주(week) 단위로 수행하고, 휴일이나 미디어의 예상치 못한 언급, 제품 출시 등과 같은 특이 사항에 주의를 기울여야 한다.

사용자나 고객으로부터 동질적인 세그먼트를 얻기 위해 옵티마이즐리

(Optimizely)나 VWO 같은 A/B 테스팅 플랫폼을 사용할 수 있다. 이러한 툴은 방문자나 사용자를 다양한 평가 대상에 무작위로 할당한다. 이런 툴을 사용하지 않고 직접 툴을 만들거나 여러분의 오디언스 가운데 대표적인 오디언스들을 타깃하기 위해 사용자 ID와 같은 무작위로 지정된 사용자/고객 속성을 이용할 수도 있다.

여러분의 A/B 테스팅 대상은 무엇이든 될 수 있다.

- 제품
- 가치 제안
- 특징(포지셔닝, 광고 문구, 옵션, 가치 등)
- 랜딩 페이지(제안, 헤드라인, 그림, 배치, 사용 사례 및 사용 현황, 행동 요청 문구 등)
- 이메일(시기, 템플릿, 제목, 개인화 항목, 광고 문구 등)
- 판매 스크립트(순서, 가치 제안, 가격 등)
- 브랜딩 요소
- 가격 등

최대한 한 번에 하나의 요소만 테스트하는 것이 중요하다.

몇 개의 변형된 대상을 서로(버전 1/2/3/4/…) 테스트하거나 대조군, 즉 원래 버전에 대해 테스트할 수 있다. 그러나 여러분이 테스트하는 대상의 종류가 많아질수록 테스트에 걸리는 시간 또한 길어진다.

작고 점진적인 변화는 트래픽이 많은 사이트나 제품에 명확히 좀 더 큰 임팩트를 끼칠 것이다.

마지막으로, 성공과 실패에 대해 명확한 기준이 필요하다. 이 기준은 다음 가설로 가장 잘 정립될 수 있다.

새로운 온보딩(onboarding) 시퀀스는 7일 간의 활성화 비율을 최소 5% 증가시킬 것이다.

가설이 더 명확하고 목표와 비즈니스 지표가 더 일치한다면 테스트를 수행하고 그 결과를 가설과 비교하기가 더 쉬워지고, 그 결과를 팀과 커뮤니케이션하는 것도 더 쉬워질 것이다.

A/B 테스팅을 하면 사용자 테스트나 다른 형태의 연구실 실험에 비해 실제 환경에서 일어나는 일을 훨씬 잘 볼 수 있다.

핫자(Hotjar)의 공동 창업자이자 CEO인 다비드 다르마냉(David Darmanin)의 "테스트는 성공 아이디어를 찾기 위한 것이 아니라 확인하기 위한 것이다."[207]라는 말을 기억하라. 문제의 참 원인을 이해하기 위해 여러분은 사용자 테스트를 하거나(5장) 고객에게 피드백을 요청해(12장), 추가 분석을 수행할 필요가 있을 것이다.

피프 라야는 (1) 샘플 크기가 충분히 클 때 (2) 실험 기간이 충분히 길 때 (3) 통계적으로 의미 있을 때(95% 이상의 확률) A/B 테스팅을 멈추라고 말한다.

홈페이지 트래픽이나 전환 고객의 수가 매우 적다면 테스트가 성공적이라고 말하기에 앞서 지표 값을 끌어올려라.

항상 A/B 테스팅을 수행하는 것이 좋다. 그러나 동일한 테스트 참가자를 대상으로 같은 A/B 테스팅을 진행하지 않도록 주의하라.

20.3 브랜드 제거 테스팅을 통한 학습 ─────

"질문은 간단하다. 이 사건을 도요타가 일으킨 것이 아니라면
누가 신경이나 쓰겠는가?"[208]

데이비드 J. 블란드(David J. Bland)

브랜드 제거 테스팅 또한 일종의 A/B 테스팅이기는 하지만, 나는 두 실험을
구분할 필요가 있다고 생각한다.

일반적으로 A/B 테스팅이 회사 브랜드와 공식 채널을 이용하는 반면, 브랜드
제거 테스팅은 익명으로 수행된다.

이전 장에서 이야기했듯이 일반적으로 성숙한 회사는 스타트업에 비해 실험
을 수행했을 때 잃을 것이 더 많다.

회사는 브랜드 제거 테스팅을 통해 자신의 브랜드 이미지 훼손 위험을 최소화
하면서 실험을 수행할 수 있다. 또한, 실험에서 브랜드로 인한 인식의 왜곡을
피할 수도 있다. 도요타[209], 델, 내셔널 웨스트민스터 은행[210]은 시장의 요구
를 측정하기 위해 브랜드 제거 테스팅을 수행한 대기업들이다.

브랜드 제거 테스팅에서 대상 제품은 무명의 브랜드로 혹은 브랜드 없이 제시
된다.

브랜드 제거 테스팅에서도 A/B 테스팅에서처럼 동질적 세그먼트, 실험, 성공
혹은 실패의 기준이 필요하다.

무명의 브랜드 제품을 제작하는 일이 복잡하기 때문에 대개 브랜드 제거 테스
팅은 '랜딩 페이지에서 전환율 측정'과 같은 시장 수요 측정에 사용된다.

브랜드 제거 테스팅 혹은 비슷한 유형의 테스팅을 통해 기존 브랜드의 영향 없이 아이디어 자체의 장점 유무를 알 수 있으며, 기존과는 다른 제품의 성공 가능성을 확인할 수 있다. 또한, 다른 가치 제안이 성공할 수 있는지 혹은 기존과는 다른 시장 세그먼트가 관심을 가질 만한지도 확인할 수 있다.

브랜드 제거 테스팅을 수행하기 위해 먼저 실험 대상을 결정하라.

- 제품
- 세그먼트
- 가치 제안
- 브랜딩 요소

여러분은 랜딩 페이지를 만들어야 하고 판매(16장)나 회원 가입을 통해 제품에 대한 관심을 확인해야 한다. 실험 결과를 기존 제품의 성과와 비교하려 한다면 기존 벤치마크를 사용하라.

현재 광고를 내보내고 있다면 타깃 고객의 제품 홈페이지 접속 트래픽을 확인할 수 있다. 혹은 새로 확보하고자 하는 잠재 고객을 대상으로 새로운 광고를 만들어 제품 홈페이지 접속 트래픽을 확인할 수도 있다. 이때 회원 가입의 품질을 먼저 테스트하는 것을 고려하라(12장).

실험 결과를 세분화하고 한 단계 더 깊이 들어가면, 다른 사람들에 비해 더 큰 어려움을 겪고 있는 초기 수용자를 발견할 수도 있다.

20.4 발전하기

"우리가 한 모든 일이 단순 분할 테스트(split test)라면
자기만족으로 끝날 뿐이다."

숀 엘리스

빠른 실험 속도, 그리고 프로덕트 및 성장 실험을 영원히 진행할 수 있다는 사실 때문에 바늘을 약간씩만 움직이면서 일련의 실험을 끝없이 수행하려는 유혹에 빠지기 쉽다.

이 단계에서는 작업과 조금 거리를 두기 위한 프로세스를 만들어 두는 것이 좋다.

베이스캠프의 수석 전략 담당자인 라이언 싱어(Ryan Singer)는 자신의 책 〈Shape Up〉[211]에서 베이스캠프가 6주 간의 스프린트 후 2주 간의 여유 시간이라는 프로세스를 만들어 운영하는 이유를 설명한다.

베이스캠프의 여러 팀은 2주 동안 미처 끝맺지 못했던 일을 마무리지을 뿐만 아니라 업무와도 거리를 두었다. 각 팀은 이런 과정을 통해 그간의 결과를 좀 더 잘 평가할 수 있었다.

여러분의 팀은 비즈니스 지표를 몸으로 느낄 수 있어야 하며, 스스로 발전하며 앞으로 나아가고 있는지 혹은 칼 길리스의 말처럼 *헛짓거리*를 하고 있는지 매우 정직하게 판단할 수 있어야 한다.

이에 대해 키에란 플래너건(Kieran Flanagan)은 해결하기 어려운 수준의 실험 실패 결과가 나오기 시작하거나 아무런 결과도 나오지 않으면, 초점을 좀 더 복

합적인 성장 기회로 옮겨 좀 더 큰 위험을 감수해 보라고 이야기한다.

이는 좋은 스트레스 테스트가 될 수 있다. 이런 최적화는 여러분이 현재 모델로부터 최상의 값을 찾는 데 유용하며, 이런 최적화 과정을 통해 다음 단계로 나아갈 수 있다.

실험 목표를 명확히 수립하라. 가장 잠재력 높은 실험을 발굴하라. 회사 내에서 실험적인 접근을 지원하며 육성하라. 그리고 점진적으로 실험의 범위를 넓히고 속도를 높여 나가라.

여러분의 회사가 이런 프로세스를 충분히 오랫동안 유지한다면 성장은 저절로 따라올 것이다.

20.5 사례 연구 ─────────────
로켓트립은 어떻게 목표에서 이탈했는가?

"사람들이 문제 공간을 실험할 상황으로 생각하고 가설을
세우고 문제 해결을 위해 무엇이든 할 수 있지만, 우리는
해결책이 무엇인지는 알지 못한다.
이는 사람들이 이해하기 어려운 개념이다."

단 투세때(Dan Touchette)

로켓트립(Rocketrip)은 직원들이 출장비를 절약하도록 장려해 회사의 출장 경비를 절약하도록 도와주는 플랫폼이며, 단 투세때는 로켓트립의 제품 관리자였다.

로켓트립을 사용하는 직원들은 예상 출장비를 근거로 기준 비용을 제시받았다. 그리고 제시된 비용 기준 대비 절약한 금액은 직원과 회사가 공평하게 나누어 갖는다. 이런 방식이 성공하려면 직원들이 출장비 사용 형태를 바꾸어야 한다. 그러나 직원들이 출장비를 사용하는 동안 기준 비용을 알지 못한다면 그들의 사용 형태는 좀처럼 바뀌지 않는다.

1분기 동안 단과 그의 팀은 직원들이 출장비를 사용하는 동안 기준 비용을 보는 직원들의 비율을 높이는 임무를 받았다. 목표는 매우 공격적이었는데, 최소 50% 이상 비율을 높여야 했다.

로켓트립은 브라우저 확장 기능을 사용해 기준 가격을 보여 줬다. 그러나 브라우저 확장 기능을 사용하려면 로그인이 필수였기 때문에 사용자가 거의 없었고, 이에 팀은 직원들의 로그인 비율을 높여야 한다고 본능적으로 판단했다. 여러 주 동안 개선 작업을 반복하면서 로그인 과정을 개선하고, 직원들이 로켓트립에 로그인하도록 유도했다.

지속적인 실험을 통해 로그인 비율은 2%, 3% 심지어 4%씩 개선되었다. 좀 더 많은 사용자가 로그인하기 시작했지만, 이런 변화가 기준 가격을 보는 출장 직원들의 비율 증가로 이어지지는 않았다. 목표 달성까지는 여전히 갈 길이 멀었다.

1분기가 지나자 직원들이 확장 기능에 로그인하는 것에 별 관심이 없다는 사실이 명확해졌다.

단과 그의 팀은 의문을 갖기 시작했다. *"왜 꼭 로그인해야 하는 거지? 로그인 여부와 상관없이 사용자가 누구인지 파악하고 그들에게 기준 가격을 제시할 수는 없을까?"*

그들의 목적은 기준 가격을 보는 사용자의 숫자를 증가시키는 것이었다. 그러나 목적을 달성해 나가는 과정에서 그들은 실험 과정과 로그인 과정을 개선하는 데 초점을 맞춘 나머지 목적을 잊어버렸다. 단과 그의 팀은 로그인 비율의 증가로 이어지는 수많은 발전을 만들었으나 직원들의 출장비 사용 형태는 별로 바뀌지 않았다.

이 기간 동안 단과 그의 팀은 '언제나 최종 목적을 가장 중요하게 간직해야 하며, 실험 과정에 너무 집중하다 보면 길을 잃을 수 있다'는 중요한 교훈을 배웠다.

이런 이유로 제프 베이조스는 프로세스를 대리인이라고 불렀다. 그는 "좋은 프로세스는 여러분이 고객을 섬길 수 있도록 한다. 그러나 주의하지 않는다면 프로세스 자체가 중요해진다. 이런 일은 대기업에서 매우 쉽게 일어나며, 프로세스가 여러분이 원하는 결과의 대체물이 된다. 여러분은 결과 보기를 멈추고, 단지 프로세스를 올바르게 수행하고 있는지만 확인한다."[212]라고 말한다.

20.6 행동하기

1. 회사 내 모든 사람들로부터 제품, 성장, 매출 실험 아이디어를 수집하는 프로세스를 확립하라.

2. 백로그의 우선순위를 정하기 위해 I.C.E 점수와 같은 방법을 이용하라.

3. 실험 평가를 위해 A/B 테스팅이나 브랜드 제거 테스팅을 수행하라.

4. 실험의 교훈을 포착하고 실제로 적용하는 프로세스를 확립하라.

5. 실험을 통해 비즈니스에 도움이 되는 실질적인 결과물을 확실히 얻기
   위해 실험 프로세스의 유효성을 주기적으로 재평가하라.

21
제품 적합성과 유효성 극대화하기

여러분의 제품은 다른 세그먼트, 다른 사용자 유형의 니즈를 충족시키는 데 기여한다. 이번 장에서 설명하는 기법을 사용해 **제품 적합성과 유효성을 개선하라.**

"놀랍게도 때로는 실험이 오만함으로 이어진다. 수많은 실험 결과가 여러분의 가설을 지지하는 것처럼 보일 때, 너무 쉽게 결론을 내리고 잘못된 안정감을 느낀다. 심지어 '유일한 진실'에 도달했다고 믿을 수도 있다. 그러나 여러분의 결론, 느낌, 믿음은 틀렸다. 여전히 모르는 것이 많다."

클라우디오 페론(Claudio Perrone)
팝콘플로우(PopcornFlow) (연속적인 혁신과 변화) 창안자

실험은 공식의 한 부분일 뿐이다.

실험으로 여러 조건을 탐색하며 비교할 수 있다. 그러나 실험 결과에 대해 왜 성공했는지 또는 왜 실패했는지 추론만 할 수 있다.

이와 관련해 파트너스택(PartnerStack)의 제품 담당 임원인 다니엘 샤피로(Daniel Shapiro)는 "내 생각에 우리는 고객을 깊이 이해하기 위해 매우 분석적이고 빠른 실험에 과하게 의존한다. […] 그러나 실상을 들여다보면 여러분은 고객을 이해하고 있지 않다. 단지 증상과 기능에 대한 반응을 이해할 뿐이다. 고객

행동 이면에 있는 *진짜 이유를 이해하지 못하고 있다.*"라고 말한다.

성장을 가속화하기 위해서는 문제를 좀 더 충분히 이해하며 아이디어를 생각해 내기 위한 깊이 있는 연구와 새로운 콘셉트를 탐색하고 테스트하기 위한 실험을 결합해야 한다.

제품과 비즈니스는 움직이는 목표물이다. 그러므로 이번 단계에서도 고객 확보, 활성화, 매출, 리텐션, 추천을 연구하며 고객 여정에 대한 이해를 높이는 일은 여전히 가능하다.

여러분이 집중하고 있는 분석이 여러분 회사의 우선순위와 맞아야 하겠지만, 모든 회사는 고객 여정을 좀 더 깊이 있게 이해함으로써 이익을 얻을 수 있다.

이와 관련해 더글러스 허버드(Douglas W. Hubbard)는 "*제품이나 비즈니스에 대해 통찰력 있는 깨달음을 얻고자 한다면 예전에 무시하고 있었던 측정치를 다시 살펴볼 필요가 있다.*"라고 말한다.

여러분이 서비스 회사를 운영하고 있다면…

이번 장에서는 여러분의 서비스와 서비스 제공을 완벽하게 하여 고객 리텐션을 개선하는 방법을 학습한다.

21.1 사용 가능한 기법

성숙 단계에 이르렀다고 해서 여러분의 제품이 완벽하다는 뜻은 아니다. 실제로 제품이 충분히 좋다고 생각하거나 제품이 완벽하다고 생각하는 것은 회사를 어려움에 빠뜨리는 원인이 된다. 여러분은 다음 기법을 사용해 제품 개선

영역을 발견할 수 있다.

- **핵심 태스크 성공 분석**: 고객이 제품을 사용하며 자신들의 핵심 태스크를 얼마나 잘 수행하고 있는지 평가할 수 있다.
- **현장 조사를 통한 학습**: 제품이 고객의 삶에 얼마나 잘 맞는지 이해할 수 있다.
- **가치 적합성 분석**: 제품이 고객의 니즈를 얼마나 잘 충족하는지 확인할 수 있다.

가치 적합성 분석을 수행할 프로세스를 확립하는 것은 좋은 아이디어다. 시간이 있다면 현장 조사나 핵심 태스크 성공 분석의 수행도 고려하라.

21.2 핵심 태스크 성공 분석

"여러분이 통합에 있어 일류가 아니고, 전체 제품이 일류가
아닌 통합에 의존하고 있다면 큰 문제가 생길 수 있다.
그러므로 통합에 있어 그냥 잘하는 수준이 아니라 일류가
되는 것이 매우 중요하다. 이를 위해 여러분은 매일같이
발전해야 한다."

히텐 샤

제품이 성숙해짐에 따라 어떤 액션(action)과 워크플로(workflow)가 더 중요한지 매우 명확하게 드러나야 한다.

핵심 플로(key flow)와 액션은 사용자가 제품을 사용해 얻는 가치에 중요한 역할을 하므로 가능한 확실하게 다듬어야 할 필요가 있다.

태스크를 가늠해 보는 세 가지 주요 방법이 있다.

1. **성공**: *사용자는 제품을 사용해 자신의 목표를 달성할 수 있는가? 사용자가 자신의 태스크를 마무리할 수 있는가?*

2. **시간**: *일반 사용자는 태스크를 처리하기 위해 얼마나 긴 시간이 필요한가? 늘 그런 것은 아니지만, 시간은 흔히 사용 용이성을 나타내는 지표라고 생각한다.*

3. **인지된 사용 용이성**: *태스크를 처리하는 것이 얼마나 어려운가? 용이성은 완전히 주관적이다. 또한, 사용자의 환경과 경험에 따라 변할 수 있다.*

여러분은 지금까지 사용자 테스트(5장)나 방문자 기록(10장)을 통해 태스크 성공, 심지어 태스크 시간까지 평가할 수 있었다.

일반적으로 사용자가 예상한 방식으로 태스크를 수행한다면 '직접적인 성공'으로 간주할 수 있으며, 예상과는 다른 방식으로 태스크를 수행한다면 '간접적인 성공'으로 간주할 수 있고, 사용자가 태스크를 완료하지 못했다면 '실패'로 간주할 수 있다.

제프 사우로(Jeff Sauro) 박사의 연구에 따르면 제품을 사용한 평균 태스크 완료 비율은 78%이다. 이는 태스크의 22%가 실패한다는 뜻이다.[213]

유저테스팅(UserTesting), 유저빌라(Usabilla), 메이즈(Maze)와 같은 여러 사용자 테스팅 플랫폼은 여러분이 태스크 시간과 성공을 측정하는 데 유용하다.

태스크의 성공과 시간 측정이 유용하기는 하지만, 인지된 사용 용이성은 반복할 수 있는 중요한 벤치마크를 제공할 수 있다.

단일 용이성 질문(Single Ease Question, SEQ)은 사용 용이성을 평가하기 위한 최고의 툴이다. 방금 시도한 태스크에 대한 제품 사용자 느낌을 평가하기 위해 태스크 수행 후 곧바로 제품 사용자에게 다음과 같이 하나의 질문을 해 본다.

"전반적으로 태스크 완료가 얼마나 어려웠나요? 혹은 얼마나 쉬웠나요?"

1부터 7 사이에서 점수를 선택하면 되므로, 사용자는 쉽고 빠르게 점수를 입력할 수 있다.

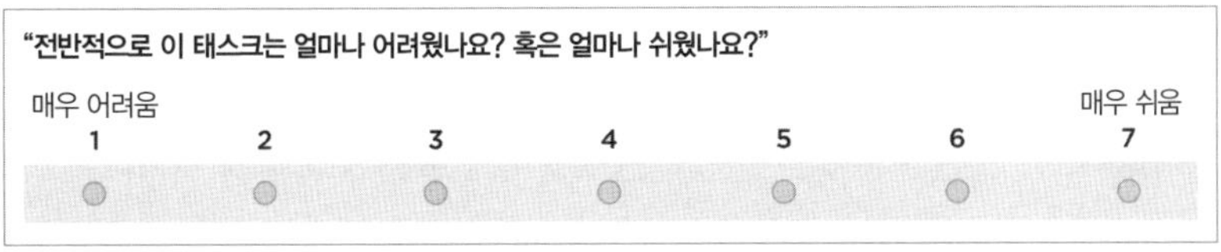

그림 21-1 SEQ(단일 용이성 질문) 설문지

"전반적으로 이 태스크는 얼마나 어려웠나요? 혹은 얼마나 쉬웠나요?"

| 매우 어려움 | | | | | | 매우 쉬움 |
| 1 | 2 | 3 | 4 | 5 | 6 | 7 |

한 가지 태스크를 끝마친 후에 진행하는 설문 조사는 사용자의 제품 사용 흐름을 방해하지 않도록 최대 세 개의 질문 정도로 간결해야 한다.

설문 조사는 단순하지만 응답은 시스템 사용성 척도(System Usability Scale, SUS)[214]와 같은 다른 사용성 지표와 강한 상관관계에 있다.

태스크에 대한 SEQ(단일 용이성 질문) 점수는 응답자 답변의 평균값으로, 태스크들을 통틀어 평균 5.5이다.[215]

점수는 세그먼트, 고객 생애 가치(CLV) 혹은 다른 사용자 속성을 기준으로 세분화할 수 있다.

다른 태스크를 평가하는 일은 제품의 약한 부분을 확인하는 데 유용할 것이다. 시간에 따른 점수를 확인하면 이터레이션마다 발전을 추적할 수 있다.

SEQ(단일 용이성 질문) 설문 조사가 좋은 진단 툴이 아닌데다, 사용자가 태스크를 완료하는 동안 겪은 문제로부터 태스크 완료의 복잡성을 분리하는 어려움 때문에 다음과 같은 한 가지 질문을 추가로 묻는 것도 좋은 아이디어다.

"당신이 매긴 점수의 주요 이유는 무엇인가요?"

5점 미만의 점수에 대한 이유를 살펴보면 제품 사용의 문제와 마찰점(friction point)을 짚어내는 데 유용할 것이다.

고객 경험 전문가 칼 길리스(Karl Gilis)는 SEQ(단일 용이성 질문) 설문 조사 대신 "그 [태스크]를 수행하는 일이 얼마나 *어려웠나요?*"라고 질문하도록 제안한다.

열린 질문을 통해 받은 점수가 SEQ(단일 용이성 질문) 설문 조사보다는 점수가 낮겠지만, 열린 질문에 대한 답변은 통찰력의 보물 창고가 될 것이다.

제품을 사용해 핵심 태스크를 끝마친 사용자에게 자동화된 인앱 메시지를 보내는 방식으로 연구를 확대할 수 있다. 이런 방법을 사용한다면 시간이 흐름에 따라 점수의 변화 추이를 살펴보는 것을 고려하라.

21.3 현장 조사를 통한 학습

"핵심 고객이 어떤 다른 앱을 사용하고 있는지 매일같이
파악하기 위해 노력하라. 이렇게 하면 유사한 사용자 경험을
디자인하고, 제품 사용의 걸림돌(friction)을 제거하거나
사용자가 불편하게 느끼는 앱 사용법 학습 환경을 만들 수
있다."[216]

유진 에차누(Eugen Eşanu)
라로체(Laroche.co) 디자이너

사용자는 제품을 사용하기 시작할 때 기대하는 바가 있다.

사용자의 멘탈 모델(현실에 대한 인식의 틀이나 세상의 동작 방식에 관한 사고 과정)은 사용자의 신념, 다른 제품 사용, 문화 및 특정 핵심과업이 어떻게 처리되어야 하는지에 관한 기대감의 결과다.

멘탈 모델을 통해 우리는 사물이 어떻게 작동하는지 예측할 수 있다. 여러분의 제품이 사용자의 멘탈 모델을 좀 더 가깝게 반영할수록 사용자는 제품을 사용할 때 더욱 크게 만족하고[217] 제품을 습관적으로 사용할 가능성이 높아질 것이다.

이런 종류의 일치가 만들어지면 고객 리텐션에 큰 임팩트를 끼칠 수 있으며 강력한 경쟁력을 만들 수 있다.

멘탈 모델 분석을 통해 제품과 고객 기대 사이의 차이와 어긋난 점을 드러내고 확인하는 데 도움을 얻을 수 있다.

이는 인튜이트(Intuit) 초창기 시절 공동 창업자인 스콧 쿡(Scott Cook)이 스테이플스(Staples) 사무실 공급 창고에서 고객이 퀴큰(Quicken)을 구매하는 것을 기다리며 많은 시간을 보낸 이유 가운데 하나다.[218] 누군가 퀴큰을 구매할 때면, 그는 제품을 사용하는 모습을 보기 위해 집까지 따라가도 괜찮은지 묻곤 했다. 이런 태도 덕분에 그는 제품 방향을 설정하는 데 도움이 된 훌륭한 통찰력이 담긴 정보를 많이 확보하였다.

여러분의 제품이 사용자의 삶에 얼마나 잘 파고들어 있는지 이해하기 위해 먼저 다음 사항을 확인하라.

- 제품 사용 빈도(월, 주, 일, 시, 항시 사용 등)

- 핵심 사용자(여러 유형일 수도 혹은 단순 소비재 제품에 대한 단일 사용자일 수도 있음)

- 연구하고자 노력 중인 핵심 활동

제품 사용 빈도가 주 1회 미만으로 낮다면 현장 조사로 유용한 데이터를 얻기 어려울 것이다. 이런 경우 다이어리 스터디(diary study)[219]라는 연구 방법을 사용할 수 있다. 다이어리 스터디는 학습 중인 사용자 경험을 포함해 사용자가 자신의 일상을 기록하도록 하여 정성적인 정보를 수집하는 연구 방법으로, 이를 사용하면 더 나은 결과를 얻을 수 있다.

담당 직무나 유형별로 5-10명의 참가자를 모집해야 하며, 참가자의 사무실이나 집에서 적어도 몇 시간을 보내는 게 좋다. 참가자 모집에 도움을 얻고 싶다면 이 책 끝에 있는 빌딩 블록의 모집 가이드를 참고할 수 있다.

사무실이나 집으로의 초청은 꽤 큰 요청이므로 제품을 사용해 이미 많은 가치를 얻고 있는 사용자로 방문 대상을 한정하는 것이 좋다. 자신을 위해 제품을 개선하고자 한다는 사실을 이해하면 도움을 주려는 의향이 좀 더 클 것이다.

현장 연구는 다소 즉흥적인 사용자 테스트 같다. 그리고 그 테스트 동안 여러분은 사용자를 꾸밈없는 환경에서 관찰한다.

사용자를 안심시키기 위해 그들을 테스트하는 것이 아니라는 사실을 확실히 이해하게 하라.

사용자는 평소의 태스크와 프로세스를 수행하고 그 동안 여러분은 워크플로(workflow), 추론, 트리거, 직면한 어려움에 대해 가볍게 탐구한다.

사용자는 어느 부분에서 가장 큰 어려움을 겪고 있는가? 왜 그들은 길을 벗어나는가? 제거할 수 있는 과정이 있는가? 여러분의 제품이 사용자를 위해 더 많은 핵심과업을 달성할 수 있는가?

여러분은 다음과 같은 질문을 하고 싶을 것이다.

- 이 태스크는 왜 중요한가?
- 다른 단계에 앞서 왜 이 단계를 수행했는가?
- [태스크]를 통해 무엇을 달성하고자 하는가?
- 이것은 왜 [태스크]를 수행하는 가장 좋은 방법인가?
- [태스크]를 언제나 이런 방식으로 수행하는가?
- 핵심과업을 처리하기 위해 다른 제품을 사용한 적이 있는가? 이유가 무엇인가?
- [제품]을 사용하기 전, 사용하는 동안, 사용한 후에 당신의 책임은 어떻게 달라지는가?
- [핵심과업(Job To Be Done)]을 처리하기 위해 해야 하는 가장 핵심적인 태스크는 무엇인가?
- 당신은 이 단계에서 어떤 솔루션(제품, 서비스 등)을 사용하는가?
- 시간이 지나면서 [태스크]를 수행하는 방법에 어떤 변화를 주었는가? 이유는 무엇인가?
- 시간이 지남에 따라 [핵심과업]을 좀 더 빨리 처리하기 위해 무엇을 했는가? 왜 그렇게 해야 한다고 느꼈는가? 어떻게 도움이 되었는가?

여러분의 목표는 다음 사항을 파악하는 것이다.

- 핵심과업을 수행할 때 고객의 생각
- 여러분의 제품이 고객의 삶이나 일이라는 좀 더 큰 맥락에 어떻게 파고들어 있는가?

- 고객이 여러분의 제품을 사용하는 맥락(제품과 함께 사용하고 있는 포스트잇 메모 혹은 그밖의 모든 것들을 관찰)

- 고객이 사용하는 다른 툴이나 제품

- 고객이 직면한 어려움과 그들이 그 어려움을 극복하는 방법

- 제품 사용 계기 및 제품 사용 후의 행동

필요하면 사진을 찍어라. 항상 주의를 기울여라. 고객의 말이나 행동에 깜짝 놀랄 수도 있다.

워크플로(workflow)를 분석하고 참여자의 행동을 비교하면 제품을 개선하고 간소화하며 제품 로드맵에 더 많은 *기쁨* 요소를 추가할 수 있다.

눈과 귀를 활짝 열어라.

21.4 가치 적합성 분석 ──────────

"고객은 자신이 사용하는 제품이 아니라 자신이 해야 하는 핵심과업에 충실하다."[220]

마이크 보이센(Mike Boysen)
잡스 투비 돈 캔버스(Jobs To Be Done Canvas) 제작자

시장은 점점 빨리 움직인다.

결과적으로 회사는 시장에 좀 더 반응해야 한다. 자칫 너무 늦게 변화의 파도에 올라타면 모멘텀을 잃거나 심지어 고객을 놓치고, 경쟁사를 따라잡기 위해 안간힘을 써야 하는 위험에 처할 수 있다.

문제는 회사가 신호를 쉽게 놓칠 수 있다는 데 있다. 연구 결과에 따르면,[221] 많은 회사가 고객 조사를 1년에 몇 번만 수행한다. 한마디로 충분하지 않다.

여러분이 속한 시장에 따라 조사 데이터를 얼마나 자주 분석할 필요가 있는지 달라지는 경향이 있기는 하지만, 데이터 수집은 항상 수행해야 한다.

시장을 놓치는 일이 없도록 적어도 두 개의 연속 프로세스를 수립해 고객의 기대를 포착하라.

예를 들어 다음과 같을 수 있다.

1. 스위치 인터뷰를 통해 회원 가입/탈퇴 결정 프로세스를 모니터링한다 (12장).

2. 제품 시장 적합성(PMF)에 대한 열린 반응을 포착한다(11장).

드리프트(Drift)는 중요한 기능에 대해 *"이 기능을 더 이상 제공하지 않는다면 어떤 느낌이 들까요?"*라는 동일한 질문으로 설문 조사를 한다. 드리프트는 이 설문 조사에 대한 응답을 통해 개별 기능의 가치에 대한 실시간 반응을 느낄 수 있다.

이와 비슷하게 VWO는 고객 만족도 점수(Customer Satisfaction Score, CSAT)를 사용해 판매 과정과 고객 여정을 따라가며 제품과 고객의 접점을 평가한다(*예: "전반적으로 [단계]에 얼마나 만족했나요?"*). 설문 조사 결과는 제품 이슈를 조기에 발견하는 데 유용하다.

다른 방법을 통해 가치 적합성 데이터를 얻으려 할 수도 있겠지만, 시간의 흐름 속에 변화하는 사용자와 고객의 기대를 추적한다는 목표는 변하지 않을 것이다.

데이터를 스프린트마다 번갈아 살펴보고 고객 프로필, 시간대, 데이터 확보 채널 등의 기준으로 나누어 분석하면 좋다. 열린 마음을 가지고 데이터를 대하라. 새로운 시각으로 데이터를 살펴보면 더욱 좋다.

월 단위로는 데이터의 변화가 그리 커 보이지 않을 때 미묘한 차이에 적절히 대응하지 못하는 것이 당연하다. 이때 새로운 시각은 새로운 패턴을 확인하는 데 유용하다. 또한, 팀 내에 좀 더 많은 공감대를 구축하는 데 도움이 될 수 있다.

아마존과 같은 회사들은 심각한 문제가 있을 경우 직원이 생산을 중단하거나 경고하기 위해 활성화할 수 있는 린 제조[222]에서 유래된 안돈 코드(Andon cord)[223]를 갖추고 있다.

아마존에는 무언가 잘못된 것이 있을 때 누구라도 안돈 코드를 *잡아당길* 것이라는 문화적 규범이 있다. 많은 기술 회사가 이와 같은 콘셉트의 이점을 누릴 수 있다.

두 달에 한 번씩 제품 사용 가입을 해보는 것도 좋은 아이디어다. 마치 새로운 사용자처럼 다른 형태의 일 흐름을 시도해 보고, 다른 사용 행동을 테스트하며, 제품 사용 경험을 평가하라. 똑똑한 신규 직원이 고객 기대와 제품 사이의 차이를 찾는 데 기여할 수 있다. 그들의 의견이 편향되기 전에 그들의 통찰력이 담긴 의견을 얻는 것이 좋다.

앰플리튜드(Amplitude)의 팀은 매년 '회사 죽이기(Kill the Company, KTC)'[224] 연습을 수행한다. 각 팀은 회사를 그만두고 경쟁사를 만든다면 현재 회사를 어떻게 이길지 상상한다.

가치 적합성을 테스트하고 관찰하는 많은 방법이 있다. 그러나 모든 접근은 여러분이 객관적일 수 있는지 그리고 제품을 현재 시장에 출시된 모습 그대로 볼 수 있는지에 따라 그 성과가 크게 달라질 것이다.

21.5 발전하기

"경쟁사보다 고객을 더 잘 이해하는 회사가 더 깊이 있는 방식으로 더 나은 제품을 개발해 훨씬 더 효과적으로 시장에 내놓는다."

다니엘 샤피로(Daniel Shapiro)
파트너스택 제품 담당 임원

이번에는 제품 적합성과 효과를 향상시키는 내용을 다룬다.

길을 벗어나지 않고 발전하기 위해 새로운 발견에 대해 북극성 지표를 고른 뒤 새로운 발견이 정말로 제품을 개선하는지 평가하는 실험을 수행하라.

SEQ(단일 용이성 질문) 설문 조사를 통해 학습한다면? 기존 설문 조사 점수와 비교하며 반복하라. 즉, 그 점수를 향상시키기 위해 실험을 수행하라.

현장 조사를 통해 학습한다면? 여러분이 개선하려는 것에 따라 사용할 지표가 달라질 것이다. 특정 기능의 채택률을 개선하고 있는가? 습관화나 재 인게이지먼트를 개선하고 있는가? 태스크의 성공이나 고객 인게이지먼트 개선 여부를 가장 잘 담아낼 수 있는 지표를 선택하라.

A/B 테스팅(20장)을 수행하여 여러분이 만들고 있는 변화의 임팩트를 테스트하면서 꾸준히 변화를 도입하라.

제품이 고객의 삶에 파고드는 방식을 반복적으로 개선하라. 또한, 여러분의 제품을 대체 불가능하게 만들어라.

21.6 사례 연구
베이스캠프에 대해 시장이 어떻게 바뀌었는가?

"우리가 페이스북을 없앨 무언가를 만들지 않는다면 다른 누군가가 만들 것이다."

마크 저커버그(Mark Zuckerberg)
페이스북 공동 창업자이자 CEO

10년 이상 솔루션 기술 분야에서 일해오고 있다면 베이스캠프 또는 베이스캠프의 공동 창업자인 제이슨 프라이드(Jason Fried)와 데이비드 하이네마이어 핸슨(David Heinemeier Hansson)에 대해 들어봤을 것이다.

원래 이름이 37시그널즈(37signals)[*]였던 이 회사는 2004년 주력 상품인 베이스캠프를 출시했다. 당시 이 제품은 시장에 출시된 첫 번째 SaaS 프로젝트 관리 응용 프로그램 가운데 하나였다.

두 사람은 사고 리더십(thought leadership)에 관한 블로그, 자신들이 쓴 베스트셀러 〈똑바로 일하라(REWORK)〉, 〈리모트: 사무실 따윈 필요 없어!(REMOTE)〉, 〈Getting Real〉 및 강력한 의견 제시를 통해 강력한 브랜드와 팬덤을 형성

---

[*] **옮긴이** 2014년 2월 37시그널즈에서 베이스캠프로 사명을 변경했지만, 2022년 5월에 다시 37시그널즈로 사명을 되돌렸다.

했다.

13만 명이 넘는 고객,[225] 수익성 높은 비즈니스, 사용자의 사랑을 받는 제품을 보면 어느 누구도 베이스캠프가 큰 성공을 거두었다는 사실을 부인할 수 없었다. 그러나 2004년 베이스캠프가 처음 출시된 이후 시장은 정말로 빠르게 커졌다.

수백 개의 프로젝트 관리 응용 프로그램이 시장에 출시돼 시장 점유율을 놓고 경쟁하면서 베이스캠프의 핵심 제품은 변화하는 고객의 기대에 부응해야만 했다.

'경쟁 무시'[226]에 대해 자주 이야기했던 이 회사는 새로운 현실과는 다른 시대, 다른 전제하에 세워졌었다.

베이스캠프의 공동 창업자인 두 사람은 고객을 위해 제품을 개선하고, 비즈니스를 위한 기술적 선택을 하고, 시장에 대한 스스로의 인식에 집중했다. 그러나 시간이 흐르면서 시장 구도(landscape)는 변해 갔다. 경쟁 업체의 수준은 올라갔고, 검색 및 온라인 광고와 같은 채널이 경쟁 업체의 주요 고객 확보 도구로 부상하게 되었다.

베이스캠프는 강력한 입소문을 통해 성장했지만, 광고를 하거나 검색 엔진 순위를 올리기 위해 시간을 투자하지는 않았다. 게다가 베이스캠프의 사용자에 대해서는 알려고 했지만, 비사용자를 사용자로 전환하는 방법을 배우기 위해 시장을 연구하는 데는 충분한 시간을 쏟지 않았던 것 같다.

수년간 압박감에 시달린 베이스캠프의 두 창업자는 새로운 고객 기대를 반영하기 위해 새로운 채널, 제품 포지셔닝, 가치 제안을 사용해 어떻게 마케팅할지 다시 생각해야 했다.

결국 시장 변화를 파악하고 지난 몇 년 동안 전략을 업데이트했다. 바뀐 전략에 따라 검색 최적화 전문가를 고용하고,[227] 무료 제공 상품을 만들었으며,[228] 마케팅 리더십[229]을 강화했다.

이처럼 최고의 회사조차도 시장이 변하면 시장의 변화에 적응해야만 한다.

21.7 행동하기

1. 사용자가 제품을 사용해 수행하는 주요 태스크를 명확히 파악하라.

2. 핵심 태스크 성공 분석(Key Task Success Analysis, KTSA)을 위한 프로세스를 만들어라. 혹은 현장 조사를 수행하라.

3. 새로운 발견에 대해 가설을 만들어라. 또한, 제품 적합성과 효과를 개선하기 위해 실험을 수행하라.

4. 제품의 가치 적합성에 관한 데이터를 지속적으로 수집하기 위한 프로세스를 만들어라.

5. 현재 상태에 안주하지 마라.

22

남아 있는 성장 기회 평가하기

여러분은 한동안 고객들을 확보해 왔다. 이번 장에서 설명하는 기법을 사용해 **남아 있는 성장 기회를 평가하고, 신규 사용자 확보를 개선하라.**

"다양한 부류의 사람들과 대화하는 것이 중요하다. 특히,
고객과의 대화에서 제품에 대한 반응, 제품에 대한 생각,
처음에 제품을 사용하게 된 동기, 어떤 문제를 해결하려고
했는지, 제품이 출시되기 전에는 무엇을 하고 있었는지,
다른 제품을 사용하거나 수작업으로 수행하고 있었는지
파악하라."

아신 굽타(Ashwin Gupta)

어떤 시점에 다다르면 신규 사용자 확보 속도가 떨어지기 시작하는 것은 거의 불가피하다.

잠재 고객의 질, 신규 고객 확보 전략의 효과가 떨어지거나 목표로 삼아오던 잠재 고객들이 여러분의 제품 메시지에 무감각해질 것이다.

그럴 때는 새로운 사용자 확보 채널을 실험하거나(15장), 제품을 새로운 시장에 소개하거나(17장), 신규 사용자 확보를 위한 노력을 최대로 끌어올릴 수 있다.

여러분이 서비스 회사를 운영하고 있다면…

이번 장에서는 시장의 요구를 파악하고 고객을 확보하는 새로운 길을 찾는 방법을 학습한다.

22.1 사용 가능한 기법들

비즈니스에서 사용자 확보 노력을 평가할 때 세부 사항을 자세히 살펴보거나 전반적인 전망을 파악하는 두 가지 접근 방식을 사용할 수 있다. 두 접근 방식 모두 고객 기반을 확장할 수 있는 추가 기회를 발굴하는 데 도움이 될 것이다.

- **사용자 기반 내 세그먼트 분석**: 사용자 기반 내 각 세그먼트의 성장 잠재력을 밝혀 낼 수 있다.

- **브랜드 인지도 평가**: 시장 전체를 살펴보고 남아 있는 시장 기회를 평가하며 시장 이 포화 상태인지 판단할 수 있다.

세분화(segmentation)는 비즈니스 운영을 더 정교하게 다듬는 데 도움이 될 것이다. 또한, 브랜드 인지도 평가는 성장이 둔화하기 시작했을 때 유용할 수 있다.

22.2 사용자 기반 내 세그먼트 분석

"수많은 제품들이 만능(one-size-fits-all)이다. 그리고
어느 누구에게도 적합하지 않다. 그리고 어떤 조치도
취해지지 않는다."

인디 영(Indi Young)

지금까지 여러분은 *최적합* 고객이나 우선순위가 높은 페르소나(persona)인 고기대 고객(9장)의 니즈를 충족시키기 위해 제품을 개발하고 있을 가능성이 매우 크다.

그러나 사용자 기반에 다양성이 있듯이 타깃 그룹에 속한 고객의 프로필에도 다양성이 있다. 예를 들어 오하이오의 회계사들이 모두 동일한 니즈나 프로세스를 공유하지는 않을 것이다.

성숙 단계에서 만능(one-size-fits-all)은 최적이 아니다.

제품의 사용자에게는 수백 개의 하위 세그먼트가 있을 수 있다. 이러한 세그먼트 안에는 제품에 완전히 만족하는 사용자도 있으며, 대체품을 찾는 사용자도 있을 것이다.

이 하위 세그먼트들의 니즈에 좀 더 적합한 제품 사용 경험을 만든다면 여러분은 다음과 같은 일들을 할 수 있다.

- 소홀히 여겨온 세그먼트에서 제품 해지율과 불만족을 줄일 수 있다.
- 사용자 전체의 사용률과 매출을 증가시킬 수 있다.
- 가장 유망한 하위 세그먼트들을 키우기 위해 좀 더 적합한 고객 확보 전략을 정의할 수 있다.

케이크를 자르는 다양한 방법이 있는 것처럼 사용자 기반을 세분화하는 다양한 방법이 있다.

잘 분할된 좋은 세그먼트는 동질성을 가지며, 서로 겹치지 않으며, 예측 가능한 행동을 보여 주며, 마케팅 및 판매 노력을 통해 접근할 수 있는 특징을 갖추고 있다.

제품 사용자들을 세분화할 수 있는 고객 여정의 초기 단계일수록 제품 사용 경험을 각 세그먼트의 특화된 니즈에 맞게 더 잘 조정할 수 있을 것이다.

그러므로 여러분이 찾아야 하는 것은 세그먼트 전체의 행동을 예측할 수 있는 가장 초기의 신호를 가진 선행 지표(earliest signal-leading indicator)이다.

좋은 세분화 기준으로는 채팅 제품의 경우 회사 규모, 판매 툴에 대한 사용자 역할, 메일침프(Mailchimp)(이번 장 사례 연구 대상 회사)의 경우 구독자 수 등이 있다.

다음과 같이 사용자를 세분화하는 네 가지 방법이 있다.

1. **암시적 데이터 이용**: 암시적 데이터는 다른 가용한 데이터로부터 추론된 정보다. 예를 들어 오가닉 채널(organic channel)에서 유입된 사용자는 구매 의사가 높은 편이고 고객 전환율이 좀 더 높은 경향이 있다. 신규 고객 확보 채널 데이터에 이 방법을 적용하면 세분화에 도움이 될 수 있다.

2. **명시적 데이터 이용**: 명시적 데이터는 양식, 설문 조사 혹은 설치 프로세스를 통해 얻은 정보다. 사용자들은 질문을 받고, 그 질문에 자신들이 답변하는 것을 알고 있다.

3. **사용자 혹은 구매자 페르소나**: 페르소나는 실제 인과관계와 같은 증명 가능한 이론에 근거할 때 매우 강력할 수 있다.

4. **행동 모델**: 행동학적 세분화는 고객 유형을 생성하기 위해 거래와 인게이지먼트(engagement) 데이터를 이용한다.

비즈니스에 사용할 세분화 기준을 결정하기 위해서는 14장에서 했던 것처럼 다양한 이벤트와 사용자 특성 간의 상관관계를 평가해야 한다.

여러분은 구매, 인게이지먼트 혹은 장기 리텐션과 상관관계가 가장 높을 것 같은 기준들을 찾고 있다.

기준을 결합하여 다양한 조합(예: 페르소나와 매출)을 테스트할 수 있다. 단 기간에 크게 바뀔 것 같지 않은 정보에 집중하는 것도 흔히 좋은 아이디어다. 예를 들어 다음과 같다.

- 직원 수
- 매출
- 수직통합(vertical)
- 비즈니스 모델
- 위치
- 기술 스택
- 웹 트래픽
- 사용 사례
- 확보 채널
- 랜딩 페이지 가치 제안
- 페르소나
- 역할
- 직함

가장 예측 가능한 기준은 무엇인가?

예측 가능한 기준마다 어떤 결과 세그먼트가 도출되는지 조사하라. *이 세그먼트들은 다른 세그먼트와 얼마나 다른가?*

여러분은 많아야 5-7개의 세그먼트를 찾고 있다. 이러한 세그먼트는 서로 겹치지 않아야 하고, 전부는 아니더라도 대부분의 고객을 포함해야 한다. 또한, 고객의 근원적인 니즈를 드러내고, 이상적으로는 오랫동안 믿을 만해야 한다.

어떤 방법을 선택하든 한 가지 세분화 모델을 고수하는 것이 중요하다.

가장 믿음직한 세분화 모델을 선택하라. 여러분의 지표들을 세분화 세그먼트들로 나누어라. *행동들이 눈에 띄게 다른가?*

이런 차이를 만드는 원인들을 이해하지 못한다면 고객 인터뷰를 통해 세그먼트들을 하나씩 조사하는 것을 고려하라(13장).

필요한 모든 정보를 이미 수집하고 있는 것이 아니라면 회원 가입 프로세스나 온보딩을 통하거나 클리어비트 인리치먼트(Clearbit Enrichment)[230]와 같은 외부 서비스 업체를 사용해 기존 데이터를 강화하는 방식으로 정보를 확보하는 방법들을 찾아라.

올바른 정보를 얻고 있다면 여러 워크플로를 대상으로 실험을 수행하여 각 세그먼트에 속한 사용자들의 행동에 영향을 끼칠 수 있다.

22.3 브랜드 인지도 평가 ————————

"조사 결과 사람들의 50%가 쇼맥스(Showmax)에 대해
들어본 적이 있는 것으로 나타났을 때 우리가 인지도

측면에서 시장을 포화시켰다는 사실을 깨달았고, 이후
효과적으로 퍼포먼스 마케팅으로 나아갈 수 있다고
판단했다."[231]

배런 언스트(Barron Ernst)
젠리 시니어 제품 담당자

시장에는 얼마나 많은 성장 가능성이 남아 있는가? 여러분이 속한 시장은 포
화 상태인가?

더 많은 잠재 고객들이 여러분의 제품과 경쟁사의 제품을 알수록 신규 고객
확보 전략들이 더 경쟁적으로 되는 경향이 있다.

여러분의 제품이 선택 가능한 한 가지 옵션으로 보일 수 있으므로 눈에 띄고
자 한다면 차별화가 필요하다.

데이비드 캔슬(David Cancel)은 이를 프록터 앤 갬블(Procter & Gamble)[232] 단계라
고 부른다. 이 단계에서 회사들은 시장 점유율을 높이기 위해 브랜드 구축과
차별화에 집중해야 한다.

그림 22-1 초고속 성장 곡선

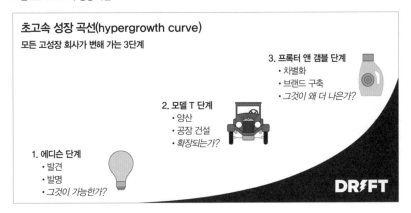

현재 위치를 이해하려면 시장에 남은 성장 가능성을 평가해 보는 것이 좋다. 미처 알지 못했던 잠재 고객이 여전히 남아 있는가? 여러분은 경쟁사의 고객을 가져오는 데 집중해야만 하는가?

여러분의 브랜드를 알고 있는 잠재 고객의 비율을 알기 위해 먼저 타깃 시장의 규모를 가늠하라. 얼마나 많은 고객이 있는가? 그 중 몇 명이 여러분의 고객인가?

경쟁사 연간 보고서, S-1 보고서[*] 혹은 자금 조달 공시 등을 통해 경쟁사 고객의 수를 알 수 있다면 시장에 얼마나 많은 기회가 남아 있는지 가늠해 볼 수 있다.

한 걸음 더 나아가 익명으로 설문 조사를 수행해 시장 내 잠재 고객들이 어떤 제품에 관해 들어본 적이 있는지 알아볼 수 있다.

"다음 제품들 가운데 어느 제품을 들어본 적이 있나요?"

시장 내 상위 10-12개 브랜드를 선택하고, 그들을 임의의 순서로 나열하는 방식으로 시장 내 브랜드 인지도에 관한 좋은 데이터를 얻을 수 있을 것이다.

긍정적인 응답마다 다음과 같은 후속 질문을 던져라.

"당신은 [제품명]이 어떤 일을 하는 데 사용하는 제품인지 알고 있나요?"

이 질문에 대한 답변들은 시장에서 공유되는 제품 메시지를 밝혀내는 데 유용할 것이다.

제품의 포지셔닝은 명확한가? 경쟁사 제품의 포지셔닝과 얼마나 다른가? 설문 조사에 응한 잠재 고객들 가운데 얼마나 많은 잠재 고객이 제품에 관해 전

---

[*] 옮긴이 회사 공개를 위한 공시 자료

혀 알지 못하는가?

이런 유형의 조사가 효과적이려면 타깃 시장에서 설문 조사 대상자를 무작위로 뽑아야 한다. 결과적으로 설문 조사 응답자들 가운데는 여러분의 고객과 경쟁사의 고객이 모두 있을 수 있으며, 여러분이나 경쟁사의 브랜드에 관해 아직 알지 못하는 잠재 고객들도 있을 수 있다.

400명의 응답자들이 여러분에게 믿을 만한 데이터를 줄 수 있어야 한다. 타 깃 시장의 잠재 고객이 수천 명이 채 안 된다면 시간을 낭비하지 마라. 영업 팀이나 고객 관계 관리 팀(CRM)은 어떤 고객들이 회사에 대해 들은 적이 있는 지 여러분에게 알려 줄 수 있어야 한다.

400명 이상의 응답자를 확보하는 가운데 이들과 여러분 브랜드와의 관련성을 피하려면 브랜드를 제거하고 설문 조사를 수행하거나(20장), 시장 조사 대행 기관을 통해 수행해야 한다. 이런 대행 기관들은 설문 조사 참가자에게 인센티브를 제공하고, 충분한 크기의 데이터를 확보하는 데 도움을 줄 것이다.

설문 조사 대상자를 여러분이 직접 확보하고자 한다면 여러분 회사와 관계 있는 대상자를 피하고, 시장의 가장 핵심적인 곳으로부터 대상자를 선택하도록 노력해야 한다.

잠재 고객의 50% 이상이 여러분 회사나 경쟁사의 제품을 알고 있다면 그 제품들이 시장에 *충분히 알려져 있다*고 생각할 수 있다.

50% 이상이라면 메시지 차별화에 집중하라. 반대로 50% 이하라면 인지도에 집중하라.

22.4 발전하기 ─────────────────

"제품은 그 자체로 팔릴 만한 상품성을 갖추고 있어야 한다.
그러나 이것이 영업 사원이 필요 없다는 뜻은 아니다."

애런 레비(Aaron Levie)

이 단계에서 발전해 나가려면 먼저 여러분 비즈니스에 대한 올바른 세분화 전략을 정의해야 한다.

세그먼트를 하나씩 평가해 나가면 새로운 성장 기회를 발굴하는 데 유용할 것이다. 또한 그런 작업은 여러분이 시장 점유율을 확대하고 실적을 높이기 위한 아이디어와 실험들을 도출하는 데 유용해야 한다.

성장시켜 볼 만한 세그먼트가 있는가? 시장과의 소통을 개선해 성장할 수 있는가? 특정 세그먼트에서 수익이나 리텐션을 개선하기 위해 시장과의 소통을 조정할 수 있는가?

이 단계에서 제품을 판매하고 있는 각 세그먼트의 전략들을 정의하면 새로운 성장 기회를 발굴하고 시장에 대한 장악력을 높이는 데 도움될 수 있다.

22.5 사례 연구 ───────────────────
메일침프는 사용자를 세분화하기 위해 온보딩을 어떻게 이용했는가?

"목표는 행복한 경험을 만드는 것이다. 개인 맞춤화되고 매우

유용하다는 첫인상을 주면서 첫 번째 터치 또는 처음 몇 번의
터치만으로 가치를 제공하는 것이 매우 중요하다."

기욤 카바네

이메일 광고 시장에 처음 진입했을 당시 메일침프는 나름 강력한 브랜드를 구축하면서 많은 인지도를 얻으며 85,000명 이상의 사용자와 고객을 확보했다.

2009년 메일침프는 시장 점유율을 더욱 높이기 위해 프리 티어를 추가하기로 결정했다. '무료미움'을 제공하고 1년이 지났을 때 사용자는 450,000명으로 크게 늘었다.[233]

수백만 명의 구독자를 대상으로 포춘 500대 회사의 뉴스레터를 운영하는 마케팅 에이전시들이 서비스에 가입했으며, 이메일 마케팅을 접한 지 얼마 안 된 철물점들이 서비스에 가입했다. 또한, 그 가운데 다양한 범위의 잠재 고객들이 회원에 가입했다.

사용자의 니즈를 좀 더 충족시키기 위해 메일침프는 세분화에 착수하기로 결정했다. 수백 개의 사용자 유형이 있었고, 단순히 "여러분은 철물점 소유주인가요? 혹은 마케팅 에이전시인가요?"라고 물을 수는 없는 노릇이었다.

대신, 사용자들에게 먼저 구독 목록이 있는지 묻기로 결정했다. 그리고 목록이 있다면 가입자 수가 얼마나 되는지 질문하기로 했다.

메일침프는 이 두 가지 데이터 포인트를 기반으로 다음 단계를 결정할 수 있었다. 한 세그먼트는 블로그에서 서비스 가입 양식을 설정하는 데 도움을 주는 워드프레스(WordPress) 플러그인에 대한 이메일을 받을 수 있었고, 다른 세그먼트는 고급 세분화 팁을 받을 수 있었다.

메일침프에서 컨설팅 업무를 했던 사무엘 홀릭(Samuel Hulick)은 "단지 약간 통찰력이 있는 질문을 던지는 것만으로도 서비스 가입자가 찾고 있는 결과물이 무엇인지 비교적 괜찮은 생각을 떠올릴 수 있다. 그 이후에는 그 결과물을 중심으로 뒤따르는 경험을 가능한 많이 개인화하라."라고 말한다.

사용 가능한 데이터 포인트를 통해 수많은 정보를 추론할 수 있다. 예를 들어 사용자가 서비스에 가입한 위치, 서비스 가입 시점(하루 중 혹은 일 년 중 언제), 서비스 가입자가 유입된 랜딩 페이지, 그들이 읽은 게시물 등을 통해 수많은 정보를 추론할 수 있다. 사용자를 세분화하기 위해 명시적으로 질문할 필요가 없으며, 좀 더 간접적인 방식으로도 소중한 세분화 데이터를 얻을 수 있다.

이와 관련해 에리카 홀(Erika Hall)은 "직설적인 질문은 흔히 진실하고 유용한 답변에 도달하는 최악의 방법이다."라고 말한다.[234]

몇 년이 지났을 때 메일침프의 기능과 마케팅은 크게 변했다. 결과적으로 고객 세분화 또한 바뀌었다. 메일침프는 개별 고객들이 메일침프 활용도를 극대화할 수 있게 도와줌으로써 점점 더 정확한 추천을 만들 수 있었고, 고객당 매출을 높일 수 있었다.

메일침프처럼 온보딩 프로세스를 사용하여 "우리 제품에 대한 어떤 기대가 있었나요? 어떻게 도울 수 있을까요?"와 같은 질문을 하고, 세분화를 실험할 수 있다.

항상 여러분의 제품을 처음 접하는 사람들을 만날 것이다. 그들은 모두 각자 자신만의 고유한 시각과 기대를 품고 있다. 온보딩은 이런 사람들을 대상으로 다양한 메시징과 가치 동력을 테스트해 볼 수 있는 완전한 기회다.

22.6 행동하기

1. 구매, 인게이지먼트, 장기 리텐션과 관련해 제품 사용 형태들을 평가하라.

2. 새로운 성장 기회를 발굴하기 위해 각각의 세그먼트들을 독립적으로 평가하며 비즈니스에 대한 세분화 전략을 정의하라.

3. 시장에서 브랜드 인지도를 측정하기 위해 설문 조사를 수행하고 남아 있는 성장 기회를 평가하라.

4. 세분화를 테스트하고 시장 점유율을 높이기 위한 실험들을 정의하라.

23

매출과 이익 극대화

여러분의 비즈니스는 이제 성숙 단계에 있다. 시간이 흐름에 따라 대부분의 비즈니스 프로세스를 최적화했다. 이제는 이번 장에서 설명하는 기법을 사용해 **매출과 이익을 최적화하라.**

"수익성은 사건이 아니라 습관이다."

마이크 미칼로위츠(Mike Michalowicz)
〈수익 먼저 생각하라〉의 저자

수익화와 관련해 대부분의 회사는 좋은 실적을 내지 못한다. 제품 가격대가 너무 낮거나 계획이 고객 기대와 잘 맞추어져 있지 않다. 또한, 단순히 지역에 따라 돈을 받지 못할 수도 있다.

이유가 무엇이든 결제를 늘리고 모든 거래의 가치를 극대화하는 능력은 회사의 유지와 성장에 큰 힘이 된다.

돈을 많이 벌면 벌수록 더 많은 엔지니어가 필요하고 신규 고객을 확보하는데 더 많은 돈을 써야 하며, 수익에서 회사 소유주들의 몫이 더 커진다.

이 단계에서 수익을 최적화하며 더 많은 매출을 올리는 능력이 중요하다. 심지어 회사 이해 관계자들이 그것을 직접 요구할 수도 있다.

여러분이 서비스 회사를 운영하고 있다면…

이번 장에서는 계약의 가치를 올리고, 요금제 옵션을 더해 더 많은 고객을 확보하는 방법을 학습한다.

23.1 사용 가능한 기법들 ─────────

매출을 최적화하기 위해서 실험과 테스트가 필요할 수도 있지만, 보다시피 관련 프로세스들은 '매출 수단 최적화, 수익성 확인' 등과 같이 간단하고 직접적이다.

- **일회성 요금 결제와 정기 반복 요금 결제 분석**: 요금 결제 프로세스의 허점을 발견할 수 있다.

- **가격 연구 결과 학습**: 제품과 각 요금제에 대해 최적의 가격을 찾을 수 있다.

위에서 언급한 분석과 학습은 필수적이며, 회사의 매출과 수익성을 극대화하는 데 유용할 것이다.

23.2 일회성 요금 결제와 반복성 요금 결제 분석

"비즈니스를 두 배로 키우려면 트래픽을 두 배로 늘리는 것보다 고객 전환율을 두 배로 높이는 것이 훨씬 쉽다."

제프리 아이젠버그(Jeffrey Eisenberg)
바이어 레전드 CEO

서양 사람들의 시각에서는 모든 사람이 신용카드를 사용할 수 있고, 그 신용카드로 제품을 살 수 있다고 가정하기 쉽다.

그러나 결제는 사실 판도라의 상자다. 일단 온라인 결제를 깊이 있게 분석하기 시작하면 몇몇 관련 이슈들이 얼마나 복잡한지 실감할 수 있다.

예를 들면 다음과 같다.

- 프랑스에서는 체크카드가 온라인 결제에서 선호되는 방법이다.[235]

- 브라질에서는 대부분의 결제 방식이 국내에서만 작동한다.[236]

- 인도네시아에서는 요금을 징수하려면 현지 법인을 세워야 한다. 또한, 현지 통화를 본국으로 송금할 수도 없다.[237]

- 아르헨티나와 같은 몇몇 국가에서는 외환 거래에 대해 자국민에게 세금을 부과한다.[238]

이런 상황은 비즈니스가 국제적인 규모로 성장할 경우, 여러분의 제품을 좋아하는 잠재 고객과 고객을 놓칠 수 있다는 뜻이고, 심지어 이러한 사실을 깨닫지 못한 것일 수도 있다.

총 매출과 결제 데이터 속에서 미묘한 이슈는 놓치기 쉽지만, 연체된 신용카드나 결제 방법은 결제 실패와 고객 이탈의 주요 원인이다. 단순히 일반 신용카드만 고려해도 잠재 고객이 결제 실패를 겪는 이유는 130가지가 넘을 것이다.[239]

미국에서 결제는 상당히 간단하고 스트라이프(Stripe), 페이팔(PayPal), 브레인트리(Braintree)와 같은 주요 결제 대행 업체가 미국 시장에 최적화되어 있으므로 미국 이외 국가의 결제 방식은 미국의 결제 방식과 비교해 평가하는 것이 좋다.

미국 시장 혹은 전환율이 가장 높은 시장에 대한 분석 정보를 살펴보면서 다음 사항들을 평가하라.

- 제품 웹 페이지 방문자 가운데 요금 정보 웹 페이지 방문자 비율
- 구매 프로세스를 준비하는 요금 정보 웹 페이지 방문자 비율(예: 장바구니 담기)
- 구매 프로세스를 시작해 한 단계씩 진행해 나가는 사용자 비율
- 유료 요금제로 전환하는 사용자 비율
- 결제 승인된 사용자 비율(예: 성공적인 결제)

12장에서 보았듯이 이 과정을 퍼널로 분석함으로써 문제를 정확히 짚어 낼 수 있다. 이는 또한 다른 시장을 분석할 때 비교점을 제공할 것이다.

가장 높은 잠재력을 가진 지역 시장 각각에 대해 동일한 데이터 포인트를 확보하라.[240] *중요한 아웃라이어 데이터가 있는가? 전환율이 평균 이하인가?*

방문자 수에 비해 구매 프로세스를 시작하는 사람들의 숫자가 적다면 이는 흔히 언어, 가격, 통화 등과 관련이 있다.

방문자가 결제 단계에 이르렀을 때 사용 가능한 결제 방법이 중요한 문제가 되기도 한다. 그러므로 아직 그렇게 하고 있지 않다면 결제 방법을 현지화(예: 방문자 국적의 통화로 가격을 제시)하는 방안을 생각해 보는 것도 좋다. 이런 현지화를 통해 전환율을 11~18% 정도 개선할 수 있다는 것이 증명되었다.[241]

몇몇 아웃라이어 데이터들을 발견하면 관련 문제를 하나씩 해결하기 위해 실험을 수행할 수 있다. 아디엔(Adyen)과 같은 결제 대행업체들은 전환율을 높이기 위해 기존의 결제 방법들을 교체하려 한다.

구독형 서비스를 운영하는 회사들은 첫 번째 요금은 받았으나 반복적인 요금 결제가 시작되면 문제에 빠질 수 있다.

이에 고객 이탈의 20-40%가 신용카드 연체에 의해 일어나는 만큼[242] 정기 반복 결제 방식에 대해서도 동일한 분석을 수행하는 것이 좋다.

먼저 핵심 시장에서 정기 반복 결제 성공에 대한 기준을 설정하고, 이를 국가별 정기 반복 결제 성공률과 비교할 수 있을 것이다.

이런 분석을 통해 결제 시스템, 신용 카드 만료, 결제 한도 초과, 허위 사기 방지와 같은 문제를 확인할 수 있다.

요금 연체로 이탈한 고객 가운데 단지 5%만이 서비스에 재가입한다는 것을 고려한다면[243] 여러분은 자신도 모르는 사이에 많은 기회를 놓치고 있을 수 있다.

23.3 가격 연구 결과 학습

"제품 가격의 상한선은 여러분이 제공한 가치에 의해 결정되는 것이 아니다. 가치에 대한 고객의 **인식**에 의해 결정된다."[244]

댄 아담스(Dan Adams)
애임 인스티튜트(AIM Institute) 창업자이자 대표

가격 전문가인 마이클 만(Michael V. Marn)과 로버트 로시엘로(Robert L. Rosiello)가 2,463개 회사들의 자본 환경을 근거로 장기간 연구해 〈하버드 비즈니스

리뷰〉에 발표한 연구 결과에 따르면,[245] 제품 가격을 1% 올리면 영업 이익이 11.1% 증가한다고 한다.

그들의 연구가 1992년까지 거슬러 올라가기는 하지만, 훨씬 최근의 연구 결과[246] 또한 두 사람의 연구 결과를 뒷받침한다.

이유는 간단하다. 신규 고객 확보나 고객 리텐션과 같은 다른 수단들과는 달리, 가격은 수익성에 *직접적인* 영향을 끼치기 때문이다.

가격을 높게 설정하면 그만큼 더 많은 돈을 번다. 그리고 이익은 증가한다.

그런데 프라핏웰은 회사들이 가격 책정 전략에 사용하는 시간이 평균 10시간 미만이라는 사실을 발견했다.[247]

이유는 간단하다. 가격 책정과 최적화가 회사에 자연스러운 일이 아니기 때문이다.

가격 책정은 마케팅의 영역이기도 했다가 재무 혹은 판매의 영역이 되기도 한다. 회사 내 모든 사람이 가격 책정에 의견을 내고 관여하므로 전략을 세워 앞으로 나가기가 어렵다.

일반적으로 제품 사용자의 10% 이상이 가격 때문에 이탈하거나 구매를 취소한다면, 신규 고객 확보가 매출에 끼치는 영향이 매출의 15% 이하라면,[248] 여러분은 아마도 적절한 가격 책정을 위해 개선이 필요할 것이다.

제품 가격을 올바르게 책정하려면 비용이 아니라 가치를 기준으로 책정해야 한다. 가격 책정의 근거를 경쟁사에 두지 마라. 또한, 결코 어림짐작으로 정해서도 안 된다.

제품 가격을 반복적으로 분석, 책정하는 일에는 두 가지 주요 어려움이 있다.

1. **안정적인 제품 가치가 필요하다:** 이런 이유로 여러분이 제품 시장 적합성 (PMF)에 도달하고 단위 경제를 잘 이해할 때까지 가격 최적화를 미루는 것이 가장 좋다.

2. **(특히 구독 기반 비즈니스의 경우) 평가 주기가 길 수 있다:** 여러분이 만든 가치 변화의 임팩트를 알고자 한다면 계절적 영향과 구독 주기 전체를 고려할 필요가 있다.

가격 결정은 절대적이지 않다. 여러분이 속한 시장, 제품 포장, 피칭, 이 모든 것이 고객이 인식하는 제품 가치와 지불 의사에 영향을 끼친다.

가격을 최적화하기 위해 먼저 가격 민감도를 이해하는 것이 좋다.

가격 민감도는 단일한 값이기보다는 범위인 경향이 있다.

가격 민감도를 평가하는 가장 좋은 방법으로 1976년 네덜란드 경제학자 피터 반 베스텐도르프(Westendorp)가 제안한 가격 민감도 계측(Price Sensitivity Meter, PSM)법이 있다.

여러분은 이 설문 조사를 잠재 고객과 고객 모두를 대상으로 진행할 수 있다. 이때 응답자로부터 소속 조직 내 역할, 페르소나, 구독 계획 등 더 많은 정보를 얻는다면 이는 향후 정교한 세분화에 도움이 될 수 있다.

설문 조사를 구성하는 네 가지 질문은 다음과 같다.

1. *구매를 고려하지 않을 만큼 매우 비싼 가격은 얼마인가요?* 첫 번째 질문은 고객에게 너무 비싼 가격 포인트를 가리킨다.

2. *품질이 좋지 않을 수 있다고 생각할 만큼 매우 싼 가격은 얼마인가요?* 두 번째 질문은 고객에게 너무 싼 가격 포인트를 가리킨다.

3. **비싸다고 여기긴 하지만 구매를 고려해 볼 수 있는 가격은 얼마인가요?** 세 번째 질문은 고객이 받아들일 수 있는 가격의 상한선을 가리킨다.

4. **할인 특가 제품이라고 생각할 만큼 싼 가격은 얼마인가요?** 네 번째 질문은 고객이 받아들일 수 있는 가격의 하한선을 가리킨다.

응답자가 직접 금액을 채워 넣게 하거나 범위에서 값을 선택하도록 요청하는 열린 질문을 할 수 있다. 이때 순서대로 질문하는 것이 중요하다.

처음 두 질문은 응답자가 받아들일 수 있는 가격 범위로 자신을 고정하게 만든다. 반면에 마지막 두 질문은 답변을 최적 가격 범위 주변으로 좁히는 데 유용하다.

통계적으로 유의미한 숫자의 사람들이 이 네 가지 질문에 답하면 여러분은 그 답변들을 도표 위에 그릴 수 있다. 그 결과 여러분은 최적 가격 범위를 결정하고 최적 가격 포인트를 결정할 수 있다.

반 베스텐도르프 설문 조사 결과들은 일반적으로 네 가지 가격 포인트를 결합한 도표에 표시할 수 있다. 이때 도표 중심 구역은 받아들일 수 있는 가격 포인트의 범위를 나타낸다.

'너무 싼'과 '너무 비싼'의 교차점이 최고 한계 가격 포인트로, 흔히 최적 가격 포인트다.

그림 23-1 가격 민감도 계측 결과의 예

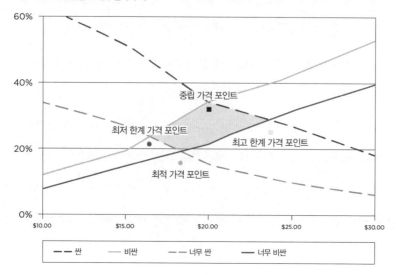

가격 전문가인 마드하만 라마누잠(Madhavan Ramanujam)은 "받아들일 수 있는 가격은 사람들이 매우 편안한 마음으로 돈을 지불하는 정도의 가격이다. 가성비가 너무 좋아 구매에 어떤 망설임도 없다. 여러분이 성장을 목표로 가격을 정하고 있다면 받아들일 수 있는 가격 영역에서 가격을 정할 수 있다. 비싼 가격은 썩 내키지는 않지만 돈을 지불하는 정도의 가격이다. 어느 쪽이든 고객은 그 가격을 매우 싫어하지는 않으며, 일반적으로 가격은 제품의 가치와 잘 맞는다. 엄청 비싼 가격은 사람들이 여러분을 매우 크게 비웃으며 쫓아낼 만한 정도의 가격이다. 가격에 대한 질문을 해 보면 지금 당장은 아니더라도 훗날 여러분의 위치를 가늠할 수 있다."고 말한다.[249]

또한, 가격 민감도 계측을 사용해 특정 기능을 넣거나 제거했을 때 응답자의 가격 포인트를 비교하는 방식으로 인식되는 가치를 평가할 수 있다.

여러분이 만든 모든 변화를 분석하라. 가격을 바꾸기 전에 가격 변화와 관련 있는 전환율(구매자 비율), 매출(고객 생애 가치(CLV) 및 매출), 이탈율(이탈 고객의 비율)을 비교할 수 있도록 A/B 테스트(25장)를 수행해야 한다.

가격 책정에 대한 실험과 학습을 진행하면서 다음과 같은 사항에 대해서도 실험을 고려해 보는 것이 좋다.

- 결제 주기(일회성, 월간, 분기, 연간 등)
- 요금제(최대 다섯 가지, 요금제가 많을수록 매출이 더욱 늘어남)
- 세분화(사용자 기준, 기능 모음 기준, 페르소나 기준 등)
- 장기 약정 할인

가격 책정은 중요한 수단이다. 연구하고 실험하라. 그리고 앞으로 전진하라.

23.4 발전하기

"요구 사항은 사실상 가설이며, 프로젝트는 실제로 단순
실험일 뿐이다. 이를 깨달으면 자유롭게 느껴질 것이다."[250]

데이비드 J. 블란드(David J. Bland)

성숙함은 사용자와 고객 행동의 측면에서 더 많은 복잡성, 더 많은 사용 사례를 다뤄야 하고, 제품에 더 많이 의지한다는 뜻이다.

전면적인 변화를 만든다면 제품이나 비즈니스에서 이미 작동하고 있는 무언가를 부수는 위험을 감수해야 한다.

실제적인 발전을 만들려면 고객 연구에 근거를 둔 강력한 가설을 세우고,

제품 사용자 세그먼트를 대상으로 실험을 수행해야 한다. 실험 결과가 비즈니스에 긍정적인 영향을 지속적으로 줄 수 있다는 사실이 증명되었을 때만 변화를 주어야 한다.

랜더(LANDR)에는 가장 낮은 가격인 기본 요금제를 없애면 월간 반복 매출 (Monthly Recurring Revenue, MRR)이 최소 15% 증가할 것이라는 가설이 있었다. 무더운 여름날 오후 우리는 실험을 진행하기로 결정했다.

일관성 없는 사용자 경험을 피하기 위해 우리는 모든 사용자를 대상으로 앱과 웹사이트에서 '기본 요금제'에 관한 언급을 모두 감추기로 결정했다. 그리고 실험이 비즈니스에 긍정적인 영향을 끼치는지 확인하기 위해 여러 기간을 비교해 보기로 했다.

월간 반복 매출이 우리가 목표했던 15% 이상으로 빠르게 증가했으며, 실험은 성공할 것처럼 보였다.

그러나 두 번째 달과 세 번째 달에는 기본 요금제 대신 더 비싼 요금제에 가입했던 사용자를 중심으로 고객 이탈율이 증가하기 시작했다. 확실히 돈은 더 벌 수 있었다. 그러나 매출 증가라는 긍정적인 영향보다 비즈니스에 해를 끼칠 수 있는 고객 이탈 증가라는 부정적인 영향이 더 컸다.

이에 곧 우리는 '기본 요금제'를 다시 도입해야 했다. 실험은 실패했지만, 우리가 실험을 통해 배운 것은 다음 가격 실험들에 영향을 끼쳤다.

이 단계에서 발전한다는 것은 새로운 정보를 이용해 좀 더 성공적인 실험들을 수행한다는 뜻이다.

진정한 발전은 실험을 통해 사용자나 고객의 행동에 긍정적인 변화를 지속적으로 이끌어 낼 때에만 일어난다.

23.5 사례 연구

북앤블룸은 어떻게 해외로 확장했는가?

"콜롬비아에서는 신용카드가 국제용이 아니라 국내용이라는 사실을 신규 고객 300명 가운데 어느 누구도 돈을 낼 수 없다는 것을 깨닫기 훨씬 전에 알았어야 했다."

클라우스 로젠버그 고다드(Claus Rosenberg Gotthard)

클라우스 로젠버그 고다드는 90년대 초 이후 줄곧 회사를 운영해 왔다. 1998년 그는 러시아로 이주했으며, 그곳에서 스캔클린(Scanclean)을 창업했다. 얼마 지나지 않아 이 회사는 700명 이상의 직원이 근무하는 러시아 최고의 청소 용역 업체가 되었다.

2005년 이 회사가 합병된 후 클라우스는 새로운 비즈니스 기회를 탐색하고 있었다.

수많은 소규모 회사들이 모바일 및 소셜 미디어 영역으로 비즈니스 방향을 전환하는 데 어려움을 겪고 있다는 사실에 주목했던 클라우스는 소규모 지역 회사들이 페이스북에서 직접 비즈니스를 운영할 수 있도록 하자는 아이디어를 갖고 있었다. 그는 페이스북 통합 회사 관리 플랫폼인 북앤블룸(Book'n'Bloom)을 만들었으며, 비즈니스 시작을 위해 당시 매우 유망한 시장이었던 미용실에 집중하기로 결정했다.

덴마크, 러시아, 키프로스, 그리스 및 스페인에서 비즈니스를 했었던 클라우스는 비즈니스 성장에 있어 국제 시장의 중요성을 잘 알고 있었다.

그리스는 그가 신사업을 시작하기 좋은 지역이었지만, 경제 위기로 성장이 어려운 시장이었다.

비즈니스가 매력이 있다는 데이터를 얻어서 비즈니스가 확장될 수 있음을 보여 주고, 가장 큰 시장에서 제품 판매를 시작하기 위해 클라우스는 비즈니스를 실제 시장 조건을 가장 잘 나타내는 시장인 스페인으로 옮겼다.

얼마 지나지 않아 사용자들이 서비스에 가입해 제품을 사용하기 시작했으며 고객이 된 후에는 이탈하지 않았다. 결과적으로 고객 확보 비용을 단 몇 달 만에 회수할 수 있었다. 스페인은 좋은 선택이었으며, 주변 시장을 공략해 비즈니스를 확장할 순간이었다.

그리고 북앤블룸을 콜롬비아로 들여오기 위해 1년 이상 노력하고 있었던 비즈니스 파트너가 가장 먼저 클라우스의 관심을 끌었다.

당시 콜롬비아의 경제는 성장하고 있었다. 수많은 소규모 회사들이 있었으며 미용 서비스에 대한 강력한 수요가 있었다. 그리고 핸드폰 보급률도 높았다. 콜롬비아는 시장으로서 수많은 조건을 충족하고 있었다.

비즈니스 시작 초기 시장은 클라우스를 실망시키지 않았다. 고객 확보 비용은 낮았으며 제품 사용율은 높았고 사용자들은 기꺼이 지갑을 열고자 했다. 그러나 클라우스와 그의 팀은 콜롬비아의 수많은 사용자들이 고객이 될 수 없거나 요금 결제에 실패하고 있다는 사실을 미처 알지 못했다.

당시 콜롬비아 사람 대부분은 오직 직불카드만 갖고 있었으며, 국내에서만 사용할 수 있었다. 북앤블룸은 돈을 받을 수 없었다. 이전까지는 요금 결제가 문제를 일으켰던 적이 한 번도 없었으므로 클라우스의 팀은 카드 사용을 특별하게 생각해 본 적이 없었다.

클라우스는 "겉보기에 콜롬비아는 비즈니스의 국제화를 테스트하며 확장하기 좋은 시장처럼 보였다. 또한 카드 보급률도 괜찮았다. 그러나 카드로 국제 결제를 할 수 없다는 사실이 명확하지 않았다."고 말한다.

북앤블룸은 콜롬비아로 비즈니스 확장을 시도하며 시간과 돈을 소모했다. 기존에 투자받았던 8백만 달러로 손실을 만회할 수 있었지만, 주요 투자자였던 런던 VC 펀드는 돈이 바닥나 버렸다.

콜롬비아에서의 실패로 클라우스는 다시 자금 모집을 시작해야 했으며 제품에 대해 다시 생각해야만 했다.

국제화가 여전히 북앤블룸 성장 전략의 주요 부분일지라도 그때 얻은 교훈들은 시장 선정 전략에 유익한 영향을 끼칠 것이다.

23.6 행동하기 ────────────

1. 전환 퍼널과 결제 퍼널에 대한 벤치마크를 확보하라.

2. 전환 퍼널과 결제 퍼널을 다양한 관점에서 분석하라.

3. 시장과 고객들로부터 구매 의사 데이터를 확보하라.

4. 가격 전략을 최적화하기 위한 실험들을 반복적으로 수행하라.

SOLVING PRODUCT

VI

회고

24

학습 목표 조정

"모든 사실에는 무수히 많은 가설이 존재한다."

로버트 M. 피어시그(Robert M. Pirsig)
〈선과 모터사이클 관리술〉의 저자

고객 연구와 프로젝트 조직의 성장에 대해 개인적으로 매력을 느꼈던 이유 중 하나는 회사 사이에 상황이 매우 비슷하면서도 매우 다른 경향이 있다는 사실에서 비롯되었다.

어떤 면에서 사람들은 매우 일관성이 있다(예: 여러 문화 사이에 동일하게 유지되는 보편적인 진리들). 그러나 또한 사람들은 항상 학습하고, 변화하며, 자신이 처한 현실에 적응한다.

사람들이 변화하므로, 나아가 회사와 시장도 변화하므로 사실상 우리는 사용자와 고객에 대한 학습을 멈출 수 없다.

인디 영은 "알아낸 것보다 알아낼 것이 언제나 더 많기 때문에 멘탈 모델은 항상 불완전하다. 멘탈은 큰 바다다. 그리고 그런 큰 바다는 항상 더 많이 있다."고 말한다.

전략은 언제나 진행 중인 대화다.

여러분의 비즈니스가 새로운 기능을 출시한다. 경쟁사는 곧바로 반응한다. 고객의 기대가 변화한다. 경쟁사는 그들 나름대로 개선된 기능을 출시한다. 시장은 변화하고 다시 진화한다. 그런 상황 속에서 팀이, 예산이, 툴이 변화하고, 사고방식은 진화한다.

사람들은 언제나 좀 더 잘하기 위해 노력한다. 좀 더 의미 있는 삶을 살며, 친구나 가족과 더 많은 시간을 보내고자 한다.

〈Shaping Things〉의 저자, 브루스 스털링(Bruce Sterling)은 "사람과 관련 있는 '해결된 문제' 모두는 시간에 따라 변화하는 변수들이 들어 있는 문제를 해결한 것들이다."라고 설명한다.

지속적으로 성장하며 높은 시장 점유율을 달성하고자 한다면 여러분은 지속적으로 학습하며, 자신의 가설을 반복해서 평가해야 한다. 현재의 성공에 안주할 수는 없다.

여러분의 모델은 완전하지 않을 것이다. 그러나 여러분이 더 많이 학습할수록 자신의 결정을 더 굳게 믿을 수 있다.

24.1 지속적인 학습 = 지속적인 성장 ─────

"지속적인 고객 발견을 DNA에 새겨 넣은 팀은 투자자보다 더 똑똑해지며 더 성공적인 회사를 구축할 것이다."[251]

스티브 블랭크(Steve Blank)

이 책은 영원히 계속될 수 있다. 사용자와 고객으로부터 학습하고 비즈니스를 발전시키는 수천 개의 길이 있기 때문이다.

그러나 불행하게도 지속적인 학습을 여러분 조직 안으로 들여오려는 계획과 바람이 없다면 진정으로 예측 가능한 성장을 이루기 어렵다.

지속적으로 학습하려면 프로젝트 기반 고객 연구에서 지속적인 연구로 이동해야 한다. 즉, 새로운 기회를 발굴하고, 새로운 정보가 나타나면 기존의 가정을 재검토해야 한다.

아이디어를 테스트하고, 가정을 드러내고, 가설을 다듬기 위해서는 과학적인 방법을 사용해야 한다. 그러나 불행하게도 과학적인 실험과는 달리 고객 연구로 절대적인 진실을 밝혀내는 경우는 거의 없다.

지속적으로 학습하기 위한 가장 좋은 방법은 프로덕트 팀이 지속적으로 프로덕트 디스커버리(product discovery)를 하게 만드는 것이지만, 다음과 같은 일을 시작하며 회사의 역량을 점진적으로 구축해 나가는 방법도 있다.

1. 프로덕트 디스커버리 코치나 프리랜서 연구원 채용(및 권한 부여)

2. 고객 연구 프로세스에서 가장 중요한 부분에 집중하며, 해당 전문 지식을 제공할 컨설턴트를 채용

3. 지속적으로 학습할 만한 비즈니스 사례가 관심을 받는다면 관련 전문가를 채용

4. 프로젝트와 프로덕트 팀 사이에 걸쳐 정보를 공유하고 관행을 표준화하는 데 유용한 전문가 조직 구성

5. 제품 개발 프로세스에 프로덕트 디스커버리 추가

6. 신제품 개발을 위한 고객 연구 수행 및 실험 결과 수용 기준 수립

여러분의 목표는 여러 장애물을 극복하고, 불확실성을 줄이며, 지식과 현실 사이의 차이를 알려주는 데 도움이 되는 프로세스를 확립하는 일이다.

지속적인 학습의 가치는 실로 엄청나다. 이와 관련해 NFX 관리자인 지지 레비-웨이스(Gigi Levy Weiss)는 *"학습하는 조직이 그렇지 않은 조직에 비해 이터레이션마다 10%씩 더 나아진다고 가정해 보라. 그런 학습 과정을 10회 이터레이션하며 복리식 효과를 누린다면 학습하지 않은 경쟁자보다 2.5배 빠르게 움직일 수 있는 회사를 만들 수 있다."*고 설명한다.[252]

24.2 답에서 지식과 현실의 차이 발견하기 ──

"많은 조직은 명확해 보인다는 이유로 고객 연구보다는 테스트에 관해 이야기하는 것을 좋아한다(회사 관계자가 "테스트에 통과했어요! 우리가 해냈어요!"라고 말하는 상황을 생각해 보라). 여러분이 회사를 운영하고 있거나 제품을 개발하고 있다면 지속적인 학습에 헌신해야 한다."[253]

에리카 홀(Erika Hall)

지속적으로 성장하려면 여러분의 회사가 알고 있는 사실과 실제 현실 사이의 차이를 짚어낼 수 있어야 한다. 또한, 어떤 가정이 있는지 가설은 맞는지 확인할 수 있어야 한다.

불행하게도 우리는 우리가 …을 모르고 있다는 사실을 모른다. 우리가 사실이라고 인식하는 가정이 있으며 차이로 인지하는 사실이 있다.

지식과 현실의 차이를 수면 위로 끌어올리는 가장 좋은 방법은 가정을 가정이라고 확실히 표시하는 것이다.

이는 흔히 동료들이 서로의 가정을 확실히 짚어내는 데 유용한 프로세스를 확립한다는 뜻이다.

- **백로그 항목들에 대한 의견 요청**: 인스타그램 리서치 매니저인 숀 타운센드(Sian Townsend)는 고객의 기능 요청과 고객 이슈들 가운데 가장 중요한 10개를 골라 목록을 만들도록 권고한다.[254] 회사 내 모든 사람이 이 목록에 접근할 수 있고 논의를 활성화하면 잘못된 가정을 드러낼 수 있다.

- ***근본적인 진실과 철저한 투명성의 문화 조성***[255]: 의사 결정 과정에서 특정 개인(ego)의 역할을 줄이기 위해 드리프트의 직원들은 동료 업무에 들어 있는 가정들을 지적해야 한다. 이는 가정을 드러낼 뿐만 아니라 직원들이 자신이 만든 가정들을 곱씹어 보게 한다. 이런 문화가 부담스러울 수도 있지만, 드리프트의 고유한 문화[256]는 이런 행동을 강화하는 데 유용하다.

- **베팅액과 확신 정도 관점에서 말하기**: 2장에서 보았듯이, 제프 패튼(Jeff Patton)은 베팅액으로 확신 정도를 추정할 것을 권한다. 팀에 아이디어가 있을 때마다 혹은 가설을 검증하거나 사용자와 고객에 대한 새로운 사실들을 이야기할 때마다 제프는 팀원들에게 새로운 정보의 사실 여부에 무엇을 기꺼이 걸 수 있는지 질문하도록 권한다. *점심 값을 기꺼이 걸 수 있는가? 아니면 하루 일당? 혹은 차? 너무나도 확실해 퇴직연금을 걸 수 있는가?* 질문에 대한 답은 새로 얻은 정보가 확실히 검증된 정보인지 혹은 무언가 부족한 정보인지 판단하는 데 도움이 되어야 한다.

- **믿음을 기록하기**: 존 커틀러(John Cutler)는 팀원들이 질문에 답하며 빈칸을 채우는 방식으로 제품 비전, 제품 가치, 시장 등에 대해 그들이 믿고 있는 것을 공식적으로 표현하게 할 것을 권한다. "우리의 직접적인 경쟁사는 [ ]이다, 나는 우리가 신규 고객을 확보한 진짜 이유가 [ ] 때문이라고 생각한다, 우리가 고객의 특별한 니즈인 [ ]을 충족시키는 데 집중한다면 그리고 매우 잘 충족시킨다면 다소 덜 중요한 문제인 [ ]에 관해서는 약간의 자유를 갖게 될 것이다."

이런 연습에서 도출된 가정으로 학습 백로그를 채워라.

가설들은 〈Lean UX〉의 공동 저자인 제프 고델프(Jeff Gothelf)[257]가 제안한 가설 우선순위 캔버스(hypothesis prioritization canvas)를 사용해 우선순위를 정할 수 있다.

그림 24-1 제프 고델프의 가설 우선순위 캔버스

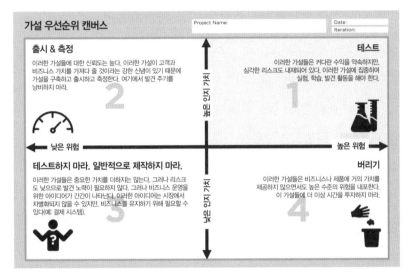

가설 우선순위 캔버스는 각 팀이 자신의 가설을 검증하는 일에 있어 상대적인 위험과 가치를 평가하는 데 도움이 되도록 디자인된 간단한 2x2 매트릭스(matrix)다.

리서치와 실험은 우선 '높은 위험/높은 인지 가치'에 집중해야 한다.

학습 백로그를 채우고 계속 이동하라.

24.3 사례 연구
사친과 그의 팀은 시장에 대한 가정을 어떻게 다듬었을까?

"우리는 페르소나를 테스트하기 시작한다. 다양한 세그먼트와 시장을 테스트하려고 노력한다. 또한 각기 다른 시장 진출 방법들을 테스트해 본다. 항상 새로운 것을 테스트하고 있지만, 오디언스가 누구인지, 누구에게 말하는지, 공감을 불러일으키는 메시지가 무엇인지 정제하고 있다. 그리고 점점 더 집중력을 높이고 있다. 이 일은 매일 일어나지만, 전체적인 맥락에서도 일어난다. 나는 매년 우리가 하고 있는 것을 살펴본다. 한쪽에서는 회사의 비전과 전반적인 범위가 확대되지만, 전술적인 측면에서는 레이저 광선처럼 매년 점점 더 집중도가 높아진다."

데이비드 캔슬(David Cancel)

사친 레키(Sachin Rekhi)가 훗날 링크드인 세일즈 내비게이터로 발전한 곳에서 일하기 시작했을 때 그들은 분명 영업 전문가를 대상으로 하고 있었지만 어떤 종류의 전문가인지는 알지 못했다.

그들은 시장에 내놓고 싶은 가치 제안에 대한 아이디어는 있었지만, 그 가치 제안이 누구에게서 가장 큰 공감을 얻을지는 알지 못했다.

이 문제를 해결하기 위해 그들은 고객 인터뷰를 연달아 진행하고, 다른 고객 세그먼트를 하나씩 탐색해 보기로 결정했다.

논의를 거듭하면서 회사의 비전은 '영업 전문가를 위한 영업 툴 제작'에서 'B2B **영업 담당자**에 특화된 *B2B* 영업 툴 개발'로 변했다.

타깃이 점점 명확해졌다. 그러나 사친의 팀은 여기에서 멈추지 않았다.

더 깊이 파고들어 가면서 **기업** 영업 담당자를 목표로 결정했다. 그들은 시장에서 가장 큰 영업 팀과 조직에서 함께 사용하는 제품을 개발하고 싶었다.

그리고 이들 영업 팀과 대화를 나누면서 기술 및 금융 서비스 같은 특정 산업 분야에서 더 강한 니즈가 있다는 사실을 깨달았다.

고객 발견 인터뷰(4장)를 연이어 수행하며 반복적으로 타깃 고객을 수정하고 명확히 해나갔다. 제품은 더 이상 판매 대리인을 위한 툴이 아니라 **기술** 및 **금융 서비스** 산업 분야의 기업을 위해 일하는 영업 전문가를 위한 툴이었다.

그들의 초기 가설은 어느 정도 올바른 방향에 있었지만, 실행 가능한 수준의 상세함은 부족했다. 그러나 이후 그들은 리서치와 연구를 통해 성공적으로 정밀도를 높이는 데 성공했다.

이와 관련해 사친은 "정밀도를 높이는 일에 시간을 쏟는 것은 더할 나위 없이 중요하며, 이터레이션을 단순히 가설을 검증하고 방향을 전환(pivot)하는 것이 아니라 그 가설을 이해하고 실질적인 내용을 더하는 과정이라고 생각해야 한다."고 말한다.

프로덕트 디스커버리 과정에서 대부분의 시간을 초기 가설에서 벗어나는 일이 아니라 초기 가설의 정밀도를 향상시키는 일에 사용해야 한다.

꼭 그래야만 하는 것이 아니라면, 현재 전략에서 벗어나 새로운 방향으로 전환하지 마라.

24.4 발전하기

"학습 속도가 성장의 속도를 결정한다."

애론 로스(Aaron Ross)와 제이슨 렘킨(Jason M. Lemkin)
〈From Impossible To Inevitable〉의 저자

초기 단계의 스타트업에서 일한 경험이 있다면 불확실성이 큰 시절에 번성했던 수많은 사람들이 직원 수가 100−150명을 넘어갈 만큼 회사가 성장했을 때 대부분 회사를 떠났거나 떠나는 모습을 보았을 가능성이 매우 크다.

이렇게 떠난 사람들 가운데 일부는 새롭게 시작할 때 느끼는 분주함을 사랑해 떠난다. 다른 일부는 처음보다 구조화된 회사 내 환경이 자신의 창의력을 억누른다고 느껴 떠난다. 1장에서 언급했던 디모토(Demoto)의 공동 창업자 같은 사람들은 자기 자신의 비즈니스를 시작하기 위해 떠난다.

이들 모두 분명 확인된 진짜 이유들이다. 그러나 나는 이 단계에서 조직을 떠나는 사람들 대다수가 조직이 자신의 능력을 적절히 이용하고 있지 못하기 때문에 조직을 떠난다고 주장하고 싶다.

회사의 규모가 커지고 회사가 성숙 단계에 들어서면, 회사 성공에 기여한 주요 직원들은 임원이 되어 관리직으로 이동하는 경향이 있다. 그들은 회사 목표를 달성하고 계획에 맞추어 실행하는 것에 책임이 있다.

그러나 계획에 따라 실행하는 일은 비즈니스 모델 발견에 도움을 주는 것과는 매우 다르다.

회사는 일정 단계에 도달했을 때조차도 여전히 잘 모르는 문제들과 맞닥뜨린다. 그런데 그런 미지의 문제들을 이해하는 책임이 회사 내 여러 팀과 부서

사이에 나뉘어져 있다. 이런 미지의 문제에 대한 학습은 프로덕트 딜리버리(product delivery) 업무에 밀려 묻혀 버리거나 팀 간에 흩어져 있어 새로 학습한 것이 눈에 띄지 않는 경우가 매우 자주 있다.

성장과 함께 혁신을 지속하려면, 새롭게 학습할 것을 만드는 일에 체계적으로 접근할 필요가 있다.

라이트스피드 벤처 파트너(Lightspeed venture partner)의 에런 바탈리온(Aaron Batalion)은 학습 목표들을 '앎/모름 매트릭스(Known/Unknown Matrix)'[258]에 배치해 볼 것을 권고한다. 참고로 이 방법은 도널드 럼즈펠드(Donald Rumsfeld)의 유명한 명언[259]에 근거를 두고 있다.

그림 24-2 에런 바탈리온의 럼즈펠드 매트릭스 수정 사용

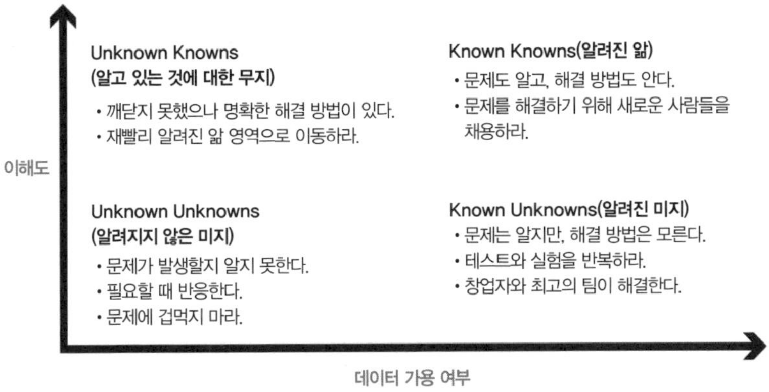

이 모델에서 경영진은 알려진 앎(Known Knowns) 혹은 알고 있는 것에 대한 무지(Unknown Knowns) 영역에 있는 것들을 실행하기 위해 직원을 고용한다. 반면에 창업자나 디리스킹(de-risking) 시장 혹은 제품 가정에서 뛰어난 능력을 보인 사람들은 알려진 미지(Known Unknowns) 영역, 즉 회사의 발전을 저해할 가능성이 있는 알려진 미지 영역에 집중한다.

문제에 대한 명확한 해결 방법을 가지고 알려진 미지 영역에서 *알려진 앎* 영역으로 이동하면 그 문제의 해결 방법을 실행할 새로운 사람들을 채용한다.

이와 관련해 에런은 "*최고의 팀은 항상 알려진 미지 영역에 집중한다.*"고 말한다.

수많은 불확실성에 직면하고 있거나 여러분의 팀이 수많은 가정을 만들고 있다면 학습하라. 가정이 적다면 위임하라.

프로세스와 발견한 사실들을 문서화하라. 해결 방안을 찾은 문제에 대해서는 해결 방안을 실행할 직원을 채용하라. 여러분은 해결 방안이 없는 다른 문제에 집중하라.

지속적인 학습은 여러분이 개발하고 싶어하는 가장 강력한 도구가 되어 줄 것이다. 이 프레임워크는 비즈니스가 성숙 단계에 도달했을 때조차도 지속적으로 학습하고 프로젝트의 위험 요소를 제거하는 데 유용할 것이다.

25

회사에서 작동시키기

"경쟁 우위의 원천은 단 두 가지다. 첫째, 경쟁 상대보다 더 빠르게 고객에 대해 더 많이 학습하는 능력이다. 둘째, 학습한 것을 경쟁 상대보다 더 빨리 실행으로 옮기는 능력이다."

잭 웰치(Jack Welch)
GE 전 회장이자 CEO

내 실제 경력은 캐나다의 로열티 프로그램인 에어로플랜(Aeroplan)에서 사용자 경험 분석가가 되었을 때 시작되었다.

에어로플랜에서는 프로젝트를 시작하기 전에 사용자에 관해 집중적으로 조사, 연구하는 일이 일상적이었다. 사용자 경험 분석가는 프로토타입과 완제품 모두를 타깃 최종 사용자들을 대상으로 테스트했다. 프로젝트를 시작하기 전에 목표와 지표를 설정했고, 프로젝트를 시작한 후에도 그 목표와 지표를 계속 모니터링했다. 순진하게도 나는 모든 회사가 그렇게 일한다고 믿었다.

훗날 컨설팅을 시작하고 이후 3년 동안 일하면서 기업들이 고객 중심이라고 자주 얘기하지만, 실제로는 그렇지 않다는 것을 깨달았다.

이 책을 쓰기 위한 연구를 하면서 다음 사실들을 발견하고는 깜짝 놀랐다.

- 48%의 회사는 어떤 테스트나 실험도 수행하지 않는다.[260]

- 68%의 회사는 매월 10명 미만의 고객과 대화한다.[261]

- 42%의 회사는 고객을 대상으로 설문 조사도 하지 않거나 피드백도 수집하지 않는다.[262]

이와 관련해 패트릭 캠벨(Patrick Campbell)은 *"간단히 말해 우리는 고객 연구 기사들을 리트윗하기를 좋아하고, 고객 연구에 대해 조언하기를 좋아하지만, 실제로는 고객 연구를 하지 않고 있다."*고 설명한다.[263]

대부분의 기업은 고객에 대해 주도적으로 학습하려고 하지 않는다. 제품을 출시하기 전에 제품을 테스트하거나 검증하지도 않는다. 가설의 오류를 찾으려고도 하지 않는다. 고객과 대화하기 위해 건물 밖으로 나서지도 않는다.

바꿔 말해 기업들은 진짜 고객에게 제품을 전달하며 가장 값비싼 테스트를 하고 있지만, 어떤 리스크를 감수하는지도 모른다.

오픈뷰(OpenView)의 매니징 디렉터인 스콧 맥스웰(Scott Maxwell)은 *"문제는 아무도 자신이 고객에 대해 잘못된 지식을 갖고 있다는 사실을 믿지 않는다는 것이다."*라고 말한다.[264]

이런 문제가 발생하는 많은 이유가 있다.

- 조직은 *어떻게* 고객 중심이 되어야 하는지 모른다.

- 조직의 완료 조건(definition of done)[265]에 검증, 사용자 테스트 또는 고객 연구가 포함되어 있지 않다.

- 프로덕트 팀은 산출물(예: 제품, 기능 등)을 내놓을 것이라는 기대를 받고, 담당 임원은 성과를 보장할 책임이 있다.

- 주요 이해 관계자들은 사용자나 고객으로부터 배울 것이 없다고 생각한다.

- 조직은 자기만의 방식을 굳게 갖고 있어서 변화하지 못한다.

- 향후 분기, 반기, 연간 제품 백로그가 이미 정해져 있다.

- 고객 연구는 시간 낭비로 여겨진다.

- 팀에게 새로운 시도를 할 시간과 공간이 주어지지 않는다.

- 관련 규정이 있다. 고객과 대화하기 어렵다.

- 이해 관계자들은 고객 연구를 수행하는 것이 제품의 약점이나 자신감 부족의 표시로 비춰질까 두려워한다.

- 이해 관계자들은 고객 연구 결과, 자신들이 틀렸다는 사실이 드러나고 그로 인해 자신들의 의사 결정 능력을 의심받는 일이 생기는 것을 두려워한다.

- 게이트키퍼는 의사 결정에 대한 자신들의 영향력이 줄어드는 것을 두려워하기 때문에 고객 연구 범위를 제한하려고 적극적으로 노력한다.

- 조직은 최종 사용자를 깊이 있게 학습하지 않고도 성공했기 때문에 굳이 평지풍파를 일으켜야 할 필요성을 느끼지 못한다.

기업이 고객 중심적이지 못하는 이유는 너무나 많다. 보통 이러한 문제는 기업 문화나 경영진의 지원 부족 중 하나로 요약될 수 있다. 경영진이 이니셔티브*를 지원해 줄 때 얼마나 많은 장애물이 사라질 수 있는지 알면 깜짝 놀랄 것이다.

이것이 에어로플랜에서 고객 중심 전략을 지원하는 환경 구축에 도움이 되었으며, 내가 본 대부분의 조직에서도 성공적으로 작동했다.

---

* **옮긴이** 비전과 미션을 명확하게 갖고 시작한 스타트업, 프로젝트 등을 의미함

이 장에서는 조직 문화를 진단하고, 내부 역량을 구축하며, 고객 연구 결과의 채택을 촉진하기 위한 프로세스를 제시한다. 이러한 단계는 조직 내에 지속적인 학습을 도입하려는 경우에 필수적이다.

25.1 회사 진단

"세상의 모든 기업은 자신들이 고객 중심이라고 말할 것이다. 그리고 '고객 중심' 원칙을 믿을 것이다. 심지어 포스터를 제작해 벽에 걸어 놓았을 수도 있다. […] 그러나 나는 '고객 중심'을 보장할 수 있는 구조적인 의사 결정 시스템을 만들지 않는다면 어떤 것도 의미가 없다는 사실을 배워 왔다."

데이비드 캔슬

변화를 이루려면 먼저 현재 상황을 이해해야 한다.

여러분이 아직 조직 내부에 들어가지 않았다면, 즉 취업을 고려하고 있거나 시작하려고 하는 경우라면 다음 질문을 통해 회사 내부의 역학(작동 방식)에 대해 알 수 있다.[266]

- 팀에서 무엇을 만들지 어떻게 결정하나요?
- 최근 미션에 관해 찬찬히 설명해 줄 수 있나요? 또한, 의사 결정 프로세스를 이야기해 줄 수 있나요?
- [회사]는 어떻게 성공을 측정하나요?
- 프로덕트 팀은 어떻게 성공을 측정하나요?

망설임, 논점 이탈, 모호하거나 회피적인 답변을 들으면서 해당 회사의 내부 의사 결정 프로세스에 대해 많은 것을 짐작할 수 있다. 적어도 대화를 통해 회사의 개방성 수준을 알 수 있다.

이미 해당 조직에서 일하고 있거나 자신의 비즈니스라면 다음 사항을 평가하라.

- **회사의 초점**: 회사가 초점을 잃으면 회의는 길어지고, 의사 결정은 늦어지며, 사람들은 명확한 전략 부족으로 실망하고, 팀은 성공을 다르게, 때론 상반되게 정의할 것이다. 조직은 얼마나 초점에 집중하고 있는가?

- **의사 결정의 유효성**: *의사 결정의 배후에는 무엇이 있는가? 대부분의 의사 결정이 논리적인가? 아니면 감정적인가? 얼마나 많은 사람이 의사 결정에 관여하는가? 전문가들이 의사 결정에 기여하는가? 누가 최종적으로 결정하는가? 결정 사항들이 가정과 어떻게 연결되는가? 팀은 과거의 결정들을 어떻게 참고하고 있는가?*

- **결과물(outputs) 대 성과물(outcomes)**: *문제와 해결 방안 가운데 어느 쪽에 더 초점을 맞추는가? 새로운 기능과 기능 개선을 어떻게 평가하는가? 결과물을 만들어 내기 위해 얼마나 많은 일을 하는가?* 사람들은 선천적으로 결과물의 관점에서 생각하기를 원한다. 여러분이 결과물 관점에서 생각하고 있다면 계획을 수립하기가 좀 더 쉽다. 그러나 여러분이 진정으로 고객 중심이 되려면 성과물을 목표로 관리해야 한다.

- **협력의 유효성**: *팀 사이에 얼마나 많은 협력이 있는가? 제품 관련 업무들이 비프로덕트 팀의 일에 영향을 받는가? 판매, 마케팅, 고객 지원 및 고객 성공 팀들이 제품 업무에 관여한다고 느끼는가? 각 팀은 자신들만의 목표를 가지는가? 혹은 팀 사이에 걸쳐 공통된 목표가 있는가?*

- **고객 VOC의 출처**: *고객과의 관계는 어떤 팀이 '담당'하는가? 그 팀은 어떻게 공감 능력을 기르는가? 고객 피드백은 직접 듣는가? 혹은 전해 듣는가? 영업 팀, 고객 성공 팀 혹은 고객 지원 팀의 이야기를 고객 VOC로 인지하는가?* 회사들은 매우 자주 영업 팀들이 고객들과 가깝기 때문에 고객이 원하는 것을 알고 있다고 생

각한다. 그러나 꼭 그런 것은 아니다.

- **혁신의 원천**: 무엇이 새로운 프로젝트나 기능 제안을 막고 있는가? 형식적인 규칙이나 절차가 얼마나 많은가? 직원들에게 아이디어를 구하고, 그 아이디어를 평가하는가? 팀들이 백로그(backlog)에 영향을 줄 수 있는가? 아이디어 생성 과정에 직원(ego)들의 생각이 얼마나 반영되는가?

- **심리적 안정성**: 사람들이 자신의 생각을 자유롭게 말할 수 있는가? 그들은 반대 의견을 말할 수 있는가? 실수를 저질러도 처벌이나 해고를 두려워하지 않는가? 팀원들은 얼마나 편안하게 좋지 않은 소식을 경영진에게 이야기할 수 있는가? 팀원들이 정보를 숨기는 경향이 있는가? 서로가 서로에게서 배울 수 있는 인적 네트워크가 있는가? 회사에서 정보는 위로 흘러갈 수 있어야 하며, 그렇지 않다면 대개 이유가 있다.

- **기업 문화**: 팀과 경영진이 존경하며 모방하고 싶은 회사들이 있는가? 그런 회사들의 차별화된 특성은 무엇인가? 경영진의 말과 행동이 서로 어느 정도나 일치하는가? 어떻게 하면 승진하는가? 혹은 해고되는가? 어떤 특성들을 더 가치 있게 여기는가? 비용? 속도? 품질?

- **변화에 대한 개방성**: 경영진은 변화와 실험을 지원하는가? 당신이, 팀이 혹은 회사가 새로운 시도를 하는 것이 얼마나 어려운가? 새로운 시도를 하려면 얼마나 걸리는가? 얼마나 많은 사람들이 참여해야 하는가?

이러한 질문을 하면 팀 또는 조직이 직면하고 있는 여러 이슈를 명확히 파악하는 데 유용할 것이다. 또한, 고객 중심 전략의 채택을 제한할지도 모르는 몇몇 요인들을 정확히 짚어 내는 데도 유용해야 한다. **solvingproduct.com/questions**에서 질문 목록을 내려받을 수 있다.

25.2 회사 내 고객 연구 용이하게 만들기 ──────

"우리는 변화를 관리할 수 있다는 믿음이 있지만, 현실은 우리
모두가 자신의 조건과 자신의 시간에 맞춰 변화한다."[267]

테레사 토레스(Teresa Torres)
프로덕트 디스커버리 코치

어디서 시작하더라도 조직 내에서 고객 연구를 원활하게 하려면 변화 관리라
는 전술적 방법을 사용해야 한다.

여러분이 직면할 수많은 도전 과제는 조직 전체에 공통적으로 나타나는 것들
이다.

만약 여러분의 조직이 기능(feature)이나 결과물(output)의 관점으로 생각하는 데
익숙하다면 사람들이 실패를 수용하면서 베팅(bets), 문제(problems), 핵심과업
(jobs), 실험(experiments)의 관점으로 생각을 전환하는 데 어려움을 겪을 것이다.

매우 수직적인 조직이라면 많은 경영진들이 과거의 성공으로 현재의 지위를
얻었을 가능성이 매우 크다. 경영진이 고객 중심을 성공의 핵심 요소로 인정하
지 않는다면 여러분은 경영진의 에고(ego)(자아)에 부딪힐 가능성이 매우 크다.

경영진이 고객 연구에 거의 노출된 적이 없다면 고객 연구의 잠재적인 가치를
평가할 수 있는 명확한 기준이 없을 것이며, 결과적으로 경영진은 고객 연구
의 실질적인 이점을 파악하기 어려울 것이다.

고객 연구는 초기 시장 탐색부터 전략 정의, 콘셉트 테스트, 최종 제품 평가
에 이르는 제품 개발 프로세스의 일부가 되지 않는 한 최적의 효과를 거둘 수
없다. 이런 이유로 고객 연구의 완전한 채택이 목표가 되어야 한다.

목표 달성의 첫 번째 단계는 책임을 맡은 사람들이 어떻게 의사 결정을 하며, 어떤 종류의 정보에 의존하는지 이해하는 것이다.

최상의 시나리오는 종종 상향식 움직임(mobilization)*과 하향식 지원을 결합하는 것이다. 즉, 고객 중심 전략을 학습하고 실행하고자 하는 팀의 열정과 경영진의 지원이 결합하는 것이다.

여러분을 이끌어 줄 챔피언**을 찾아라. 창업자나 경영진이 이니셔티브를 지원한다면 훨씬 효과적일 것이다. *고객 연구를 수행하는 경쟁자들을 발견할 수 있는가?* 경쟁자가 고객 연구를 수행하고 있다는 것을 보여 줄 수 있다면 의사 결정권자들의 마음을 움직이는 데 도움이 될 것이다.

경영진의 지원을 즉시 얻을 수 없다면 고객 연구를 실험으로 도입하는 방안을 고려하라. 변화에 주저하는 사람들도 일회성 실험을 수행하는 것에는 찬성할 것이다.

작은 팀으로 시작하라. 실험이 끝날 때까지 팀의 행동을 바꾼다는 목표를 설정하라. 조직의 상황에 맞추어 조정하면서 최고의 프로세스를 공동으로 개발하라. 이러한 실험은 여러분 조직이 마주한 과제를 발견하는 데 유용할 것이다.

프로세스를 개선하려면 충분한 시간과 반복이 필요하다. 고객 인사이트의 가치를 보여 주는 연구 방법을 단독으로 또는 작은 팀으로서 보여 줄 수 있다면 해당 프로세스의 채택 속도를 높일 수 있을 것이다.

---

* **옮긴이** 상향식 움직임은 하위 조직에서 나오는 열정과 행동이 위로 전파되는 것을 의미한다.
** **옮긴이** 회사 내에서 특정 아이디어, 개념, 기술을 교육하고 확산시키는 전문가

결과물을 알지 못하는 상태에서 고객 연구의 가치를 납득시키기는 것은 어렵다. 이런 이유로 빠른 성과(win)에 집중하는 것이 가장 좋다. 고객 연구를 회사의 ROI와 좀 더 명확히 연결할수록 더 많은 지지와 모멘텀을 확보할 수 있다.

여러분이 결과를 얻기 시작하면 인플루언서, 매니저, 엔지니어 등 좀 더 많은 사람들을 고객 연구 과정에 참여시킴으로 고객 연구를 객관화하기 시작해야 한다. 불행하게도 여러분은 이 사람으로부터 저 사람에게 공감을 옮길 수 없다. 그러므로 고객 연구에 동료들을 함께 데리고 갈 방법을 찾아야 할 것이다.

관련성을 생성하는 방법을 찾아라. 팀이 관심을 갖는 것들의 측면에서 연구 결과를 포지셔닝하라. 예를 들어 팀이 고객 이탈율에 관심을 갖고 있다면 연구 결과를 이탈율 감소에 포지셔닝하라.

사용자 테스트 관찰, 고객 현장 방문, 인터뷰 참석, 데이터 관련 실험 결과 논의 등은 모두 팀원들 사이에 공감을 형성하고 팀원들을 고객 연구에 참여시키는 데 도움이 될 것이다. 다른 사람들을 참여시키면 고객 연구 사례를 강화할 수 있다. 계속 노력하라. 회사에 고객 연구를 도입하는 것은 쉬운 일이 아니다.

25.3 사례 연구
샘 라드너 박사는 어떻게 내부적으로 변화를 이끌었을까?

"고객의 환경에서 고객을 만나면서 변하지 않는 팀원은 본 적이 없다. 그중 일부는 자신이 크게 변했다는 사실에 크게 놀랐다."

샘 라드너 박사(Dr. Sam Ladner)

샘 라드너 박사는 지난 10년간 시장에서 빅테크 기업(아마존, 마이크로소프트, 워크데이)에서 사용자 연구를 이끌고 있다. 자신의 역할을 수행하면서 직면한 주요 어려움은 자신이 함께 일하는 팀 내에서 공감대를 만드는 일이었다.

지난 몇 년 동안 샘은 공감을 향상시키는 전략을 개발해 왔다.

먼저, 그는 인간 중심의 원칙에 대한 조직의 친숙도(familiarity)를 평가하는 것으로 시작한다. 이를 위해 팀이 사용자 행동을 어떻게 해석하는지 이해하려고 노력한다.

팀이 호모 *이코노미쿠스*(homo economicus)의 합리적 추론을 한다면 아마도 친숙도는 낮을 것이다. 인간 행동의 구체적이고 합리적인 측면에 초점을 맞추고, 왜 인간이 그렇게 행동했는지에 대한 심도 있는 감정, 심지어 잠재의식적인 본성에는 초점을 맞추지 않았을 것이다. 반대로 행동 뒤의 인간을 이해하려고 노력한다면 팀은 좀 더 인간적인 동기를 중시하는 경향이 나타난다.

샘은 공감 능력을 키우기 위해 고객을 사무실로 초대할 기회를 찾는다.

예를 들어 마이크로소프트에서 일하기 시작했을 때 샘은 직원들이 사용성 테스트를 원격으로 관찰하거나 유리 뒤에서 관찰하는 것이 매우 일반적이라는 사실을 주목했다. 즉, 프로덕트 팀은 언제나 사용자와 거리를 유지했다. 결과적으로 프로덕트 팀의 구성원들은 자리를 비우거나, 이메일을 확인하거나, 대화의 특정 부분을 무시하는 것이 쉬웠다.

당시 게임 산업은 포용성과 관련한 많은 이슈에 직면하고 있었다. 샘은 여성 게이머 대표단을 구성하고 이들을 활용해 여성들이 직면한 이슈에 대한 인식을 재고하려고 했다. 그의 목표는 우선 팀원들이 여성 참석자로부터 직접 듣게 하는 것이었다.

샘은 자신의 책 〈*Practical Ethnography*〉에 다음과 같이 썼다. "여러분은 원하는 모든 연구 보고서를 읽을 수 있지만, 누군가가 게임을 얼마나 좋아하고 어떻게 외면당해 밀려나갔는지 직접 듣는 것은 달라요. 그걸 무시할 수 없어요. 그게 당신을 변화시켜요."

누군가 여러분 앞에 실제로 앉아 자신의 경험을 이야기한다면 여러분은 그 사람의 이야기를 외면하기 어렵다.

이전과 같은 분리를 없애고 사용자를 참여시켰더니 팀에 공감을 형성하는 데 도움이 되었다. 팀원들은 고객의 현실에 대해 더 세심하게 이해할 수 있었다. 물리적인 가까움이 직원들을 변화시켰고, 그런 변화는 훗날 직원들이 결정을 내리는 방식을 변화시켰다.

25.4 고객 연구 기회 발견하기

"아무도 소유하지 않지만, 모두가 볼 수 있는 것에 집중하라."

다리우스 컨트랙터(Darius Contractor)
에어테이블(Airtable) 수석 성장 담당

조직에 사람과 전문 지식이 어떻게 도입되는지에 대해서는 많은 유사성을 찾을 수 있다.

첫째, 두 가지 모두 처음에는 신뢰도(credibility)가 없는 상태로 시작한다. 챔피언 또는 채용 담당자는 직원이나 전문 지식을 더하면 조직에 이점을 줄 것이라 믿는다. 전문 지식이나 신규 직원은 한 명씩 차근차근 신뢰 점수(credibility)

를 쌓아야 하며, 의사 결정에 영향을 끼칠 만큼 충분한 신뢰가 쌓일 때까지 노력해야 한다.

자, 여러분이 팀이나 회사에 합류했던 순간을 생각해 보면 다음과 같은 일을 추천할 수 있겠는가?

- *입사 첫날부터 핵심 가정에 의문 제기하기?*
- *영향력 있는 사람의 의견에 즉시 반대하기?*
- *신뢰를 쌓고 관계를 맺기도 전에 가장 복잡하고 도전적인 프로젝트에 착수하기?*

물론 아니다. 이 모든 것들은 실패를 부르는 구성이다.[268]

고객 리서치(그리고 정말 새로운 역할)를 할 때 누구에게도 소속되지 않은 기회를 찾는 것이 좋다. 여기에는 여러분이 비즈니스에 대한 이해를 더하고 가치를 증명할 수 있는 공간이 있다.

이렇게 하려면 다음과 같은 일들을 해야 한다.

1. **주요 이해관계자를 확인하라:** 챔피언, 지지자, 인플루언서, 핵심 직원, 그리고 프로세스를 중단시킬 기회를 모색하는 잠재적인 방해 요소의 목록을 작성하라.

2. **일대일로 만나라:** 모든 주요 이해관계자를 개인적으로 만나라. 그들의 목표, 세계관, 주요 관심사를 파악하기 위해 노력하라. 이를 위해 다음과 같이 질문하라. *"현재 우선순위는 무엇인가요?, 당신의 의무와 핵심 책임은 무엇인가요?, 자신의 혹은 팀의 성공을 어떻게 정의하나요?, 이 회사가 성장하기 위한 가장 큰 기회가 무엇이라고 생각하나요?, 우리가 어떤 일을 더 해야 한다고 생각하나요?, 우리가 성공하기*

위해 내적/외적으로 해결해야 할 가장 큰 도전은 무엇이라고 생각하나요?, 그밖에 누구와 대화해야 하나요?"

3. **상황을 분석하라:** 가정들, 현재 진행 중인 프로젝트, 직원들이 지켜보고 있는 것, 비판하거나 손댈 수 없는 일들을 찾아 목록으로 만들어라. 회사의 현재 위치와 기회를 분석하라.

4. **화이트 스페이스를 발견하라:** 이 책과 여러분의 연구 결과를 활용하여 회사의 신성장을 추진하기 위해 고객 연구를 이용할 기회를 식별하라. 가능한 한 핵심 가정에 도전하지 않으면서 얻은 지식이 추가 가치를 제공하도록 하라.

5. **연구 주제를 공론화하라:** 관계 구축을 시작하라. 회사 내에서 영향력 있는 다른 그룹들을 식별하라. 그들이 여러분의 계획과 연구 분야를 접하게 하라. 그들의 피드백에 근거해 조정하라. 사람들은 정보를 알고 있을 때 훨씬 더 긍정적이다. 여러분이 자신들의 의견을 고려한다고 느낄 때 여러분을 훨씬 더 지지해 줄 것이다.

여러분의 조직이 정치적일수록 비공개 대화가 더 중요할 것이다.

지식과 현실 사이의 차이들 가운데 조사할 만한 가치가 있는 것을 하나 선택하고 명확한 연구 질문을 정의하라.

25.5 연구 질문 정의 ─────────

"나는 어떤 하나의 방법 또는 하나의 프로세스를 믿지 않는다.
왜냐하면 맥락이 일의 순서를 결정한다고 믿기 때문이다."

밥 모에스타(Bob Moesta)

혁신 전문가 트리스탄 크로머(Tristan Kromer)는 프로덕트 팀이 다루어야 하는 질문의 유형 분류를 위해 질문 목록[269]을 만들었다.

그림 25-1 질문 목록

	시장	제품
생성형	– 우리의 고객은 누구인가? – 고객의 문제는 무엇인가? – 고객은 어떤 핵심과업을 해결해야 하는가? – 우리의 고객 세그먼트가 너무 넓은가? – 우리가 그들을 어떻게 찾을 수 있는가?	– 어떻게 이 문제를 해결할 수 있는가? – 어떤 형태를 취해야 하는가? – 디자인은 얼마나 중요한가? – 가장 빠른 솔루션은 무엇인가? – 최소 기능 집합은 무엇인가? – 우선순위를 어떻게 정해야 하는가?
평가형	– 고객은 정말로 지불 의사가 있는가? – 고객은 얼마나 많은 돈을 지불하겠는가? – 우리는 어떻게 고객이 구매하도록 설득할 수 있는가? – 판매에 얼마나 많은 비용이 드는가? – 시장을 확장할 수 있는가?	– 이 솔루션은 잘 작동하는가? – 사람들이 이것을 사용하고 있는가? – 어느 솔루션이 더 좋은가? – 우리는 이것을 어떻게 최적화해야 하는가? – 사람들은 무엇을 좋아하거나 싫어하는가? – 그들은 왜 우리 제품/서비스를 이용해 그것을 하는가?

이 모델에 있어 질문은 제품 혹은 시장에 관한 것이다. 다음 두 가지 과정을 통해 그 질문들을 평가할 수 있다.

- **평가형 연구**: 여러분은 명확한 가설을 갖고 있다(예: 사람들은 우리 제품을 구매할 것이다). 이 가설이 참인지 거짓인지 알고 싶다.
- **생성형 연구**: 여러분은 자신이 찾고 있는 것을 명확히 알지 못한다. 새로운 아이디어를 생성하거나 문제 공간을 이해하기 위해 노력하고 있다.

여러분의 질문은 시장에 관한 것인가? 혹은 제품에 관한 것인가? 실험을 통해 반증할 수 있는 가설들이 있는가?

연구 질문을 분명히 하라. 질문에 대한 답을 통해 결정할 수 있는 것들을 적어라. 예를 들어 다음과 같다.

질문:

- 우리의 가장 귀중한 고객들은 누구인가?

결정:

- 우리가 집중해야 하는 기능들

- 신규 고객 확보를 위해 우리가 집중해야 하는 시장과 고객 속성

질문이 명확해지면 이 책에서 관련 부분을 찾아 참고하라. 연구 시간을 제한하고 학습을 시작하라.

조사 및 연구 활동이 의미를 가지려면 제품을 만드는 시간보다 훨씬 짧은 시간을 사용해야 한다. 그러므로 어떤 기법을 선택해 사용할지 신중하게 결정하라.

25.6 팀 내 의견 일치 이끌어 내기

"연구자들은 자신들이 제시한 반박할 수 없는 논리적인
사실들에 사람들이 귀를 기울일 수밖에 없다고 생각하기
때문에 혼란을 겪는다. 어찌된 일인지 사람들은 자신들이
제시한 반박할 수 없는 팩트는 귀담아 들으려 하지도 않으며
반박할 수 없는 사실을 근거로 결정을 하지도 않는다는

사실을 연구 경력 내내 이해하지 못하며 끊임없이 놀란다."[270]

스티브 블랭크(Steve Blank)

여러분의 팀과 조직에서 일하는 사람은 모두 각자의 믿음과 편견을 갖고 연구 결과에 다가갈 것이다.

- 고객이 가치 있게 여기는 것에 대한 가정
- 시장이 어디로 움직이고 있는지에 관한 가설
- 기술 동향에 대한 이론
- 경쟁자의 전략에 대한 의견
- 고객이 제품을 구매해 이용하는 이유에 관한 믿음

동료들의 믿음이 맞을 수도 있고 어쩌면 틀릴 수도 있다. 그러나 그들의 가정과 편견은 새로운 정보를 해석하는 방식에 영향을 미칠 것이다. 여러분이 보는 것과 다른 데이터 포인트를 보면서 제품에 무엇이 가장 좋은지에 관해 다른 결론에 도달할지도 모른다.

그러므로 주관성을 인정하는 것이 중요하다.

여러분이 새로운 정보를 제공했지만, 팀이 그 정보를 얻는 과정에 관여하지 않았다면 반응은 거의 두 가지 가운데 하나다.

- 프로세스와 결과를 맹목적으로 믿는다.
- 결과를 무시한다.

이는 여러분이 직접 책을 읽은 것과 책에 관해 이야기 들은 것의 차이와 비슷하다고 할 수 있다. 누군가 여러분에게 *"그 책은 좋았나요?"*라고 묻는다면 아마도 답하기 힘들 것이다.

고객과 연관된 사실들에는 수많은 미묘한 뉘앙스가 있다. 학습한 내용을 팀원들에게 이야기하며 랍 피츠패트릭(Rob Fitzpatrick)이 소위 비장의 카드라 부른 *"고객이 그렇게 말했어요."*라는 카드를 쓸 수 있다. 그러나 여러분이 최종적인 의사 결정권자가 아니라면 이는 강한 반감을 불러일으킬 수 있으며 이해관계자들이 다음과 같이 여러분의 통찰을 무시하는 결과로 이어진다.

> *"그들은 우리의 타깃 시장이 아니야. 그것은 단지 하나의 데이터 포인트*
> *일 뿐이야. 우리의 다른 [미래 계획 X]가 그 문제를 해결할 거야."*

그러므로 여러분의 **모든 학습이 공유된 학습**이어야 효과가 있다.

학습을 통해 얻은 통찰력 담긴 지식을 동료들과 함께 공유하지 않는다면 여러분은 힘든 싸움을 끝없이 해야 할 것이다.

디자이너, 마케터, 엔지니어, 지원 조직 등 회사의 수많은 사람들이 매일 수없이 많은 작은 결정을 내린다. 이런 결정은 조직의 가장 최근 믿음에 근거를 두어야 한다. 그런데 그런 믿음들이 간접적인 경험에 근거를 두고 있다면 팀원들은 그 결정에 대한 믿음이 부족하게 될 것이다.

여러분의 통찰로도 팀의 믿음이 변하지 않는다면 꾸준히 신입 직원들을 다시 설득할 필요가 있다. 다만, 학습한 것들을 잘 기록하고, 정보의 영향을 보여주며, 추가적인 데이터 포인터로 그 정보를 뒷받침한다 해도 새로운 리더가 오면 반발에 부딪힐 수 있다.

제품 리더에게 있어 가장 중요한 한 가지 문제는 자신의 팀이 고객과 공감하도록 만드는 것이다.

이와 관련해 알렉스 쉬프(Alex Schiff)는 "엔지니어와 디자이너들은 매일 수십 개의 1차 선택을 해야 한다. 그러므로 그들이 고객을 좀 더 공감하게 만들 수 있다면 1차 선택 결과물이 제품화에 좀 더 근접할 것이고, 제품들을 좀 더 빨리 시장에 내놓을 수 있을 것이다."라고 말한다.

초기에는 프로덕트 팀과 회사 전체가 사실상 비슷하기 때문에 여러분이 학습한 것을 공유하기가 쉽다. 그러나 회사가 성장하며 복잡해지면 문서화, 도식화(mapping), 정보 공유 등에 대한 필요성 또한 증가한다. 이와 관련해 짐 칼바흐(Jim Kalbach)는 "크고 복잡한 제품과 회사를 갖고 있다면 도식화의 필요성이 증가할 것이다."라고 말한다.

다음은 여러분의 팀을 함께 데리고 가기 위해 가장 효과적인 방법들이다.

- **연구 공동 참여**: 팀원들을 주요 연구에 참석하게 하며, 사용자 테스트 및 인터뷰에 배석하고, 설문 조사 결과를 읽도록 만들면, 팀원들이 그들만의 결론을 이끌어 내는 데 도움이 될 것이다. 여러분이 연구 결과를 팀원들과 협력하며 함께 분석한다면 상세한 보고서나 긴 분석 기간 등이 필요 없다.

- **센스메이킹(sensemaking)[271] 워크샵 개최**: 통찰을 통해 얻은 지식을 팀에 직접 제공하는 대신, 합동 워크샵을 만들어 그들 스스로 배우게 하라. 이는 통찰력 있는 지식을 팀 수준에서 소비하고, 그 지식의 의미를 함께 논의하는 방식으로 가능하다. 사람들은 고객으로부터 들은 것에 반대하는 경향이 있다. 사람들이 함께 한다면 종종 더 빠르게 통찰력 있는 지식을 생성할 것이고, 그 지식들은 훨씬 효과적으로 공유되고 내재화될 것이다. 이는 의견 일치를 이루는 가장 훌륭한 방법이다.

- **짧은 업데이트 공유**: 사용자 연구 전문가인 스티브 포티걸(Steve Portigal)은 주요 사건, 일화, 설명 등이 담긴 짧은 업데이트를 이메일을 통해 공유할 것을 권한다. 이는 모멘텀을 만들고, 논의를 활성화하며, 모든 사람이 고객 VOC에 대한 감을 익히는 데 유용할 수 있다.

- **전체 미팅**: 큰 회사에서 팀 전체에 새로운 정보를 전달하기 원한다면 프로덕트 팀 책임자가 매주 15–30분 정도 팀이 새로 학습한 것을 강조하기 위해 발표를 하는 것도 좋다. 이 미팅은 팀원들의 주의가 핵심 목표로부터 분산되는 것을 피하기 위해 회사의 우선순위에 잘 부합하는 정보에 집중해야 한다.

이런 기법들을 새로운 연구 결과를 요약하고 정리하는 데 도움이 되는 자료와 함께 사용하는 것도 좋은 아이디어다.

가장 쉽게 업데이트할 수 있고, 가장 빠르게 사용할 수 있는 가공물들이 가장 효과적일 것이다. 예를 들어 다음과 같은 것들이 있다.

- **고객 여정 지도(Customer Journey Maps, CJMs)**: 고객 여정 지도는 잠재 고객과 사용자가 제품을 발견해 사용하기 시작할 때까지의 과정을 팀이 이해하는 데 유용하다. 고객 여정은 세그먼트, 사용 사례, 기능 집합들을 포함할 수 있다. 고객 여정 지도는 완전하지는 않더라도 여정에 대한 현재 이해를 나타내고 있으므로, 지속적으로 개선하고 다듬어야 한다. 고객 여정 지도에는 다양한 유형이 있으며, 일반적으로는 인식 단계와 연계해 목표와 접점들을 시각적으로 보여 준다.

- **페르소나(persona)**: 페르소나는 여러분 제품과 관련해 비슷한 목표나 태도, 행동을 보이는 타깃 사용자들의 허구적 표현이자 일반화다. 페르소나는 여러분이 잠재 고객들의 동기와 생각을 이해하고 전달하는 데 유용할 수 있다. 효과적인 페르소나는 목적과 행동에 초점을 맞춘다. 페르소나가 실행 가능하려면 팀들은 각 팀의 관점에서 문제와 기회에 접근할 필요가 있다. *"[미첼]이라면 무엇을 했을까?"* 최근 몇 년간 페르소나가 다소 인기를 잃었지만[272], 그들은 학습 결과를 공유하고 요약하는 데 매우 유용한 툴이다.

- **혼합 솔루션**: 불행하게도 고객 여정 지도와 페르소나는 일단 만들면, 시간이 지나며 먼지가 쌓이기 마련이다. 이 둘을 통해 모은 통찰력 있는 지식들은 가치가 있지만, 실행과는 거리가 있는 경향이 있다. 이런 이유로 가장 최근의 믿음들을 정리한 화이트보드가 흔히 가장 잘 동작한다. 이는 팀이 지표, 목표, 핵심 페르소나 고객

여정 및 기회에 집중하게 만드는 좋은 방법일 수 있다. 이 방법이 효과가 있으려면, 결정으로 이끌 수 있는 정보와 통찰에 집중해야 한다. 정보 소진이 여러분 팀의 주간 혹은 심지어 하루 습관의 일부분이 될 때까지 화이트보드의 목록에서 반복하라.

그림 25-2 고객 여정의 예

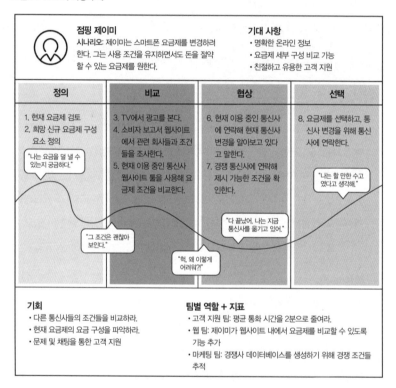

프로덕트 리더들은 회사에서 가장 교차 기능적인(cross-functional) 역할을 맡고 있다. 그래서 그들이 연구 결과물 전파에 앞장서는 것이 타당할 때가 많다.

회사 내에 별도의 사용자나 고객 연구 팀의 존재 여부와 상관없이, 누군가는 통찰력 있는 연구 결과가 회사 내 여러 팀 사이에 걸쳐 확실히 공유되고 사용되도록 만들 필요가 있다.

25.7 사례 연구

스탯플로는 어떻게 일치를 만들었는가?

> "프로젝트를 실패로 이끄는 가장 큰 원인은 풀고 있는 문제를 잘못 이해하는 것이다."[273]

레니 레치스키(Lenny Rachitsky)
제품 관리 전문가

스탯플로가 계속 성장하자 공동 창업자들은 기능을 기준으로 제품을 분할하기로 결정하고, 몇몇 제품 관리자를 추가로 채용했다.

제품을 분할한 덕분에 각 제품이 각각의 목표와 임무를 갖게 되어, 각 제품에 특화된 백로그를 만들 수 있었지만, 프로덕트 팀의 지식은 더 이상 겹치지 않았다. 결과적으로 제품 관리자들이 사용자들로부터 서로 모순되는 피드백을 받으며 서로 달라진다는 것이 명확해졌다. 결과적으로 모든 사람이 우선순위에 관해 일치된 의견을 갖기가 어려워졌다.

> *"우리는 사일로에 빠져 분리되기가 매우 쉽다. 우리가 그런 상황에 있는지 확인하는 가장 좋은 방법은 제품 관리자가 휴가를 떠나고 누군가 그 일을 대신 맡아야 할 때 아무도 휴가자의 일을 알지 못하는 경우가 있는지 확인하는 것이다. 만약 그런 경우가 있다면 휴가자의 일은 완전히 고립되고 분할돼 있다."*

이안은 프로덕트 팀들이 확실히 동일한 지식과 비전을 공유하도록 회의실에 화이트보드를 설치했다.

각 팀은 화이트보드 위에 고객 여정을 그리고, 판매, 지원, 디자인 등과 관련한 현재 이슈들을 나열했다.

누구나 화이트보드를 볼 수 있었기 때문에 모든 사람들이 직접 비즈니스의 진화 과정을 따라갈 수 있었다.

프로덕트 관리자들은 매주 함께 회의를 진행했다. 이 회의에서 프로덕트 관리자들은 고객 여정을 다듬고, 새로 발견한 사실들과 한 주 동안 받은 피드백을 근거로 질문 목록을 업데이트했다.

우선순위가 변했고 새로운 질문들이 등장했다. 또한, 그들은 새로운 태스크를 기획했다. *경험의 공유는 합의와 일치로 이어졌다.*

프로덕트 관리자들은 그들이 마주친 지식과 현실의 차이 및 각종 가정들에 근거해 매주 깊이 파고들 제품들을 선택했다. 그들은 사용자와 대화하고, 우선상으로 고객 성공 팀 업무에도 참여했으며, 사용자 인터뷰도 수행했다.

이렇게 얻은 학습 결과물들을 통해 공유된 이해를 다듬고 다음 연구 대상을 선택했다.

25.8 발전하기 ────────────────

"머신은 크게 문화와 사람 두 가지 부분으로 구성되어 있다. 성과물(outcomes)과 목표가 일치하지 않는다면 머신에 문제가 있을 것이며, 이는 문화나 사람 또는 양쪽 모두에 문제가 있다는 뜻이다."

레이 달리오(Ray Dalio)
브리지워터 어소시에이츠(Bridgewater Associates) 창업자

고객 중심 문화를 좀 더 강조하면서 발전한다는 것은 두 개의 전선에서 싸운다는 뜻이다.

1. 연구를 통해 가치를 창출하고 제품을 발전시키는 데 도움을 주는 것(일)

2. 좀 더 큰 내부 지원을 얻기 위해 일의 가치를 알리는 것(프로세스)

여러분이 훌륭한 일을 하고 있지만(일), 필요한 자원을 확보할 만큼의 충분한 지원을 받는 데 어려움을 겪고 있다면(프로세스) 좌절하기 쉽다.

불행하게도 이 방정식의 두 부분은 모두 필요하며, 병행하여 구축하며 개선해야 한다.

대부분 팀이 처음부터 올바르게 수행하기는 어렵기 때문에 충분한 시간을 들여 학습하고, 반복하며 조직 내에서 적절한 적합을 찾아야 한다.

종종 팀들은 다른 조직에서 들은 결과와 자신들의 결과를 비교할 것이며 이들은 고객 중심성 측면에서 훨씬 발전한 상태일 수 있다. 이로 인해 절대적인 목표에 집착하고 결코 실현할 수 없는 것으로 여기게 되며, 자신들이 이룬 진전을 폄하하면서 예전의 방식으로 돌아가게 할 수 있다.

프로덕트 개발 전문가인 제이브 블룸(Jabe Bloom)은 이를 차이 사고(gap thinking)라고 부른다.

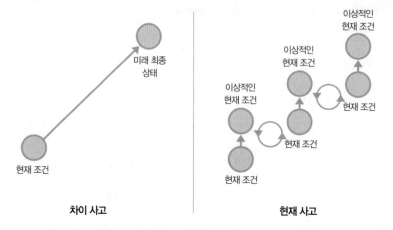

그림 25-3 차이 사고(gap thinking) vs. 현재 사고(present thinking)

차이 사고　　　　　　　　　　　**현재 사고**

현재 사고에 집중하기 위해 제이브는 다음과 같은 질문을 던져 보길 권한다.[274]

- 우리는 어디에 있는가?

- 지금 필요한 것은 무엇인가?

- 현재 일하는 방식을 어떻게 개선할까?

고객 리서치의 확립은 반복적인 프로세스가 될 것이다. 그러므로 조직에 대해 학습하는 것 못지않게 프로세스도 학습해야 한다.

충분히 인내하며 노력하면 결국 가야 할 길이 스스로 모습을 드러낼 것이다.

26

결론

"누구든 고객에게 가장 가까이 다가가는 사람이 승리한다."

버나뎃 지와(Bernadette Jiwa)
〈Marketing: A Love Story〉의 저자

지금까지 이 책에서 고객 연구를 통해 제품 비즈니스를 진전시킬 수 있는 방법들을 65개 이상 설명했다.

여정을 시작한 위치에 따라 이 책에서 다룬 여러 기술이 실제 기회를 나타내는 정도(기술의 일부 혹은 모두 또는 전혀 쓸모 없음)가 다를 것이다.

사실 이러한 기회들을 믿는지와 상관없이, 많은 기회가 빠르게 사라지고 있다는 것을 깨달아야 한다.

이와 관련해 데이비드 캔슬은 "인터넷은 오랫동안 한 가지 일을 해왔다. 그리고 마침내 시장의 모든 걸림돌(friction)을 없애는 지점까지 발전했다. 그것도 모든 시장에서!"라고 말한다.

걸림돌이 사라지면 시장이 열린다. 누구나 동등한 입장에서 전 세계를 대상으로 경쟁할 수 있다. 경쟁 우위가 사라지고,[275] 기능은 표준화되며, 주도권은 수천 개의 제품을 대상으로 선택권을 가진 고객에게로 넘어간다.

여러분의 비즈니스는 가까운 미래에 어떻게 경쟁할까? 여러분의 제품은 어떻게 차별화될까? 고객의 기대치가 높아졌을 때 어떻게 고객을 유지할 것인가?

경쟁할 수 있는 기반이 점점 줄어들고 있다. 고객 중심 전략은 새로운 성장의 문을 열고 지속가능한 차별화를 만드는 데 유용하다.

결국 모든 회사들은 경쟁하기 위해 고객 중심적으로 변화해야 할 것이다. 산업에 따라 2–10년의 시간이 걸릴 수는 있겠지만, 그 순간은 오고 있다.

이와 관련해 시장 전문가인 버나뎃 지와는 *"누구든 고객에게 가장 가까이 다가가는 사람이 승리한다."*고 말한다. 이 말은 역사상 그 어느 때보다도 사실일 듯하다.

살펴볼 수 있는 데이터의 양, 고객 소통의 용이함, 마음껏 사용할 수 있는 고객 연구 툴 등 도움이 될 것이 많이 있다. 여러분이 잡을 수 있는 기회가 앞에 있다. *그 기회를 잡고 달려가겠는가?*

26.1 몇 가지 경고

"전략 회의를 데이터로 시작하면 대부분의 사람들이 다음에 어떻게 해야 할지 동의할 것이다. 그러나 아이디어로 시작하면 논쟁과 의견 충동을 준비해야 한다."[276]

피터 카푸타 4세(Peter Caputa IV)
데이터박스(Databox) CEO

이 책을 마무리하면서 마지막으로 이야기할 몇 가지 중요한 것들이 있다.

1) 결정을 내리는 속도가 중요하다

비즈니스에서 가장 중요한 것 중 하나는 의사 결정 프로세스다. 예를 들어 '사람들이 어떻게 협력하는가?, 사람들이 의사 결정을 어떻게 조율하는가?, 이러한 결정이 조직 내에서 어떻게 전달되는가?, 의사 결정이 틀렸을 때 조직이 어떻게 학습하고 조정하는가?' 같은 것이 중요하다.

몇 가지 방법으로 사람과 조직이 의사 결정을 내리는 방식을 비교할 수 있다.

효과적으로 결정을 내리는 사람들은 환경과 상황을 관찰하고, *최상의 가용 정보 및 데이터와* 자신의 멘탈 모델에 근거해 진상을 파악하며, 다양한 대안의 장단점을 고려한 후 결정하고 행동하며 피드백에 따라 조정한다.

사람들이 결정을 더 빠르고 단호하게 내릴수록 더 효과적일 것이다.

조직에 있어서는 올바른 결정을 내리는 데 너무 오랜 시간을 들이는 것보다 잘못된 결정을 빨리 내리고 틀린 원인을 배우고 회복하는 것이 나을 때가 많다. 다만, 이 책에서 볼 수 있었기를 바라는데, 처음부터 잘못된 결정을 내릴 필요는 없다.

2) 학습을 위한 학습은 낭비다

이 책을 읽으며 몇몇 분석이 다른 형태로 반복되고 있는 것을 눈치 챘을지도 모르겠다.

예를 들어 아이디어 단계, 스타트업 단계, 성장 단계, 성숙 단계 모두에는 타깃 고객 선정을 개선하기 위한 연구 활동이 들어 있다. 그러나 그 어떤 것도 중복적이지 않다. 상황의 변화로 새로운 분석이 가능하기 때문이다. 가령, 고객이 증가하고 데이터가 많아지면 더 많은 것을 할 수 있다.

통찰력 있는 지식과 연구 결과는 회사의 진화에 있어 한 순간을 나타낸다. 여러분은 그들을 특정 순간에 대한 최상의 상황 이해로 바라보아야 한다. 여러분은 이 책의 모든 분석들을 멈춤 없이 검토하고자 할 수 있다. 그러나 결국 대부분의 학습은 허사로 돌아갈 것이다.

상황이 변화하고, 고객 기대가 변화하며, 전략 또한 변화한다. 결과적으로 학습한 것들 또한 구식이 된다.

너무 먼 미래를 바라보지 마라. 학습하고자 하는 것에 대해 심사숙고하라. 진정한 발전을 이루고 싶다면 여러분은 가까이에 있는 위험, 차이, 가정들에 집중해야 한다.

학습을 위한 학습은 낭비다.

3) 바퀴를 다시 발명할 필요는 없다!

고객 리서치를 수행할 때 조직 내 심지어 조직 내의 여러 팀들이 바퀴를 다시 발명하려는 경우가 많다.

이들은 자신의 비즈니스 모델, 자신이 속한 산업이나 제작한 제품의 기능이 다르기 때문에 자신이 처한 상황이 특이하거나 자신의 제품이 다른 제품에 비해 훨씬 더 큰 불확실성을 마주한다고 믿는다. 이로 인해 그들은 고객 인사이트를 얻기 위해 새로운 방법을 찾으려고 한다.

그러나 그들은 이런 행동이 고객 리서치에 리스크를 가져온다는 사실을 깨닫지 못한다.

사람들은 매우 일관되게 행동한다. 우리가 활동하는 맥락은 항상 변하지만, 실제로 우리가 하는 일은 그대로 유지된다.

사용자와 고객으로부터 학습하는 최고의 기법과 방법들은 오랜 시간에 걸쳐 생겨났으며, 이러한 기법은 바로 이 책에 포함된 것들이기도 하다. 이 책에서 나는 가능한 효과가 증명된 기법을 고수하려고 노력했다.

고객 리서치는 관련 분야의 성장과 더불어 계속 발전할 것이다. 그러나 우리가 오늘날 갖고 있는 기법들은 이미 제품이나 비즈니스 문제에 대한 답을 찾는 데 유용하다. 그러므로 새로운 기법을 찾으려 하기보다는 기존 기법들을 좀 더 자주 사용할 필요가 있다.

26.2 마지막 당부

"의심스럽다면 고객과 함께 답을 찾기 시작하라."

로버트 마티첸코(Robert Martichenko), 토마스 J. 골드스비(Thomas J. Goldsby)
〈Lean Six Sigma Logistics〉의 공동 저자

헨리 포드(Henry Ford)는 "*두려운 경쟁자는 여러분을 전혀 신경 쓰지 않고, 자신의 비즈니스를 지속적으로 개선하는 사람이다.*"라고 말했다.

내가 가진 비밀스러운 한 가지 소망은 이 책이 여러분에게 그런 경쟁자가 되고 싶은 생각을 불러 일으켰으면 하는 것이다. 나는 여러분이 고객으로부터 끈질기게 학습하고 고객과의 모든 만남을 소중하게 여기는 회사를 만들기 바란다.

다음과 같은 상황은 나에게 진정한 원-윈-윈 상황이다.

1. 여러분의 고객 만족도가 증가한다.

2. 여러분의 비즈니스가 정체 상태를 피한다.

3. 성장 속도가 빨라진다.

이 책에서 본 것처럼 고객으로부터 성공을 이끄는 것은 여러분 능력 안에 있다. 결코 어려운 일이 아니다.

늘 겸손하고, 자신의 가정들을 확인하며, 답은 거의 언제나 고객들로부터 나온다는 사실을 기억하라.

이 책이 여러분이 비즈니스 성공에 필요한 통찰력 있는 지식을 발견하는 데 도움이 되었으면 한다.

내가 여러분이 갖고 있는 특별한 문제에 아직 답을 주지 못했거나 여러분이 특정 주제에 대해 좀 더 깊이 파고들 필요가 있다면 웹사이트 **solvingproduct. com**을 방문하거나 이메일(etienne@solvingproduct.com)로 내게 연락하라.

이 책을 읽어 준 것에 감사하며.

에티엔(Étienne)

SOL VING PRO DUCT

빌딩 블록

빌딩 블록

"처음에 이런 종류의 제품을 시작할 때 우리는 제품이
어떠해야 할지 정말로 위험한 의견을 가졌었고, 어떻게
제품을 테스트해야 할지 몰랐다. 히텐과 나는 우리가
테스트를 할 수 있다고도 생각하지 않았다. 우리 팀에는 이런
종류의 일에 익숙한 사람이 없었다. 결국 우리는 그 일을 미뤄
두었다."[277]

마리 프로코펫(Marie Prokopets), 히텐 샤(Hiten Shah)

이 책이 근본적으로 성장에 관한 책이지만, 또한 고객 연구에 관한 책이기도
하다.

나는 많은 제품 회사들이 이 책에서 소개한 기법을 채택하지 않는 이유가 적
용 방법을 모르거나 잘못 적용할까 두려워서라고 생각한다.

수많은 정성적, 정량적 연구 전문가들은 통계적 중요성, 검증 가능한 가설 수
립, 적절한 대상자 모집, 인지적 편견 회피의 중요성을 지적한다.

지금까지 이 책은 발전하며 불확실성을 줄이는 것의 중요성에 집중해 왔다.

빌딩 블록에서 우리는 고객 연구와 분석을 잘하기 위한 실천을 좀 더 가까이
에서 살펴보고자 한다.

빌딩 블록에서 다룰 내용들은 다음과 같다.

1. 초기 수용자 발굴

2. 인터뷰할 잠재 고객 모집

3. 인터뷰할 사용자와 고객 모집

4. 고객 인터뷰 준비

5. 사용자와 고객 인터뷰 수행

6. 사용자 테스트를 위한 태스크 정의

7. 사용자 테스트 수행

8. 효과적인 설문 조사 준비

9. 북극성 지표 정의

10. 고객 인사이트에 따른 행동

11. 고객 인사이트를 바로 실용화하기

여러분이 수집한 통찰력 있는 지식의 질과 유효성을 보장하기 위해 지금부터 다룰 모집, 테스트, 인터뷰 프로세스들을 모두 읽을 것을 강력하게 추천한다.

1. 초기 수용자 발굴

"'초기 수용자라는 것'이 인물 유형이 아니기 때문에 우리가
특히 기술 분야에서 길을 잃는다는 사실을 이해해야 한다.
예를 들어 사람들은 초기 수용자와 새 아이폰을 구입하는

사람들이 새 커피숍에 가서 커피를 마시는 사람들과 같다고 가정한다. 그러나 그것은 사실이 아니다."

브랜트 쿠퍼(Brant Cooper)
〈The Lean Entrepreneur〉의 공동 저자

초기 수용자는 여러분이 접근하고자 하는 기회나 핵심과업과 독특하게 연관되어 있을 것이다.

초기 수용자는 일을 더 **빠르고** 편안하게 처리하거나 더 좋은 결과를 얻고자 시도하는 사람들일 것이다.

초기 수용자를 찾는 일은 단계 1에서 논의했던 루빅스 큐브 딜레마의 좋은 예다. 여러분은 핵심과업 수행자들을 찾아 그 안에서 초기 수용자를 찾을 수도 있고, 사람들이 새롭거나 더 나은 제품을 원한다는 신호를 찾아 거기서부터 어떻게 할지 결정할 수도 있다.

이번 가이드는 후자에 대한 것이다. 초기 수용자를 발굴하는 가장 좋은 방법은 사람들의 명확한 니즈(expressed needs), 즉 사람들이 알고 있고 열심히 제품을 찾고 있는 니즈를 통해서다.

그런 사람들을 찾기 위해 여러분은 그들이 솔루션을 찾고 있는 다음과 같은 곳에 가야 한다.

- **포럼과 커뮤니티**: 4장에서 논의했듯이 시장에는 일반적으로 많은 사교 모임이 있다. 여러분은 '[시장 이름] + 포럼' 혹은 '[시장 이름] + 커뮤니티'와 같은 검색어로 검색을 수행해 적당한 포럼과 커뮤니티를 찾을 수 있다.

- **쿼라(Quora)**: 쿼라는 포럼이기도 하고, 소셜 네트워크이기도 하다. 쿼라는 고객 연구에 정말로 유용한 툴일 수 있다. 사용자들은 쿼라에서 직접 질문을 던지며 조

언을 구한다. 여러분은 적당한 사람들을 손쉽게 찾아 메시지를 보낼 수 있다.

- **그룹**: 링크드인(LinkedIn)과 페이스북(Facebook)의 그룹들은 명확한 니즈를 찾을 수 있는 훌륭한 방법이다. 누군가 링크드인 *'채용의 미래'*라는 그룹의 회원이라면 그는 채용과 관련해 새로운 무언가를 찾고 있을 가능성이 있다.

- **블로그 게시물**: 현재 조사 중인 주제와 관련해 블로그 게시물을 찾을 수 있다면 초기 수용자도 찾을 수 있다. *게시물 작성자? 게시물 공유자? 댓글 작성자?* 'ㅇㅇ하는 방법(How to)' 관련 게시물들은 니즈의 표현인 경우가 많으며, 그런 게시물에 달린 일련의 댓글들 또한 무언가 나타내고 있을 가능성이 크다.

- **유튜브**: 유튜브에는 처리 방법 관련 영상물들이 많이 있다. 블로그 게시물 탐색과 동일한 효과를 누릴 수 있다.

- **개인 광고**: 크레이그리스트(Craigslist)나 심지어 신문의 개인 광고조차도 명확한 니즈를 찾기에 좋은 장소일 수 있다. 에어비앤비는 초기 수용자를 찾기 위해 크레이그리스트를 사용했으며[278], 그 밖의 많은 회사들이 곧 그 뒤를 쫓았다.[279]

- **레딧**: 많은 사용자들이 솔루션을 찾거나 조언을 구하기 위해 레딧(Reddit)을 방문한다. 여러분은 레딧에서 초기 수용자들을 찾을 수 있다. 레딧 이외에도 프로덕트 헌트(Product Hunt), 해커 뉴스(Hacker News), 그로스해커스(GrowthHackers) 등에서도 초기 수용자들을 찾을 수 있다. 적당한 대상자를 찾기 위해 댓글들도 꼼꼼히 확인한다.

- **엑스(구 트위터)**: 사람들은 링크드인이나 페이스북에서 공개하지 않았던 무언가를 엑스에서 공유한다. 여러분은 엑스에서 사람들의 니즈, 핵심과업, 힘든 문제 등을 찾을 수 있다.

- **제품 리뷰**: 아마존을 포함해 전자상거래 사이트들은 명확한 니즈를 찾기 위한 좋은 플랫폼이 될 수 있다. 제품 리뷰, 댓글 혹은 읽기 목록 등은 초기 수용자를 찾는 데 유용할 수 있다.

- **관련 문제**: 여러분이 문제 공간(problem space)을 잘 이해하고 있다면 관련

제품이나 서비스를 통해 초기 수용자를 찾을 수 있다. 예를 들어 번역 관련 문제 해결 방법을 찾고 있다면 글로벌 결제를 지원하는 아디엔(Adyen)과 같은 회사가 여러분에게 좋은 후보일 수 있다. 5장에서 이야기했듯이, 흔히 사례 연구와 증언을 통해 누구에게 이야기해야 할지를 정확히 알 수 있다.

- **공개 고객 서비스**: 기능 요청 게시판은 충족되지 않은 니즈를 찾기에 좋은 곳이자, 솔루션을 찾고 있는 초기 수용자에게 곧장 다가가기에 좋은 곳이다.

명확한 니즈를 통해 초기 수용자들을 찾는 데 도움이 될 수 있도록, A/B 테스트를 중심으로 관련 제품을 찾는 중이라고 상상하라(20장).

초기 수용자를 찾기 위해 여러분은 데이터와 마케팅 관련자들이 함께 어울리는 웹사이트를 방문할 수도 있다. 애자일(agile) 마케팅에 집중하는 그로스해커스와 같은 커뮤니티에서 여러분은 수백 명의 잠재적 초기 수용자들을 찾을 수 있다.

웹사이트에서 질문 목록을 보며 적당한 대상자를 발견할 수도 있을 것이다.

그림 BB-1 명확한 니즈의 예

브랜든 스코필드(Brandon Scofield)

질문: 전환율을 최적화하고자 할 때 사이트에서
실험적으로 실행할 테스트는 어떻게 정하나요?

또한 여러분은 다음 사항들을 매우 빨리 발견할 것이다.

- 관심을 끄는 질문

- 답변에 관심 있는 사용자

- 주제에 관해 지식을 갖고 있는 인플루언서

- 잠재 고객의 니즈 표현법과 관심 주제

여러 개의 의사소통 경로(watering hole)를 탐색하라. 연락처를 목록에 추가하고 계속 탐색하라. 탐색 과정 자체가 여러분에게 정보를 제공할 것이다.

2. 인터뷰할 잠재 고객 모집

"기존 고객 밖에서 자격을 갖춘 사용자를 찾는 것은 항상 어려운 일이다. 여러분은 제품을 처음 접하는 사람을 원하지만, 그들은 여러분과 대화를 나누기 전에 관련 분야 지식과 배경 지식을 충분히 갖추고 있어야 하기 때문이다."

네이트 아처(Nate Archer)
에이다(Ada) 시니어 제품 담당자

인터뷰할 잠재 고객을 모집하는 방법은 많다.

- 추천

- 전화 모집

- 인적 네트워크

- 특정 행사나 커뮤니티

- 대상자 모집 업체와 협력

- 소셜 미디어 등을 이용

앞서 언급한 모든 방법이 좋은 참가자를 찾는 데 유용할 수 있지만, 잠재 고객에게 사전 동의 없이 연락하는 콜드 아웃리치(cold outreach)가 가장 정확하고 효과적인 방식이다.

사전 연락 없이 이메일을 보내는 콜드 이메일(cold e-mail) 방식을 사용하면 여러분은 잠재 고객을 찾아 접촉하는 방법을 배울 수 있을 뿐만 아니라 정확한 대상자에게 접근하는 데 도움을 받을 수 있어 잘못된 사람으로부터 잘못 배우는 위험을 줄일 수 있다.

고객에 대한 사전 연구 분량, 이메일 스크립트의 품격, 타깃 잠재 고객의 유형에 따라 콜드 이메일의 30% 정도가 고객 인터뷰로 이어질 수도 있다.

인터뷰를 진행하려면 여러분은 관련성과 신뢰성을 갖추고 있어야 한다. 잠재 고객들은 여러분이 연구하고 있는 핵심과업, 문제 혹은 기회에 대해 여러분에게 말하려는 동기를 갖고 있어야 한다.

잠재 고객들이 여러분과 대화하는 것에 관심이 없다면 여러분은 이미 학습하고 있는 중이다. 잠재 고객들을 모집하기 위해 다음과 같은 것들이 필요하다.

1. 이메일 스크립트

2. 상위 수준의 가치 제안(6장)

3. 도입부

4. 올바른 이메일 주소록

여러분이 여전히 초기 단계(예: 아이디어 단계)에 있다면 핵심과업(job), 희망 성과 혹은 가치 제안을 폭넓게 정의하라. 가치 제안이 느슨할수록 연결될 가능성이 높아진다. 잠재 고객들은 자신들의 인식 체계를 세우고, 머릿속으로 제품을 만들며, 제품을 발명한다.

다음은 내가 이전에 여러 차례 사용했던 이메일 샘플 스크립트다.

> 제목: [국제적 성장]
>
> 안녕하세요 [맥스]씨
>
> [저는 직원 리텐션에 관해 당신이 쓴 글을 재미있게 보았습니다. 저 역시 홍콩에 살 때 직업을 얻으려고도 했었지요. 저는 그것이 쉽지 않다는 것을 알고 있습니다.]
>
> 저는 [회사를 국제적으로 확장하는 방법]을 개선하고자 노력 중인 소프트웨어 회사를 갖고 있기 때문에 당신에게 연락드립니다.
>
> 당신에게 무언가 팔려는 것이 아닙니다. 다만, 당신이 [국제적 성장]에 많은 전문성을 갖고 있기 때문에 우리가 잘못을 저지르지 않도록 당신의 조언을 얻고 싶습니다.
>
> 다음 주에 잠깐 통화할 수 있을까요? [월요일 혹은 화요일]? 가능한지 알려 주세요. 감사합니다.
>
> _ 에티엔(Étienne)

신속하게 시작할 수 있도록 **solvingproduct.com/template**에서 이메일 샘플 스크립트를 받을 수 있다.

이메일은 간결하고 답장하기 쉽게 작성하라. 답변을 받는 콜드 이메일들은 간단명료하다. 여러분은 겸손해야 하며, 여러분이 도움을 주려는 것이 아니라 받으려 한다는 것을 기억해야 한다.

적절한 이메일 스크립트를 사용하면 응답율이 크게 올라갈 것이다.

여러분이 작성한 이메일이 효과적이려면 개인적인 느낌을 주는 것이 중요하다. 그것은 잠재 고객과 관계를 형성하고, 그들이 여러분의 이메일을 스팸 메일로 처리하지 않도록 하는 데 도움이 될 것이다.

여러분은 잠재 고객들을 한 명씩 연구하는 일에 시간을 쏟아야 하며, 이 과정은 건너뛸 수 없다. 개인적인 짧은 글 또는 도입부를 모든 이메일의 시작 부분에 써야 한다. 또한, 여러분이 고객 연구를 하고 있으며, 그들이 여러분을 위해 쓴 시간이 낭비되지 않을 것이라는 것을 보여 주어야 한다. 여러분도 알고 있듯이, 누구나 시간이 부족하다.

효과적인 도입부들을 가장 효과가 큰 것부터 차례로 기술하면 다음과 같다.

1. **개인적인 성공**: 승진, 수상, 업적

2. **회사 뉴스**: 그들이나 그들의 부서와 관련된 뉴스, 투자금 확보와 같은 중요 회사 성과

3. **공통 경험, 지인, 취미 또는 관심사**: 이상적으로 일 이외의 것

4. **최근 게시물**: 링크드인, 미디움 혹은 그들의 개인 블로그

5. **회사 성과**: 별점(5점 만점) 평가, 리뷰, 제품 출시 등

6. **링크드인 혹은 엑스(구 트위터) 업데이트**

개인적인 내용을 좀 더 넣기로 결정할 수도 있겠지만, 지나치게 넣지는 말아라.

자신만의 이메일 스크립트, 가치 제안, 도입 메시지를 갖게 되면 이후 필요한 것은 이메일 주소뿐이다.

클리어비트 커넥트(Clearbit Connect)나 헌터(Hunter)와 같은 툴을 사용하면 거의 모든 이메일 주소를 찾을 수 있을 것이다.

나는 클리어비트 커넥트를 사용한다. 클리어비트 커넥트는 지메일 안에 있는 브라우저 확장 프로그램이다. 매달 무료로 100점을 얻을 수 있으며, 예스웨

어(Yesware)의 조사[280]에 따르면 정확도가 97%에 달한다.

회사의 도메인 이름을 입력하고, 잠재 고객의 이름을 검색하며, 그들의 이메일 주소를 복사하는 정도이므로 사용하기 간단하다. 잠재 고객을 충분히 확보하면 이메일 발송을 시작할 수 있다.

이메일을 일일이 수동으로 발송할 수도 있지만 일이 너무 많다. 여러분은 메일세이크(Mailshake), 예스웨어(Yesware), 스트리크(Streak)와 같은 툴을 사용해 개인화된 이메일을 대량으로 발송하고, 답신을 추적하며, 후속 이메일을 발송할 수 있다.

너무 서두르지 마라. 너무 많은 이메일을 발송하지 마라. 이메일 스크립트를 수정하며 다듬어라.

적절한 잠재 고객들이 고객 인터뷰에 응하도록 만드는 일은 시간이 걸릴 수 있다. 성공하지 못했다면 이메일 스크립트를 개선하고 이번 섹션의 처음부터 다시 시작하라.

여러분이 고객 인터뷰에 기꺼이 돈을 쓸 생각이 있다면 자격을 갖춘 인터뷰 대상자들을 모집하기 위해 진트로(Zintro), 에스니오(Ethnio), 에이와이티엠(AYTM, Ask Your Target Market), 클래리티(Clarity), 유저인터뷰스(UserInterviews)와 같은 툴을 사용할 수 있다. 이들 가운데 많은 툴이 모집, 스케줄링 및 인센티브 지급을 다룬다.

이런 툴들을 사용하면 나중에 특히, 참석자 모집이 자주 필요할 때 인터뷰 대상자 모집을 단순화할 수 있지만, 초기에는 잠재 고객들이 진심으로 여러분이 조사하고 있는 핵심과업, 문제 혹은 기회 등에 진심으로 관심을 가져야 한다.

참여자에게 인센티브를 주면 중요한 부분을 놓칠 수 있다.

3. 인터뷰할 사용자와 고객 모집 ──────

"여러분이 올바른 사람에게 질문한다면 틀린 질문을
하더라도 가치 있는 무언가를 배울 수 있다. 그러나 잘못된
사람에게 질문한다면 질문 자체가 의미 없다."

에리카 홀

일반적으로 잠재 고객 가운데서 인터뷰 대상자를 모집하는 것은 여러분 제품
의 사용자들 가운데 인터뷰 대상자를 모집하는 것보다 어렵다. 제품의 사용자
와 고객들은 적어도 여러분 회사의 브랜드와 제품을 어느 정도 알고 있다. 그
들로부터 통찰력 있는 지식을 얻어 제품을 개선한다면 그들 또한 그 혜택을
누릴 것이다.

제품 사용자와 고객을 대상으로 인터뷰 대상자 모집을 시작하려면 먼저 여러
분이 모집하려는 대상자의 특징을 알아야 한다. *여러분은 제품 사용을 그만둔
사람들을 찾고 있는가? 아니면 특정 기능을 매주 사용하고 있는 사람들을 찾
고 있는가?*

- *어떤 특징을 가진 사람들을 찾고 있는가?*
- *그들은 어떤 목적, 문제, 기회 혹은 행동들을 공유해야 하는가?*
- *그들은 여러분 제품에 어느 정도나 익숙해야 하는가?*
- *그들은 제품에 사용된 기술에 어느 정도나 익숙해야 하는가?*

- 그들은 자신이 속한 산업을 얼마나 잘 알고 있어야 하는가?

- 어떤 특징의 사람들을 고객 연구 과정에서 배제하려고 하는가?

- 여러분이 관심을 갖고 있는 특징과 행동은 관찰할 수 있는가? 갖고 있는 데이터를 사용해 그런 특징과 행동을 정확히 갖고 있는 사람들을 찾을 수 있는가?

그들의 제품 사용 및 행동과 관련해 더 많은 정보를 갖고 있을수록 인터뷰 대상자를 모집하는 것이 좀 더 쉬울 것이다. 이미 보유한 데이터를 사용하여 행동을 추론할 수 있다면 잘못된 인터뷰 대상자들을 솎아내기 위한 설문 조사는 필요하지 않을 수도 있다.

제품 사용자 가운데서 인터뷰 대상자를 모집하려면 특정 행동이나 특징을 가진 사용자들을 대상으로 웹사이트, 제품 혹은 이메일을 사용해 모집하면 가장 효과적이다.

다양한 인터뷰 대상자를 모집하려면 사람들이 몰리는 게시판이나 제품 웹사이트에서 팝업 기능을 이용해 모집하는 방법이나 여러분이 이용하는 소셜 미디어 서비스에서 모집하는 방법을 고려하라. 이 경우 여러분이 관심 있는 행동을 기준으로 대상자를 선별할 필요가 있다는 것을 알아야 한다.

일반적으로 인터뷰 참가자들에게는 기프트 카드, 제품 포인트 혹은 현금 등을 인센티브로 제공한다. 경험상, 인센티브는 참가자 평균 임금을 기준으로 이동 시간을 포함해 대상자가 소비한 시간을 보상할 수 있는 금액과 같아야 한다.

여러분의 제품이 특정 영역에 한정될수록 대상자 모집 비용이 더 많이 드는 경향이 있다. 내게는 한때 변호사를 대상으로 소프트웨어를 개발하는 고객이 있었다. 당시 사용자 테스트 참가자당 비용은 300달러였으며, 결과적으로 전체 비용이 빠르게 증가했다.

다른 한편으로는 25달러짜리 아마존 기프트 카드를 제공하는 것으로도 *전문 분야 참가자들*을 끌어들일 수 있다는 것을 기억하라. 그들은 고객 연구에 참여하며 보상 받는 기회를 주기적으로 찾고 있다.

연구 주제에 대해 모호한 태도를 취하라. 그리고 적합하지 않은 대상자는 배제하라. 대상자들은 여러분이 제공한 인센티브 이상으로 연구에 대해 관심을 갖고 신경 써야 한다.

자신만의 선별 기준을 만들기 위해 '8. 효과적인 설문 조사 준비'를 참고할 수 있다. 대상자들을 특징에 따라 세분화하고, 그 특징을 고려해 테스트할 수 있는 질문을 준비하라. 여러분은 인터뷰하고 싶은 사람과 그렇지 않은 사람에 대하여 명확한 기준을 갖고 있어야 한다.

그림 BB-2 스크리너 사전 설문 조사(screener survey question)의 예

얼마나 자주 TV를 시청하는가?
- 매일 (선발)
- 일주일에 몇 번 (탈락)
- 일주일에 한 번 (탈락)
- 일주일에 한 번 미만 (탈락)
- 시청하지 않음 (탈락)

여러분은 인구 통계나 선호도 외의 특성을 기준으로 선별하기를 원한다. 다음과 같은 선별 기준을 고려하라.

- **행위 빈도**: *당신은 이런 [태스크/행동]을 얼마나 자주 하나요?*
- **목적**: *당신이 이 [기능/제품]을 사용하는 주요 이유는 무엇인가요?*
- **기술 친숙도**: *당신은 온라인에서 이런 활동을 얼마나 자주 하나요?*

- **개인 정보 공유 의향**: *이 테스트는 이 [주제]에 대해 공개적으로 공유하기를 요청할 거예요. 당신은 이 주제에 대해 정직하게 공유하는 데 동의하나요?*

스크리너 사전 설문 조사서(screener)를 작성했다고 인터뷰 대상자가 되는 것이 아니라는 것을 참여자에게 명확히 하라. 그들의 시간을 낭비하지 마라. 가장 중요한 질문들로 인터뷰를 시작하라.

선택할 답변들은 명확히 구분되며 서로 겹쳐서는 안 된다. '해당사항 없음, 모름, 기타'와 같은 답변을 반드시 포함하라. 인터뷰에 부적합한 사람들은 가능한 빨리 배제하라.

데이터를 이용해 관심 있는 행동을 보이는 사람들을 추론할 수 있다면 이메일, 인앱 메시지, 팝업 메시지 등으로 대상자를 모집하기 위해 다음과 같은 메시지를 사용하라.

제목: [제품명]의 개선을 도와주세요.

[고객명]님, 안녕하세요.

우리는 [기능 그룹명]을 개선하기 위해 새로운 기능들을 개발하고 있습니다. [고객명]님은 [기능 그룹명]을 사용하며 가치를 얻고 있는 것처럼 보입니다. 우리가 잘못된 기능을 구현하는 일이 없도록 [고객명]님의 의견을 정말로 듣고 싶습니다.

다음 주 [월요일 혹은 화요일]에 잠깐 통화할 수 있을까요?

[고객명]님의 의향을 알려 주세요. 감사합니다.

_ 에티엔(Étienne)

인터뷰 대상자는 무작위로 모집하라. 여러분의 메시지가 불편한 느낌을 주지 않도록 하라.

여러분이 사전 설문 조사를 하고 있는 것이라면 콜투액션(call-to-action)을 다음과 같이 변경하라.

> 저희는 [기능 그룹명]의 개선을 도와줄 경험 있는 [사용자/고객]들을 찾고 있습니다. 당신은 저희의 연구에 참여하는 일에 관심이 있나요? 간단한 설문 조사 [surveylink.com]에 참여해 주세요.

여러분이 접촉한 사용자들 가운데 최소 5-10%를 모집하는 데도 어려움을 겪을 경우에만 인센티브 지급을 언급하라.

직접 조사의 경우 초대를 확정하기에 앞서 전화를 하는 것이 좋다. 이는 좋은 참가자를 확보하는 데 도움이 될 것이다.

> "몇 가지 추가 질문이 있습니다. 저는 단지 귀하가 저희 연구에 적합한 대상자인지 확인하기를 원합니다. 귀하는 어떤 작업을 할지 어떻게 결정하는지 저에게 설명해 주시겠어요?"

궁극적으로 여러분은 사용자와 고객 모집을 프로세스화해야 한다.

메시지가 효과적이라는 것을 확인하면 일부 모집 메시지를 자동화하는 것을 고려하라. 잠재적인 참가자의 데이터베이스를 구축하고, 팀 내 누군가에게 모집 책임을 맡겨라.

4. 고객 인터뷰 준비 ─────────────

"모든 미팅은 성공하거나 실패한다. 미팅을 칭찬이나 미루는 말로 마치는 순간 이미 실패한 것이다. '휴일이 지나고 다시

대화해요. [⋯] 제가 전화할 테니 전화하지 마세요.'와 같이
속이 빤히 보이는 말은 알아챌 수도 있지만, 같은 뜻이라도
미묘하게 바꾼 말은 일상적으로 그냥 받아들인다."

랍 피츠패트릭(Rob Fitzpatrick)
〈The Mom Test〉의 저자

고객 인터뷰는 대면해 진행하거나 전화 혹은 스카이프(Skype), 줌(Zoom) 같은
화상회의 소프트웨어로 진행할 수 있다.

- 대면 인터뷰는 인터뷰 대상자가 좀 더 집중하게 만들 수 있다. 제품 사용 상황에
  대해 상세하고 깊이 있게 이야기해 줄 것이다. 제품 개선에 대해 더 나은 단서를
  얻고, 대상자의 신체 언어를 관찰할 기회도 얻을 수 있다.

- 전화/화상 인터뷰는 전체 인터뷰를 좀 더 빠르게 진행할 수 있다. 지역 또는 국가
  간에 매우 정확한 역할과 행동을 가진 대상자를 찾아 인터뷰를 진행할 수 있다. 그
  러나 각종 알림 표시가 뜨고, 동료가 나타나는 등 예상치 못한 일들이 일어나기 때
  문에 대면 인터뷰보다는 인터뷰 대상자가 산만해질 수 있다.

어떤 접근 방식을 선택하든 인터뷰 대상자가 전체 토론 내내 집중할 수 있게
해야 한다.

고용주, 동료, 친구의 세계관이 아니라 인터뷰 대상자 고유의 세계관을 이해
하기 위한 것이므로 한 번에 한 사람과만 인터뷰하는 것이 가장 좋다.

그룹 인터뷰를 진행하면 사람들은 방어적인 태도를 갖게 된다. 이렇게 되면
사람들은 특정 이미지를 고수하게 되고, 솔직한 의견을 말하지 못하게 된다.

높은 직급의 잠재 고객(예: B2B)과 불편한 미팅을 해야 한다면 점심이나 커피
를 핑계로 사무실 밖에서 인터뷰를 진행하는 것을 고려하라. 중립적인 장소에

서 인터뷰를 진행하면 한결 편안함을 느낄 수 있을 것이다.

인터뷰를 시작했을 때 가장 큰 도전은 유효한 데이터를 꾸준히 얻을 수 있어야 한다는 것이다. 핵심 가정을 중심으로 일관된 정보를 지속적으로 이끌어낼 수 있는 구조와 스크립트를 미리 준비해 놓아야 한다.

경험적으로 볼 때 이는 여러분의 잠재 고객이 얼마나 수다스러운지에 달려 있다. 발산적이거나 생성적인 인터뷰라면 기껏해야 3–5개 정도의 질문을 짜낼 수 있다. 그러나 수렴적인 인터뷰라면 많게는 15–20개의 질문을 만들 수 있다.

여러분의 주요 질문들이 무엇인지 항상 기억하는 것이 중요하다. 그리고 인터뷰 체계에 대해 다음과 같은 것들을 계획해야 한다.

1. **소개 및 분위기 조성(2분)**: 서로 인사를 나눈다. 여러분은 인터뷰 대상자가 편안하게 느끼도록 분위기 조성을 위한 질문을 할 수 있다.

2. **자격 확인(3분)**: 대상자의 역할과 상황을 파악하기 위한 질문들을 던질 수 있다. *대상자는 인터뷰에 적합한가?*

3. **열린 질문(20분)**: 인터뷰에 배정된 시간의 대부분이 이 단계에서 사용된다. 여러분의 목적은 그들의 생각을 이해하는 것이다.

4. **마무리(5분)**: 관계를 진전시키고 잠재 고객의 관심을 측정하기 위해 다른 미팅, 소개 혹은 구매 등에 관해 이야기하며 인터뷰를 마치기 시작한다(7장).

5. **기록 리뷰(10분)**: 인터뷰를 마치고 잠재 고객과 헤어지면 인터뷰를 통해 얻은 통찰력 있는 지식들을 잃어버리지 않도록 인터뷰 기록을 꼼꼼히

확인한다.

인터뷰를 진행하기에 앞서 대상자에 대해 철저히 조사해야 한다. 그러면 잠재 고객에게 존중하는 태도을 보여 줄 수 있으며, 간단한 인터넷 검색을 통해서도 알 수 있는 질문들을 피할 수 있다.

소개 및 분위기 조성 단계 동안 인터뷰 대상자의 고향, 취미, 지인, 블로그 게시물 등 여러분과 대상자 사이에 친밀감을 쌓는 데 도움이 될 만한 것이라면 어떤 것이든 질문할 수 있다.

이후 다음과 같이 여러분을 간단히 소개할 수 있다.

> 인터뷰에 시간을 내어 주셔서 감사합니다.
>
> 저희는 [가치 제안]에서 일하는 신생 회사입니다. 저희는 현재 최대한 많은 것을 배우기 위해 노력하고 있습니다. 이에 잘못된 제품을 제작하지 않도록 여러분의 니즈와 현실을 이해하고 싶습니다.
>
> 오늘 대략적으로 […]와 같은 질문들을 하려고 합니다.
>
> 인터뷰를 시작하기에 앞서, 저희 회사가 아직 완제품을 시장에 내놓지 않았으며, 인터뷰 목적이 제품 판매나 피칭이 아니라 귀하로부터 배우기 위한 것임을 염두에 두시기 바랍니다.
>
> 이해하셨나요?

자격 확인 단계 동안 대상자의 역할과 상황을 파악하기 위해 노력해야 한다. 이를 통해 여러분은 인터뷰에서 알고자 하는 역할, 조건 및 기회 사이의 관계 패턴을 확인할 수 있다.

여러분이 말을 해야 한다거나 공백을 채워야 한다고 생각할 필요는 없다. 다음과 같은 질문을 할 수 있다.

- *[대상자 역할]로서 귀하의 역할을 어떻게 설명하겠어요?*

- *귀하는 무엇을 성공이라고 보나요?*

다음은 인터뷰에서 가장 비중이 큰 열린 질문이다. 열린 질문을 하고, 대상자의 감정 변화를 따라가며, 불만을 말하도록 하고, 후속 질문들을 던져라. 이때 대상자에게 공감하는 것을 잊지 말아야 한다.

인터뷰의 마지막은 마무리 단계로 여러분이 있는 단계에 따라 다음과 같이 마무리지어야 한다.

- 상황을 추가로 조사하기 위한 새로운 미팅 제안

- 시장의 존재를 확인하고, 좀 더 많은 잠재 고객과 논의하기 위한 소개

- 사전 판매

인터뷰를 진행할 때 스크립트를 만들어 그에 따라 진행하는 것이 중요하다. 스크립트 문구를 고치거나 스크립트에 질문을 추가하는 것은 괜찮지만, 데이터 포인트(data point)를 비교할 수 있어야 한다는 것을 기억하라.

이 책의 적당한 부분을 참고해 인터뷰 스크립트를 만들고, 인터뷰를 시작하라.

5. 사용자와 고객 인터뷰 수행

"대답하지 말고 들어라. 그리고 정말로 이해하기 위해
들어라."

사이먼 세루시(Simon Seroussi)
페더(Feather) 제품 매니저

이제 인터뷰를 시작할 시간이다. 무엇보다 먼저 이해해야 할 점은 인터뷰는 토론이 아니라는 사실이다. 인터뷰의 성공을 평가하는 기준은 토론의 성공을 평가하는 기준과 같지 않다. 인터뷰는 호감을 얻기 위한 것이 아니다. 또한, 즐거운 토론을 하거나 기분 좋게 끝내는 것을 목표로 하지 않는다.

가장 좋은 인터뷰는 90% 듣기와 10% 말하기로 이뤄진다. 침묵을 유지하면서 학습해야 한다. 처음에는 이렇게 하는 것이 인터뷰 대상자를 불편하게 할 수도 있다.

*"당신 직업을 좋아하나요?"*와 같이 "예/아니요"로 간단히 답할 수 있는 닫힌 질문을 사용한다면 거의 아무것도 학습하지 못할 것이다.

그림 BB-3 닫힌 질문 vs. 열린 질문(참고용)

닫힌 질문의 시작 1	열린 질문의 시작 1
어떤 …?	왜 …?
누가 …?	무엇을 …?
언제 …?	어떻게 …?
어디에서 …?	
닫힌 질문의 시작 2	**열린 질문의 시작 2**
…이 있나요?	나에게 …에 대해 말해 주겠어요?
…을 했나요?	…을 설명해 주겠어요?
…을 할 것인가요?	…을 기술해 주겠어요?
…을 할 수 있나요?	
…이 있었나요?	
…을 갖고 있나요?	

인터뷰를 통해 학습하는 것의 90%는 열린 질문을 던지고, 감정의 흐름을 따라가며 사실을 깊이 있게 파고든 결과일 것이다.

인터뷰를 통해 팩트와 인사이트를 얻어야 하며, 이를 위해 인터뷰 대상자가 숨기지 않고 솔직하게 이야기하게 하는 것이 중요하다. 이를 위해 다음과 같은 후속 질문을 하라.

- 그것은 무슨 뜻인가요?

- 좀 더 자세히 설명해 줄 수 있나요?

- 왜 그것을 이야기하나요?

- 그것에 대해 어떻게 느끼나요?

- 어떤 숨겨진 이야기가 있는 것 같군요. 좀 더 이야기해 줄 수 있나요?

- 좀 더 이야기해 주세요.

여러분의 아이디어나 하고 있는 일을 가능한 한 언급하지 마라. 또한, 채용 면접 인터뷰처럼 진행하며 대상자를 괴롭히지 마라. 만약 그렇게 하면 학습을 멈추게 되고 여러분은 어려움에 처한 사람처럼 보일 것이다. 이 단계부터 여러분은 인터뷰를 진행하는 것이 아니라 도움을 줄 만한 지식이 있는 사람을 찾기 위해 노력하는 사람이 되고 만다.

다음과 같은 이유로 **누구나** 거짓말할 수 있다는 사실을 기억하라.

- 그들은 여러분을 신뢰하지 않는다. 그들은 여러분이 자신의 경쟁자가 되려고 한다고 생각할 수도 있다.

- 사실을 솔직하게 말하면 자신이 좋게 보이지 않을 수 있다.

- 그들이 다른 사람들에게 보여 주고자 하는 이미지가 아니다.

- 그들은 지나치게 낙천적이다.

이와 관련해 롭 피츠패트릭(Rob Fitzpatrick)은 *"미래에 관한 모든 것은 지나치게 낙천적인 거짓말이다. 사람들은 당신이 듣기 원하는 것을 말하려고 거짓말을 할 것이다."*라고 말한다.

사람들은 누구나 다른 사람이 자기를 좋아해 주기를 원한다. 그러므로 여러분의 자존심이 걸린 문제라고 생각하면 자신의 진짜 생각을 말해 주지 않을 것이다.

여러분은 자신의 혁신이 거짓이 아닌 *진실과 현실* 위에서 이루어지기를 원한다. 이는 잠재 고객이 편안함을 느끼고 기꺼이 마음을 터놓을 때 훨씬 쉬워질 것이다. 인터뷰 대상자들이 더 편안하게 느낄수록 더 많은 이야기를 하고 더 좋은 정보를 얻게 될 것이다.

인터뷰 대상자를 환영하는 분위기를 만들고, 그들과 관계를 구축하라. 여러분이 그들과 경쟁할 계획이 없다는 것과 그들이 말하는 모든 것이 비밀로 유지될 것임을 확실히 이해하게 하라. 올바른 정보를 얻기 위해 인터뷰 대상자의 방어적 태도를 극복해야 한다.

인터뷰 녹화/녹음을 강력히 추천한다. 스마트폰, 컴퓨터, 녹음기 어떤 것이든 사용할 수 있다. 인터뷰 대상자의 동의를 확실히 얻어야 하며, 녹화/녹음 파일이 내부용이라는 것도 이야기해 주어야 한다.

나는 인터뷰 중간에 기록을 남기느라 인터뷰의 흐름을 끊기보다는 인터뷰 후에 다시 듣기를 좋아한다. 여러분이 인터뷰 중간에 기록을 남긴다면 인터뷰 대상자의 말 가운데 50%는 놓칠 것이다.

가끔은 인터뷰에 파트너를 참여시키는 것도 괜찮을 것이다. 이런 경우 한 명은 인터뷰를 주도하고, 다른 한 명은 기록을 할 수 있다. 이렇게 하면 여러분의 팀이 좀 더 믿음직하다는 인상을 남기며 인터뷰 결과를 팀에 빠르게 공유하는 데도 도움이 될 것이다. 그러나 두 명 이상이 참여하면 참가자를 위협할 수 있다.

인터뷰를 진행하며 판단하지 마라. 인터뷰를 진행하는 동안 웃는 얼굴을 유지해야 하며, 이는 전화 인터뷰에서도 마찬가지다. 인터뷰 대상자는 여러분의 반응을 느낄 수 있다.

대상자들을 판단하지 않고, 그들을 공감하며 친밀한 관계를 만들면, 그들이 편안함을 느껴 마음을 터놓고 현실을 솔직하게 이야기하도록 만드는 데 도움이 될 것이다.

인터뷰 대상자가 평상시와 비슷한 느낌을 가지도록 분위기를 만들고 유지하라. 결코 추궁하지 마라. 대상자는 마치 친구와 대화하고 있는 것처럼 느껴야 한다. 대상자가 불만스러운 것을 말하기 시작하면 좀 더 귀를 기울여라. 사람들은 칭찬보다는 불만스러운 것을 말할 때 좀 더 구체적이다. 그런 구체적인 사례들은 여러분이 그들의 목표와 그들이 직면한 문제들을 학습하는 데 정말 유용할 것이다.

질문은 짧게 하라. 질문이 길면 길수록 답이 더 짧아진다.

액티브 리스닝(active listening)을 연습하라. 고개를 끄덕이고 인터뷰 대상자를 똑바로 보라. 가끔씩 관심과 흥미의 표시로 '흠흠'과 같은 소리를 내라. 공감하라.

침묵하거나 *"당신은 왜 …"*처럼 얼버무리는 질문을 해 인터뷰 대상자가 이야기하도록 만들어라. 사람들은 대개 고요함을 불편해하며, 무언가 말로 고요를 깨뜨리려고 하는 경향이 있다.

질문은 일반적인 대화에서와 마찬가지로 이전 질문들로부터 나와야 한다. 그러나 여러분이 느끼기에 인터뷰 대상자가 건성으로 답하며 시간만 때우고 있다면 주제를 확 바꿔서 질문할 수도 있다. 이런 방식을 사용하면 대상자는 다시 인터뷰에 집중할 수밖에 없다.

한 가지 질문에 다른 질문들을 섞지 마라. 인터뷰 대상자는 그런 질문을 받으면 어떤 질문에 답해야 할지 모를 것이다. 그런 질문들은 서로 다른 여러 질문으로 나누어라.

"당신은 애플이 세상에서 가장 혁신적인 회사라고 생각합니까?"와 같이 답을 넣어 질문하지 마라.

제품에 대한 질문에 대답하지 마라. 이와 관련해 스티브 포티갈(Steve Portigal)은 "그 질문에 답하는 순간 당신은 전문가가 된다. 그리고 다시 연구 모드로 돌아가는 것은 거의 불가능하다. 연구 모드에서는 그들이 전문가이고, 여러분은 흥미와 호기심이 많은 사람이다."라고 말한다.[281]

명확하게 확인하기 위해 "그래서 당신이 이야기하는 것은 …라는 거죠?"와 같이 인터뷰 대상자의 답변을 반복할 수 있다.

또한, 여러분은 '다른 사람들'을 언급하며 기존 가설에 이의를 제기할 수 있다. "나는 다른 사람들로부터 …라고 들었다. 당신도 동의하나요?" 사람들은 자기 앞에 앉아 있는 사람보다는 익명의 제삼자에게 좀 더 쉽게 반대한다.

인터뷰 대상자의 바디 랭귀지를 잘 지켜보라. 대상자의 강렬한 반응, 자세, 신체 위치, 언어, 목소리 톤의 변화, 눈동자의 움직임 등을 통해 많은 것을 알 수 있다. 그들이 긴장하거나 자신 없어 보이는가? 혹은 지루해 보이는가?

그럴 경우 인터뷰 대상자와 친밀감을 회복하고, 큰 도움이 된다고 말하며 자신감을 북돋아 주기 위해 노력하라. 또한 그들을 짜증나게 한 것, 한숨짓거나 웃게 만든 것, 찡그리거나 웃게 만든 것이 무엇인지 물어볼 수 있다.

만약 적대적인 태도를 감지한다면 침착함을 유지하면서 심호흡을 하고, 다시 인터뷰를 진행하려고 노력하라. 인터뷰 대상자에게 인터뷰의 목적을 다시 이야기해 주고, 일반적인 열린 질문을 하라.

여러분 앞으로 몸을 기울이고, 많은 질문을 하며, 인터뷰에 정말로 참여하는 대상자는 인터뷰에 관심이 있다. 그러나 쉽게 산만해지고, 이메일이나 문자를 보며, 몸을 구부린 채 질문에 답하지 않고 딴 이야기를 하는 대상자는 거의 확실히 인터뷰에 관심이 없다.

여러분이 대면 인터뷰를 진행하고 있다면 주변을 둘러보라. 사무실 벽, 포스트잇 메모 등에서 인터뷰 대상자가 관심 있는 것에 관해 귀중한 정보를 얻을 수 있다.

칭찬을 경계하라. 칭찬은 여러분을 잘못된 길로 이끌 수 있으며, 인터뷰 프로세스를 망가뜨릴 수 있다. 사실에 집중하라. 또한, 사람들이 *실제로* 하는 것이나 최근에 했던 것에 초점을 맞추어라. 현재 혹은 과거의 행동을 보면 언제나 미래의 행동을 가장 잘 예측할 수 있을 것이다.

여러분이 의도적으로 마무리하지 않는다면 인터뷰가 성공적이었는지 제대로 알기 어렵다. 여러분의 질문은 여러분의 회사가 현재 어느 단계에 있는지에 따라 다를 것이다. 그러므로 이 책의 적당한 부분을 참고하며 확실히 마무리하도록 하라.

학습한 것을 요약하며 마무리지어라. 여러분이 관찰한 몇몇 것들을 확인하기 위해 인터뷰 대상자에게 질문할 수도 있다. 끝으로 "*우리가 이야기한 것과 관련해 추가로 이야기하고 싶은 것이 있나요?*"와 같은 질문으로 마무리짓는 것을 고려하라.

인터뷰가 끝나면 인터뷰 내용을 잊어버리지 않도록 메모한 것과 소감을 바로 기록하라.

이후 시간이 지나면, 인터뷰 내용을 다시 한 번 들어라. 그러면 다음과 같은 일을 할 수 있을 것이다.

- 인터뷰 진행자로서 여러분의 성과를 평가할 수 있다.
- 수집한 정보의 질과 유효성을 평가할 수 있다.

이제 메모나 인터뷰 요약본이 아닌 인터뷰 녹화 파일을 팀 동료들과 공유하라.

인터뷰 요약본만 공유하면 팀이 고객 데이터를 해석하는 것을 제한할 수 있으며 거짓과 반반한 사실을 식별하는 데 어려움을 겪을 수 있다. 또한, 25장에서 논의했듯이 팀이 여러분의 의견에 찬성하도록 만드는 데 더 큰 어려움을 겪을 것이다.

6. 사용자 테스트를 위한 태스크 정의

"소통은 말이 아니라 이해에 달려 있다."

앤디 그로브(Andy Grove)
인텔 전 CEO

사용자 테스트를 위해 좋은 태스크를 생성하는 것은 예술이자 과학이다.

여러분이 선택한 태스크는 모호하지 않으며, 해석할 필요가 없어야 한다. 이는 특히 혼자서 진행하는 운영자 부재 사용자 테스트에서 중요하다. 이러한 테스트에서는 사용된 시나리오나 용어를 명확히 설명할 기회가 없으므로 처음부터 더할 나위 없이 명확해야 한다.

훌륭한 태스크는 실제 사용자나 고객의 목표에 기반하며, 실행 가능하며, 명확한 방향을 가리키며, 단서를 제공하거나 완료하는 방법을 설명하지 않는다.

일반적으로 여러분은 핵심 프로세스의 모든 문제를 해결한 행복한 과정에 집중하기를 원한다.

그렇다면 이를 위해 모든 사용자가 여러분의 제품에서 할 수 있어야만 하는 가장 중요한 것들은 무엇인가?

여러분은 목표를 태스크로 전환하기 위해 다음과 같은 구조를 사용할 수 있다.

> 여러분은 [목표] 하고 싶다. 친구나 동료는 여러분에게 [테스트할 웹사이트/제품]에 관해 말했다. 여러분은 [테스트할 웹사이트/제품]으로 어떻게 [목표] 달성을 하는가?

예를 들어 보자.

> 여행자 보험에 가입하기를 원한다. 동료가 슈퍼인슈어런스에 관해 알려주었다. 슈퍼인슈어런스 웹사이트를 통해 어떻게 여행자 보험에 가입해야 하는가?

이 태스크는 실제 사용자 니즈에 기반하며(여행자 보험 가입), 특정 방향을 가리키고(슈퍼인슈어런스 웹사이트 사용), 테스트하려는 특정 툴, 사이트 섹션 또는 기능을 언급하지 않는다.

태스크를 좀 더 개인화하여 그들을 좀 더 매력적으로 만들 수 있다. 예를 들어 참여자가 스스로 그 작업들을 수행하게 할 수 있다.

태스크가 명확한지 확인하기 위해 동료나 잠재 고객에게 미리 테스트해 보는 것이 중요하다. *그들은 무엇을 이해하는가? 그들의 이해는 여러분이 테스트*

하고자 했던 것과 일치하는가?

그렇지 않다면 태스크가 명확하고 모호하지 않을 때까지 확인 과정을 반복하라.

7. 사용자 테스트 수행

"반응을 꾸며내기는 어렵다. 또한 피드백을 주기도 어렵다."

제이크 냅(Jake Knapp)

사용자 또는 사용성 테스트는 프로토타입을 검증하고, 복잡한 워크플로에서 문제를 찾아내며, 사용자 경험을 개선하고, 사용자 피드백을 수집하는 데 유용할 수 있다.

인터뷰와 결합된 사용자 테스트는 사용자, 잠재 고객 또는 고객에 대해 알 수 있는 매우 효과적인 방법이 될 수 있다.

사용자 테스트를 수행하는 주요 방법으로 다음 세 가지가 있다.

1. **대면 방식의 운영자 존재 사용자 테스트**: 테스트 참가자가 사무실, 연구실 혹은 커피숍(게릴라 테스트의 경우[282])에 한 명씩 온다. 관리자는 참가자가 테스트를 잘 수행하도록 돕는다.

2. **원격 방식의 운영자 존재 사용자 테스트**: 테스트 참가자와 테스트 관리자가 서로 다른 위치에 있다. 관리자는 줌이나 스카이프 같은 소프트웨어의 공유 화면을 통해 참가자가 테스트를 잘 수행하도록 돕는다.

3. 원격 방식의 운영자 부재 사용자 테스트: 루프11(Loop11) 혹은 유저테스팅 (UserTesting)과 같은 플랫폼을 통해 테스트 참가자를 모집하거나 테스트 에 참여하도록 참가자에게 지시한다. 테스트 관리자는 플랫폼을 통해 참여자에게 태스크를 배정하고, 제품 사용 모습을 기록한다. 이런 유 형의 테스트는 대면 방식의 테스트에 비해 비용이 저렴하고 신속하게 수행할 수 있다.

일반적으로 예산, 이상적인 테스트 참가자의 위치, 희망하는 사용자 테스트 수행 빈도를 고려해 가장 적합한 방법을 선택하는 것이 좋다. 이와 관련해 에 리카 홀은 *"값싼 테스트로도 확인할 수 있는 것을 알아내기 위해 돈과 시간이 많이 소요되는 비싼 테스트를 이용하지 마라."* 라고 말한다.

사용자 테스트는 반복적인 설계나 제품 개발 과정에서 특별히 효과적이다. 여 러분은 반복적인 프로세스를 통해 적은 규모의 사용자들과 자주 테스트를 진 행하면서 테스트마다 변화를 만들 수 있다.

사용성 사고 리더 제이콥 닐슨(Jakob Nielsen)은 연구를 통해 다섯 명의 사용자 로도 모든 사용성 이슈의 85%를 찾아낼 수 있었다는 유명한 연구 결과[283]를 발표했다.

테스트 참가자를 모집하고 *부적합한* 참가자를 배제하는 자신의 능력이 만족 스러울 때까지, 아마도 테스트마다 여분의 참가자를 적어도 한 명씩은 모집하 기를 원할 것이다. 그렇게 할 수 있다면 모든 테스트에서 필요한 데이터 포인 트를 얻을 수 있다.

인터뷰 포함 여부에 따라 다르겠지만, 사용자 테스트는 30-60분 정도 소요 될 것이다. 일반적으로 테스트 사이에 30-45분 정도 간격을 두고 하루에 다섯 번 내지 여섯 번 테스트를 진행하는 것이 가장 좋다.

회의실 혹은 조용한 공간 같은 중립적인 장소를 테스트 장소로 선택하라. 테스트 참가자들이 테스트 장소까지 오는 방법을 정확히 알고, 여유 있게 올 수 있도록 하라. 참가자가 스트레스를 받은 상태에 있으면 평소에는 저지르지 않았던 잘못을 저지른다.

테스트하려는 태스크의 복잡도에 따라 30분에 서너 가지의 태스크를 수행할 수도 있다. 시간이 적절한지 확인하기 위해 여러분의 제품을 아직 사용해 본 적 없는 사람들을 대상으로 예행 연습을 고려하라.

웹 혹은 모바일 환경에서 룩백(Lookback), 루프11, 스크린플로(ScreenFlow) 등과 같은 툴을 사용해 참가자 화면과 그들의 말을 녹화할 수 있다.

테스트 참가자와 그 옆의 운영자가 볼 수 없는 곳에서 기록하고 있는 사람이 운영 책임을 나누어 맡는 것은 좋은 아이디어다.

여러분은 책임지고 참가자를 편안하게 해 주어야 한다. 참가자가 의자와 장치들을 조정할 수 있게 해 주고, 테스트를 시작하기 전에 바탕화면과 홈페이지를 살펴보게 해 주며, 첫 번째 태스크를 편안하게 살펴볼 수 있도록 하라.

테스트 목적이 제품 개선 방법을 찾는 것이며, 피드백은 오직 그 목적만을 위해 사용될 것이라고 참가자에게 설명하라.

참가자가 테스트에 친숙해지도록 가장 간단한 태스크로 테스트를 시작하라. 이는 참가자가 첫 번째 태스크를 잘 마치고 자신감을 얻는 데 유용할 것이다.

사용성 이슈와 마주친 사용자들은 흔히 제품이 아닌 자신을 책망한다. 여러분의 테스트 대상이 참가자가 아니라 제품이라는 사실을 그들이 확실히 알도록 하라. 사용자 테스트에는 정답이나 오답이 없다.

테스트를 진행하는 동안 반응하지 마라. 이슈로부터 학습할 수 있는 것이 있는 한, 참가자를 돕지마라.

어조를 한결같이 유지하라. 언어적 단서와 사용자 몸짓을 잘 살펴라. 참가자가 솔직하게 말할 수 있는 질문을 하라.

1. **나는 귀하가 ( )하는 것을 주목했습니다. 제게 이유를 말해 줄 수 있나요?** 참가자의 생각을 좀 더 잘 이해하기 위해 테스트 동안 관찰했던 흥미로운 행동에 후속 질문을 할 수 있다.

2. **귀하는 ( )을 하는 다른 방법의 존재 여부를 알았나요?** 사용자들이 왜 다른 방법 대신 이 방법을 선택했는지 이해하기 위해 질문할 수 있다.

3. **( )에 대해 어떻게 생각하나요?** 인터페이스나 제품의 특별한 모습(아이콘, 메뉴, 폰트)에 관해 질문할 수 있다. 답변을 통해 고객이 혼란스럽게 느낄 수 있는 것이 무엇인지 알 수 있을 것이다.

테스트 참가자의 말보다는 그들의 행동에 훨씬 집중하라. 모순된 행동을 주목하라. 성공, 실패, 부분 성공 등 태스크 수행 결과를 계속 관찰하라.

테스트 참가자들이 주어진 태스크를 하나씩 수행할 때마다 SEQ(단일 용이성 질문)를 고려하라(21장).

테스트 후에는 명확히 하기 위한 질문을 하는 것도 고려하라.

- *[제품명]에 대한 전반적인 인상은 어떠했나요?*

- *[제품명]에 있어 [가장 훌륭한 점/가장 부족한 점]은 무엇인가요? 이유는?*

- *제품을 사용하며 가장 놀라웠던 점은 무엇인가요?*

- [기능명]을 사용하지 않은 이유가 무엇인가요?

- 귀하가 [행동] 하는 것을 보았습니다. 이유를 말씀해 줄 수 있나요?

- [태스크]를 수행하는 다른 방법의 존재 여부를 알았나요?

- [제품명]은 [경쟁사 제품명]과 비교해 어떠했나요?

- 이 제품과 비슷한 다른 제품이 떠오르나요?

여러분과 다른 사람이 작성한 기록을 서로 비교하라. 이슈 목록을 만들고, 중요도와 빈도에 따라 그들 사이에 우선순위를 정하라. 태스크 실패를 야기한 이슈들을 가능한 빠르게 해결해야 한다.

자신의 제품이 아니라 경쟁사 제품을 테스트하고 있는 것이라면(5장) 확인한 모든 문제는 경쟁사 제품보다 우위에 설 수 있는 기회일 수 있다.

8. 효과적인 설문 조사 준비 ──────

"설문 조사가 올바른 유형의 고객 연구를 할 수 없는 경우에
대한 대비책이어서는 안 된다."[284]

에리카 홀

겉보기에 설문 조사는 쉬운 일처럼 보인다. 설문 조사는 다음과 같은 일만 하면 된다고 생각하기 때문이다.

1. '서베이몽키(Survey Monkey), 타입폼(Typeform)' 등 인터넷에 널려 있는 수많은 설문 조사 플랫폼 서비스 가운데 하나를 선택해 계정을 만든다.

2. *설문 조사용 질문을 작성한다.*

3. *설문 조사를 발행한다.*

4. *설문 조사를 적당한 오디언스에게 발송한다.*

5. *답장이 오기를 기다린다.*

정말 이것으로 충분한가?

그런데 사실 설문 조사는 가장 위험한 고객 연구 방법 가운데 하나다. 타깃 오디언스의 생각을 대표하고 올바른 정보를 얻을 수 있는 설문 조사를 준비하는 일은 정말로 도전적인 작업이다.

12장에서 이미 보았듯이 순고객추천지수(NPS)와 같이 표준화된 설문 조사에도 문제점이 있다.

설문 조사는 평가 연구에 유용하다. 즉, 설문 조사는 모집단 구성을 파악하고 모집단 내의 여러 패턴들을 좀 더 세밀하게 이해하는 데 도움이 될 수 있다 (예: 제품을 한 번 구매한 고객들 가운데 얼마나 많은 고객이 제품 가격이 매우 비싸다고 생각하는가?).

설문 조사를 잘 준비하기 위해 다음 사항을 명확히 할 필요가 있다.

- 설문 조사를 통해 학습할 사항
- 설문 조사 오디언스
- 수집한 데이터를 신뢰하기 위한 설문 조사 대상자 규모

일반적으로 설문 조사에서 숨겨진 패턴을 찾으려 노력하거나 고객들의 선호도 구성을 잘 이해하도록 큰 모집단을 모아 조사하려고 한다.

12장에서 살펴보았던 그럽허브(Grubhub)의 사례 연구를 떠올려 보면, 케이시(Casey)와 그의 팀은 다음 두 가지를 했다.

1. 그들은 보통 사람이 한 달에 한두 번 정도 배달 주문을 한다는 것을 이미 알고 있었다. 배달 주문 패턴에 관한 데이터를 좀 더 많이 얻기 위해 설문 조사를 발송했다.

2. 여러 패턴들이 명확해지기 시작하자 사용자 구성별 데이터를 얻기 위해 더 많은 제품 사용자에게 설문 조사를 발송했다.

여러분의 회사는 어떤 어려움과 직면하고 있는가? 여러분은 어디에서 어떤 것을 가정하고 있는가? 어떤 정보가 불확실성을 줄이는 데 도움이 될 수 있는가?

설문 조사의 목적을 한 문장으로 요약할 수 있어야 한다. 여러분이 조사하고 싶은 부 주제들을 목록으로 정리하라.

질문들에 대한 대표성 있는 답변을 얻으려면 누구를 설문 조사해야 하는가? 잠재 고객들? 사용자들? 고객들? 임의의 낯선 사람들?

이 시점에서 제품 사용자로부터 설문 조사 대상자를 모집하는 일은 매우 간단해야 한다. 여러분은 적당한 사용자 세그먼트를 가능한 정확히 목표해야 한다. 낯선 사람이나 잠재 고객을 조사해야 한다면 연구 인력 모집 회사와 일하거나 적당한 사람들을 목표로 광고하는 방안을 고려하라.

표본 크기 규모를 미리 계산하라.[285] 이는 얼마나 많은 응답을 받아야 하는지 계산하는 데 도움이 될 것이다. '신뢰도 95%'는 설문 조사 결과가 대표성을 가질 확률이 95%라는 뜻이며, 받아들일 수 있는 기준이다.[286]

여러분이 필요한 표본 크기 규모와 목표하는 신뢰도에 따라 대상자 모집 전략과 결과를 얻기까지의 시간이 크게 달라질 것이다. 여러분이 접촉한 사람들 가운데 사실상 소수만이 설문 조사에 응할 것이라는 사실을 인식해야 한다. 예를 들어 이메일로 설문 조사를 보낸 사람들 가운데 단지 5%만이 설문 조사에 참여하는 일도 있을 수 있다.[287]

설문 조사를 통해 학습할 사항과 설문 조사 대상자를 알았다면 이제 설문 조사를 만들 차례다.

경험상 구체적인 조치로 이어질 질문들만 포함해야 한다. 설문 응답들이 여러분 회사의 발전에 어떻게 도움이 될지를 알지 못한다면 아마도 여러분은 설문 응답자의 귀중한 관심을 낭비하고 있는 것이다.

설문 조사가 짧으면 짧을수록 설문 응답자들이 설문 조사를 끝마칠 가능성과 수집한 데이터의 신뢰도가 더 높아질 것이다. 최대 네다섯 개의 질문을 목표로 정하라. 더 많은 질문을 해야 한다면 설문 조사를 여러 단계로 나누어라.

질문은 설문 조사 오디언스가 익숙한 언어로 짧고 명확하게 작성하라. 한 번에 한 가지 질문만 하라. 두세 가지의 질문을 한 개의 질문에 섞지 마라. 유도 질문을 피하라. 대상자에게 미래를 예측하거나 오래 전 과거를 회상하도록 요청하지 마라.

구분된 답변을 얻고자 한다면 닫힌 질문을 이용하라. 예를 들어 다음과 같다.

- **체크박스**: 여러 개의 답변이 적용될 때
- **다지선다**: 여러 개의 보기 가운데서 한 개의 답을 선택해야 할 때
- **척도**: 응답자가 항목이나 문장을 숫자 척도로 등급 매기기를 원할 때
- **랭킹**: 응답자의 우선순위를 알고자 할 때

닫힌 질문의 경우 응답자의 관점에서 예상할 수 있는 모든 답변을 미리 고려하라. 확실하지 않다면 추가 답변을 작성할 수 있도록 하라.

열린 질문을 하면 여러분이 미처 몰랐던 고객 니즈를 파악하는 데 유용하다. 설문 응답을 분석하는 데는 좀 더 많은 시간이 걸리겠지만, 좀 더 깊이 있는 통찰력 담긴 정보와 패턴을 얻을 수 있다. 그러나 열린 질문은 조금만 사용하라.

질문이 명확하고 모호하지 않은지 확인하려면 작은 규모로 혹은 제품을 사용해 본 적 없는 동료들을 대상으로 사전 설문 조사를 수행하라. 그들이 이해하고 답한 것이 여러분이 수집하고자 하는 정보와 어떻게 일치하는가?

질문 순서를 주의 깊게 생각하라. '예, 아니요'로 답할 수 있는 간단한 질문으로 시작하는 것도 괜찮은 생각이다. 흔히, 사람들은 일단 약속을 했다고 느낄 때 설문 조사를 완료할 가능성이 높을 것이다.

설문 조사가 준비되고, 질문들도 검증했다면 여러분이 마음에 둔 정확한 오디언스에 공유하라. 설문 조사를 소셜 미디어에서 공개하고 수행하는 것은 대개 모든 사람을 대상으로 설문 조사를 진행하고 싶을 때만 효과가 있다.

목표한 표본 크기만큼 설문 조사 응답을 확보했다면 응답을 분석하라. 특정 데이터 포인트에 집착하지 마라. 모든 패턴을 독립적으로 평가한 후에 결정을 내리거나 인사이트가 담긴 설문 조사 결과를 좀 더 많은 사람들에게 공유하라.

설문 조사 결과들을 일단 조직 전체에 공유하면 그것들은 흔히 돌이킬 수 없는 '진실'이 된다. 그러므로 조사 결과에 모든 것을 걸기에 앞서, 그 결과를 시도하거나 부정해 보는 것도 좋은 아이디어다.

9. 북극성 지표 정의

"넷플릭스에서 우리가 가졌던 전략들은 개인화 전략부터 좀 더 단순한 경험이 고객 리텐션을 향상시킬 것이라는 이론에 이르기까지, 해당 전략이 유효한지 평가하는 매우 구체적인 지표가 있었다. 전략이 지표를 움직이면 우리는 올바른 경로에 있다는 것을 알 수 있었다. 지표를 움직이지 못했다면 다음 아이디어로 넘어갔다. 이러한 지표를 식별하는 일은 어떤 전략의 성공 여부를 판단할 때 정치적 영향과 모호함을 크게 없앴다."

깁슨 비들(Gibson Biddle)
전 넷플릭스 제품 관리 부사장

이 책 전반에 걸쳐 목표 설정과 목표 대비 진척도 측정의 중요성을 이야기해 왔다.

아이디어 단계에서 나는 시장 니즈를 확인하기 위해 사전 주문을 이용해 볼 것을 추천한 바 있다(7장).

스타트업 단계에서 나는 제품 이터레이션에 집중하기 위해 제품 시장 적합성 (PMF) 설문 조사를 하거나 고객 가치를 대변할 수 있는 것을 찾기를 추천했다 (10장).

이런 유형의 지표를 흔히 북극성 지표라고 부른다. 북극성 지표는 여러분의 제품이 고객에게 전달하는 가치를 가장 잘 포착하는 지표다.

북극성 지표들은 회사마다 고유하고 시간이 흐르며 변한다. 이는 성장, 확장,

성숙 단계에서 여러분만의 북극성 지표를 생각해 내야 한다는 뜻이다.

이 책에서 다루었던 수많은 분석들은 여러분 자신의 북극성 지표 정의에 도움을 줄 수 있다. 이제 여러분은 무엇이 무엇을 구동할지 알아야 하며, 어떤 결과를 달성하기 위해 어떤 방법을 사용해야 하는지 감을 잡고 있어야 한다.

제품 회사들 내에 여러 팀들은 어떤 요인이 가장 중요한지에 관해 대개 서로 다른 생각을 갖고 있다. 이로 인해, 각 팀이 자신만의 목표를 만들고, 자신만의 방식으로 고객 연구를 수행하며, 종종 다른 팀의 우선순위와 충돌할 수 있는 일들을 우선적으로 수행하는 경우가 일어날 수 있다.

회사가 좋은 북극성 지표를 갖고 있다면 여러 일의 우선순위에 있어 단일한 견해를 가질 수 있다. 이는 여러 팀이 공통의 목표를 향해 초점을 맞추고 일사불란하게 움직이며, 결과적으로 회사가 앞으로 나아가도록 하는 데 유용하다.

그림 BB-4 북극성 프레임워크 워크시트

북극성 프레임워크
워크시트

팀명

입력 지표

폭 – 얼마나 많은 사람들이 제품을 사용하고 있는가?

깊이 – 사용자들의 제품 사용 수준이 어느 정도인가?

빈도 – 각 사용자는 얼마나 자주 제품을 사용하는가?

북극성 지표
제품의 북극성 지표는 무엇인가?

중장기 임팩트
회사에 대한 임팩트는 무엇일까?

여러분이 선택한 북극성 지표는 여러분 팀이 영향을 줄 수 있는 입력들의 함수여야 하며, 중장기 성장의 전조여야 한다. 또한 팀에 있어, 비지니스를 성장시키는 것이 지표를 움직이는 것처럼 간단해야 한다.

북극성 프레임워크에 관한 책[288]을 공동 집필한 존 커틀러(John Cutler)는 좋은 북극성 지표에 관해 다음과 같이 말한다.

- **가치를 표현하라**: 이 지표가 고객에게 중요한 이유를 쉽게 알 수 있다.

- **비전과 전략을 나타내라**: 회사의 현재 제품과 비즈니스 전략을 반영한다.

- **성공에 대한 선행 지표여야 한다**: 과거를 반영하기보다는 미래를 예측한다.

- **조치 가능해야 한다**: 팀원들이 영향을 끼치기 위한 조치를 취할 수 있다.

- **이해 가능해야 한다**: 비전문가도 이해할 수 있는 평범한 언어로 표현하고 소통할 수 있을 만큼 쉽다.

- **측정 가능해야 한다**: 분석 내지 몇몇 형태의 보도를 통해 추적할 수 있어야 한다.

- **무의미한 지표여서는 안 된다**: 단지 측정 가능하다고 의미가 생기지는 않는다. 여러분의 북극성 지표가 올라가거나 내려갈 때 그 변화가 의미 있다는 사실을 확신할 수 있어야 한다.

전략이 변하면 북극성 지표도 변해야 한다. 우리가 보았듯이, 매출에서 가치로, 가치에서 여러분의 고유한 비즈니스 모델을 가장 잘 담을 수 있는 지표로 이동하는 것이 좋은 아이디어일 수 있다.

앰플리튜드(Amplitude)의 경우, 시간이 흐르며 북극성 지표가 초기 매출에서 '데이터를 분석하는 사용자들의 수, 지난 1주 간 적어도 두 사람이 사용한 학습 내용을 공유한 활동 상태인 사용자의 수'로 진화해 갔다.[289] 앰플리튜드가 선택한 지표들은 회사의 성장 단계와 전략을 보여 주었다.

여러분의 비즈니스에 대한 최고의 북극성 지표를 발견하고 싶다면 앰플리튜드에서 발간한 〈North Star Playbook〉을 읽어 보기 바란다.

여러분이 명확한 북극성 지표를 갖게 되면 여러분의 팀은 지표 입력에 가장 영향을 끼칠 기회들에 집중해야 한다.

예를 들어 페이스북의 유명한 '10일 동안 7명의 친구(페이스북을 처음 사용하는 10일 동안 7명 이상의 친구를 추가한 사용자들은 페이스북을 계속 이용할 가능성이 매우 높다는 뜻)'[290]를 살펴보면, 우선순위를 매길 만한 기회에는 회원 가입, 온보딩, 초대 흐름 등이 있다.

진척도를 측정하는 가장 좋은 방법은 목표와 비교하는 것이다. 여러분의 북극성 지표를 설정하라. 그리고 여러분의 제품, 비즈니스, 회사를 전진시키기 위해 그 지표를 사용하라.

10. 사례 연구
회사 대 회사 대 소비자

"시스템에 단계를 추가할 때마다 그 시스템이 올바르게
동작할 가능성이 줄어든다."

피터 베블린(Peter Bevelin)
〈Seeking Wisdom〉의 저자

일찍이 사이먼 세루시는 호텔 예약 플랫폼 제작 업체인 트래블클릭(TravelClick)의 제품 매니저로 일했다.

B2B2C(Business-to-Business-to-Consumer) 업체인 트래블클릭은 다음과 같은 두 종류의 제품 사용자 그룹을 갖고 있었다.

1. **호텔 체인**: 자신의 웹사이트에서 트래블클릭의 호텔 예약 시스템을 사용하기 위해 돈을 지불하는 회사들

2. **최종 사용자**: 호텔 예약 시스템을 사용해 호텔을 직접 예약하는 소비자들

완전히 서로 다른 사용자 유형인 두 그룹은 서로 다른 니즈를 갖고 있었지만, 양쪽 모두 트래블클릭의 성공에 매우 중요했다.

호텔은 고객으로서 항상 여러 기능의 구현을 요청했다. 그러나 호텔이 최종 사용자의 사용자 경험을 개선하기 위해 요청한 기능들은 사용자 경험 개선에 자주 실패했다.

호텔의 요청은 고객 연구, 경쟁 호텔 조사 혹은 직감에 근거를 두고 있었으며, 사이먼이 그런 근거를 구분하기는 어려웠다.

호텔과 그들의 고객은 서로 달랐다. 호텔은 자신의 고객이 예약 엔진을 이러저러한 방식으로 사용하려 한다고 생각했겠지만, 언제나 그런 것은 아니었다.

"문제에 대한 누군가의 이해에 자신의 인식을 섞지 않기란 이미 충분히 어렵다. 그러나 우리에게 목소리를 내는 것이 고객이라면 완전히 새로운 문제가 된다. 문제의 근본 원인을 파고드는 일은 매우 도전적인 일이다."

사이먼과 그의 팀은 지표에 접근할 수는 있었지만, 예약 시스템 최종 사용자의 품질 관련 피드백은 놓치고 있었다. 이에 사이먼은 고객에게 가까이 다가가 직접 대화를 나누고 싶었다.

고객의 사용자에게 접근하는 일이 제한적이었으므로 창의력을 발휘해야 했다. 트래블클릭은 그 자체로 큰 회사였기 때문에 그들의 예약 엔진을 한 번도 써 본 적 없는 팀과 부서들, 즉 직원들이 있었다.

누구나 호텔을 예약하기 위해 트래블클릭의 예약 엔진을 사용할 수 있었기 때문에 내부 직원이라도 최종 사용자를 대신해 사용자 테스트에 참여할 수 있었다.

사이먼은 비공식 사용자 테스트를 기획하여 직원들이 다른 호텔 예약 시스템을 사용하도록 요청했다. 이런 사용자 테스트가 몇 차례 시행되었으며, 트래블클릭은 고객의 고객들이 훨씬 더 나은 사용자 경험을 누릴 수 있게 만드는 데 필요한 충분한 정보를 확보했다.

B2B2C에서 최종 사용자의 사용자 경험을 알기 위해서는 그들에게 직접 가야 한다. 이런 일에는 약간의 창의력이 필요할 수도 있지만, 알 수만 있다면 제품 개선에 도움이 될 것이다.

11. 고객 인사이트에 따른 행동 ─────────

"사람들이 '뭔가 잘못되었다' 또는 '제대로 작동하지
않는다'고 말한다면 거의 대부분은 그들이 옳다. 그러나
'정확히 무엇이 잘못되었는지' 또는 '어떻게 고쳐야 하는지'
이야기한다면 거의 대부분은 틀린다."

닐 게이먼(Neil Gaiman)
작가

사용자와 고객 니즈에 대해 학습하는 것만으로는 충분하지 않다. 여러분은 학습한 것을 이용해야만 한다.

여러분은 사용자가 원하고 좋아하는 것, 그들의 문제, 그들이 여러분 제품을 사용한 이유를 알게 되자마자 조치를 취하고 행동할 필요가 있다.

다음과 같은 상황을 생각해 보라. 여러분은 특정 브랜드의 제품을 사용하면서 부정적인 경험을 했으며, 자신의 시간을 내어 그들에게 알려 주었다. 그들은 여러분에게 사과하며 프로덕트 팀에 알리겠다고 말할 수 있다. 그러나 이후 다시는 아무 연락도 받지 못하는 경우가 비일비재하다. *이런 일을 당하지 않고 긍정적인 경험을 한 적이 있는가?*

더욱이 프로덕트 팀의 누군가로부터 전화를 받고, 통화하느라 시간을 빼앗겼으며, 합리적인 우려사항을 공유했지만, 이후 아무런 반응도 없다면 진짜 최악이다.

여러분이 조치를 취하기로 결정했는지 여부와 상관없이, 사람들은 회사가 자신의 목소리에 귀 기울인다고 느끼기를 원한다.

사용자는 회사가 자신의 목소리에 귀기울인다는 것을 알면, 일반적으로 훨씬 관대해지며 기꺼이 기다릴 것이다. 우리는 다른 누군가가 최선을 다하고 있다고 생각할 때 문제와 문제 해결 지연을 훨씬 더 잘 이해해 주는 경향이 있다.

여러분이 사용자의 목적 달성을 돕기 위해 좀 더 일한다면 그들을 좀 더 오랫동안 머물게 만들 수 있다.[291] *여러분은 사용자가 핵심과업을 해내도록 무언가 파헤치는 것을 도울 수 있는가? 그들이 다른 곳에서 해답을 찾도록 도울 수 있는가? 훌륭한 서비스를 제공하기 위해 필요 이상으로 일할 수 있는가?*

자포스(Zappos)는 경쟁자 웹사이트를 알려 주어서라도 사용자가 해결책을 찾도록 도와주는 것으로 유명하다.[292] 이런 적극성 덕분에 궁극적으로 자포스에 이익이 되는 고객 호감도가 크게 높아졌다.

고객의 피드백과 고객이 제기한 이슈들을 잘 추적하고 관리하라. 타임라인에 대해 정직하라. 일에 진척이 있을 때 후속 조치를 취하라.

고객 피드백 관리 툴을 제작하는 캐니(Canny)의 한 팀에서는 기능 요청을 관리하는 프로세스를 설명하기 위해 다음과 같은 시각 자료를 만들었다.[293]

그림 BB-5 캐니의 고객 기능 요청 관리 인포그래픽

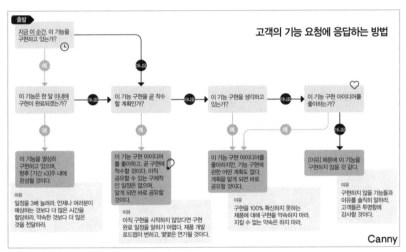

고객의 기대를 관리하고, 사용자와 고객이 자신의 목소리를 회사가 듣고 있다고 확실히 느끼게 하라.

궁극적으로, 고객 피드백의 좋은 관리란, 피드백, 인사이트, 제품 사용 데이터 등을 제품 로드맵에 반영하는 것이다.

12. 사례 연구

페더에서의 고객 기대 관리

"고객 만족은 장기적인 이익을 극대화하는 유일한 방법이다."

헤르만 지몬(Hermann Simon)

사이먼 세루시는 트래블클릭에서 '아니요'라는 말의 가치를 배웠다. 서로 다른, 때론 서로 모순되는 생각들을 가진 사용자를 관리하면서 그는 자신이 모든 것을 할 수도 없고, 모든 사람을 기쁘게 할 수도 없다는 사실을 배웠다.

회사들은 만들 수 있는 최고의 제품을 만들어야 한다. 그리고 '아니요'라는 말은 회사가 고객의 기대를 관리하는 데 유용하다.

이와 관련해 사이먼 세루시는 "많은 회사들은 고객이 우려사항을 이야기하도록 하지만, 고객에게 반드시 응답하지는 않는다. 그 기능이 구현될 것이든 그렇지 않든, 혹은 다른 문제나 해결책을 통해 다루어지든 말이다."라고 말한다.

현재 뉴욕에 기반을 둔 가구 구독 서비스 업체 페더에서 제품 관리자로 일하는 사이먼은 트래블클릭에서 배운 사고방식을 페더에 적용하고 있다.

페더의 제품 요청 보드는 신기능 구현 현황을 보여 주는 칸반(kanban) 보드와 묶여 있다. 이에 무언가 진척 사항이 있으면, 제품 요청 보드 역시 업데이트가 되며, 사용자는 자신의 요청 사항의 진척도를 실시간으로 볼 수 있다.

기능 구현 요청이 품질 보장이나 코드 리뷰 단계에 있다면 혹은 구현된 기능을 적용할 준비가 되어 있다면 회사는 기능 구현을 요청했던 사용자를 확인하고, 구현된 기능이 사용자의 문제를 해결했는지를 즉시 확인할 수 있다.

회사는 이런 방식으로 사용자와 고객에게 지속적으로 상황을 공유하며, 더 나은 기능과 개선된 제품을 시장에 내놓는다.

이는 결과적으로 사용자 및 고객과의 좀 더 나은 관계 구축으로 이어진다. 이처럼 고객 기대 관리는 제품 사용자 가운데서 불만이 생기는 것을 피하는 좋은 방법이다.

13. 고객 인사이트를 바로 실용화하기 ───────

"혁신은 통찰력을 행동으로 옮긴 것이다."

스티븐 이노우에(Stephen Inoue)
투자가

회사가 성장하면서 회사가 만들어 내는 고객 데이터의 유형과 양이 폭발적으로 증가하기 시작한다.

이때 회사에는 도전과 기회가 함께 생겨난다. 수집한 데이터를 잘 이해하면 할수록 회사는 더 똑똑해질 수 있다.

이를 위해 학습 내용, 인사이트, 고객 피드백을 잘 분류하는 프로세스들을 수립하면 좋다.

제기된 모든 이슈를 체계적으로 파고들어 다음과 같은 상황 정보를 추가하는 것도 타당할 수 있다.

- *이 이슈는 얼마나 자주 발생하는가?*
- *빈도수는?*

- 어떤 사용자와 고객이 피드백을 주었는가? 그들의 역할과 페르소나 측면에서 패턴이 있는가?

- 얼마나 많은 사람이 영향을 받는가?

- 그 이슈를 처리하는 데 얼마의 비용이 드는가? 정량화할 수 있는가?

- 사람들은 무엇을 달성하기 위해 노력하고 있는가? 핵심과업은 무엇인가?

- 무엇이 위태로운가? 이슈가 해결되지 않는다면 어떤 일이 일어나는가?

회사가 이런 일을 좀처럼 하지 않는 이유는 데이터를 사용 가능한 방식으로 집중화하기 매우 어렵기 때문이다.

젠데스크(Zendesk), 인터콤(Intercom), 페이스북(Facebook) 등과 같은 회사들은 흔히 고객 여정의 서로 다른 부분을 다루기 위해 다른 툴을 사용한다. 그러면 고객과의 모든 상호작용에 있어 중앙 집중적인 시각을 갖기가 어렵다.

수집한 정보가 쓸모 있으며 정보를 이용해 조치를 취할 수 있으려면 다음과 같아야 한다.

1. 접근하기 쉽다.

2. 사용하고 분석하기 쉽다.

3. *인지할 수 있어야 한다.*

궁극적으로 여러분은 다음과 같이 검색할 수 있는 고객 데이터를 가지고 시작해야 한다.

- 서포트(support) 티켓

- 소셜 미디어 메시지

- 문자 및 화상 채팅

- 이메일 읽기와 쓰기

- 제품 리뷰

- 판매 및 지원 요청

- 광고 클릭과 인텐트 데이터(Intent data)

여러분이 수집할 수 있는 정보를 가지고 시작하라. 여러분은 프로덕트보드 (Productboard), 케니(Canny), 트렐로(Trello), 노션 보드(Notion board) 등과 같이 특별한 툴이나 간단한 스프레드시트를 사용해 기록 시스템을 만들 수 있다. 이때 정보를 중앙으로 모아 모든 팀 구성원이 쉽게 질의할 수 있도록 만드는 것이 중요하다.

다음 사례 연구에서 보듯 드리프트와 같은 회사들은 이보다 한 발 더 나아갔다. 그들이 수집한 정보는 머신러닝 알고리즘에서 사용되었으며, 머신러닝 알고리즘은 추천을 만들기 위해 수백 개의 입력을 분석했다.

이처럼 수집한 데이터는 고객 경험 개선을 예측하고 회사의 실제 경쟁력을 키우기 위해 사용할 수 있다.

사친 레키(Sachin Rekhi)는 '피드백의 강'을 만들 것을 추천한다. 그가 말한 피드백의 강이란, 제품에 관심을 갖고 있는 사람이라면 누구나 제품에 관한 주요 피드백에 직접 접근할 수 있는 공개 채널이다. 피드백의 강은 그가 2016년에 공동 창업한 링크드인과 노트조이(Notejoy)에서 사용하는 전략이다.

이런 전략을 수행하려면 일반적으로 그 회사가 수집한 모든 피드백이 모일 수 있는 중앙 공간을 만든다. 이는 슬랙(Slack) 채널일 수도 있고, 이메일 그룹일 수도 있다. 모든 팀원이 손쉽게 정보에 접근할 수 있다면 어떤 것이든 가능하다.

노트조이의 피드백의 강은 다음과 같은 정보들을 중앙에 모아 공유했다.

- 순고객추천지수(NPS) 점수

- 계정 취소 이유

- 고객 지원 센터의 검색어

- 기능 요청 투표 결과

- 기능 요청 댓글

- 소셜 미디어 게시글

- 서포트 티켓

- 콘택트 폼 메시지

또한, 다음과 같은 것도 있을 수 있다.

- 제품 리뷰

- 버그 및 앱 오류

- 채팅 메시지

고객 경험에 대한 감을 잡는 데 도움이 된다면 어떤 것이든 피드백의 강에 추가하는 것을 고려하라. 이와 관련해 사친은 "피드백의 강이 정말로 훌륭한 이유는 회사가 고객으로부터 매일같이 지속적으로 피드백을 얻기 때문이다."라고 말한다. 피드백의 강은 즉각적이며 지속적이다. 이를 통해 팀원들은 제품의 맥박을 느끼고 제품 상태를 파악할 수 있다.

고객 피드백이 제품 로드맵에 *직접적인* 영향을 주어서는 안 되지만, 명확히 공유되어야 한다.

14. 사례 연구

기욤 카바네는 어떻게 학습을 한 단계 발전시켰을까?

"대부분의 기업은 수백 개의 광고 카피를 갖고 있다. 기업은
사람들이 특정한 행동을 하도록 꽤 많은 돈을 쓰고 있다. 그런
다음은? 데이터를 파괴한다. 이는 범죄 현장이며, 여러분은
증거를 파괴하는 것이다. 그들은 데이터를 고객 관계
관리팀(CRM)에 건네주어야 한다."

기욤 카바네

기욤은 지난 10년간 성장과 마케팅 분야에서 일해 오고 있으며, 그 과정에서
지속 가능한 성장을 도왔다. 그는 또한 리빌 루프(Reveal Loop)²⁹⁴와 같은 많은
성장 전략들을 만들었다.

드리프트의 경영진에게 자문해 주고 참고 고객(reference customer)으로서 활동
하며 몇 년을 보낸 후 기욤은 2017년 회사에 정식으로 입사했다.

그는 고객 중심 회사의 성장 부분 임원으로서 두 가지 목표를 갖고 있었다.

1. 마케팅, 판매, 제품 등 전 부분에서 더 나은 경험을 제공한다.

2. 매출에서 점진적인 성장을 주도한다.

기욤이 드리프트에 입사했을 때 그는 50번째 직원이었다. 당시 드리프트는
빠르게 성장하며 안정화되고 있었다.

업무를 시작하며 기욤은 그의 팀이 수많은 가정을 해야 할 것을 알고 있었다.

팀 업무의 핵심은 가능한 한 최선의 추측을 하는 것이었다.

> "캘리포니아만 지역의 스타트업들과 대화해 보면, 실험 단계에 있는 성
> 장팀 거의 대부분의 성공률이 약 20% 정도다. 이는 10번 시도하면 8번
> 실패한다는 뜻이다. 결과적으로 성장 팀은 사람들이 실패를 예상하는 팀
> 이다."

기욤은 각 사용자별 최적 경험을 찾아야 한다는 것을 알았다. 이에, 그의 팀
이 최적의 경험을 정의할 수 있다고 가정하는 대신, 전 직원에게 아이디어를
요청하고, 실험들의 우선순위를 정하며, 실험 결과를 취합하는 프로세스를 만
들었다.

광고, 콘텐츠, 랜딩 페이지, 이메일, 온보딩의 성과 데이터가 모였으며, 기욤
이 준비해 설치한 인공지능 프로그램이 그 데이터를 분석했다.

컴퓨터를 사용해 많은 양의 데이터를 분석하면서, 기욤의 팀은 사용자 행동
유형을 지속적으로 다듬을 수 있었다. 즉, 광고 클릭 여부, 이메일 개봉 여부,
고객 전환 등 모든 정보가 사용자 유형을 개선하는 데 사용되었다.

컴퓨터가 기존 업무를 대신해 주면서 기욤의 팀은 창의적인 프로세스들을 처
리했다. 이와 관련해 그는 "내가 판매원들에게서 본 것은 그들이 내가 사용자
를 안다 혹은 내가 사용자를 모른다라고 말한다는 것이다. 그것은 검정 아니
면 흰색이라는 매우 이분법적인 사고방식이다. 추측은 추측하지 않는 것보다
낫다. 추측하지 않는 것은 기존에 정해진 것으로 돌아간다는 뜻이며, 여러분
은 즉시 패배를 가정하고 있다. 끔찍한 일이다."라고 말한다.

결국 기욤의 방식은 18개월 만에 매출 5배 상승이라는 결과에 기여했다. 수행
한 모든 실험들로부터 학습을 극대화하는 프로세스들을 만들면서 드리프트는

세상에서 가장 빠르게 성장하는 기술 회사들 가운데 하나가 되었다.

기욤의 방식으로부터 배울 것이 많이 있다.

부록 A
감사의 글

다음 표에 나오는 저자, 기업가, 제품 및 성장 리더들의 큰 도움이 없었다면
이 책은 세상에 나오지 못했을 것이다.

표 A-1 도와준 분들

이름	경력	역할
Alan Klement	Revealed, The ReWired Group	entrepreneur, author
Alex Schiff	Benzinga, Fetchnotes, Occipital	entrepreneur
Alicia Hurst	JW Player, PowerToFly	product leader
Andrew O'Shaughnessy	Newsweaver, Poppulo	entrepreneur
Ashwin Gupta	VWO	growth/product leader
Bob Moesta	Clayton Christensen Institute, The ReWired Group	entrepreneur, author
Casey Winters	Eventbrite, Grubhub, Pinterest, Reforge	product leader
Claudio Perrone	Agile Sensei Consulting	entrepreneur, author
Claus Rosenberg	Gotthard Bool'n'Bloom, NoWHEY, Scanclean, Zetako	entrepreneur
Dan DeAlmeida	Dassault Systemes, LabVoice	product leader
Dan Martell	Clarity, Flovvtown, Spheric Technologies	entrepreneur
Dan Touchette	Bitly, Patch.com, Personio, Rocketrip	product leader
Daniel Shapiro	Gigsy, PartnerStack, Points, Microsoft	product leader
Daniel Zacarias	Limetree, Premium Minds, Substantive	entrepreneur
David Cancel	Compete, Drift, HubSpot, Performable	entrepreneur
Francis Wu	Acquisio, Standout Jobs, TrackTik, Qwalify	product leader
Guillaume Cabane	Apple, Drift, Growlabs, Mention, Segment	growth leader

이름	경력	역할
Hiten Shah	Crazy Egg, FYI, KISSmetrics, Product Habits	entrepreneur
Ian Gervais	Cykron, Spry Agency, Statflo	product leader
Indi Young	Adaptive Path, Indiyoung.com	entrepreneur, author
Jim Kalbach	LexisNexis, MURAL, Razorfish	author, product leader
Jason Stanley	Breather, Element AI, Provender	product leader
Jeff Gothelf	AOL, Gothelf.co, Sense & Respond Press, TheLadders.com	entrepreneur, author
John Cutler	Amplitude, AppFolio, Pendo.io, Zendesk	product leader
Jonathan Laba	BNOTIONS, Kinetic Commerce, Uberflip	product leader
Karl Gilis	AGConsult, Kluwer Opleidingen, Netsign	entrepreneur
Kieran Flanagan	Cyloercom, HubSpot, Marketo, Salesforce	growth leader
Luke Wroblewski	Bagcheck, Google, Input Factory, Yahoo!	entrepreneur, author
Michael Sacca	Brandisty, Crew Labs, Dribbble, Rocketship	product leader
Mostafa Elhefnawy	Gym Fuel, HomeStars, Influitive, SnapTravel	entrepreneur
Nate Archer	Ada, Connected Lab, Myplanet, Strategyzer	product leader
Nick Babich	UX Planet	entrepreneur
Nick Mauro	PointClear Solutions, Sailthru, SevenFifty	product leader
Nir Eyal	AdNectar, NirAndFar.com, Sunshine Business Development	entrepreneur, author
Nir Halperin	MuzArt.me, Playtika, Yotpo	product leader
Patrick Campbell	Gemvara, Google, ProfitWell	entrepreneur
Rahul Vohra	LinkedIn, Rapportive, Superhuman	entrepreneur
Sachin Rekhi	Connected, LinkedIn, Microsoft, Notejoy	entrepreneur
Sam Ladner	Amazon, Critical Mass, Microsoft, Workday	author, product leader
Samuel Hulick	Cloudability, The Good, UserOnboard	entrepreneur
Sergey Barysiuk	Coding Staff, PandaDoc	entrepreneur
Simon Seroussi	Feather, TravelClick	product leader
Steve Portigal	Dollars to Donuts, GVO, Portigal Consulting	author, product leader
Thomas Tullis	Bell Labs, Fidelity, UXMetricsGeek.com	author, product leader
Tony Ulwick	IBM, Strategyn	entrepreneur, author
Zoran Kovacevic	Func, StudyGrasp, TravelBird, TripActions	product leader

나는 제품 전문가들과 인터뷰를 진행하면서 내 자신이 좀 더 지혜로워졌다고 느낀다.

알렉상드르 카일라(Alexandre Cayla), 아만다 로빈슨(Amanda Robinson), 브루노 레이몬드(Bruno Raymond), 장 베르나르 탕케레(Jean-Bernard Tanqueray), 장필리프 구스(Jean-Philippe Gousse), 케이트 콜드웰(Kate Caldwell), 루이 보레가르(Louis Beauregard), 루이 도미니크 파리조(Louis-Dominic Parizeau), 마티유 자넬 그라블(Mathieu Janelle-Gravel), 네이선 로즈(Nathan Rose), 니콜라스 코셋(Nicolas Cossette), 파벨 오쿨로프(Pavel Okulov), 피터 수토우(Pedro Souto), 로베르토 가르부글리(Roberto Garbugli), 록 트렘바스(Rock Trembath), 사무엘 홀릭(Samuel Hulick), 샘 세플러(Sam Shepler), 시몽 보게리치앙(Simon Vosgueritchian), 버네서 샐보우(Vanessa Salvo), 제이비 크리어스(Xavi Creus)는 이 책의 초고를 꼼꼼히 읽고, 아이디어를 제공하며, 여러 귀중한 조언을 해 주는 등 이 책을 쓰는 일에 있어서 핵심적인 역할을 했다.

이 책에서 언급했던 여러 작가, 연구자, 기업가들에게도 큰 감사를 표해야만 한다. 나는 에이미 호이(Amy Hoy)와 버나뎃 지와(Bernadette Jiwa), 트리스탄 크로머(Tristan Kromer)에 이르기까지 이 책에서 언급했던 사람들에게서 영감을 받아 이 책을 열심히 쓸 수 있었다.

이 책을 꿈에서 현실로 만드는 데 도움을 준 모두에게 감사드린다.

참고 문헌 및 추천 문헌

이 책에서 다룬 여러 콘셉트들을 더 깊이 있게 알고 싶다면 다음 문헌들을 살펴보도록 한다.

- 〈블루오션 전략〉, 김위찬(W. Chan Kim) & 르네 마보안(Renée Mauborgne)

- 〈캐즘 마케팅〉, 제프리 무어(Geoffrey Moore)

- 〈생각하게 하지마!〉, 스티브 크룩(Steve Krug)

- 〈훅〉, 니르 이얄(Nir Eyal)

- 〈How to Measure Anything〉, 더글라스 W. 허버드(Douglas W. Hubbard)

- 〈인스파이어드〉, 마티 케이건(Marty Cagan)

- 〈Intercom on Jobs-to-be-Done〉, 〈Intercom on Marketing〉, 〈Intercom on Onboarding〉, 〈Intercom on Product Management〉, 〈Intercom on Starting Up〉, 인터콤(Intercom)

- 〈사용자 인터뷰〉, 스티브 포티걸(Steve Portigal)

- 〈Jobs To Be Done〉, 앨런 클레멘트(Alan Klement)

- 〈꼭 필요한 만큼의 리서치〉, 에리카 홀(Erika Hall)

- 〈린 분석〉, 앨리스테어 크롤(Alistair Croll) & 벤저민 요스코비츠(Benjamin Yoskovitz)

- 〈Lean B2B〉, 에티엔 가르부글리(Étienne Garbugli)

- 〈린 고객 개발〉, 신디 앨버레즈(Cindy Alvarez)

- 〈Lean UX〉, 제프 고델프(Jeff Gothelf) & 조시 세이든(Josh Seiden)

- 〈Lost and Founder〉, 랜드 피시킨(Rand Fishkin)

- 〈Marketing: A Love Story〉, 버나뎃 지와(Bernadette Jiwa)

- 〈Measuring the User Experience〉, 톰 툴리스(Tom Tullis) & 윌리엄 알버트(William Albert)

- 〈Mental Models〉, 인디 영(Indi Young)

- 〈Monetizing Innovation〉, 게오르그 타케(Georg Tacke) & 마드하반 라마누잠(Madhavan Ramanujam)

- 〈Obviously Awesome〉, 에이프릴 던포드(April Dunford)

- 〈Practical Ethnography and Mixed Methods〉, 샘 래드너(Sam Ladner)

- 〈원칙〉, 레이 달리오(Ray Dalio)

- 〈린 스타트업〉, 애쉬 모리아(Ash Maurya)

- 〈Shape Up〉, 라이언 싱어(Ryan Singer)

- 〈The Elements of User Onboarding〉, 사무엘 훌릭(Samuel Hulick)

- 〈The Entrepreneur's Guide to Customer Development〉, 브랜트 쿠퍼 (Brant Cooper) & 패트릭 블라스코비츠(Patrick Vlaskovits)

- 〈The Four Steps to the Epiphany〉, 스티브 블랭크(Steve Blank)

- 〈혁신기업의 딜레마〉, 클레이 크리스텐슨(Clay Christensen)

- 〈The Jobs To Be Done Playbook〉, 짐 칼바흐(Jim Kalbach)

- 〈린 스타트업〉, 에릭 리스(Eric Ries)

- 〈The Mom Test〉, 롭 피츠패트릭(Rob Fitzpatrick)

- 〈The North Star Playbook〉, 앰플리튜드(Amplitude)

- 〈This Won't Scale〉, 드리프트(Drift)

- 〈Traction〉, 가브리엘 와인버그(Gabriel Weinberg) & 저스틴 마레스(Justin Mares)

- 〈Web Form Design〉, 루크 로블류스키(Luke Wroblewski)

- 〈What Customers Want〉, 앤서니 울윅(Anthony Ulwick)

- 〈When Coffee and Kale Compete〉, 앨런 클레멘트(Alan Klement)

- 〈Zingerman's Guide to Giving Great Service〉, 애리 웨인즈웨이그(Ari Weinzweig)

부록 B
다음 단계

먼저 이 책을 읽어 준 것에 대해 감사드린다.

거짓말이라고 생각할 수도 있겠지만, 이 책을 쓰는 몇몇 순간 책의 분량이 현재보다 두 배 이상이었던 적이 있었다.

그러나 안타깝게도 간결함을 위해 위대한 이야기, 훌륭한 기법 및 멋진 아이디어를 기술한 책의 상당 부분들을 제외해야만 했다.

이 책에서 다루고 있는 여러 기법과 아이디어들, 한 발 더 나아가 이 책에서 다루지 못한 기법과 아이디어들을 좀 더 깊이 있게 살펴보고자 한다면 **www.solvingproduct.com**에 방문하기를 적극 추천한다.

여러분은 이 웹사이트에서 이 책의 아이디어들을 실제로 사용하는 데 유용한 각종 툴, 강의, 이야기, 확인 목록, 템플릿 및 문서들을 찾을 수 있다.

이 책은 몇 번이고 다시 봐야 하는 책이다. 나는 웹사이트 또한 여러분이 비슷한 방식으로 이용하기를 바란다.

<Solving Product> 커뮤니티

회사를 성장시키는 일은 어렵다. 이 책을 통해 여러분에게 참고할 수 있는 최고의 기법, 사례 연구, 웹사이트를 제공하기는 했지만, 안타깝게도 여전히 남겨진 질문이 많을 것이다.

가령, 여러분의 현재 상황이 매우 특이할 수도 있고, 몇몇 기법들에 관해 훨씬 상세하게 논의하고 싶을 수도 있다.

이유가 무엇이든, 나는 계획을 벗어나 움직여야만 하는 상황들이 있다는 사실을 매우 잘 알고 있다.

이는 내가 Solving Product 커뮤니티(solvingproduct.com/community)를 만든 여러 이유들 가운데 하나이기도 하다.

여러분은 이 커뮤니티에서 다른 독자들과 의견을 교환할 수 있다. 또한, 여러분이 직면한 문제에 대한 질문을 던지거나 성장 학습과 성공 사례들을 나눌 수 있다.

나는 여러분을 이 커뮤니티에 초청한다. 서로의 아이디어와 전략을 공유하며, 우리 모두 함께 성장하자.

주석

1. Law of the instrument
   https://en.wikipedia.org/wiki/Law_of_the_instrument

2. The Business Impact of Investing in Experience
   https://business.adobe.com/content/dam/dx/us/en/resources/reports/the-business-impact-of-investing-in-experience-forrester-thought-leadership-paper-2021/the-business-impact-of-investing-in-experience-forrester-thought-leadership-paper-2021.pdf

3. Lecture 3 – Before the Startup(Paul Graham)
   https://youtu.be/ii1jcLg-eIQ?t=639

4. The SaaS Funding Napkin
   https://www.dropbox.com/s/etmgz1vbxuys1yw/SaaSNapkin2019.pdf?dl=0
   아이디어만으로 투자금을 모을 수도 있다. 그러나 오늘날 그 가능성은 점점 낮아지고 있다.

5. The single biggest reason why start-ups succeed
   https://youtu.be/bNpx7gpSqbY?t=217

6. Research: The Average Age of a Successful Startup Founder Is 45
   https://hbr.org/2018/07/research-the-average-age-of-a-successful-startup-founder-is-45

7. Why Location Does (And Doesn't) Matter For Entrepreneurial Success
   https://www.forbes.com/sites/williamcraig/2015/01/16/why-location-does-and-doesnt-matter-for-entrepreneurial-success/#560226554bf6

8. 낡은 옛날 데이터에 의존할 때 침체는 올 수 있다. 시장은 변화하고, 경쟁력 관계는 진화하며, 고객의 기대 또한 거의 항상 변화한다. 여러분의 경쟁 우위 또한 그러한가? 고객의 기대도 계속 변화하고 있는가?

9. Jeff Patton OnAgile2017 Q&A
   https://www.agilealliance.org/resources/videos/jeff-patton-onagile2017-qa

10. Startup Genome Report Extra on Premature Scaling
    https://gallery.mailchimp.com/8c534f3b5ad611c0ff8aeccd5/files/Startup_Genome_Report_Extra_Premature_Scaling_version_2.1.pdf

11. Curb your enthusiasm: Optimistic entrepreneurs earn less
    https://www.sciencedirect.com/science/article/pii/S0014292118301582

12. Steve Blank It's Our Research interview
    https://youtu.be/d6pRCTV45Zs?t=291.

13. Drift's David Cancel on Whoever Gets Closer to the Customer Wins
    https://youtu.be/ITBX3VEb1mQ?t=1398

14. Marketing Technology Landscape Supergraphic (2020): Martech 5000 –
    really 8,000, but who's counting?
    https://chiefmartec.com/2020/04/marketing–technology–landscape–2020–
    martech–5000

15. Product Zeitgeist Fit and the Next Big Thing
    https://www.youtube.com/watch?v=uztjCqIgzsI

16. Good Days for Disruptors
    http://sloanreview.mit.edu/article/good–days–for–disruptors

17. Making things people want
    https://www.intercom.com/blog/making–things–people–want

18. Startup Genome Report Extra on Premature Scaling
    https://integral-entrepreneurship.org/wp-content/uploads/2016/07/Startup-
    Genome-Premature-Scaling.pdf

19. Don't build a product unless you can validate it
    https://pando.com/2014/01/13/dont-build-a-product-unless-you-can-
    validate-it

20. Double Diamond (design process model)
    https://www.designcouncil.org.uk/our-resources/framework-for-innovation/

21. The Elements of Value
    https://hbr.org/2016/09/the–elements–of–value

22. Ep 14: Alex Hillman of 30x500
    https://youtu.be/4cjIU2XGjzQ?t=1162

23. Amy Hoy – Sales Safari – La Conf Paris 2013
    https://www.youtube.com/watch?v=exMoRoaxKtQ

24. Sam Ladner: Data Exhaust and Personal Data – Learning From Consumer
    Products to Enhance Enterprise UX
    https://youtu.be/7ZSZ3–YnSys?t=577

25. Why you shouldn't ignore your competitors
    https://producthabits.com/stop-ignoring-competitors

26. Getting out of recruitment — a HireVoice post mortem
    https://www.etiennegarbugli.com/getting-out-of-recruitment-a-hirevoice-post-mortem

27. 내가 틀렸다.
    HR 소프트웨어 시장은 번성하고 있다.
    https://www.sagepeople.com/about-us/news-hub/hcm-market-guide-gartner

28. Pretotyping — Techniques for Building the Right Product
    https://www.skmurphy.com/blog/2012/03/06/pretotyping-techniques-for-building-the-right-product

29. "Why are you building X when Y exists?"
    https://www.indiehackers.com/@pjrvs/why-are-you-building-x-when-y-exists-0edc3c5507

30. Copycat Your Competitors to Take the Market
    https://hitenism.com/copycat-competitors-take-market

31. FYI's Cofounder on Beta Testing Products and Survey Questions: Exact Questions to Ask Your Users (and Why)
    https://www.userinterviews.com/blog/beta-testing-products-what-to-ask-and-why

32. https://twitter.com/levie/status/521709282782609409

33. Eager Sellers and Stony Buyers: Understanding the Psychology of New-Product Adoption
    https://hbr.org/2006/06/eager-sellers-and-stony-buyers-understanding-the-psychology-of-new-product-adoption

34. My Billion Dollar Mistake
    https://producthabits.com/my-billion-dollar-mistake

35. Product Habits SaaS Early Access
    https://hnshah.typeform.com/to/aRq22o

36. Perspectives and Challenges of Jobs to Be Done: Livestream Recap
    https://www.mural.co/blog/jobs-to-be-done-livestream-recap

37. Niche to Win, Baby.
https://500hats.com/niche—to—win—baby—934eba97f28c

38. How to Create a Unique Value Proposition (with Examples)
https://cxl.com/blog/value—proposition—examples—how—to—create

39. How to price something
https://signalvnoise.com/posts/3394—how—to—price—something

40. 9 Things First—Time Founders Get Wrong About The Journey
https://www.saastr.com/9—things—first—time—founders—get—wrong—
about—the—journey

41. The Wilderness Period
https://medium.com/craft—ventures/the—wilderness—period—61f009c769ac

42. 4 pricing principles to never forget
https://www.intercom.com/blog/four—pricing—principals—to—never—forget

43. 7 Things I've Learned About Lean Startup
https://medium.com/precoil/7—things—i—ve—learned—about—lean—startup—
c6323d9ef19c

44. Shelfware
https://en.wiktionary.org/wiki/shelfware

45. Startup Playbook
https://playbook.samaltman.com

46. From hand to hand combat to a Bond villain — how you evolve as a startup
marketer
https://purde.net/2016/04/how—you—evolve—as—a—marketer

47. Do Things that Don't Scale
http://paulgraham.com/ds.html

48. Lessons Learned in growing a product
https://www.intercom.com/blog/lessons—learned—in—growing—a—product—
business

49. https://twitter.com/davidjbland/status/467096015318036480

50. 5 Phases of the Startup Lifecycle: Morgan Brown on What it Takes to Grow a Startup
https://medium.com/tradecraft−traction/5−phases−of−the−startup−lifecycle−morgan−brown−on−what−it−takes−to−grow−a−startup−50b4350f9d96

51. Startup = Growth
http://www.paulgraham.com/growth.html

52. I hate MVPs. So do your customers. Make it SLC instead.
https://blog.asmartbear.com/slc.html

53. The Inconvenient Truth About Product
https://svpg.com/the−inconvenient−truth−about−product

54. Brennan Dunn, Co−founder of RightMessage
https://www.youtube.com/watch?v=RxlvNB2Xrbs

55. "Your email is unbelievable"
https://newsletters.feedbinusercontent.com/de1/de198c5fcaece1ff99e6c77b40f4fe135646e47f.html

56. Reactions 〉Feedback
https://medium.com/@jakek/reactions−feedback−dc1ea9a06ce0

57. S4E4−Jeff Atwood: Building Communities & Customer Feedback Loops
https://www.youtube.com/watch?v=G5s−4lx−cFA

58. Designing progress of the high−expectation customer
https://uxdesign.cc/designing−progress−of−the−high−expectation−customer−33078ca8305

59. What I Learned From Developing Branding for Airbnb, Dropbox and Thumbtack
https://firstround.com/review/what−i−learned−from−developing−branding−for−airbnb−dropbox−and−thumbtack

60. Startups Always Have a Chasm to Cross
https://medium.com/@arachleff/startups−always−have−a−chasm−to−cross−61b79215ac05

61. Predictably Irrational ≫ Chapter 8 Keeping doors open
https://www.youtube.com/watch?v=13rfq9dqKPE

62. Product–User Fit Comes Before Product–Market Fit
https://a16z.com/2019/09/16/product–user–fit–comes–before–product–market–fit

63. Using PMFSurvey.com
https://www.startup–marketing.com/using–survey–io

64. Lecture 1 – How to Start a Startup (Sam Altman, Dustin Moskovitz)
https://youtu.be/CBYhVcO4WgI?t=1026

65. Not all good products make good businesses
https://www.intercom.com/blog/good–products–bad–businesses

66. Only 1 out of 26 unhappy customers complain. The rest churn.
https://cxm.co.uk/1–26–unhappy–customers–complain–rest–churn

67. Start Up on the Right Foot — Build a Customer Advisory Board
https://firstround.com/review/start–up–on–the–right–foot–build–a–customer–advisory–board

68. INBOUND 2016: Peep Laja "How to Figure Out What really Makes Your Website Work For You"
https://youtu.be/516adk1YIPo?t=541

69. AMA: I'm Patrick Campbell (@Patticus), CEO of the team behind Price Intelligently and ProfitWell
https://growthhackers.com/amas/ama-im-patrick-campbell-patticus-ceo-of-the-team-behind-price-intelligently-and-profitwell

70. https://twitter.com/eshear/status/1155180521485242368

71. The best metric for determining quantitative product market fit
https://www.growthengblog.com/blog/the–best–metric–for–determining–quantitative–product–market–fit

72. https://twitter.com/dunkhippo33/status/1153779854614990848

73. Elad Gil: When do you know you have Product Market Fit?
https://www.youtube.com/watch?v=9v0v5TLZKzA

74. 339 Startup Failure Post–Mortems
https://www.cbinsights.com/research/startup–failure–post–mortem

75. The Never Ending Road To Product Market Fit
https://brianbalfour.com/essays/product–market–fit

76. Leading social apps with the highest 24—month usage retention rates worldwide as of August 2015
https://www.statista.com/statistics/523845/highest-retention-social-android-apps

77. Snapchat founder Evan Spiegel twice turned down cash from Facebook's Mark Zuckerberg
https://www.thetimes.co.uk/article/snapchat-founder-evan-spiegel-twice-turned-down-cash-from-facebook-s-mark-zuckerberg-bqf9mphc7

78. The "Toothbrush" Trick Used By Google's CEO To Get Customers To Come Back
https://medium.com/behavior-design/the-toothbrush-trick-used-by-googles-ceo-to-get-customers-to-come-back-910d81c272b4

79. Is the Product—Market Fit survey accurate?
https://justinjackson.ca/product-market-fit-survey

80. The Startup Pyramid
https://www.startup-marketing.com/the-startup-pyramid

81. https://twitter.com/naval/status/1128346098362281984

82. 90년대 초, 프레드 데이비스(Fred Davis)는 유용성을 통해 실제 제품 사용의 36%를 예측할 수 있다는 것을 증명했다. 유용성은 제품 사용 용이성 대비 약 1.5배 중요하다.
https://deepblue.lib.umich.edu/bitstream/handle/2027.42/30954/0000626.pdf;jsessionid=0B8A14B8495628E656C70B99D3E08F5F

83. The Revenge of the Fat Guy
https://a16z.com/2010/03/20/the-revenge-of-the-fat-guy

84. PayPal Mafia
https://en.wikipedia.org/wiki/PayPal_Mafia

85. The Sharp Startup: When PayPal Found Product—Market Fit
https://medium.com/craft-ventures/the-sharp-startup-when-paypal-found-product-market-fit-5ba47ad35d0b

86. S5E8—Casey Winters: Turning startups into rocketships
https://www.youtube.com/watch?v=BXmEXa-Nc7g

87. Part 4: The only thing that matters
https://pmarchive.com/guide_to_startups_part4.html

88. How we set up our Team for Continuous Product Discovery
     https://uxdesign.cc/how−to−set−up−your−team−to−run−continuous−
     product−discovery−4ba757cb52e6

89. Momentum: The ultimate startup killer
     https://medium.com/@matvogels/momentum−the−ultimate−startup−
     killer−bf9868f0426b

90. You've Got Product/Market Fit··· What About Marketing/Market Fit?
     https://sparktoro.com/blog/youve−got−product−market−fit−what−about−
     marketing−market−fit

91. David Cancel talks with Constant Contact CEO, Gail Goodman
     https://soundcloud.com/dcancel/david−cancel−talks−with−constant−
     contact−ceo−gail−goodman

92. How we transformed HubSpot into a Product Driven Company
     https://www.linkedin.com/pulse/20141102175328−25444−how−we−
     transformed−hubspot−into−a−product−driven−company

93. How to Avoid the Premature Scaling Death Trap
     https://www.entrepreneur.com/article/245603

94. Diffusion of innovations
     https://en.wikipedia.org/wiki/Diffusion_of_innovations

95. Unpacking the Progress Making Forces Diagram
     http://jobstobedone.org/radio/unpacking−the−progress−making−forces−
     diagram

96. The Mad Scientist Is Back! Here Are 4 Inbound Automation Secrets That Will
     Make You Rethink Your Growth Strategy in 2018
     https://www.drift.com/blog/inbound−automation−whiteboard−lessons

97. How to Get Good at Making Money
     https://www.inc.com/magazine/20110301/making−money−small−business−
     advice−from−jason−fried.html

98. "The Customer Is Not Always Right": Cindy Alvarez with Lean Customer
     Development (Video + Transcript)
     https://girlgeek.io/the−customer−is−not−always−right−cindy−alvarez−
     with−lean−customer−development−video−transcript

99. SPI 244: Bootstrapping a Startup with Nathan Barry from ConvertKit
https://www.smartpassiveincome.com/download/Transcript-SPI244.pdf

100. INBOUND 2016: Peep Laja "How to Figure Out What Really Makes Your Website Work For You"
https://youtu.be/516adk1YIPo?t=1163

101. Using Thank You Page Surveys To Segment 80%+ Of Your Subscribers
https://rightmessage.com/articles/thank-you-page-surveys

102. Dividing User Time Between Goal And Tool
https://articles.uie.com/dividing-user-time-between-goal-and-tool

103. The Never Ending Road To Product Market Fit
https://brianbalfour.com/essays/product-market-fit

104. Zero to IPO: Lessons From Unlikely Story of HubSpot
https://www.slideshare.net/HubSpot/zero-to-ipo-lessons-from-unlikely-story-of-hubspot

105. A cognitive model of the antecedents and consequences of satisfaction decisions.
https://psycnet.apa.org/record/1981-04315-001

106. 8 Customer Discovery Questions To Validate Product Market Fit For Your Startup
https://www.linkedin.com/pulse/8-customer-discovery-questions-validate-product-market-tomasz-tunguz

107. Zingerman's Guide to Great Service
https://www.amazon.com/Zingermans-Guide-Giving-Great-Service/dp/1401301436

108. The SpotLight Framework – Making Customer Feeback Actionable
https://davidcancel.com/the-spotlight-framework-making-customer-feeback-actionable

109. https://twitter.com/Austen/status/1064687271557779456

110. Facebook-Google Duopoly Won't Crack This Year
https://www.emarketer.com/content/facebook-google-duopoly-won-t-crack-this-year

111. Is content marketing dead? Here's some data
https://www.profitwell.com/blog/content-marketing-customer-acquisition-cost

112. 4 reasons why the Net Promoter Score is overrated
https://www.reforge.com/brief/4-reasons-why-the-net-promoter-score-is-overrated#MZEBanKXnaPLmdBkiW8YWg

113. https://twitter.com/jmspool/status/941727814365143040

114. The Inventor of Customer Satisfaction Surveys Is Sick of Them, Too
https://www.bloomberg.com/news/articles/2016-05-04/tasty-taco-helpful-hygienist-are-all-those-surveys-of-any-use

115. The One Number You Need to Grow
https://hbr.org/2003/12/the-one-number-you-need-to-grow

116. Goal Setting: Do Less & Accomplish More
https://www.inc.com/logan-chierotti/how-doing-less-allows-you-to-accomplish-more.html

117. Startup Metrics for Pirates
https://www.slideshare.net/dmc500hats/startup-metrics-for-pirates-long-version

118. 맥클루어의 모델에서는 수익화가 마지막 단계라는 것을 주의하라.

119. The Right Way to Involve a Qualitative Research Team
https://caseyaccidental.com/the-right-way-to-involve-a-qualitative-research-team

120. https://twitter.com/IshIsDeep/status/1208516882556428291

121. Where to play: a practical guide for running your tech business
https://actu.epfl.ch/news/where-to-play-a-practical-guide-for-running-your-t

122. How to Get Good at Making Money
https://www.inc.com/magazine/20110301/making-money-small-business-advice-from-jason-fried.html

123. 9 Things First-Time Founders Get Wrong About The Journey
https://www.saastr.com/9-things-first-time-founders-get-wrong-about-the-journey

124. Innovation Consultant Rene Bastijans on Uncovering Your Product's True Competition
https://leanb2bbook.com/blog/innovation-consultant-rene-bastijans-uncovering-product-true-competitors

125. Why Great Pitches Come From Customers
https://www.linkedin.com/pulse/why-great-pitches-come-from-customers-andy-raskin

126. 7 Lessons Helping Start Pardot, SalesLoft, and Calendly
https://youtu.be/Yc2FkI56qLw?t=1156

127. The power of niche
https://www.campaignlive.co.uk/article/power-niche/1671284

128. The Definitive Guide to User Onboarding
https://productled.com/user-onboarding

129. Slack CMO Bill Macaitis | Marketing the Fastest Growing App in History
https://youtu.be/hZpJMcOBb5U?t=3009

130. 고객의 모든 리뷰를 찾아 데이터베이스 혹은 엑셀 스프레드시트로 저장하기 위해 애피파이(Apify) 혹은 인스턴트 데이터 스크래퍼(Instant Data Scraper)와 같은 툴을 사용할 수 있다.

131. Why Most Companies Fail At Moving Up or Down Market
https://brianbalfour.com/essays/key-lessons-for-100m-growth

132. How to Acquire Customers: 19 "Traction" Channels to Start Testing Today
https://zapier.com/blog/acquire-customers

133. Bootstrapping Side Projects into Profitable Startups
https://levels.io/bootstrapping

134. How Long Should You Wait for Content Marketing to Work?
https://marketinginsidergroup.com/content-marketing/how-long-does-it-take-for-content-marketing-to-work/

135. Four Fits For $100M+ Growth
https://brianbalfour.com/four-fits-growth-framework

136. When Freemium Fails
https://www.wsj.com/articles/SB10000872396390443713704577603782317318996

137. Freemium Conversion Rate: Why Spotify Destroys Dropbox by 667%
https://www.process.st/freemium−conversion−rate

138. Case Studies in Freemium: Pandora, Dropbox, Evernote, Automattic and Mailchimp
https://gigaom.com/2010/03/26/case-studies-in-freemium-pandora-dropbox-evernote-automattic-and-Mailchimp/#comment-245266

139. Freemium Conversion Rate: Why Spotify Destroys Dropbox by 667%
https://www.process.st/freemium−conversion−rate

140. Top 10 Learnings about Free Trials with Tomasz Tunguz
https://www.youtube.com/watch?v=tfQNJpnxmMw

141. Hacking Word−of−Mouth: Making Referrals Work for Airbnb
https://medium.com/airbnb−engineering/hacking−word−of−mouth−making−referrals−work−for−airbnb−46468e7790a6

142. https://twitter.com/levie/status/322943602135277568

143. Being Data Driven
https://www.slideshare.net/JacquesWarren/being−data−driven−56145552

144. Principal−Agent Problem: Act Like an Owner
https://nav.al/principal−agent

145. Steve Sasson, Digital Camera Inventor
https://youtu.be/wfnpVRiiwnM

146. Kodak's Downfall wasn't About Technology
https://hbr.org/2016/07/kodaks−downfall−wasnt−about−technology

147. Blockbuster's CEO once passed up a chance to buy Netflix for only $50 million
https://www.businessinsider.com/blockbuster−ceo−passed−up−chance−to−buy−netflix−for−50−million−2015−7

148. Building a Company−Wide Growth Culture: SaaStr Annual 2016
https://www.slideshare.net/seanellis/building−a−companywide−growth−culture−saastr−annual−2016/23−Final_Thought_Focus_on_Value

149. A Simple Tool You Need to Manage Innovation
https://hbr.org/2012/05/a−simple−tool−you−need−to−mana

150. Feature Creep Isn't the real Problem
https://producthabits.com/feature−creep−isnt−real−problem

151. Why you need customer development
https://www.oreilly.com/content/why−you−need−customer−development

152. Subjective theory of value
https://en.wikipedia.org/wiki/Subjective_theory_of_value

153. Prioritization Shouldn't Be Hard
https://melissaperri.com/blog/2019/10/31/prioritization

154. "시간의 95%는 이미 구축해 놓은 것들 위에서 반복적인 일들을 수행하는 데 사용해야 한다. 새로운 아이디어에 쏟을 시간은 5%뿐이므로 학습을 위해서는 집중하는 수밖에 없다. 또한, 5%의 시간을 어떤 일에 쏟아야 하는지에 관해서도 정말로 열심히 생각할 수밖에 없다."
https://twitter.com/mnort_9/status/1013946326315347974

155. The Complete Guide to the Kano Model
https://foldingburritos.com/kano−model

156. How we found Product Market Fit with our Chatbot
https://medium.com/hackernoon/spend−time−with−your−market−if−you−want−to−find−product−market−fit−cd2b0108e572

157. Working Hard Is Overrated
https://www.businessinsider.com/working−hard−is−overrated− 2009−9

158. Kano Model — Ways to use it and NOT use it
https://medium.com/design−ibm/kano−model−ways−to−use−it−and−not−use−it−1d205a9cf808

159. 여전히 카노 설문 조사를 사용하고자 한다면 다음 가이드를 참고하라.
https://leanb2bbook.com/blog/how−to−find−core−features−product−using−kano−surveys

160. How MaxDiff Analysis Works (Simplish, but Not for Dummies)
https://www.displayr.com/how−maxdiff−analysis−works

161. Kill your darlings—how, why, and when to cut product features
https://www.appcues.com/blog/cutting−features

162. To Kill a Feature
https://www.mindtheproduct.com/to−kill−a−feature

163. KIll A FEATURE. Something Sucks
https://www.slideshare.net/dmc500hats/startup−metrics−for−pirates−fowa−london−oct−2009/17

164. Feature/Product Fit
https://caseyaccidental.com/feature−product−fit

165. Why You Only Need to Test with 5 Users
https://www.nngroup.com/articles/why−you−only−need−to−test−with−5−users

166. How Palantir's Business Model Built A $15 Billion Growth Engine
https://buckfiftymba.com/palantirs−growth−engine

167. https://twitter.com/sgblank/status/573773311756275714

168. Calculate the Total Addressable Market (TAM) Size for the Beachhead Market
http://gsl-archive.mit.edu/media/programs/india-bms-summer-2013/materials/step_4_calculate_the_tam_---trepreneurship_101.pdf

169. Highlights
https://www.gethighlights.co

170. Expose the price of new features
https://basecamp.com/gettingreal/05.4−hidden−costs

171. Strategic Debt Is the Silent Killer of Startups
https://ganotnoa.com/strategic−debt−is−the−silent−killer−of−startups

172. The Bowling Pin Strategy
https://www.businessinsider.com/the−bowling−pin−strategy−2010−8

173. Newsweaver rebrands as Poppulo and creates world's first dedicated internal comms platform
https://www.poppulo.com/blog/newsweaver−rebrands−as−poppulo−and−creates−worlds−first−dedicated−internal−comms−platform

174. Box founder Aaron Levie is a rare thing in Silicon Valley − he's funny
https://www.telegraph.co.uk/finance/newsbysector/mediatechnologyandtelecoms/digital−media/10324051/Box−founder−Aaron−Levie−is−a−rare−thing−in−Silicon−Valley−hes−funny.html

175. Stars of SXSW: Dave McClure on Lean Start−up Investing
https://www.inc.com/howard−greenstein/lean−start−up−investing−with−dave−mcclure−of−500−startups.html

176. Customer feedback strategy: How to collect, analyze and take action
https://www.intercom.com/blog/customer-feedback-strategy

177. When Amazon Employees Receive These One-Character Emails From Jeff
Bezos, They Go Into A Frenzy
https://www.businessinsider.com/amazon-customer-service-and-jeff-
bezos-emails-2013-10

178. https://twitter.com/levie/status/454493624659476480

179. 짐 칼바흐가 쓴 〈The Jobs To Be Done Playbook〉에 따르면 희망 성과 기술문에 쓰인
응답자의 수보다 최소 2배는 되어야 한다.

180. A Critique of Outcome-Driven Innovation®
https://ams-insights.com/wp-content/uploads/2016/06/A_Critique_of_
Outcome_Driven_Innovation.pdf

181. 통상 한 곡당 150달러에서 250달러 혹은 그 이상임.

182. Lew Cirne of New Relic: Scaling Even Faster the Second Time
https://www.youtube.com/watch?v=i6tmnZ7ElK4

183. "7 out of 8 corporate startups do not generate business impact."
https://innovation-3.com/scaling-up-book

184. Steve Jobs 1997 Interview: Defending His Commitment To Apple
https://youtu.be/xchYT9wz5hk?t=27

185. 37시그널즈는 왜 '베이스캠프' 한 제품에 다시 집중했는가?
https://www.inc.com/magazine/201403/jason-fried/basecamp-focus-one-
product-only.html
한 가지 매우 재미있는 사실을 소개한다면 이들은 2020년 다시 전략을 수정했으며, 헤이
(Hey)라는 이름의 이메일 서비스를 출시했다.

186. Lost and Founder: A Painfully Honest Field Guide to the Startup World
https://www.penguinrandomhouse.com/books/547217/lost-and-founder-
by-rand-fishkin

187. 팔로워윙크(Followerwonk)는 사랑스러운 새 집으로 옮겨오고 있다.
https://moz.com/blog/followerwonk-news

188. How Launching new products for existing audiences can help grow your
company
https://gopractice.io/blog/products-for-existing-audiences

189. Search Engine Market Share United States Of America
https://gs.statcounter.com/search-engine-market-share/all/united-states-of-america/#monthly-200901-202001

190. Try More Things
https://evhead.com/try-more-things-f5c743e73a98

191. Why we released a better product for free(maybe you should too)
https://www.profitwell.com/blog/why-we-released-a-better-product-for-free-and-maybe-you-should-too

192. Patrick Campbell Founder of ProfitWell Shares Why He Chose Scale over Lifestyle
https://growandconvert.com/marketing/profitwell-patrick-campbell-scale

193. 2016 Letter to Shareholders
https://blog.aboutamazon.com/company-news/2016-letter-to-shareholders

194. Traditional company, new businesses: The pairing that can ensure an incumbent's survival
https://www.mckinsey.com/~/media/McKinsey/Industries/Electric%20Power%20and%20Natural%20Gas/Our%20Insights/Traditional%20company%20new%20businesses%20The%20pairing%20that%20can%20ensure%20an%20incumbents%20survival/Traditional-company-new-businesses-VF.ashx

195. https://twitter.com/lukew/status/908352707420758016

196. What Is the Product Life Cycle? Stages and Examples
https://www.thestreet.com/markets/commodities/product-life-cycle-14882534

197. 암실에서 데스크톱 PC로 – 포토샵은 어떻게 등장했을까?
https://web.archive.org/web/20070626182822/
http://www.storyphoto.com/multimedia/multimedia_photoshop.html
재미있는 사실: 포토샵은 어도비(Adobe)가 만들지 않았다.

198. Your product is already obsolete
https://www.intercom.com/blog/your-product-is-already-obsolete

199. Startupfest 2015: SEAN EllIS (GrowthHackers.com)
https://www.slideshare.net/startupfest/startupfest-2015-sean-ellis-growthhackerscom-how-to-stage

200. An alternative is EVELYN, developed by Darius Contractor at Dropbox:
https://bit.ly/evelyn-airtable

201. How to Scale Personalization: with Guillaume Cabane
https://www.youtube.com/watch?v=03MMK6Z_E-c

202. The Rudder Fallacy—Adopting Lean Startup Principles
https://www.linkedin.com/pulse/rudder-fallacy-adopting-lean-startup-principles-tristan-kromer

203. The Origin of A/B Testing
https://www.linkedin.com/pulse/origin-ab-testing-nicolai-kramer-jakobsen

204. What Are Clinical Trial Phases?
https://www.youtube.com/watch?v=dsfPOpE-GEs

205. INBOUND 2016: Peep Laja "How to Figure Out What really Makes Your Website Work For You"
https://youtu.be/516adk1YIPo?t=214

206. Like these:
https://www.optimizely.com/sample-size-calculator
https://www.evanmiller.org/ab-testing/sample-size.html
https://abtestguide.com/calc

207. 4 Pillars of User Driven Growth
https://youtu.be/iz34CT0EUBQ?t=245

208. Lean Startup Comes Home
https://medium.com/precoil/lean-startup-comes-home-8f205993da40

209. Lean Startup Comes Home
https://medium.com/precoil/lean-startup-comes-home-8f205993da40

210. NatWest in "off-brand and disruptive" beta-testing for new services
https://www.designweek.co.uk/issues/2-8-march-2015-2/natwest-in-off-brand-and-disruptive-beta-testing-for-new-services

211. Shape Up: Stop Running in Circles and Ship Work that Matters
https://basecamp.com/shapeup

212. Letter to Shareholders – EX-99.1
https://www.sec.gov/Archives/edgar/data/1018724/000119312517120198/d373368dex991.htm

213. MeasuringU: What Is A Good Task−Completion Rate?
https://measuringu.com/task−completion

214. Comparison of three one−question, post−task usability questionnaires
https://www.researchgate.net/publication/221514412_Comparison_of_three_
one−question_post−task_usability_questionnaires

215. MeasuringU: 10 Things To Know About The Single Ease Question (SEQ)
https://measuringu.com/seq10

216. 7 Basic Design Principles We Forget About
https://www.laroche.co/blog/7−basic−design−principles−we−forget−about

217. Jakob's Law
https://lawsofux.com/jakobs−law

218. Scott Cook, Intuit
https://www.inc.com/magazine/20040401/25cook.html

219. Diary Studies
https://www.userinterviews.com/ux−research−field−guide−chapter/diary−
studies

220. How To Get Results From Jobs−to−be−Done Interviews
https://jobs−to−be−done.com/jobs−to−be−done−interviews−
79623d99b3e5

221. What is Customer Research? Top Findings and Benchmarks
https://www.profitwell.com/blog/customer−research−benchmarks

222. Amazon Andon Cord − what it is and how to react
https://stories.showmax.com/za/showmax-runs-growth-team-across-70-
global-markets

223. Andon(manufacturing)
https://en.wikipedia.org/wiki/Andon_(manufacturing)

224. Based on the book and research by Lisa Bodell
https://www.youtube.com/watch?v=n4Li9KjFc1w

225. Jason Fried (Basecamp) and Derek Andersen at Startup Grind Global 2016
https://youtu.be/ft−q9s2uxIQ?t=1186

226. Why Reading About Your Competitors Will Hurt Your Business
https://www.inc.com/magazine/201511/jason-fried/taking-an-industry-detox.html

227. Six Hours of Phone Calls
https://rework.fm/six-hours-of-phone-calls

228. Basecamp now has a totally free version to help you manage personal projects
https://www.theverge.com/2019/11/14/20965543/basecamp-free-version-manage-basic-personal-projects

229. Basecamp is hiring a Head of Marketing
https://m.signalvnoise.com/basecamp-is-hiring-a-head-of-marketing

230. Clearbit Enrichment
https://clearbit.com/enrichment

231. How Showmax Runs a Growth Team Across 70+ Global Markets
http://barronernst.com/how-showmax-runs-a-growth-team-across-70-global-markets

232. The Hypergrowth Curve: How to Navigate the 3 Stages of Massive Growth
https://www.drift.com/blog/hypergrowth-curve

233. Going Freemium – One Year Later | Mailchimp
http://pricing-news.com/going-freemium-one-year-later-Mailchimp

234. On Surveys
https://www.linkedin.com/pulse/surveys-erika-hall-1

235. Which of the following methods do you prefer to use when you pay for a product you have bought online?
https://www.statista.com/statistics/434294/e-commerce-popular-payment-methods-france

236. Brazil payments guide
https://www.adyen.com/knowledge-hub/guides/global-payment-methods-guide/local-payment-methods-in-latin-america/brazil-payments

237. Indonesia payments guide
https://www.adyen.com/knowledge−hub/guides/global−payment−
methods−guide/local−payment−methods−in−asia−pacific/indonesia−
payments#paymentmethods

238. Argentina makes sweeping changes to tax laws, followed by regulations
implementing recently enacted tax reform
https://globaltaxnews.ey.com/news/2020−5025−argentina−makes−
sweeping−changes−to−tax−laws−followed−by−regulations−
implementing−recently−enacted−tax−reform

239. Your Largest Bucket of Churn (and How to Prevent it)
https://www.profitwell.com/blog/reducing−delinquent−churn−dramatically

240. 매출에 의한 것이 아님

241. The 11%+ Reason You Need To Localize Your SaaS Pricing
https://www.profitwell.com/blog/the−11−reason−you−need−to−localize−
your−saas−pricing

242. How to Reduce Customer Churn w/ Bullet−Proof Retention
https://www.profitwell.com/blog/how−to−reduce−churn−by−building−a−
bulletproof−retention−process

243. We Studied 6,452 SaaS Companies. The Findings Will Make You Grow.
https://www.chargebee.com/blog/saas−business−growth−findings

244. Reinventing Voice−of−Customer for B2B: 12 New Rules
https://www.amazon.com/Reinventing-VOC-B2B-Product-Blueprinting-
ebook/dp/B01BN2L9RQ

245. Managing Price, Gaining Profit
https://hbr.org/1992/09/managing−price−gaining−profit

246. Data shows our addiction to acquisition based growth is getting worse
https://www.priceintelligently.com/blog/saas-growth-focused-too-much-on-
acquisition

247. Pricing benchmarks
https://www.profitwell.com/pricing−growth−benchmarks

248. Value metric benchmarks
https://www.profitwell.com/benchmarks−for−value−metric−pricing

249. It's Price Before Product. Period.
https://firstround.com/review/its-price-before-product-period

250. https://twitter.com/davidjbland/status/302138756813684736

251. How Startups Should Do Customer Discovery
https://thinkgrowth.org/how-startups-should-do-customer-discovery-51b151724a01

252. Why Startups that Survive are "Learning Organizations"
https://www.nfx.com/post/learning-organizations-survive

253. https://twitter.com/mulegirl/status/1178790260441927681

254. Customer feedback strategy: How to collect, analyze and take action
https://www.intercom.com/blog/customer-feedback-strategy

255. Why radical truth and radical transparency are keys to success
https://www.youtube.com/watch?v=7KqyXF9f1dc

256. Leadership Principles
https://www.drift.com/principles/

257. The Hypothesis Prioritization Canvas
https://jeffgothelf.com/blog/the-hypothesis-prioritization-canvas/

258. Knowns vs Unknowns — Are you building a successful company or just typing?
https://medium.com/lightspeed-venture-partners/knowns-vs-unknowns-78b0da5ca887

259. "우리가 안다는 것을 아는 것들이 있다. 우리가 모른다는 것을 이미 알고 있는 것들이 있다(Known Unknowns). 이에 반해, 우리가 모른다는 것을 모르는 것들도 있다(Unknown Unknowns)."
_ 도널드 럼즈펠드(Donald Rumsfeld), 미국 전 국방부 장관

260. What is Customer Research? Top Findings and Benchmarks
https://www.profitwell.com/blog/customer-research-benchmarks

261. What is Customer Research? Top Findings and Benchmarks
https://www.profitwell.com/blog/customer-research-benchmarks

262. 42% of Companies Don't Listen to their Customers. Yikes. [New Service Data]
https://blog.hubspot.com/service/state-of-service-2019-customer-first

263. What is Customer Research? Top Findings and Benchmarks
https://www.profitwell.com/blog/customer-research-benchmarks

264. Why Great Pitches Come From Customers
https://www.linkedin.com/pulse/why-great-pitches-come-from-customers-andy-raskin

265. Definition of Done
https://www.agilealliance.org/glossary/definition-of-done/

266. 잠재적인 고용주로부터 회사 문화에 대한 정보를 얻어낼 수 있는 가장 덜 거슬리고 덜 위협적인 질문은 무엇일까?
https://twitter.com/johncutlefish/status/1206137769908531201

267. Product discovery & re-imagining organizational change
https://gamethinking.io/podcast/306-teresa-torres

268. Setting up to fail
https://en.wikipedia.org/wiki/Setting_up_to_fail

269. The question index for real startups
https://mycourses.aalto.fi/pluginfile.php/1136837/mod_folder/content/0/Kromer%202019%20JBVI.pdf

(유료 구매) https://www.sciencedirect.com/getaccess/pii/S2352673418301331/purchase

270. Steve Blank It's Our Research interview
https://youtu.be/d6pRCTV45Zs?t=429

271. Sensemaking
https://en.wikipedia.org/wiki/Sensemaking

272. "여러분이 페르소나를 좋아하든 이용하든 나는 상관없다. 아무렇게나 똥을 싸놓고 '페르소나'라 부르며, 효과가 없다고 말하지 마라."
https://twitter.com/MrAlanCooper/status/909897368216117249

273. A Three-Step Framework For Solving Problems
https://uxdesign.cc/how-to-solve-problems-6bf14222e424

274. Instead of Gap Thinking, Present Thinking
https://twitter.com/cyetain/status/971753487586521088

275. Defensibility creates the most value for founders
https://techcrunch.com/2016/09/15/defensibility—creates—the—most—
value—for—founders

276. https://twitter.com/pc4media/status/1143153932992225280

277. What Building 5 Products in a Year Forces You to Do
https://youtu.be/ZGUsXomel_w?t=1467

278. Airbnb: The Growth Story You didn't Know
https://growthhackers.com/growth—studies/airbnb

279. The Spawn of Craigslist
https://thegongshow.tumblr.com/post/345941486/the—spawn—of—
craigslist—like—most—vcs—that—focus

280. How to Find Anyone's Email: 12 Little—Known Tricks
https://www.yesware.com/blog/find—email—addresses

281. Steve Portigal — Great User Research for Non Researchers
https://youtu.be/x—_1r5uKqlA?t=713

282. A Guide to the Art of Guerrilla UX Testing
https://medium.springboard.com/a—guide—to—the—art—of—guerrilla—ux—
testing—69a1411d34fb

283. Why You Only Need to Test with 5 Users
https://www.nngroup.com/articles/why—you—only—need—to—test—with—5—
users

284. On Surveys
https://medium.com/mule—design/on—surveys—5a73dda5e9a0

285. You can use a calculator Like this one:
https://www.surveymonkey.com/mp/sample—size—calculator

286. Confidence interval
https://en.wikipedia.org/wiki/Confidence_interval

287. 30% 메일 확인율과 5%의 클릭률을 가정

288. 〈North Star Playbook〉
https://amplitude.com/north-star

289. We're Evolving Our Product's North Star Metric. Here's Why.
https://amplitude.com/blog/evolving-the-product-north-star-metric

290. Spenser Skates, Finding Your Mobile Growth, LSC15
https://youtu.be/zRSMo7Dt2PY?t=72

291. How Zappos Wins at Customer Service Every Day
https://etailwest.wbresearch.com/zappos-customer-service-ty-u

292. Uncommon Service: The Zappos Case Study
https://www.inc.com/inc-advisor/zappos-managing-people-uncommon-service.html

293. Managing customer expectations for new feature requests
https://canny.io/blog/managing-customer-expectations

294. Automated Outbound Sales
https://clearbit.com/books/data-driven-sales/automated-outbound-sales

찾아보기

SOL
VING
PRO
DUCT

SOL
VING
PRO
DUCT